개정
2nd Edition

보육과정

Curriculum for Young Children

김정원 · 이경화 · 이연규 · 전선옥 · 조순옥 · 조혜진 지음

도서출판 파란마음

머리말

현재 어린이집에서 영유아를 위해 가르침과 보살핌을 실천하고 있는 유아교사들이나 미래에 영유아를 교육하게 될 예비유아교사를 양성하고 있는 대학의 교수들 대부분에게 가장 많은 관심의 대상이 되고 있는 것은 아마도 급변하는 미래 사회를 살아가게 될 오늘날의 영유아에게 왜, 무엇을, 어떻게 가르칠 것인가에 관한 고민일 것이다. 보육이 이루어지는 현상의 다양성과 복합성으로 아직 보육과정이라는 용어에 대하여 학자들 간에 합의된 정의는 없을지라도 일반적으로 보육과정은 보육 현장에서 교사가 학습자인 영유아를 위하여 보육 목표와 내용, 방법과 평가까지를 계획하고 실행하는 전체의 과정이라고 볼 때에, 보육과정은 교사와 교수 모두에게 가장 많은 관심을 받는 분야임에 틀림이 없다.

어린이집에서 영유아에게 왜, 무엇을, 어떻게 가르칠 것인가? 이는 보육과정 분야에서 핵심적인 질문이다. 1980년대부터 일기 시작한 과열 조기 교육의 열풍을 가라앉히고자 전문가들이 아무리 영유아의 입장에서 놀이를 통한 체험 활동과 발달적 적합성을 부르짖어도 2000년대 세계화, 정보화 시대를 살고 있는 오늘날의 부모들은 더욱 다급해져 어린 자녀의 손목을 이끌고 다양한 사교육 기관의 문턱을 넘나들기가 바쁘다. 세상에 태어나서 몇 년도 채 되지 않은 어린 영유아에게 그들의 요구나 의지와는 관계없이 한글과 숫자, 미술과 피아노, 태권도와 영어를 가르치며 힘에 겨워하는 그들을 바라볼 수밖에 없는 부모와 교사의 갈등과 혼동이 오늘날 우리 영유아 보육의 현주소라는 생각을 해본다.

특히 현대 사회의 변화로 인하여 가정에서 자녀를 돌봐줄 수 없는 맞벌이 부모가 많아지고, 한부모 가정이 증가하며, 조부모를 비롯한 확대가족과의 교류가 점점 불가능하게 되면서 이전보다 더 일찍 그리고 더 오랜 시간을 어린이집에서 보내야 하는 어린 영유아들의 수가 급증하고 있음을 고려할 때 이들의 삶의 특성을 고려한 적절한 내용과 방법으로 구성된 보육과정은 현재 우리 사회의 화두인 영유아의 행복을 지향하는 과정에서도 매우 중요한 부분으로 생각할 수 있다.

본 서를 집필하면서 저자들은 가장 기본적이고 단순하게 영유아를 위한 보육과정이 지향해야 할 바를 고민해 보았다. 다양한 자료의 검토와 수차례의 토론을 통해서 우리는 영유아를 위한 보육과정이 지향해야 할 바에 관한 동서고금의 진리는 전인 아동(whole child)에 있음을 다시 한 번 확인하였다. 영유아기는 전 생애의 기초를 이루는 시기로서 신체, 사회, 정서, 언어, 인지 등 모든 측면의 발달이 고르게 이루어져야 한다. 그러므로 전인 아동이 보육의 목적이 되어야 하고 그러한 목적을 달성하도록 돕는 다양하고 균형 잡힌 내용을 선정해야 하며, 선정된 내용은 교수 실제에서 통합적으로 가르쳐지고 배워지며 평가되어야 할 것이다.

본 서에서는 먼저 보육과정의 전반적인 이해를 위하여 보육과 보육과정의 개념을 살펴보았다. 보육 환경의 변화와 보육의 필요성, 우리나라의 보육 제도와 운영, 보육과정의 최근 동향을 보육에 대한 기초적인 이해를 위하여 제시하였다. 그리고 보육과정 구성을 위한 학문적 기초와 보육과정의 유형 및 효과에 관하여 살펴보았으며, 보육과정을 구성하는 기본적 요소로 목표의 설정, 내용의 선정과 조직, 교수-학습 방법, 평가 등에 관하여 서술하였다. 다음으로는 보육과정의 내용으로 2014년 1월 21일에 어린이집에 다니는 영유아의 보육과정으로 보건복지부를 통해 개정 고시된 제3차 어린이집 표준보육과정을 근거로 영유아를 위한 보육과정에서 반드시 제시되어야 할 기본 내용과 표준보육과정에서 제안하고 있는 내용을 함께 다루었다. 또한 다양한 형태의 보육계획안 작성 및 연령별 일과 운영의 원리와 같은 보육과정 운영의 실제를 보다 자세하게 다루어 예비보육교사들이 보육과정에 대한 이론과 실제를 더욱 쉽게 접목시킬 수 있도록 하였다.

본 서는 대학에서 예비유아교사 양성을 위한 교사교육을 담당하고 있는 저자들이 모여 교사로서의 기본적인 자질과 능력을 갖춘 보육교사를 양성하기 위하여 반드시 필요한 내용이 무엇인지에 관하여 오랜 시간 논의하면서 준비되었다. 비교적 오랜 동안 예비유아교사를 가르쳐온 경험을 근거로 학생들의 이해 수준을 고려하여 가급적 이해하기 쉬운 이론과 내용으로 구성하고자 노력하였다. 또한 보육과정에 관한 이론과 실제가 균형을 이룰 수 있도록 내용을 구성하고자 하였다. 능력 있는 보육교사가 되기 위하여 반드시 필요한 교과목인 보육과정에 대한 최선의 교재를 집필하고자 했던 의도에 의해서 2006년 초판을 집필 · 출판하였다. 이후 보육계의 정책 변화가 이루어지고 영유아보육과 관련된 다양한 연구결과들이 발표되었으며, 특히 2, 3차 표준보육과정 및 5세 누리과정, 3-5세 연령별 누리과정 제정 등이 이루어져 이를 감안한 개정원고를 속히 집필해야 할 필요성에 부각되었다. 이러한 개정의 요구에 의하여 본 서에서는 가능한 한 보육 관련 분야의 최근 자료, 특히 어린이집 국가수준 교육과정인 제3차 어린이집 표준보육과정 등을 연구하고 이를 통해 최선의 보육과정 교재를 집필하고자 노력하였다. 그러나 이러한 시도에도 불구하고 이번에도 충분히 만족스럽지 못한 부분이 있음을 아쉬운 마음으로 인정하지 않을 수 없다. 혹시 저자들의 주관으로 구성된 본 서의 내용 중에 미흡한 부분이 있다면 강의를 하시는 교수들께서 보완해 주시리라 믿으며 겸손한 마음으로 많은 조언과 비판을 기대해 본다.

끝으로 본 서가 나오기까지 변함없는 관심과 사랑으로 저자들을 지도해 주시는 은사님들께 진심으로 감사의 마음을 전하며, 저자들의 분주함을 사랑과 배려의 마음으로 말없이 감싸 안아주는 속 깊은 가족들에게도 미안함과 함께 마음으로부터의 깊은 사랑을 전한다. 이와 더불어 초판이 나온 후 개정판 교재가 속히 마련되었어야 함에도 불구하고 일상을 살아가기에 바쁜 저자들의 사정을 이해하고 묵묵히 기다려준 사랑하는 제자들과 예비교사들, 그리고 도서출판 파란마음에도 깊은 감사의 마음을 전한다.

2014년 9월

저자 일동

차 례

Chapter 1

보육과정의 이해

1 보육과 보육과정의 개념

2 보육 환경의 변화와 보육의 필요성

3 우리나라의 보육 기준과 현황

4 보육과정의 최근 동향

1 보육과 보육과정의 개념

1) 보육의 개념

보육(保育)이란 '보살펴 기름', '유아의 정상적인 발달을 목적으로 유치원, 보육원, 탁아소 등에서 베푸는 교육'이라는 사전적 의미 외에도 '어린 생명을 보호·육성하는 것, 유아를 보호·교육하는 것'(한국유아교육학회, 1997), '취업모의 자녀를 주로 대상으로 하여 장시간 운영하는 프로그램'(이기숙, 2000)이라는 의미를 가진 것으로 논의되고 있는 개념이다. 최근에는 보육의 개념이 과거의 저소득층 대상 자녀를 중심으로 취업모의 자녀를 맡아 단순히 보호해 주는 개념에서 벗어나 출생에서부터 모든 계층의 영유아가 보육의 대상이 되며 보호와 교육을 통합하는 포괄적인 개념으로 정의되고 있다. 이와 같이 보육의 개념은 시대와 상황에 따라 변화되면서 규정되어 왔는데, 그 출발은 탁아의 개념에서 찾아볼 수 있다.

1960년대 초부터 사용되었던 '아동을 위탁한다'는 의미의 '탁아(託兒)'라는 용어는 1991년 영유아보육법이 제정되면서 교육적 기능을 강조하는 '보육'이라는 용어로 바꾸어 사용하게 되었다. 영유아보육법 제1조에서는 보육의 개념을 '보호자가 근로 또는 질병, 기타 사정으로 보호하기 어려운 영유아에 대한 심신의 보호와 건전한 교육을 통하여 건강한 사회성원으로 육성함'이라고 정의하여 '보호(care)'와 '교육(education)'의 기능을 동시에 중시하는 보육의 개념을 확립하게 되었다. 이는 핵가족화와 취업여성이 증가하면서 기존의 육아 기능이 상당 부분 사회로 이양되었고, 단순히 취업여성을 보호하기 위한 차원에서 제공되었던 탁아 사업이 영유아의 보호뿐만 아니라 교육까지도 책임져야 한다는 입장으로 변화되었기 때문이다. 이와 함께 탁아시설의 교육 프로그램 부재, 열악한 탁아 환경 등 많은 질적인 문제가 지적되면서 탁아에 대한 새로운 개념 정립이 요구되었기 때문이다. 그러나 보육의 대상을 '보호자가 여러 사정으로 인하여 보호하기 어려운 영유아'로 규정했던 것을 볼 때 1990년대 초반까지는 선별주의적, 보충적 관점에서 영유아 보육을 규정했음을 알 수 있다. 즉 저소득층 부모나 편부모, 취업모, 그리고 어떤 이유로 인해 자녀를 제대로 돌볼 수 없는 부모들이 어린이집을 이용하는 것으로 보육의 기능과 의미를 축소해서 인식했음을 알 수 있다.

그러나 1990년대 후반에 이르러 핵가족화와 취업모의 사회 참여가 지속적으로 증가하고 출생 후 초기경험이 인간 발달에 결정적이라는 영유아기 교육에 대한 중요성이 인식되면서 영유아가 어린이집에 다니는 것이 보편화되었으며, 보육 프로그램은 사회적 계층이나 부모의 취업 유무에 관계없이 취학 전 연령의 모든 영유아를 대상으로 보호와 교육을 제공하는 것으로 보육의 성격과 개념이 변화되었다. 즉, 보육은 어떤 특수한 계층을 위한 제한적인 지원 체제가 아닌 모든 계층을 대상으로 보편적으로 이루어져야 한다는 의미로 확대되었다. 최근 OECD 국가들도 보호와 교육은 분리될 수 없는 개념이고 양질의 서비스는 이 두 가지를 모두 제공해야 한다는 입장에서 보육의 개념을 '환경, 재원, 운영 시간, 프로그램 내용과 상관없이 초등교육 단계 이전의 유아를 위해 제공하는 일체의 보호와 교육'으로 정의하고 있으며 유아교육과 보호(early childhood education and care)라는 용어를 사용하고 있다(나정 · 장영숙, 2002).

이러한 사회적 변화를 반영하여 2004년 개정된 「영유아보육법」 이후부터 보육의 개념을 '영유아를 건강하고 안전하게 보호, 양육하고 영유아의 발달 특성에 맞는 교육을 제공하는 어린이집 및 가정 양육 지원에 관한 사회복지 서비스'라고 규정하였다(법제처, 2014). 이는 보육 대상을 '보호자가 근로 또는 질병, 기타 사정으로 인해 보호하기 어려운 영유아'를 한정해서 규정했던 것에서 '6세 미만의 취학 전 아동'으로 보육 대상을 모든 영유아로 규정하여 보육 서비스의 보편성을 강화했다고 볼 수 있다. 이와 같이 영유아에게 양질의 보육 서비스를 제공하기 위해서 보호하고 교육한다는 것이 구체적으로 무엇을 의미하는지 보육의 실천적 개념을 정리해 보면 다음과 같다.

첫째, 보육은 빈곤 지역, 취업모 가족을 대상으로 아동 복지 또는 여성 복지 차원에서 부모의 자녀 양육 역할을 보충하는 목적 이상의 개념으로, 영유아, 여성, 가정 및 지역 사회의 복지를 추구하는 포괄적인 보육 서비스의 개념이다. 즉, 아동 복지로서의 보육은 영유아에게 심신의 보호와 건전한 교육을 제공하여 영유아의 전인적 발달을 돕는 것을 의미하고, 여성 및 가정 복지로서의 보육은 맞벌이 부부의 사회 참여를 안정적으로 돕고 보호자의 경제적 · 사회적 활동을 원활하게 하는 데 기여하며, 이를 통해 지역사회 복지로서의 보육은 고용 문제 해결과 지역의 발전을 지원하는 데 기여하게 됨을 의미한다.

둘째, 보육은 영유아의 성장 발달이나 문제의 발생이 영유아 개인의 특성과 이를 둘러싼 부모, 가정, 지역 사회 등의 다양한 환경 체계와의 상호작용에 의해서 이루어진다고 보는 생태 체계적 관점에 기초한다. 이러한 생태 체계적 관점에 기초하여 교사는 영유아와 가정이 겪고 있는 문제나 성장 발달을 체계적으로 이해하고 해결하는 데 도움을 줄 수 있다. 예를 들어 공격성이 심한 영유아는 자신의 기질적 특성 외에 부모로부터 학대를 경험했거나 부부간 폭력, 폭력적인 대중 매체, 지역 사회의 부적합한 환경 등에 의해서 문제행동을 나타낼 수 있기 때문이다.

셋째, 보육은 더 이상 특수 계층의 문제가 아닌 모든 계층 영유아의 일상생활과 관련된 삶의 문제이다. 「영유아보육법」에서 보육 대상의 범위는 출생에서 초등학교 취학 전 6세까지의 모든 영유아이다. 따라서 보육은 영유아의 장애 여부나 요보호 상황 여부에 상관없이 6세 미만의 모든 영유아에게 균등한 양질의 서비스 즉, 교육의 기회를 균등하게 제공하는 방향에서 제공되어야 할 것이다.

넷째, 보육은 질병, 취업, 기타의 사유로 인하여 영유아를 정상적으로 보육하기 어려운 가정의 양육 기능을 사회가 보충해 주는 보충적 서비스의 기능 외에 가정의 기능을 향상시키는 지지적 서비스 기능을 수행한다. 과거에는 보육이 질병, 취업, 기타의 사유로 인하여 정상적으로 아동을 양육할 수 없는 가정의 기능을 보충해 주는 보충적 기능으로 제공되어 왔으나 현대에는 가정과 사회가 양질의 보육 환경을 유지하고 활성화하는 지지적 기능의 차원으로 제공되고 있다. 예를 들면 부모와 자녀가 건전한 관계를 가질 수 있도록 부모 교육, 가족 상담과 지원 등의 서비스를 제공하는 것으로, 지지적 서비스는 가정이 해체되거나 문제가 발생하는 것을 사전에 막는 예방적 기능을 한다.

다섯째, 보육은 교육과 영양, 건강, 안전, 부모에 대한 서비스, 지역 사회 교류를 포함한 포괄적인 프로그램이다. 이는 「영유아보육법」에서 규정하고 있는 보육 내용 구성의 6가지 기본 원칙으로, 영유아의 발달에 적합한 교육은 물론 영유아의 기본적 욕구를 위한 영양, 건강, 안전 등의 보호 측면과, 개별 영유아가 가지고 있는 다양한 사회 · 문화적 배경을 존중하고 지지해 줄 수 있는 부모에 대한 서비스, 지역 사회와의 교류 등의 내용이 보육 프로그램에 반영되어야 함을 의미한다.

여섯째, 보육은 출생에서부터 6세 미만까지 영유아의 전인적 성장 발달을 돕기 위해 체계적으로 제공되는 보호와 교육 서비스이다. 어린이집은 '보호자의 위탁을 받아 출생에서부터 취학 전까지의 영유아를 보육하는 기관' 으로서 영유아의 성장과 발달 단계에 따라 연차적으로 체계적인 서비스를 제공할 수 있는 장점이 있다. 즉, 어린이집은 동일한 영유아를 수년 동안 보육하기 때문에 영유아의 발달 단계별 특성과 가정환경을 고려하여 중장기적인 보육 계획을 수립하고 적절한 서비스를 제공할 수 있다. 또한 영유아가 어린이집을 졸업한 이후나 초등학교에 입학한 후에도 필요에 따라서는 어린이집이 일시적으로 방과후 보육이나 야간 보육과 같은 사후 서비스도 제공할 수 있다.

이상에서 살펴본 바와 같이 보육은 목적, 관점, 대상, 기능, 내용, 시간에 있어서 포괄성을 내포하고 있는 종합적이고 전문적인 사회 복지 서비스이다. 즉, 양질의 보육 서비스란 '출생에서 6세 미만까지의 모든 계층 영유아를 대상으로 교육과 영양, 건강, 안전, 부모에 대한 서비스, 지역 사회 교류를 포함한 포괄적인 프로그램을 제공함으로써 영유아의 전인적인 성장과 발달을 돕고 해당 영유아의 부모를 지원하여 가족 발달을 이루고 지역 사회 개발을 촉진할 수 있도록 의도된 종합적이고 포괄적인 서비스 체계'를 의미한다.

2) 보육과정의 개념

보육이란 가정 외 보육기관에서 출생에서부터 취학 전까지의 영유아를 보호하고 교육하는 일련의 전문적 활동을 의미한다. 따라서 영유아를 위한 보육과정은 보육의 목적과 목표를 무엇으로 설정할 것인가, 그 목적과 목표를 달성하기 위해 어떤 활동을 선정할 것인가, 또한 선정한 활동들을 어떻게 조직할 것인가, 보육 목표의 달성 여부를 어떻게 평가할 것인가 등에 관한 의사 결정을 필요로 한다. 이러한 보육과정에 대한 개념은 학자에 따라 다음과 같이 다양하게 정의되고 있다.

영유아가 학습할 내용, 보육 목표를 성취해 나가는 과정, 영유아의 이러한 목표 성취를 돕기 위한 교사의 역할, 교수와 학습이 발생하는 상황에 관해 서술한 조직화된 틀이다(NAEYC & NAECS/SED, 1991).

프로그램의 목적에 따라 계획되고 조직된 학습경험들의 목록이다(Spodek, 1991).

출생부터 만 5세까지 모든 영유아의 성장과 발달을 촉진하고 전인적 인간 형성 및 기본생활 형성을 돕는 어린이집에서 영유아가 경험한 모든 내용의 총체이다(김명순 · 이기숙 · 이옥, 2005).

영유아를 대상으로 보호하고 교육하기 위한 활동에 대한 목적 및 목표의 설정, 활동 내용의 선정과 조직, 활동 과정과 결과에 대한 평가 등에 관한 전체적 계획과 조직 또는 전체적 설계도이다(이순형 외, 2005).

영유아의 전인적 성장과 발달을 돕기 위해 어린이집에서 영유아가 학습할 내용, 보육과정 목표를 성취해 나가는 과정, 유아의 목표 성취를 돕기 위한 교사의 역할, 교수와 학습이 발생하는 상황에 관해 계획한 조직화된 틀이다(한국유아교육학회, 1996).

이 외에 슈바르츠와 로비슨은 다양한 보육과정의 유형을 종합하여 다음의 5가지 유형으로 분류하였는데(Schwartz & Robison, 1982), 이를 기초로 보육과정의 개념을 정리해 보면 다음과 같다.

(1) 우연히 일어난 것으로서의 보육과정

개별 영유아의 요구와 흥미를 중심으로 보육경험이 결정되는 보육과정을 말한다. 이 보육과정에서 영유아는 스스로 선택한 활동에 능동적으로 참여하여 학습해 나갈 수 있다. 이처럼 보육과정을 우연히 일어난 사건으로 개념화할 때 학습의 구체적인 내용보다는 학습하는 과정에 그 가치를 둔다. 그것은 학습 활동과 경험 속에 포함된 영유아의 흥미 그 자체를 가치 있는 것으로 보기 때문이다.

따라서 교사는 보육 내용을 미리 선별하거나 계획하기보다는 영유아의 흥미와 요구가 다양하게 이루어질 수 있도록 환경을 체계적으로 마련해 주고 끊임없는 관찰과 배려로 영유아를 안내해야 한다. 이러한 보육과정은 영유아를 위한 개별화 교육이라는 장점은 있으나 보육과정의 범위가 모호하고 영유아의 요구와 흥미에 따라 반응적으로 프로그램을 운영해야 하기 때문에 유능한 교사를 필요로 한다는 단점이 있다.

(2) 영유아가 어린이집에서 갖게 되는 모든 경험으로서의 보육과정

영유아가 어린이집에서 갖게 되는 모든 경험을 보육과정으로 보며, 교사의 의도적인 경험뿐 아니라 의도하지 않았지만 영유아에게 영향을 줄 수 있는 잠재된 보육과정까지 포함한다. 따라서 의도된 경험뿐 아니라 계획되지 않은 많은 요인이 영유아에게 영향을 미친다는 점에서 교사의 민감성이 요구된다. 예를 들어 교실의 분위기, 교사와 유아, 유아와 유아, 유아와 교구와의 상호작용, 언어적인 의사소통 등과 같은 모든 물적 · 인적 환경이 중요시 된다. 교사는 학습이 일어나는 상황에 좀 더 세심하게 주의를 기울일 필요가 있으며 사회적 변화에 민감해야 하고 학습 결과에 영향을 미칠 수 있는 많은 예측할 수 없는 요인들에 대해 좀 더 세심한 배려를 해야 한다.

이러한 보육과정은 교사의 민감성, 융통성, 창의성의 정도에 따라 진보적인 영유아 중심 보육의 효과를 높일 수 있음을 시사하고 있다.

(3) 교수 계획으로서의 보육과정

교사에 의해서 미리 짜여진 교수 계획, 의도된 계획을 보육과정이라고 보는 입장으로, 오래 전부터 보육과정의 개념으로 이해되어 오고 있는 보편적인 정의라고 할 수 있다.

의도된 계획으로서의 보육과정은 매우 구체적일 수도 있고 포괄적일 수도 있으며, 장기적 계획일 수도 있고 단기적 계획일 수도 있다. 영유아를 위한 보육 목표, 내용, 방법 등의 계획을 중심으로 하여 그 형태는 매일매일의 보육 내용을 진술하고 있는 것에서부터 주제나 내용 영역에 따라 일련의 활동들을 진술하는 것까지 다양하다. 이러한 보육과정 계획은 사실, 정보, 개념, 아이디어 등의 내용에 대한 계획, 활동에 대한 계획, 영유아의 장기적 발달 형태(예 분류 개념)를 강조하는 과정에 대한 계획 및 이들 세 가지 모두를 고려한 종합적인 계획으로 구분할 수 있다.

이 입장은 계획을 영유아를 위한 교수의 기초로 보는 것이다. 이러한 교수 계획은 영유아의 욕구, 흥미, 활동을 예견하고 자료와 환경을 체계화함으로써 경험이 풍부한 교사나 초보 교사 모두가 큰 어려움 없이 적용할 수 있는 보육과정이다. 그러나 교사에 의해 미리 짜여진 교수 계획은 매일매일의 영유아 요구와 흥미를 융통성 있게 반영하기 어렵다는 문제점이 있으므로 상황에 따라 대체적 보육 활동을 고려하여 계획하는 것이 필요하다.

(4) 교수요목으로서의 보육과정

영유아에게 가르칠 보육 목표와 내용, 순서를 일련의 문서로 작성한 교수요목을 보육과정이라고 보는 입장으로 매우 좁은 의미의 보육과정 정의이다.

이러한 문서화된 보육과정은 국가적으로 믿을만한 공식적인 문서의 성격을 가지므로 목표 설정이나 수행 과정을 관찰하기 쉽다는 장점이 있다. 또한 교사들이 실제로 교수계획안을 계획하는 데 참여함으로써 영유아의 학습 욕구에 대한 생각을 재검토하고 교실 내의 적용을 평가하는 데 도움을 주는 자료가 될 수 있다. 그러나 교수요목으로서의 보육과정이 국가 수준에서 획일화된 문서로 제시된다면 어린이집 및 지역 사회의 특성, 영유아의 흥미와 요구, 현장에서의 실제적인 경험들이 반영되기 어렵다는 문제점이 있다.

(5) 프로그램으로서의 보육과정

몬테소리 프로그램, 디스타 프로그램 등과 같이 한 가지의 접근 방법이나 이론에 기초한 프로그램 모델 유형을 보육과정이라고 보는 입장이다. 이 입장은 영유아 보육에서 찾아볼 수 있는 독특한 관점으로서, 특히 1960년 이후 헤드 스타트 운동의 일환으로 개발된 다양한 보상 프로그램 모델들과 팔로우 스루 프로그램 모델들은 보육과정을 영유아를 위한 보육 프로그램으로 부르는 경향을 갖게 했다.

이와 같은 프로그램 중심의 보육과정 개념은 어린이집의 종류, 설립 목적 및 설립 주체, 대상 영유아의 연령과 발달 수준, 운영 시간 등 실제적 상황의 차이에서 기인하며, 특히 영유아 발달, 학습, 보육 등에 대한 이론적 관점의 차이에서 기인한다. 많은 보육 프로그램들은 영유아의 학습과 발달에 관한 기본 이론으로 성숙주의, 행동주의, 구성주의의 세 이론들을 선택적으로 취하고 있다.

슈바르츠와 로비슨이 구분한 5가지 유형의 보육과정 개념은 보육 현장에서 혼용되어 사용하고 있다. 이러한 보육과정 유형을 고려할 때 보육과정은 교사가 교수를 위해 계획한 교수 계획, 교수요목으로서의 보육과정에 기초해서 영유아의 흥미와 요구, 경험을 반영한 우연히 일어난 것, 경험으로서의 보육과정이 강조된다고 볼 수 있다. 즉 영유아 보육과정에서는 영유아의 흥미와 요구, 경험이 중요하며 우발적이고 비계획적인 사건들이 잠재적 보육과정으로서 큰 비중을 차지한다고 볼 수 있다. 영유아 보육에서는 이러한 경험 중심, 아동 중심, 생활 중심 교육과정의 입장을 강조하여 왔다. 그러나 이러한 경험 중심, 생활 중심의 보육과정은 지식의 계열성 측면이 소홀할 수 있다는 지적이 있으므로 영유아의 흥미와 요구에 반응적이면서도 보육 활동을 어떻게 구조화하고 체계화할 수 있는지에 대한 연구가 계속되어야 할 것이다(이기숙, 2000). 또한 프로그램으로서의 보육과정을 생각해 보면 현재 보육 현장에는 다양한 프로그램이 존재하고 있으며, 프로그램에 대한 깊은 이해 없이 무분별하게 적용되고 있다는 문제점도 지적되고 있으므로 프로그램의 배경이 되는 철학이나 내용에 대한 이해를 기초로 프로그램이 적용되어야 할 것이다. 이와 함께 보육 대상인 영유아의 연령 범위가 넓고, 영유아의 교육뿐 아니라 건강, 영양, 안전, 부모 참여, 지역 사회와의 교류도 포함되어야 하며, 보육 시간이 길고 보육 유형이 다양하다는 특성도 보육과정에 반영되어야 할 것이다.

보육과정의 의미를 숙고할 때 가장 핵심이 되는 문제는 '영유아의 전인적 발달과 효율적 학습을 위해서 무엇을, 왜, 어떻게 가르칠 것인가' 의 문제이다. 결론적으로 앞서 살펴본 영유아 보육과정에 대한 개념 정의를 종합해 보면 영유아 보육과정은 보육 목표, 내용, 교수 방법, 영유아의 흥미와 요구, 경험 등의 요소를 포괄하는 개념으로, '어린이집에서 영유아의 전인적 성장과 발달을 위해서 계획되고 조직된 모든 학습경험의 총체' 라고 할 수 있다.

3) 보육과정의 특성

'영유아를 위한 보육 활동 전반에 대한 체계적인 계획과 설계' 를 보육과정이라고 할 때 보육과정의 특성을 정리해 보면 다음과 같다.

첫째, 보육과정은 출생에서 만 5세까지의 영유아를 대상으로 하므로 넓은 연령 범위를 고려한 영유아의 다양한 발달적, 교육적 요구를 반영해야 한다. 보육과정은 유치원 교육과정의 대상인 3~5세는 물론 0세, 1세, 2세의 세 연령을 더 포함하고 있어서, 연령에 따른 연계성이나 계열성의 측면이 강조되어야 할 뿐 아니라 만 3~5세 이전인 영아기에 획득해야 할 여러 가지 경험이나 발달 과제 등이 고려되어야 한다. 즉, 영유아의 보호와 교육적 경험이 출생에서부터 5세까지 계속적으로 연계되고 통합성이 유지되도록 보육과정을 체계적으로 구성해야 한다. 이와 같이 영아와 유아 간에도 연령별 발달 수준이 크게 다르지만 영아의 경우에는 동일 연령대에 있어도 월령에 따라 그 격차가 매우 크므로 같은 보육 활동이라도 개인차에 따라 수준별로 적용할 수 있는 보육과정을 계획해야 한다.

둘째, 보육과정을 구성할 때 교육, 영양, 건강, 안전, 부모에 대한 서비스, 지역 사회와의 교류 등의 내용을 포함한다. 영유아의 신체적 · 사회적 · 지적 및 언어적 발달에 기여할 수 있는 교육적 경험을 제공하고 이와 함께 영유아기는 모든 생활 습관의 기초를 형성하는 시기이므로 주변 환경이나 대상에 대해 안전하고 건강 생활 태도와 식습관을 형성할 수 있도록 이를 위한 보육 내용이 보육과정에 반영되어야 한다. 또한 영유아의 건전한 성장과 발달을 위해서는 어린이집과 가정 및 부모와의 긴밀한 협조와 이해가 필수적이므로 다양한 부모 참여 및 교육을 제공하고, 지역 사회의 인사 및 기관 등의 지역 사회 자원을 활용하여 보육 효과를 높이도록 보육과정의 내용에 포함한다.

셋째, 보육과정은 종일제 보육 활동을 계획하는 것이므로 보육 계획을 수립할 때 인지적, 정서적, 사회적, 신체적, 언어적 발달을 위해 짜여진 교육 활동 외에도 수유와 배변, 휴식 등의 생리적 욕구를 배려한다. 수유와 식사, 배변과 화장실 가기, 휴식과 낮잠, 이 닦기와 손 씻기 등의 내용이 일과 중에서 기본(일상) 생활 지도와 함께 교육 활동으로 보육과정에서 지속적으로 제공해야 한다.

넷째, 어린이집의 유형, 대상 영유아의 연령, 보육 대상의 특수성, 보육 시간, 수요자의 욕구 등에 따라 영유아 보육 유형이 다양하므로 이를 고려하여 보육 현장에 적합한 보육과정을 개발하여 적용한다. 즉 표준보육과정과 누리과정에 기초하되 어린이집 유형에 따라 국 · 공립 또는 법인, 직장, 가정, 부모 협동, 민간 어린이집인가, 3세 미만의 영아 전담 보육인가, 혼합 연령 또는 독립 연령 보육인가, 장애아 통합 보육 또는 방과후 보육인가, 종일제 또는 시간 연장형 보육인가 등의 특성을 고려하여 개별 어린이집의 특성에 적합한 연간, 월간의 보육 목표와 내용을 재조직하고 주간, 일간의 보육 활동을 계획하고 운영한다.

2 보육 환경의 변화와 보육의 필요성

최근 우리 사회는 사회적, 경제적 변화 및 영유아기에 대한 교육적 인식 변화로 인해 영유아의 보육에 대한 필요성뿐 아니라 양질의 보육 프로그램에 대한 요구 또한 그 어느 때보다 강하게 대두되고 있다. 즉 핵가족화, 이혼율 증가 및 여성의 경제 활동 증가와 함께 영유아기에 대한 중요성이 인식되면서 어린이집의 취원 연령이 낮아지고 시간제 일시 보육, 시간 연장 보육, 휴일 보육, 24시간 보육 등이 요청됨에 따라 다양한 보육 서비스 요구를 반영한 양질의 보육 프로그램이 요구되고 있는 실정이다.

이러한 사회적, 경제적, 교육적 환경 변화는 개별 부모와 가족의 자녀 양육 문제에 영향을 미쳤을 뿐 아니라 출산 기피 현상을 초래하여 저출산 · 고령화에 대한 사회 문제를 야기시켰다. 이로 인해 육아 부담 해소와 양질의 보육 환경 마련에 대한 사회적 지원과 정책 마련이 시급한 과제로 대두되고 있다. 지속적인 저출산은 인구 규모를 감소시키고 인구 구조를 변화시켜 청년층의 인구를 감소시키고, 노인 인구를 증가시켜 노동력의 감소, 사회 복지 지출의 증대, 저축 감소와 투자 감소, 고용 감소, 경기 침체 등 사회 경제적으로 부정적 영향이 지대할 것으로 전망되기 때문이다(김승권, 2005).

1) 사회적 변화

(1) 핵가족화와 확대가족 감소

1980년대 이후 급속한 경제 발전을 이룩하면서 도시화, 산업화와 함께 부부와 미혼 자녀 중심의 핵가족화가 심화되고 3세대가 동거하는 확대가족 형태는 감소하고 있다(| 표 1-1 |). 이러한 핵가족화는 자녀의 양육 문제를 불러일으키고 있다. 예전처럼 조부모나 형제 · 자매, 친 · 인척이 자녀를 맡아주는 양육 지원을 기대할 수 없게 되었고 자녀 양육에 대한 정보를 얻을 수 없게 되었기 때문이다.

표 1-1 가족 형태 변화 추이 (단위: 년, %)

가족 형태		1980	1985	1990	1995	2000	2005	2010
핵가족 (%)	부부	6.4	7.8	9.3	12.6	14.8	18.0	20.6
	부부와 미혼자녀	56.5	57.8	58.0	58.6	57.8	53.7	49.4
	편부모와 미혼자녀	10.0	9.7	8.7	8.6	9.4	11.0	12.3
직계 가족(%)	부부와 양(편)친	0.6	0.8	0.9	1.1	1.2	1.2	1.2
	부부와 양(편)친과 자녀	10.4	9.9	9.3	8.0	6.8	5.7	5.0
기타가족(%)		16.1	14.0	13.8	11.2	10.1	10.4	11.6

| 출처 | 통계청(2014). 국가통계포털. e-나라 지표. 해당연도.

(2) 이혼율 증가

보육의 필요성을 증대시키는 또 다른 사회적 경향은 이혼에 따른 가족 해체를 들 수 있다. 이혼율의 증가는 영유아가 한부모와 살거나 조부모와 사는 비율을 증가시키기 때문에 자녀 양육의 문제가 대두된다. | 표 1-2 | 의 이혼율 변화 추이를 보면 1980년대 이후부터 이혼율이 급격하게 증가하고 있으며, 2003년도 최고점을 이루다가 2005년도 이후부터 인구 1,000명당 약 2~3쌍 정도가 이혼을 하는 것으로 나타났다. 이로 인해 새롭게 형성된 편부모 가족, 동거나 재혼으로 인한 재결합 가족 등 다양한 가족 형태에서 영유아가 성장하면서 사회 · 정서적 발달은 물론 성 모델링 등을 지원해 줄 수 있는 프로그램도 요구되고 있다.

표 1-2 이혼율 변화 추이 (단위: 년, %)

구분	1980	1985	1990	1995	2000	2003	2005	2010	2013
조이혼율	0.6	0.9	1.1	1.5	2.5	3.5	2.6	2.3	2.3

※ 조이혼율은 인구 1000명당 이혼 비율을 의미함

| 출처 | 통계청(2014). 국가통계포털. e-나라 지표. 해당연도.

(3) 출산율 감소와 고령화 사회

우리나라의 연령별 인구 분포를 살펴보면 1980년대 이후 출생아 수는 감소한 반면, 65세 이상의 고령 인구는 빠른 속도로 증가하고 있는 추세이다. 15세 이상 49세 가임

여성 1인당 출산은 1992년 1.78명을 정점으로 지속적으로 줄어들어 2000년 1.47명, 2002년 1.17명, 2004년 1.16명, 2013년 1.19명으로 나타나 OCED 국가 중에서도 가장 낮은 출산율을 보이고 있다. 반면에 2000년에 우리나라의 연령별 인구수를 살펴보면 (| 표 1-3 |), 유년 인구 6.8%, 노년 인구 7.3%로, 65세 이상 인구 비율이 7% 이상이면 노년 인구로 분류하는 UN의 기준을 따르면 노년 인구국의 초기 단계인 고령화 사회로 이미 진입한 상태라고 볼 수 있으며, 이러한 현상은 2010년 유년 인구 4.6%, 노년 인구 11.3%로 증가하고 있다(통계청, 2014).

이러한 고령화의 주된 원인 중 하나는 출산율 저하를 들 수 있다. 출산율 저하의 원인은 높은 교육 비용의 부담, 자녀에 대한 노후 보장 기대 감소, 초혼 연령의 상승으로 첫 자녀의 출산 연령 증가, 여성의 사회 활동 참여 증가 등으로 자녀 양육과 관련된 다양한 사회 · 경제적 인식 변화를 반영하며, 이로 인해 자녀 출산을 기피하거나 자녀를 적게 출산하는 것으로 나타났다. 즉 학부모의 높은 교육열과 공교육에 대한 불신 등으로 사교육비에 대한 부담이 증가하였고, 효에 대한 인식이 변화하면서 부모 스스로 노후를 준비하는 경향이 증가하여 자녀수를 위축시키는 요인으로 작용하게 된 것이다. 이 외에도 여성의 교육 수준이 향상되고 자아실현과 사회 참여 욕구가 증가하면서 남녀의 결혼 연령이 상승한 것과 여성의 경제 활동 참여가 증가한 것도 자녀 출산을 기피하거나 연기하는 또 하나의 요인이 되었다. 따라서 출산 기피 현상을 완화하고 여성의 사회 진출과 경제 활동을 지원해 줄 수 있는 보육 정책이 필요하다.

표 1-3 연령별 인구 분포(2000/2010년) (단위: 년, 명, %)

연령	2000			2010		
	남	여	계(%)	남	여	계(%)
0~4세	1,641,166	1,489,092	3,130,258(6.8)	1,142,220	1,076,864	2,219,084(4.6)
5~9세	1,831,446	1,612,610	3,444,056(7.5)	1,243,294	1,151,369	2,394,663(5.0)
10~14세	1,615,013	1,449,429	3,064,442(6.7)	1,654,964	1,518,262	3,173,226(6.6)
15~19세	1,913,885	1,777,699	3,691,584(8.0)	1,826,179	1,612,235	3,438,414(7.2)
20~24세	2,028,206	1,819,980	3,848,186(8.4)	1,625,371	1,430,049	3,055,420(6.4)
25~29세	2,057,321	2,039,657	4,096,978(8.9)	1,802,805	1,736,144	3,538,949(7.4)
30~34세	2,068,202	2,025,026	4,093,228(8.9)	1,866,397	1,828,951	3,695,348(7.7)
35~39세	2,117,492	2,069,461	4,186,953(9.1)	2,060,233	2,038,914	4,099,147(8.5)
40~44세	2,029,413	1,966,923	3,996,336(8.7)	2,071,431	2,059,992	4,131,423(8.6)
45~49세	1,496,104	1,455,919	2,952,023(6.4)	2,044,641	2,028,717	4,073,358(8.5)
50~54세	1,185,239	1,165,011	2,350,250(5.1)	1,887,973	1,910,158	3,798,131(7.9)
55~59세	959,680	1,008,792	1,968,472(4.3)	1,360,747	1,405,948	2,766,695(5.8)
60~64세	836,465	952,384	1,788,849(3.9)	1,057,035	1,125,201	2,182,236(4.5)
65세 이상	1,287,397	2,084,409	3,371,806(7.3)	2,197,606	3,227,061	5,424,667(11.3)
전체	23,068,181	22,917,108	45,985,289(100)	23,840,896	24,149,865	47,990,761(100)

| 출처 | 통계청(2014). 국가통계포털. e-나라 지표. 해당연도.

2) 경제적 변화

현대의 산업 및 경제 구조의 변화에 따라 여성의 참여 직종이 확대되고 여성 노동력의 질적 향상이 이루어짐에 따라 국가 경쟁력 제고를 위해 여성 인력의 활용이 주요한 과제로 떠오르고 있다. 한국 여성의 취업률도 계속 증가하여 여성의 경제 활동 참가율은 2000년 48.8%, 910만 명에서 2010년에는 49.4%, 1,025만 명, 2014년 52.3%, 1,135만 명으로 여성의 경제 활동 참여가 지속적으로 증가하고 있음을 보여주고 있다(통계청, 2014).

여성 인력의 활용은 여성이 지속적으로 경제 활동에 참여해야 가능함에도 불구하고, 자녀 출산 후 자녀를 맡길 어린이집을 찾지 못해 직장을 그만두는 경우가 많다.

| 그림 1-1 | 에서 보는 바와 같이 우리나라의 여성 경제 활동 참가율은 OECD 국가 평균과 비교할 때 출산 · 육아기인 25~34세에 현저히 저하되었다가 자녀가 어느 정도 성장하고 나면 다시 일을 시작하는 전형적인 M자형 분포를 보이고 있다(OECD, 2012; 여유진 외, 2012 재인용). 여성 취업의 장애 요인에 대한 조사를 살펴보면 육아 부담이라고 응답한 여성 응답자가 31.4%로 가장 높았으며, 특히 학력이 높을수록 육아 부담을 취업의 장애로 느끼는 정도가 높았다(통계청, 2002). 이와 같이 30세 전후의 여성들이 출산과 육아의 문제 때문에 취업 장애를 경험하고 있다는 것을 감안할 때 여성의 경제 활동 참여를 지원해 줄 수 있는 다양한 보육 서비스가 필요한 실정이다.

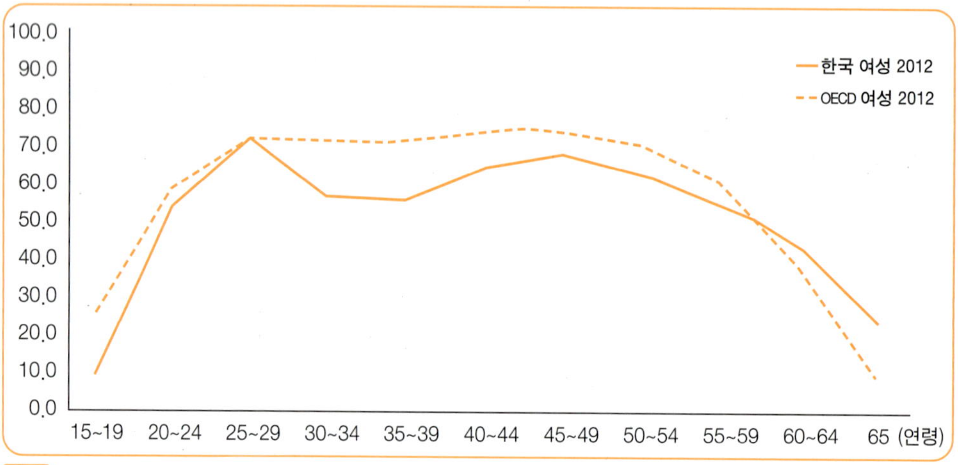

그림 1-1 연령별 여성 경제 활동 참가율 비교

| 출처 | OECD(2012). 통계 On-line; 여유진 외(2012). 재인용.

3) 교육적 인식 변화

20세기 이후 발표된 발달심리학의 많은 연구들은 인간 발달에 있어서 생후 3년 간의 초기경험이 앞으로의 성장과 발달에 결정적 역할을 한다고 결론짓고 있다. 특히 최근에 이르러 인간의 두뇌를 연구하는 신경생리학자들과 심리학자들은 두뇌 발달이 급속도로 이루어지는 시기는 영아기이며, 이 과정에서 외부로부터의 적절한 경험은 두뇌 발달에 필수적이라고 주장하고 있다(Shore, 1997). 이와 같이 영유아기가 인간 발달에 있어서 결정적 시기라는 것이 강조되면서 1990년대 이후 우리나라뿐만 아니라 전 세계적으로 영유아를 위한 프로그램에 대한 수요와 필요성이 증가하고 있다.

인간 발달에 있어서 초기경험이 이후 발달에 많은 영향을 미친다는 주장은 학자들에 의해 다양한 각도에서 연구되었다. 보울비(J. Bowlby)를 비롯한 애착에 관한 연구자들은 영아기에 형성된 애착이 아동기, 성인기까지 장기적으로 지속되고 자아 존중감이나 대인 관계, 사회적 기술, 인기도 등의 사회 정서 발달에 영향을 주는 것으로 보고하여 영아기에 형성되는 애착이 얼마나 중요한가를 강하게 시사해 주고 있다. 또한 프로이드(S. Freud)와 에릭슨(E. Erickson)에 의하면 유아기에 인간 성격의 기초가 형성되며, 인간 발달의 각 단계에서 발달시켜야 할 과업을 성공적으로 이룩하면 영유아는 신뢰감과 자율성, 주도성을 발달시킬 수 있으나 그렇지 못한 경우에는 불신감이나 수치감, 죄의식을 가질 수 있다고 주장하였다.

최근 인간의 두뇌 발달에 관한 연구들은 초기 유아기가 뇌 발달의 결정적 시기이며 뇌 발달의 가소성, 즉 초기경험의 영향에 따라 뇌 발달이 좌우될 수 있다고 강조하고 있다. 출생 시 인간의 뇌와 척수는 구조상 매우 발달되어 있으며 약 1천억 개의 뉴런(신경세포)이 있지만 아직은 연결되지 않은 상태이다. 그런데 뇌가 기능을 하기 위해서는 뉴런이 연결되어 많은 양질의 시냅스(신경세포의 접합)가 형성되어야 하는데 시냅스의 형성은 생후 3년 간 가장 활발히 진행되기 때문이다(| 그림 1-2 |). 즉 태내에서의 뇌 발달이 정보를 수신, 해석할 수 있는 신경세포의 골격을 만드는 것이라면 출생 이후에는 다양한 경험을 통해 성숙한 신경계로 발달하는 것을 목표로 한다. 시냅스의 형성 시기를 보면 시냅스의 수는 임신 후기에서 3세 이전 걸음마기까지 가장 급속하게 증가하여 안정세를 보이다가 사춘기 직전부터 감소하기 시작하여 청소년기 이후에 시냅스의 형성 과정이 완료된다.

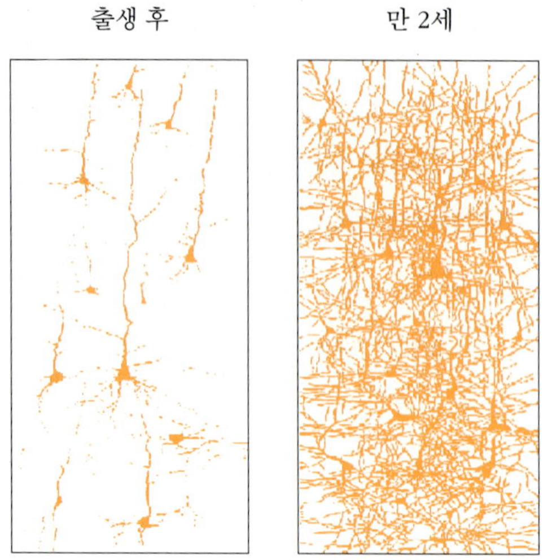

| 출처 | Lawrence Hall of Science, University of California. Honig(2000). 재인용.

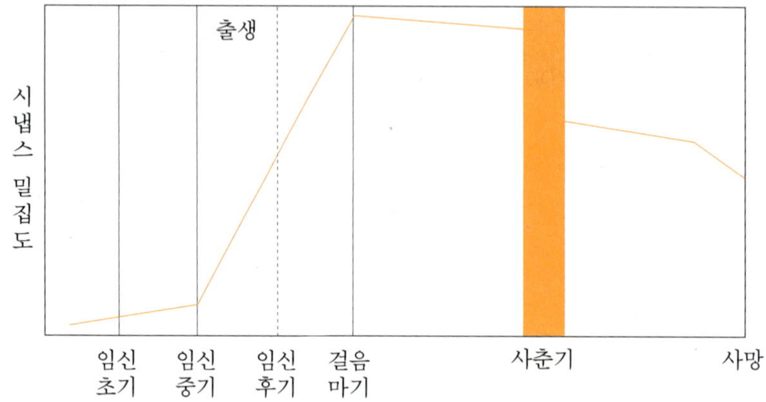

| 출처 | Bourgeois(1999); Levitt(2005). 재인용.

그림 1-2 시냅스 연결망 증가

이는 대뇌피질에서 성인기에 최종적으로 남는 수보다 대략 40% 정도 많은 1천억 개 이상의 시냅스가 형성되는데 이렇게 과잉 형성된 시냅스는 출생 이후 영유아가 가진 경험에 따라 뇌의 화학 작용과 구조에 영향을 미쳐 신경회로를 의도적으로 다듬고 제거(pruning)되는 과정을 거치기 때문이다. 이렇게 뇌의 발달이 왕성한 시기에 가장 중요한 필수 조건은 올바른 영양 공급과 적합한 환경의 조성이므로(이문향, 1999) 뇌 발달에 긍정적이고 지지적인 환경뿐 아니라 학대, 유기, 방치 등의 부정적 경험을 최소화할 수 있는 정부 정책과 양질의 프로그램도 필요하다(Levitt, 2005).

이상과 같이 유아기 초기경험이 유아의 사회·정서, 인지 및 두뇌 발달에 결정적이라는 것이 입증되면서 이 시기의 보육 효과에 대한 연구들이 실행되었다. 대부분의 연구들은 이 결정적 시기에 양질의 보육 프로그램이 제공될 때 보육적 효과뿐 아니라 투자 대비 비용 효과도 높았다고 보고하고 있다. 페리 프리스쿨 프로젝트(Perry Preschool Project)에 의하면 사회 경제적으로 열악한 가정의 영유아를 대상으로 취학 전에 양질의 영유아 프로그램에 참여한 경우와 참여하지 않은 경우를 27세까지 종단적으로 비교한 결과, 프로그램에 참여한 영유아가 성인이 되었을 때 범죄, 마약, 퇴학, 미혼모 등의 문제행동 비율이 낮았고, 고등학교 졸업률과 자격증 소지율, 경제적 수준이 더 높은 것으로 나타났으며, 사회 복지 서비스를 받는 비율도 낮게 나타났다(Schweinhart, 2002).

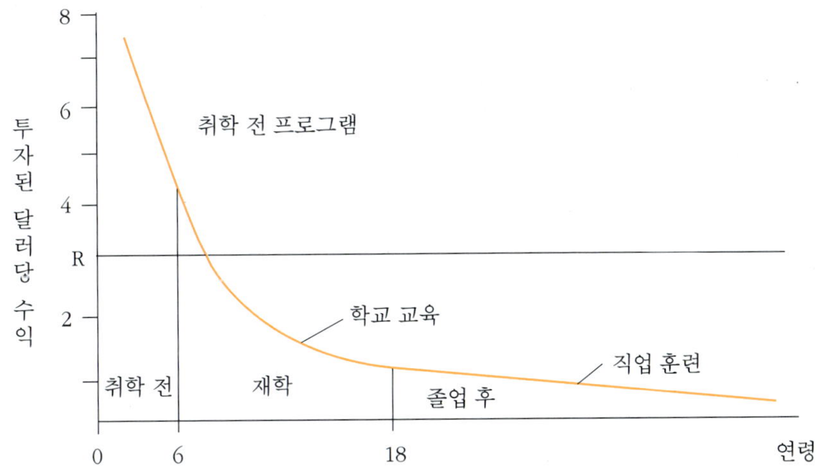

그림 1-3 연령별 인간 발달에 대한 투자 수익률

| 출처 | Carmeiro & Heckman(2003); Levitt(2005). 재인용.

또한 | 그림 1-3 | 에서 같이 인간 발달에 대한 투자가 가장 큰 효과를 나타내는 때가 언제인지를 연구한 카메로(Carmeiro)와 헥크만(Heckman)의 평가에서는 정규 교육에

들어가기 전, 즉 영유아기의 보육 투자가 가장 큰 수확을 내고 있다고 보고하였다. 즉 영유아기를 놓치면 나중에 교정하기가 더 어렵고, 비용도 더 많이 들며, 효과도 낮다는 것으로 정책적으로도 유아기의 투자가 사회 전체적으로 타당한 투자이며, 복지비용의 지불을 감소시킬 수 있다는 것이다.

이상에서 살펴본 바와 같이 인간 발달에 있어서 영유아기가 결정적 시기이고 초기경험이 중요하다는 영유아기 보육에 대한 인식 변화는 과잉 조기 교육, 부모의 사교육비 부담 및 스트레스로 인한 영유아 발달 장애 등의 사회 문제를 야기했으나 영유아를 위한 보육 프로그램 마련에 대한 시사점을 제공했을 뿐 아니라 정부의 조기 개입을 위한 정책 결정에도 중요한 영향을 미쳤다.

3 우리나라의 보육 기준과 현황

1) 영유아 보육의 운영 기준

우리나라의 보육 사업은 「영유아보육법」과 「영유아보육법 시행령」 및 시행규칙에 의하여 실행되고 있으며, 주무부처인 보건복지부는 매년 당해 연도의 보육 사업 지침을 마련 · 제공하고 있다. 보건복지부(2014)에서 제시하고 있는 어린이집의 설치, 보육 대상, 어린이집 운영 및 프로그램, 어린이집 보육교직원에 관해 개괄해 보면 다음과 같다.

(1) 어린이집의 설치

어린이집은 보호자의 위탁을 받아 영유아를 보육하는 기관을 말하며(「영유아보육법」 제2조), 「영유아보육법」 제13조에 의해 국 · 공립 어린이집을 제외한 모든 어린이집은 설치 시 관할 소재지의 도지사 · 시장 · 군수 또는 구청장에게 사전에 인가를 받도록 규정하고 있다. 어린이집 인가를 위한 주요 인가 요건은 첫째, 보육 수요, 입지 조건 등이 지역적으로 타당한가, 둘째, 시설 기준(시설 면적, 시설 설비 등)에 적합한가, 셋째, 건축물은 건축법령, 소방법령 등 각종 규정을 준수하였는가, 넷째, 원장의 자격은 적정하고 규정에 따라 종사자가 확보되었는가 등이다.

이밖에 보건복지부(2014)에서는 어린이집의 설치와 관련해서 어린이집의 정원은 300인 이하로 제한하고 있으며 건물의 구조 및 보육실 · 화장실 · 놀이 기구 등의 시설은 영유아의 특성에 맞게 설비하도록 하고 있다. 보육실을 포함한 시설 면적은 영유아 1인당 4.29㎡ 이상으로 하고, 보육실은 영유아의 연령에 구분 없이 1인당 2.64㎡ 이상으로 하며 1층에 우선적으로 설치하도록 규정하고 있다. 또한 실외놀이터는 영유아 50인 이상인 경우는 놀이터의 설치를 의무화하고 있으며 영유아 1인당 3.5㎡ 이상을 원칙으로 한다. 어린이집의 유형은 국 · 공립 어린이집, 사회복지법인 어린이집, 법인 · 단체 등 어린이집, 민간 어린이집, 직장 어린이집, 가정 어린이집, 부모 협동 어린이집으로 구분되며, 이는 | 표 1-4 | 의 내용과 같다.

표 1-4 설립 주체에 따른 어린이집 유형

유형	명칭	규모	설치, 운영 주체	설치 절차
국·공립 어린이집	어린이집	11인 이상	국가, 지방자치단체	• 국가 및 지방자치단체장이 인가 없이 직접 설치(신고)
사회복지법인 어린이집	어린이집	21인 이상	'사회복지사업법'에 의한 사회복지법인	• 관할 시장·군수 또는 구청장(인가)
법인·단체 등 어린이집	어린이집	21인 이상	사회복지법인이 아닌 법인, 단체 등	• 관할 시장·군수 또는 구청장(인가)
민간 어린이집	어린이집	21인 이상	국공립·사회복지법인·법인 단체 등·직장·가정·부모 협동이 아닌 개인	• 관할 시장·군수 또는 구청장(인가)
직장 어린이집	어린이집	5인 이상	사업주(국가 또는 지방자치단체의 장 포함)	• 관할 시장·군수 또는 구청장(인가)
가정 어린이집	어린이집	5인 이상 20인 이하	개인	• 관할 시장·군수 또는 구청장(인가)
부모 협동 어린이집	어린이집	11인 이상	보호자 11인 이상이 결성한 조합	• 관할 시장·군수 또는 구청장(인가)

(2) 보육 대상

보육은 영유아를 건강하고 안전하게 보호·양육하고 영유아의 발달 특성에 적합한 교육을 제공하는 사회 복지 서비스를 말하며, 여기서 보육의 대상이 되는 영유아는 출생에서 6세 미만의 취학 전 아동을 말한다(「영유아보육법」 제2조). 그러나 필요한 경우에는 어린이집의 원장은 만 12세까지 연장하여 보육할 수 있도록 규정하고 있어(「영유아보육법」 제27조 단서조항) 초등학교 저학년 아동을 대상으로 방과후 보육을 실시할 수 있도록 하고 있다.

이들이 어린이집에 입소할 수 있는 순위를 살펴보면 아래와 같다(보건복지부, 2014).

① 「국민기초생활보장법」에 따른 수급자(법정)

② 「한부모가족지원법」 제5조의 규정에 의한 보호 대상자의 자녀

③ 「국민기초생활보장법」 제24조의 규정에 의한 차상위 계층의 자녀(최저생계비의 120% 이하)

④ 「장애인복지법」 제2조의 규정에 의한 장애인 중 보건복지부령이 정하는 장애등급 이상에 해당하는 자의 자녀(장애부모)

⑤ 아동복지시설에서 생활 중인 영유아
⑥ 부모가 모두 취업 중인 영유아
⑦ 「다문화가족지원법」 제2조 제1호에 따른 다문화가족의 영유아
⑧ 자녀가 3명 이상인 가구의 영유아 또는 영유아가 2자녀 가구의 영유아
⑨ 산업단지 입주기업체 및 지원기관 근로자의 자녀로서 산업단지에 설치된 어린이집을 이용하는 영유아
⑩ 기타 한부모 · 조손 가족, 입양된 영유아

어린이집 원장은 어린이집 이용 신청자의 명부를 관리해야 하며, 이상의 입소 우선순위에 따라 입소 조치를 해야 한다. 또한 어린이집은 「영유아보육법」 시행규칙 제23조 별표 8의 규정에 의하여 가능한 한 2세 미만 영아반, 2세 영아반과 3세 이상의 유아반을 동시에 운영하여야 하며, 3세 이상 유아만 보육할 수는 없다고 규정하고 있다. 이와 함께 시장 · 군수 · 구청장은 영아 보육 활성화를 위하여 가능한 한 영아반의 비율을 높게 편성할 것을 지도하도록 규정하고 있다.

(3) 어린이집 운영 및 프로그램

어린이집의 운영은 종일제 운영을 원칙으로 하여 공휴일을 제외하고 연중 계속 운영하여야 하며, 지역 및 시설 여건에 따라 보호자와 원장의 협의에 의하여 공휴일에도 운영 가능하도록 하고 있다(보건복지부, 2014). 보육 운영 시간은 주 6일, 평일 12시간(7:30~19:30) 운영함을 원칙으로 하되, 보호자의 근로 시간 등을 고려하여 조정 · 운영할 수 있다. 또한 기준 시간 초과 보육 및 휴일 보육은 보호자와 원장의 합의에 의해 실시가 가능하나 토요휴무제의 확대에 따라 보육 영유아의 수가 감소할 경우에는 보육에 지장을 주지 않는 범위 내에서 교사들의 교대 휴무가 가능하도록 규정하고 있다.

보육교사의 근무 시간은 1일 8시간을 원칙으로 한다. 어린이집의 운영 시간(7:30~19:30)을 고려하여 나머지 3시간(7:30~9:00, 18:00~19:30)에 대해서 출퇴근 시간은 탄력적으로 운영하며 1일 8시간을 초과하여 근무하는 경우에는 해당 교사에게 시간외 수당을 지급해야 한다.

보건복지부장관이 개발, 보급한 표준보육과정 및 누리과정에 따라 어린이집의 장은

아동 특성 및 발달 단계에 따라 적합한 보육 프로그램을 운영해야 한다. 또한 영유아의 건강 · 영양 · 안전을 위해 어린이집의 장은 매년 영유아와 종사자의 건강진단을 실시해야 하고, 균형 있고 위생적이며 안전한 급식을 제공해야 하며 급식은 어린이집에서 직접 조리하여 공급하는 것을 원칙으로 한다. 또한 어린이집의 장은 소방훈련을 매월 실시해야 할 뿐 아니라 아동복지법령(제31조 및 동법 시행령 제28조)의 안전 교육 기준에 따라 매년 안전 교육 계획(교통안전 교육, 재난 대비 교육, 약물 오 · 남용 교육)을 수립하여 교육을 실시해야 하고, 계획 및 교육 실시 결과를 관할 시장 · 군수 · 구청장에게 매년 1회 보고하도록 되어 있다.

(4) 어린이집 보육교직원

어린이집 보육교직원과 관련하여 교직원 배치 기준과 자격 기준에 대해서 살펴보면 다음과 같다(보건복지부, 2014).

① 보육교직원 배치 기준

어린이집의 종사자는 원장, 보육교사, 간호사, 영양사, 취사부, 기타 인력으로 분류되며, 어린이집의 영유아 정원 또는 현원을 기준으로 배치된다(| 표 1-5 |).

표 1-5 보육교직원의 배치 기준

구분	배치 기준	자격 기준	비고
원장	• 전 어린이집별 1인 ※ 다만, 영유아 20인 이하를 보육하는 가정 어린이집은 어린이집의 장이 보육교사를 겸임할 수 있음	「영유아보육법」 시행규칙 제10조 [별표2]	정원 기준
보육교사	• 만 1세 미만 ⇒ 영아 3인당 1인 • 만 1세 이상 만 2세 미만 ⇒ 영아 5인당 1인 • 만 2세 이상 만 3세 미만 ⇒ 영아 7인당 1인 • 만 3세 이상 만 4세 미만 ⇒ 유아 15인당 1인 • 만 4세 이상 미취학 유아 ⇒ 유아 20인당 1인 ※ 유아 40인당 1인은 보육교사 1급 자격자여야 함 • 취학 아동 ⇒ 20인당 1인 • 장애아 3인당 1인 ※ 장애아 9인당 보육교사 1인은 특수교사 자격 소지자이어야 함	「영유아보육법」 시행규칙 제10조 [별표2]	현원 기준
간호사	• 영유아 100인 이상을 보육하는 시설	–	현원 기준
영양사	• 영유아 100인 이상을 보육하는 시설	–	현원 기준
취사부	• 영유아 100인 이상을 보육하는 시설	–	현원 기준

② 보육교직원의 자격 기준

어린이집 원장은 「영유아보육법」 시행령 제21조 [별표1] 기준에 해당하는 자로서 보건복지부장관이 검정, 수여하는 국가자격증을 받은 자이다. 보육교사의 자격 기준은 「영유아보육법」 시행령 제21조에 따라 | 표 1-6 | 에 제시된 바와 같이 전문대학 또는 이와 동등 이상의 학교에서 보건복지부령이 정하는 보육 관련 교과목 및 학점을 이수하고 졸업한 자, 또는 고등학교 또는 이와 동등 이상의 학교를 졸업한 자로서 보건복지부령이 정하는 교육 훈련 시설에서 소정의 교육과정을 수료한 자이다. 보육교사는 보육교사 1, 2, 3급으로 구분되며, 보육교사 자격관리국에서 교사의 자격을 검정받고 자격증을 교부받게 된다.

표 1-6 보육교직원의 자격 기준

등급	자격 기준
원장 (300인 이하 어린이집 일반 기준)	❶ 보육교사 1급 자격을 취득한 후 3년 이상의 보육 등 아동복지업무 경력이 있는 사람 ❷ 「유아교육법」에 따른 유치원 정교사 1급 자격을 취득한 후 3년 이상의 보육 등 아동복지업무 경력이 있는 사람 ❸ 유치원 원장의 자격을 가진 사람 ❹ 「초 · 중등교육법」에 따른 초등학교 정교사 자격을 취득한 후 5년 이상의 보육 등 아동복지업무 경력이 있는 사람 ❺ 「사회복지사업법」에 따른 사회복지사 1급 자격을 취득한 후 5년 이상의 보육 등 아동복지업무 경력이 있는 사람 ❻ 「의료법」에 따른 간호사 면허를 취득한 후 7년 이상의 보육 등 아동복지업무 경력이 있는 사람 ❼ 국가 또는 지방자치단체에서 7급 이상의 공무원으로 보육 등 아동복지업무에 5년 이상 근무한 경력이 있는 사람
보육교사 1급	❶ 보육교사 2급 자격을 취득한 후 3년 이상의 보육업무 경력이 있는 사람으로서 보건복지부장관이 정하는 승급교육을 받은 사람 ❷ 보육교사 2급 자격을 취득한 후 보육 관련 대학원에서 석사학위 이상을 취득하고 1년 이상의 보육업무 경력이 있는 사람으로서 보건복지부장관이 정하는 승급교육을 받은 사람
보육교사 2급	❶ 전문대학 또는 이와 같은 수준 이상의 학교에서 보건복지부령으로 정하는 보육 관련 교과목 및 학점을 이수하고 졸업한 사람 ❷ 보육교사 3급 자격을 취득한 후 2년 이상의 보육업무 경력이 있는 사람으로서 보건복지부장관이 정하는 승급교육을 받은 사람
보육교사 3급	• 고등학교 또는 이와 같은 수준 이상의 학교를 졸업한 사람으로서 보건복지부령으로 정하는 교육훈련시설에서 정해진 교육과정을 수료한 사람

2) 영유아 교육 · 보육 현황

우리나라의 유아교육기관은 「유아교육법」에 근거하여 설치 · 운영되는 교육부 산하의 유치원과 「영유아보육법」에 근거하여 보호자의 위탁을 받아 영유아를 보육하는 보건복지부 산하의 어린이집으로 구분된다. 우리나라는 |표 1-7|에 제시된 바와 같이 영유아를 교육하고 돌보는 기관의 설립 목적과 취지에 따라 3~5세 유아를 대상으로 하는 유치원과 0~5세 영유아를 대상으로 하는 어린이집으로 나누어져 있어 근거 법령, 교사의 자격, 설치 기준, 담당부처 등이 다르고, 보육이나 교육의 내용, 학부모 부담 수준, 이용일수나 시간 등이 각각 다르게 운영되고 있다.

표 1-7 영유아 교육 · 보육 현황

구분	유치원	어린이집
근거 법률 및 성격	「유아교육법」(교육기관)	「영유아보육법」(사회복지기관)
관리부처	교육부 · 시도 교육청	보건복지부–자치단체
이용 대상 및 현황 (2012년 기준)	3~5세, 8천 5백 개, 60만 명	0~5세, 4만 2천 개, 150만 명
운영 시간	3~5시간+방과후과정(선택)	12시간(7:30~19:30)+시간 연장(선택)
정부 지원 총액 (2013년 기준)	총 4조 원 (지방교육재정교부금)	총 8.3조 원 (국비 4.1조 원, 지방비 4.2조 원)
정부 지원 교육비 · 보육료 (학부모/기관)	0세 75만 원, 1세 52만 원, 2세 40만 원, 3~5세 22만 원 (39/36) (35/17) (29/11) (22/0)	
교육 · 보육 내용	공통 누리과정(3~5세)	공통 누리과정(3~5세)
	–	표준보육과정(0~2세)
교사자격 · 양성	유치원교사 1 · 2급 및 준교사 (전문대졸 이상, 학과제)	보육교사 1 · 2 · 3급 (고졸 이상, 학점제)
정보 공시	2012년 9월부터, 유치원 알리미	2013년 12월부터, 아이사랑보육포털
평가 체계	의무적 평가	자율적 평가인증제
재무회계 규칙	어린이집, 유치원, 기관별 설립주체 등에 따라 운영 상이	
가격규제	원장 자율	시도별 상한액
시설 기준	1, 2층, 놀이터 160㎡(40명 이하) 등	1층 원칙, 놀이터 3.5㎡/명 등

| 출처 | 국무조정실 보도 자료(2014. 2. 14.). 국무총리 소속 '영유아 교육 · 보육 통합추진단' 14일 공식 출범.

이와 같이 우리나라의 유아교육기관은 동일 연령의 유아를 대상으로 교육과 보육이 분리, 제공됨으로써 특히 만 3~5세 유아와 그 부모들에게 불필요한 혼돈을 불러일으키며, 이원화에 따른 행 · 재정적 문제와 불필요한 중복 지원 등이 끊임없이 문제점으로 대두되어 왔다. 이러한 불합리한 문제를 해소하기 위하여 지난 20년 간 영유아 교육 · 보육의 통합(이하 '유보통합')은 유아교육 · 보육계의 주요 현안이었다.

최근 정부는 관계부처와 민간의 논의과정을 거쳐 '유보통합 추진방안'을 마련하였고 이에 따라 국무조정실에 설치된 유보통합 추진단을 중심으로 이해 관계자의 갈등 요인을 효율적으로 관리하면서 2014년부터 2016년까지 단계적으로 유보통합을 추진해 나갈 예정이다. 유보통합 추진방안의 단계별 주요 내용을 살펴보면 다음과 같다(장석환, 2014).

1단계인 2014년에는 유치원과 어린이집의 서비스 질을 높일 수 있는 과제들을 추진한다. 이를테면 유치원과 어린이집의 원비 · 교사 · 특별 활동 · 급식 등 정보 공시 내용을 확대 · 연계 및 통합하고, 공통 평가 항목과 평가 기준을 마련하는 한편, 유치원 평가와 어린이집 평가인증을 연계하며, 재무회계규칙 적용 확대 및 공통 적용 항목 개발 등의 과제를 추진하는 것이다. 둘째, 2단계인 2015년에는 다양한 규제 환경을 정비하는 등 본격적으로 통합을 추진한다. 세부 내용으로는 결제카드 통일, 교실 면적 · 교사당 아동 비율 등을 포함한 시설 기준 정비 · 통합, 이용 시간과 교육과정 등 통합, 교사 자격과 양성 체계 정비 및 연계 추진 등이다. 셋째, 3단계인 2016년에는 관리부처와 유아교육 · 보육 재정 등도 통합함으로써 유보통합을 마무리한다. 유치원 · 어린이집 간 교사 처우격차를 해소하기 위해 단계적으로 지원하는 방안을 마련하고, 교육부–보건복지부, 교육청–지자체 등 관리부처와 영유아 교육 · 보육에 소요되는 예산을 통합하는 것을 주요 과제로 한다.

이상의 유보통합을 통해 영유아는 유치원과 어린이집 등 어느 기관에서건 우수한 자질의 교사로부터 공통 교육 · 보육과정을 격차 없이 제공받을 수 있을 것이다. 또한 국가차원의 교육 · 보육 비전에 따라 종합적이고 효율적인 유 · 보 지원 체계를 확립할 수 있을 것이다.

4 보육과정의 최근 동향

보육과정은 그 시대의 철학적, 역사적, 심리적, 사회적인 요구와 맥락을 반영하면서 변화해 왔다. 최근 보육과정에서 논의되고 있는 내용들을 살펴보면 다음과 같다.

1) 다양한 보육 서비스 요구를 반영한 프로그램의 개발

기혼여성의 취업 확대, 핵가족화와 한부모 자녀 증가 등의 사회 · 경제적 변화로 인해 가정의 자녀 양육 기능이 약화되면서 가정 밖에서 보육 받는 영유아의 연령이 하향화되고 연장 보육, 휴일 보육, 24시간 보육 등의 다양한 보육 서비스가 요구되고 있다. 이와 함께 방과후 초등학교 아동들도 각종 안전사고, 과도한 TV 시청이나 컴퓨터 게임, 아동 유기, 성 폭행 등의 위험에 노출되어 있기 때문에 방과후 아동 지도에 대한 필요성과 요구가 높아지고 있다. 즉, 출생에서부터 초등학교 아동까지 보육에서 담당해야 할 대상 연령의 범위가 넓어지고 보육 시간도 일일 12시간 이상, 휴일까지 다양하게 운영되고 있다. 이로 인해 3세 미만 영아를 위한 영아 프로그램, 초등학교 아동을 위한 방과후 아동 프로그램뿐 아니라 종일제, 시간 연장제, 24시간 보육 프로그램까지 다양한 보육 서비스의 요구를 반영한 프로그램이 개발 · 적용되고 있다.

영아 프로그램은 취업여성의 증가와 가족 구조의 변화 등 사회 경제적 변화 외에도 생후 3년 간의 초기경험이 앞으로의 성장과 발달에 결정적인 역할을 한다는 영아기 중요성의 강조, 자녀수 감소로 인한 자녀에 대한 기대와 비용 투자 증가 등의 요인이 복합적으로 작용하면서 1990년대 말부터 3세 미만 영아 보육에 대한 수요가 가속화되고 있다(김희진 · 김언아 · 홍희란, 2004). 영아 프로그램의 중요한 특징 중 하나는 영아의 신체적, 생리적 욕구를 보육과정 안에서 중요한 내용으로 의미 있게 진행한다는 것이다. 즉 일상생활과 관련된 낮잠 자기, 먹기, 씻기, 기저귀 갈기, 배변 훈련, 옷 입고 벗기 등이 영아와 친밀감을 나누고 일상생활에서 자조 능력을 키울 수 있는 보육 활동으로 진행된다. 또 다른 특징은 영아기는 발달적 변화가 급속한 시기이기 때문에 영아의 발달적 특성을 반영한 보육경험을 제공하고 영아의 개인차를 고려해서 계획했던 활동도 융통성 있게 변화시켜서 진행하는 것이다.

반면에 초등학교 시기는 기본적인 생활 습관과 학습 습관이 형성되는 시기이기 때문에 방과후 아동을 위한 프로그램은 초등학교의 학습 영역과 가정에서의 생활 영역을 종합해서 구성하고 운영한다. 대상 연령은 만 12세 미만의 초등학교 아동이며(「영유아보육법」 제27조), 방과후 아동 지도는 방과후, 방학 중, 학교 시작 전에 행해지는 아동 지도를 모두 포함하는 개념이다. 프로그램의 주요 내용은 식사 등의 생활 지도, 숙제 지도, 학업 성취 지도, 자율 학습, 특별 활동 지도, 놀이, 독서 등으로 구성된다(한국여성개발원, 1997).

시간 연장 보육은 어린이집에서 기준 보육 시간(7:30~19:30)을 경과하여 21:30 이후까지 시간을 연장해서 보육하는 것을 말하며, 휴일 보육은 원장과 보호자의 협의에 의해 공휴일에도 운영되는 보육 형태이다(보건복지부, 2014). 시간 연장 및 24시간 보육 프로그램에서는 가정을 대신하여 보호와 양육의 기능을 우선적으로 실행할 수 있는 환경을 구성하고 하루 3번의 식사와 간식, 배변, 수면, 씻기 등의 일상적인 활동과 학습 활동, 놀이 등이 이루어질 수 있도록 계획한다(신경희, 2005). 특히 시설적인 면에서 야간에 방문자 또는 보호자에 대한 확인과 외부인의 침입에 대비한 비디오폰, 경보 장치, 경찰서와의 연락 장치를 마련해 두는 것이 필요하고 영유아들이 잠자는 방은 가정과 같은 안락함과 편안함을 느낄 수 있도록 낮의 활동실과 분리해서 배치하는 것이 필요하다.

이와 같이 최근에 출생에서부터 초등학교 아동까지 보육에 대한 수요가 증가하면서 취업모 자녀를 위한 어린이집, 유치원 종일반, 방과후 아동 지도 교실 등이 양적으로 증가하고 종일제, 시간 연장제, 24시간 보육, 휴일 보육 등의 다양한 시간 운영을 하는 어린이집이 증가함에 따라 이를 위한 다양한 프로그램들이 개발되고 있다. 그러나 이러한 어린이집의 양적 증가에 비해 아직은 양질의 프로그램이 모든 기관에서 제공되고 있는 것은 아니다. 비용과 시설, 교사 수급 등의 문제로 인해 최소의 보호만 제공하는 경우도 있다. 따라서 사회 · 경제적 변화와 교육적 인식 변화로 아주 어린 시기부터 가정 밖의 시설에서 장시간 보호되고 교육되는 영유아들을 위해 영유아의 발달과 개인적 특성, 환경적 특성을 고려하여 전인적 발달과 성장을 지원할 수 있는 양질의 보육 프로그램 개발이 중요한 과제이다.

2) 다양한 목적을 가진 프로그램의 개발

최근 특정한 목적들을 가지고 특별한 영유아들을 대상으로 하는 다양한 프로그램들이 개발되고 있다(김명순 · 이기숙 · 이옥, 2005). 예를 들면 영유아에게 미래를 살아가는데 필요한 역량과 책임을 키우기 위한 지속가능발전 교육 프로그램(곽노의 · 박원순 · 이상원, 2013; 신은수 · 박은혜, 2012), 자연에 대한 친밀감과 아름다움을 느낄 수 있는 감성계발 및 자연을 보호하는 태도를 길러주기 위한 생태교육과정(임갑빈 외, 2002; 임재택 외, 2002), 인간의 다양성을 수용하고 편견을 방지하기 위한 다문화적 교육 혹은 반편견 교육과정(김영옥, 2002; 이경우 · 이은화, 1999; Derman-Sparks & A. B. C. Task Force, 1989) 등이 있다. 또한 특수 아동을 대상으로 하는 통합교육 프로그램(이소현, 2005) 등도 매우 다양하게 개발 · 적용되고 있다.

인류는 성장 위주의 풍토 속에서 기후 변화, 생태계 파괴, 대량소비 확산, 에너지 고갈, 인간 안보 위협 등의 복잡한 문제에 직면하게 되었다. 이러한 전 지구적 위협이 가시화되면서 현 세대와 미래세대를 위한 지속가능발전(Sustainable Development)에 대한 관심이 높아지게 되었다. 지속가능발전이란 환경, 사회, 경제의 균형을 고려하며, 삶의 질적 향상과 발전을 통해 인간의 행복을 추구하고자 하는 것으로, 과거의 경제성장 위주의 발전을 지양하는 새로운 패러다임이다(유네스코한국위원회, 2013). 따라서 지속가능발전을 지향하는 교육에서 가장 역점을 두는 것은 지속가능발전의 가치를 증진하고 그 실현에 기여할 수 있는 역량을 기르는 것이다. 영유아기는 삶의 이해, 가치, 실행의 기반을 형성하는 시기이므로 영유아기부터 초 · 중등학교 시기까지 지속가능발전교육이 연계성 있게 실행될 필요가 있다. 2007년 및 2009년 초 · 중등 개정 교육과정의 총론에서 지속가능발전교육을 범교과학습 주제 중에 하나로 포함하였으나 아직 우리나라에서는 환경교육이나 생태교육, 자연친화교육, 녹생성장교육 등으로 혼용되거나 협의의 개념으로 이해하고 있는 경향이 있다. 이에 대해 최근 유아교육현장과 학계에서는 포괄적 개념에서 지속가능발전을 위한 유아교육과정의 방향성을 제시하거나(신은수 · 박은혜, 2012) 유아를 위한 지속발전교육 프로그램을 개발하는 연구들(곽노의 외, 2013; 박은혜 · 박은정, 2011; 이금구 · 동풀잎, 2011)이 활발히 실행되고 있다. 지속가능발전을 위한 교육과정의 목표설정을 위해 고려해야 할 핵심가치에는 인권존중, 미래세대존중, 생태적 다양성 존중, 문화적 다양성 존중 등이 있으며, 사회(빈부격차, 지속가능한 생산과 소비, 시민의식, 평화교육, 다문화교육 등), **경제**(경제성장의 한계와 잠재적 가능성, 사회와 환경의 상호영향 등), **환경**(자연세계의 보호, 쓰레기, 물, 생물의 다양성 등)의 3가지 영역을 주요 교육 내용으로 다루고 있다. 이와 같은 관점에서 인간과 자연의 조화를 강조하는 생태유아교육의 중요성은 여전히 강조되고 있다. 이러한 생태유아교육 프로그램은 영유아가 어린이집 또는 가정에서 쉽게 접할 수 있는 꽃, 식물, 동물 등을 주제로 자연에 대한 친밀감을 높이고 감성을 계발하는 자연친화교육의 형태로 개발되고 있다(임갑빈 외, 2002).

또한 성, 인종, 장애, 민족, 문화 등의 차이점을 인정하고 존중하며 인간의 다양성을 수용하고 편견에 대응할 수 있는 능력을 길러주기 위한 반편견, 다문화 교육이 개발 · 적용되고 있다. 특히 다인종으로 국가가 구성된 미국을 중심으로 1980년대에 활발히 연구 · 적용되던 반편견 교육에 대해 우리 학계에서도 관심을 기울이기 시작한 것은 1990년대 후반부터이다. 이는 우리나라에서도 현대 사회의 다양한 삶의 변화는 동일 국가와 민족 내에서도 다양한 문화 차이를 나타내며 이를 상호 존중하고 이해하면서 공존해 나가는 태도를 형성하는 것이 영유아가 지구촌 시대를 살아가는 데 필요한 기본 능력이라는 것을 인식했기 때문이다. 다문화 교육 프로그램의 주요 내용은 문화, 협력, 편견, 정체성 형성, 평등성, 다양성 등이며 이를 토대로 문화의 다양성을 존중하고 세계 공동체를 위한 역할을 수행하는 것을 목적으로 한다(김영옥, 2002).

특수아동을 대상으로 하는 통합교육에서 통합(mainstreaming)은 영유아들에게 서로 다른 차이를 최소화하거나 무시하도록 하는 것이 아니라 차이점에 대해 긍정적이고 적절한 반응을 하도록 가르치는 하나의 노력이라고 보아야 한다(Sapon-Shevin, 1983). 장애아 통합교육 프로그램은 운영하는 기관에 따라서, 장애아동의 장애 정도나 적응 행동의 수준 등을 고려하여 일반 학급에서 또래들과 함께 일과에 참여하게 하기보다는 분리된 학급에 배치해서 부분 통합을 하거나 장애아동의 학급에 일반 아동을 역통합하는 통합 프로그램을 운영하기도 한다. 그러나 최근에 장애아 통합교육은 '장애를 지닌 아동들이 장애를 지니지 않은 또래들과 함께 유치원이나 어린이집 등의 기관에서 교육받는 것' 을 의미하며(이소현, 2003; Bowe, 2004), '함께 교육받는다는 것' 은 장애아동이 동일한 소속감과 동등한 가치를 인정받고 동등한 선택의 자유를 가질 수 있는 권리를 가지는 것으로 인정되고 있다. 장애아 통합교육 프로그램은 질적으로 우수한 일반

보육 프로그램을 기반으로 하며 장애아동이 가진 개별적 욕구를 기초로 개별화된 특수교육 지원이 함께 이루어지도록 구성된다.

3) 보육과정의 공공성 강화

최근 세계의 많은 국가들은 저출산 대책, 생애 초기 발달의 중요성, 일과 가정의 양립 지원 등의 이유로 유아교육 · 보육 분야에 대한 국가적 책임과 공공성을 강화하고 있다. 보육과 유아교육의 공공성이란 '모든 영유아가 동일한 출발선을 보장받기 위하여 사회 · 경제적 계층에 관계없이 일정 수준 이상의 질이 보장된 교육 · 보육 서비스를 제공하는 것'(양미선 · 정주영 · 임지희, 2013)을 의미한다. OECD(2012)의 Starting Strong III를 보면, OECD 회원국들이 육아정책의 목표로 설정하는 1순위는 '평등성 보장'이며, 2순위는 '공적 책임과 투자'인 것으로 나타났다. 이는 OECD 국가들이 공평하고 포괄적인 유아교육 · 보육 체재를 확립하고 모든 아이들에게 질 높은 유아교육 · 보육 서비스에 대한 접근성 보장을 목표로 설정하고 있음을 알 수 있다. 또한 OECD 국가들은 보육의 질 향상을 위하여 보육과정과 학습 기준 및 교사자격과 교육을 강조하고 있었다.

이 중 보육과정과 관련하여 대부분의 OECD 국가들은 보육의 질 향상을 위하여 최소한 3세~취학 전까지 국가 수준의 보육과정 틀(framework)을 갖추고 있는 것으로 나타났다(문무경, Moss, Bennett, & 하민경, 2013). 핀란드의 경우에는 국가 수준 유아교육 · 보육과정을 간략한 지침 수준으로 제공하고 있으며 교사와 부모의 파트너십에 의한 개별아동의 맞춤형 교육과정 운영을 강조하고 있다. 독일의 경우에는 2004년부터 연방 16개 주에서 영유아를 위한 공통 교육 · 보육과정을 도입, 실행하고 있다. 이는 OECD 국가 간 PISA(국가 간 학생 평가 프로그램) 테스트 결과 독일이 하위권에 머물자 모든 16개 지방 정부가 현장관리를 강화하고 공통교육과정의 적용을 추진하게 된 것이다. 프랑스에서는 3세 미만의 영아들이 다니는 크리쉐(Creche)에는 국가 수준의 교육과정이 존재하지 않지만 만 3~5세 유아들이 다니는 모성학교(Ecole maternelle)에서는 국가 수준의 공통된 교육과정으로 5개 영역이 있으며, 국가는 이를 관리 감독하고 있다.

우리나라의 경우는 대표적인 유아교육기관은 어린이집과 유치원으로, 보육과 유아

교육이 이원화되어 있어 동일 연령의 유아를 대상으로 서로 다른 교육과정이 운영되고 있었다. 이에 취학 전 교육의 질을 높이며 생애 초기에 교육기회의 공정한 출발선을 보장할 수 있는 제도를 갖추기 위하여 2012년 3월부터 어린이집과 유치원에 '5세 누리과정'을 공통과정으로 도입하여 실시하고 있으며, 2013년 3월부터는 만 3-4세 누리과정을 확대하여 '3-5세 연령별 누리과정'을 실시하고 있다(교육과학기술부 · 보건복지부, 2013). 이외에도 2004년 이후 보육료와 교육비 지원 대상을 점차적으로 늘려 왔으며, 2013년에는 어린이집, 유치원 미이용 영유아에게도 소득에 관계없이 양육수당을 지급하는 0~5세 전면 무상보육을 실시하게 되었다. 이와 같이 국가적 차원에서 수요자가 질이 보장된 보육 서비스를 받을 수 있도록 행 · 재정적 지원과 함께 질 높은 프로그램을 제공하고, 이를 효율적이고 투명하게 관리하기 위해서 어린이집 평가인증제, 운영위원회, 정보 공시제도 등의 제도를 도입하여 운영하고 있다.

4) 발달에 적합한 실제에 대한 논쟁 및 보육과정의 재개념화

1980년대 이후 천재아 선호증상과 일찍부터 영유아에게 형식적인 교육을 시키자는 온실 이론(hothousing)의 문제가 점점 심각하게 대두되었다. 이러한 학문 성취와 테스트에 대한 압력에 대응하기 위한 움직임으로 미국 전국 유아교육협회(NAEYC: National Association for the Education of Young Children)에서는 「출생에서 8세까지 발달에 적합한 실제」를 출간하였다(Bredekamp, 1986). 발달에 적합한 실제(DAP: developmentally appropriate practices)는 연령의 적합성, 개인적 적합성, 사회 · 문화적 적합성을 의미하며, 교사가 다음의 세 가지 정보에 기초한 학습 환경과 경험을 제공할 때 성취된다(Bredekamp & Copple, 1997).

- 연령의 적합성(*age appropriateness*): 영유아기에 이루어지는 성장과 변화에는 보편적이고 예측 가능한 단계가 있으며, 이러한 예측 가능한 변화는 그 시기의 영유아에게 안전하고 흥미롭고 도전적인 활동, 놀잇감, 경험이 무엇인지 예상할 수 있도록 도와준다. 연령의 적합성이란 영유아가 속한 연령 집단의 발달 수준과 특성에 맞게 보육과정을 운영하는 것을 의미한다.

■ 개인적 적합성(individual appropriateness): 집단 속에 있는 개별 영유아는 모두 각기 다른 발달 능력과 흥미, 요구, 기질을 가지고 있다. 개인적 적합성이란 교육과정 운영시 이러한 영유아의 개인차, 다양성을 수용하고 민감하게 반응해 주는 것을 의미한다.

■ 사회 · 문화적 적합성(socio-cultural appropriateness): 영유아의 발달과 학습은 그들이 속한 다양한 사회 · 문화적 맥락에 의해 영향을 받는다. 사회 · 문화적 적합성이란 개별 영유아 및 그 가족이 지닌 가치, 신념, 전통, 문화 등에 적합해야 한다는 것을 의미하며 그들에게 의미 있고, 관련되고, 존중될 수 있는 학습경험을 제공해 주는 것을 의미한다.

NAEYC의 발달에 적합한 실제는 미국의 많은 주와 교육위원회, 교육 현장 등에서 교육과정 운영의 필수적인 것으로 간주되고 있다. 발달에 적합한 실제는 현대 보육과정에 있어, 영유아를 위한 프로그램을 판단하는 기준으로서 널리 활용되고 있는 기준이며, 또한 보육 목표, 내용, 방법을 재검토할 수 있는 좋은 기준을 제시해 준다는 면에서 그 가치가 높다.

그러나 「발달에 적합한 실제」가 발간된 이후 이에 대한 비판은 계속되고 있는데, 첫째, 심리적 발달 이론에만 기초하여 모든 것을 제시하려고 하는 것에 대한 비판이다(이기숙, 2000). 보육과정을 계획할 때 영유아의 발달에 적합한 것인가의 관점에서만 조명하고 있을 뿐 영유아가 학습한 것이 교육적으로 가치 있는 것인지 또는 학교나 그 지역사회 안에서 사회적, 문화적으로 합리적인 교육적 목적에 기초하고 있는지에 관심을 두지 않는다고 비판하고 있다. 즉, 영유아 발달에 관계된 정보들은 보육과정을 설계하는 데 도움이 되지만 지나치게 강조되어서는 안 된다는 것이다. '영유아가 무엇을 할 수 있고 어떻게 배우는가' 하는 그 자체가 교육 내용이 될 수는 없기 때문이다. 따라서 발달에 적합한 실제와 발달 이론은 보육 내용의 근원이라기보다는 보육 내용을 개발하기 위한 자료로써 생각될 수 있다.

둘째, 발달에 적합한 실제에서 사용된 '적절한/부적절한'의 의미에 대한 의문이다. 한 문화권에서 적절한 실제가 다른 문화권에서는 부적절한 실제로 받아들여질 수 있기 때문이다. 이와 같이 영유아 발달과 학습에 대한 문화적 영향이 재조명되면서 문화가 영유아의 발달에 이면(background)이라기보다 발달을 이끄는 전면(foreground)으로 연구되기 시작했다(Williams, 1999). 이러한 맥락에서 1980년대에 들어서면서 많은 교육학자와 심리학자들이 비고스키(Lev Vygotsky)의 사회문화 이론에 새롭게 관심을 갖게 되었고 보육과정 연구에도 영향을 주기 시작하였다. 비고스키의 기본 원리로서 영유아들이 지식을 구성한다는 것, 발달은 사회적 맥락과 분리될 수 없다는 것, 학습이 발달을 주도한다는 것과 언어는 정신 발달에 핵심적인 역할을 한다는 것은 영유아 보육의 교수 실제에서 '문화적 적절성'에 대한 관심을 집중시켰고 현대 보육과정 구성에도 많은 시사점을 주게 되었다. 이런 맥락에서 보육과정 연구자들도 발달 이론에 대한 지나친 의존을 비판하면서 일반 교육과정 연구 분야에서 활발히 응용되고 있는 현상학, 해석학, 비판 이론, 포스트모더니즘, 페미니즘과 같은 다양한 시각에서 보육과정에 대한 재개념화를 시도하고 있다.

이상의 내용을 종합해 볼 때 최근 보육과정에서 논의되고 있는 주요 내용은 사회 경제적 변화와 요구를 반영한 다양한 프로그램들이 개발 · 적용되고 있으며, 보육에 대한 국가책임이 강화되면서 보육과정의 공공성이 강조되고 있다는 것이다. 또 하나는 발달에 적합한 실제와 발달 이론에 기초한 보육과정에 대한 비판과 함께 비고스키의 사회문화 이론에 대한 재조명과 철학적 · 정치적 · 역사적 관점에서 보육과정의 재개념화가 시도되고 있다는 것이다.

참고문헌

곽노의 · 박원순 · 이상원(2013). 유아를 위한 지속가능발전교육 프로그램 개발 연구. 열린유아교육연구, 18(4), 419-436.

교육과학기술부 · 보건복지부(2013). 3~5세 연령별 누리과정 해설서.

김명순 · 이기숙 · 이옥(2005). 한국 유아교육 · 보육과정의 역사와 미래. 한국 유아교육과 보육의 자리매김. 한국유아교육학회 학술대회 자료집, 한국유아교육학회.

김영옥(2002). 유아를 위한 다문화 교육. 서울: 정민사.

김승권(2005). 사회 · 인구학적 측면에서 본 육아지원정책의 과제와 방향. 한국육아지원정책의 과제와 방향. 한국육아지원학원 창립기념 2005 연차학술대회 자료집, 한국육아지원학회.
김희진 · 김언아 · 홍희란(2004). 영아를 위한 프로그램의 이론과 실제. 서울: 창지사.
나정 · 장영숙(2002). OECD 국가들의 유아교육과 보호정책 동향. 서울: 양서원.
문무경, Moss, P., Bennett, J., & 하민경(2013). 선진 육아정책 동향 분석 및 활용 방안 연구. 육아정책연구소 연구보고 2013-21.
박은혜 · 박은정(2011). 푸른별 지킴이. 유아교사의 전문성 제고와 유아교육 현안. 제35회 유아교육학술대회 및 연수 자료집. 서울: 한국전문대학유아교육과교수협의회 · 영유아교육학회. 127-144.
법제처 종합법령정보센터(2014). 영유아보육법. http://www.law.go.kr 에서 2014. 6. 20. 인출.
보건복지부(2014). 2014년도 보육사업안내.
신경희(2005). 국 · 공립 어린이집의 시간 연장제 운영사례. 한국유아교육과 보육의 자리매김. 한국유아교육학회 정기학술대회자료집. 233-246.
신은수 · 박은혜(2012). 지속가능발전 교육을 위한 유아교육과정의 재방향 설정. 육아지원연구, 7(1), 27-50.
양미선 · 정주영 · 임지희(2013). 어린이집 및 유치원 운영의 공공성 제고를 위한 정책 방안. 육아정책연구소 연구보고 2012-19.
여유진 · 김수정 · 김은지 · 최준영(2012). 여성 경제 활동 현황 및 결정요인 분석. 사회적 불평등과 정책적 대응. 한국보건사회연구원 · 한국사회정책학회 정책토론회 자료집.
유네스코한국위원회(2013). 내일의 교육을 그리다-UN 제2차 '지속가능발전교육 10년' 평가보고서.
이금구 · 동풀잎(2011). 지구환경 살림이. 유아교사의 전문성 제고와 유아교육 현안. 제35회 유아교육학술대회 및 연수 자료집. 서울: 한국전문대학유아교육과교수협의회 · 영유아교육학회. 103-126.
이경우 · 이은화 편역(1999). 반편견 교육과정: 어린이에게 대응 능력을 길러주는 도구. 서울: 창지사.
이기숙(2000). 유아교육과정(개정판). 서울: 교문사.
이문향(1999). 의학적으로 본 영아의 발달. 제7회 삼성복지재단 학술대회 자료집. 33-46. 삼성복지재단.
이소현(2003). 유아특수교육. 서울: 학지사.
이소현(2005). 장애아동 통합을 위한 보육 프로그램 개발. 삼성복지재단 연구보고서 미간행.
이순형 · 이혜승 · 이성옥 · 황혜신 · 이완정 · 이소은 · 권혜진 · 이영미 · 정윤주 · 한유진 · 성미영(2005). 보육학개론. 서울: 학지사.
임갑빈 · 김순녀 · 박영란 · 이진수(2002). 자연친화 생태유아교육 프로그램. 서울: 양서원
임재택 외(2002). 얘들아 텃밭 가자. 서울: 양서원.
장석환(2014). 유아교육 · 보육 통합 추진 현황 및 방향. 육아정책포럼, 봄(39), 37-43.

통계청(2002). 사회통계조사보고.
통계청(2014). 국가통계포털. e-나라지표. http://www.index.go.kr/ 에서 2014. 7. 18. 인출.
통계청(2014). 경제활동인구조사. http://www.kosis.kr. 에서 2014. 7. 20. 인출.
한국여성개발원(1997). 방과후 아동 지도 프로그램 총론. 서울: 교육과학사.
한국유아교육학회(1996). 유아교육사전(용어편). 서울: 교문사.
한국유아교육학회(1997). 유아교육사전. 서울: 한국사전연구사.
Bredekamp, S. (1986). *Developmentally appropriate pracitice*. Washington, DC: NAEYC.
Bredekamp, S., & Copple, C. (1997). *Developmentally appropriate practice in early childhood programs* (rev. ed.). Washington, DC: NAEYC.
Bowe, F. G. (2004). *Birth to five: Early childhood special education* (3rd ed.). Albany, NY: Delmar.
Derman-Sparks, L., & A.B.C. Task Force. (1989). *Anti-bias curriculum: Tools for empowering young children*. Washington, DC: NAEYC.
Honig, A. S. (2000). *Training caregivers of children under three. Quality infant & toddler caregiving workshop*. NY: Syracuse University.
Levitt, P. (2005). Genes, Experiences and Human Brain Development. 영유아 정신의 성장과 보육. 제13회 삼성복지재단 국제학술대회자료집. 삼성복지재단. 9-73.
National Association for the Education of Young Children(NAEYC) & National Association of Early Childhood Specialists in State Departments of Education(NAECS/SED) (1991). Guidelines for appropriate curriculum content and assessment in programs serving children ages 3 through 8(joint position statement). *Young Children, 46(3)*, 21-38.
OECD(2012). *Starting Strong III*. Paris: OECD.
Sapon-Shevin, M. (1983). Teaching young children about differences: Resources for teaching. *Young Children, 38(2)*, 24-32.
Schwartz, S. L., & Robison, N. F. (1982). *Designing curriculum for early childhood*. Boston: Allyn & Bacon.
Schweinhart, L. J. (2002). How the High/Scope Perry Preschool Study Grew: A Researcher's Tale. bulletin published online PDKCEDR(http://www.highscope.org/Research/Perry Project/tale.htm)
Shore, R. (1997). *Rethinking the Brain: New insights into early development*. NY: Families and Work Institute.
Spodek, B. (1991). *Early childhood curriculum and cultural definitions of knowledge*. In B. Spodek & O. Saracho (eds.), Issues in early childhood curriculum:

Yearbook in early childhood education(Vol. 2). NY: Teachers College Press.

Williams, L. R. (1999). *Determining the Early Childhood Curriculum: The Evolution of goals and strategies through consonance and controversy*. In C. Seefeldt, The early childhood curriculum: Current Findings in Theory and Practice (2nd ed.). NY: Teachers College Press.

Chapter 2

보육과정 구성의 기초

영유아를 위한 보호와 교육은 인류의 역사와 그 흐름을 같이 하여 왔다. 다음 세대를 훌륭히 교육시키고자 하는 기성세대들은 오랜 역사를 통해 검증된 미래 지향적 교육적 틀을 요구하게 되었다. 라틴어에서 유래한 교육과정(curriculum)의 어원인 '쿠레레(currere)' 의 의미는 경주마가 달리는 트랙을 의미하였다고 한다. 피교육자가 교육적 목적을 향해 나아가는 과정이란 의미인 셈이다. 이를 쉽게 풀어서 교사의 입장에서 보면, 어린이집에서 교사가 영유아에게 제공하는 보호와 교육의 총체이며 영유아의 입장에서 보면, 영유아가 어린이집에서 생활하는 동안 얻을 수 있는 모든 경험을 말한다. 본 장에서는 보육과정을 구성하는 기초에 관해 언급할 예정이며, 기술하는 과정에서 보육과 교육의 두 용어가 혼용되어 사용됨을 밝혀둔다.

1 보육과정의 흐름

영유아를 보호하고 교육해 온 역사가 장구하였음에도 불구하고, 보육과정에 관한 연구 및 분석은 1960년대 이후에 들어서서 이루어졌다. 철학적 사고가 중요하게 부각되었던 초기에는 프뢰벨(Fröbel)이나 듀이(Dewey), 몬테소리(Montessori) 등의 교육 사상이 보육과정에 영향을 미쳤고, 그 후 1920년대에 들어서서, 각종 심리학 이론들은 인간이 어떻게 발달하고 학습하는가에 관한 정보를 밝히며 보육과정에 영향을 끼치게 되었다. 1960년대 이후부터 등장한 복지 사회의 개념은 가족제도의 변화, 여성의 사회참여와 함께 사회적 상황의 격변 요인이 되었고, 보육과정에 사회적 관점이 개입되게 되었다. 철학적, 심리학적, 사회학적 기초에 골고루 기반을 둔 보육과정은 한동안 균형 잡힌 보육과정으로 인식되었다. 그러나 1980년대 이후 전 세계적으로 조기 교육에 대한 지나친 사회적 열풍은 어린 시기를 경쟁과 학습, 테스트 등으로 상징되는 과열된 양상으로 몰아갔으며, 어떻게 해서든지 남보다 빨리, 남보다 많은 것을 학습해야 한다는 천재아 선호 증상을 보이며 조급증이 나타나게 되었다. 이러한 사회적 분위기 속에서 미국유아교육연합회(NAEYC)에서는 「발달에 적합한 실제(DAP: Developmentally Appropriate Practice)」라는 가이드라인을 제시함으로써 보육에서의 발달적 적합성을 강조하게 된다. 이는 당시 영유아기의 경험이 지나치게 비교육적이라는 판단하에 발달이라는 잣대로 적절·부적절의 판단 근거를 삼았던 것이었다. 이에 따라 발달심리학은 보육의 내용을 결정하는 데 매우 중요한 요인이 되었고, 결과적으로 보육과정에서 심리학 이론의 비중이 높아지게 되었다. 학습에 대한 압력을 너무 일찍 받게 되는 것으로부터 영유아를 보호하고자 하는 배경에서 출발한 「발달에 적합한 실제」는 보육의 지향성을 강조하는 학자들에 의해 강력한 비판에 부딪치게 된다. 페인과 슈바르츠(Fein & Schwartz, 1982), 스포덱(Spodek, 1973) 등은 발달 이론이란 보편적인 최소치이며 특수하고 최대치인 보육 이론과는 엄연히 다르다고 하였다. 따라서 발달 이론은 보육과정의 기초를 설계하는 데 도움이 되는 것은 분명하지만, 보육과정의 근원이 되어서는 안 된다는 합의가 이루어지게 되었다. 또한 1980년대에 들어서서 비고스키(Vygotsky)의 근접발달지대(ZPD: Zone of Proximal Development) 개념과 비계설정의 개념은 발달이 학습을 주도하는 피아제(Piaget) 식의 상호작용을 넘어서서 학습의 경험이 발달을 이끌어낼 수 있음을 입증하였다. 그 후 보육과정에 대한 다양한 탐색을 시도했던 재개념주의자들은 보육과정을 새로운 관점에서 재조명하기 시작하였고, 보육의 내용이 지나치게 발달심리학에 의존하고 있음을 비판하고 철학, 심리학, 사회학, 역사학, 정치학 등 기타 종합 학문적 토대 위에 세워져야 함을 주장하였다. 이기숙(2000)의 표현대로, "4세 유아가 A를 배울 수 있다는 사실을 밝힌다는 것이 왜 A를 가르쳐야만 하는가 하는 이유가 되지는 않는다."라는 표현을 깊이 이해한다면, 보육과정이 제반 학문의 종합에 기초해야만 하는 이유를 깨닫게 될 것이다.

다음 |표 2-1|은 연대별로 보육과정에 영향을 주었던 학문의 흐름을 요약해 놓은 표이다.

표 2-1 연대별 보육과정의 기초

연대	기초	주요 사상 혹은 이슈
1900~1920	철학적 기초	• 프뢰벨, 듀이, 몬테소리의 사상
1920~1960	심리적 기초	• 다양한 심리 발달 이론
1960~1980	사회적 기초	• 복지 정책, 가족 구조의 변화 등
1980~현재	종합 학문적 기초	• 다문화주의, 반편견 교육과정 등

|출처| 이기숙 외(2014). 영유아교육과정. pp. 49-84.

2 보육과정을 구성하는 학문적 기초

보육과정의 기초를 이해하기 위해서, 첫째로는 영유아가 어떠한 인간상을 갖기를 원하는가?(철학의 문제), 둘째로는 인간은 어떻게 발달하며 학습하는가?(심리학의 문제), 셋째로는 현대 사회는 어떠한 특징을 가지며 미래의 사회 구성원으로서 어떠한 영유아를 요구하는가?(사회학의 문제)에 대한 해답을 찾는 것이 매우 중요하다. 이귀윤(1991)은 보육과정을 이루는 기초로서 보육과정의 철학적, 역사적, 심리적, 사회적 기초 등에 관련된 지식을 아는 것이 필수라고 하였다.

표 2-2 보육과정을 이루는 기초

기초	내용
철학적 기초	• 바람직한 인간상은 무엇인가? • 미래 사회가 요구하는 특성은 무엇인가?
역사적 기초	• 과거의 보육과정은 어떠했는가? • 역사는 반드시 되풀이되는가? • 진보를 위해 보육이 할 일은 무엇인가?
심리적 기초	• 인간 발달의 동인은 무엇인가? • 효과적인 교수법은 어떤 것인가? • 학습은 어떤 경우에 잘 일어나는가?
사회적 기초	• 현대 사회의 특징은 무엇인가? • 사회는 어느 방향으로 변화하고 있는가?

| 출처 | 조경원 외(1992). 교육학의 이해. pp. 225-244.

그 외 문화적 기초, 정치적 기초 등은 보육과정을 구성하기 위한 상호 연관된 정보를 제공해 줄 수 있다. 보육과정은 백년지대계인 미래 사회의 인재 육성을 위한 디딤돌이므로 보육과정을 제대로 이해하고 설계하기 위해서는 다학문적(多學文的) 접근이 필수적이라 할 수 있다.

본 절에서는 철학적 기초, 심리학적 기초, 사회적 기초의 순으로 보육과정의 기초를 설명해 나갈 것이다.

1) 철학적 기초

(1) 교육 철학적 분류

철학적 탐구의 기본 영역으로는 무엇이 선(善)인가를 탐구하는 가치론, 무엇이 진(眞)인가를 탐구하는 인식론, 존재(存在)에 관해 탐구하는 존재론이 있다. 이와 같은 철학적 탐구를 기초로 분류되는 교육 철학은 항존주의, 이상주의, 사실주의, 실용주의 및 실존주의의 다섯 가지이다. 교육과정을 개발한 사람이 어떤 교육 철학적 입장을 갖고 있느냐에 따라 교육기관의 본질 및 기능에 차이를 가져올 수 있다. 그러나 현대 사회는 가치나 철학이 일원화되지 않는 특징을 가지므로 다양한 입장을 절충적으로 통합하는 태도가 보편적인 경향이다.

① 항존주의(perennialism)

항존주의는 교육의 다섯 가지 철학적 분류 가운데 가장 보수적이고 전통적인 관점이다. 항존주의자들은 인간의 본성을 변화하지 않는 것으로 보고 누구나 보편적인 속성을 갖는다고 본다. 따라서 그들은 인간의 삶의 요소 가운데 영원성, 영속성, 항구성, 보편성, 근본성과 같은 요소들을 찾아내고자 노력한다. 이들에게 있어서 교육의 목적은 변함없는 인간의 본성에 따라 보편적이며 불변적인 진리에 인간을 적응시키는 것이다. 인간은 누구나 근본적으로 동일하므로 교육 역시 모든 사람에게 보편적이며 동일해야 한다고 하였다. 이와 같은 사상의 대표적인 철학자는 허친스(Hutchins)와 아들러(Adler), 동양의 주희(朱熹) 등이 있다.

② 이상주의(idealism)

이상주의자들은 세계의 실체를 정신적인 것으로 보는 사람들로 유물론이나 물질주의와는 대립되는 관점을 갖는다. 이들은 종교적 가치를 높이 평가하여 학교교육을 통해 신의 통제와 영향을 강조한다. 이상주의는 관념론 혹은 유심론이라고 불리기도 하는데, 인간의 마음속에 존재하는 관념의 일치가 곧 진리라고 보기 때문이다. 이상주의적 관점에서 교육의 목적은 인격의 도야를 통해 자연인에서 이상인이 되는 것이다. 따라서 학교는 사회가 가지고 있는 이상주의를 실현하는 장소이다. 이러한 철학은 플라톤(Platon), 프뢰벨(Fröbel), 헤겔(Hegel)에 의해 전개되었다.

③ 사실주의(realism)

17세기 이후 자연과학의 발달과 함께 등장한 철학이 사실주의이며, 사실주의자들에게 있어서 세상은 있는 그대로의 모습이다. 선이란 자연의 법칙이나 물리적 세계의 질서 속에서 발견되며 진리는 보이는 바로 그것이다. 학교의 기능은 있는 그대로의 세계에 대해 가르치는 것이다. 사실(facts), 읽기, 과학, 수학과 같은 객관적인 학습 내용들이 기초 과목으로 고정되어 있고 배우는 내용에 대한 학생의 흥미보다는 얼마나 옳은 내용을 가르치는가를 더 고려하였다. 학습경험에서는 응용이나 실천보다는 이론과 원리가 먼저 제시되었다. 아리스토텔레스(Aristoteles), 베이컨(Bacon), 로크(Locke), 코메니우스(Comenius) 등이 대표적인 학자이다.

④ 실용주의(pragmatism)

실용주의 철학은 학습자 중심이고, 과정 중심이며 인간의 경험을 중시한다. '행함으로써 배운다(learning by doing)' 의 원리에 의해 교육하며, 인간의 생활 속에서 진리를 찾는다. 세계는 항상 변화한다고 보았으며, 변화는 실재의 본질이기 때문에 교육은 항상 변화하는 과정에서 이루어진다고 본다. 변화하는 세계에서 불변의 진리란 없기 때문에 무엇을 생각하는가 보다는 어떻게 생각하는가를 가르쳐야 한다고 보았다. 교육 내용을 선정하기 위해서는 학생의 필요 또는 흥미를 고려하였고, 학생의 자발적인 참여를 강조한다. 이러한 교육을 주장한 학자는 피어스(Pierce), 듀이(Dewey), 킬패트릭(Kilpatrick) 등이다.

⑤ 실존주의(extentialism)

실존주의는 인간의 존재에 관한 철학이다. 샤르트르에 의해 사용되기 시작한 실존의 개념은 인간의 존재가 본질에 우선한다고 주장한다. 이들은 객관적이고 합리적인 것이 진리가 아니라 내면적인 주체성이 곧 진리라고 생각한다. 따라서 선이나 진리란 모두 개인에 따라 다르게 규정될 수 있다고 보았다. 이들의 교육 목표는 어떠한 인간을 만드는가가 아니라 어떻게 자기 존재에 의의와 가치를 부여하는가를 중시한다. 모든 학생은 자기의 실존적 자아를 찾고 주어진 역할에 충실하도록 교육받는다. 실존적 인간은 철저한 신념과 확신을 가지고 있으며, 집단에 매몰당하지 않는 개성 있는 인간을 의미한다. 실존주의 철학의 대표적인 학자로는 샤르트르(Sartre), 야스퍼스(Jaspers), 니체(Nietzsch) 등이 있다.

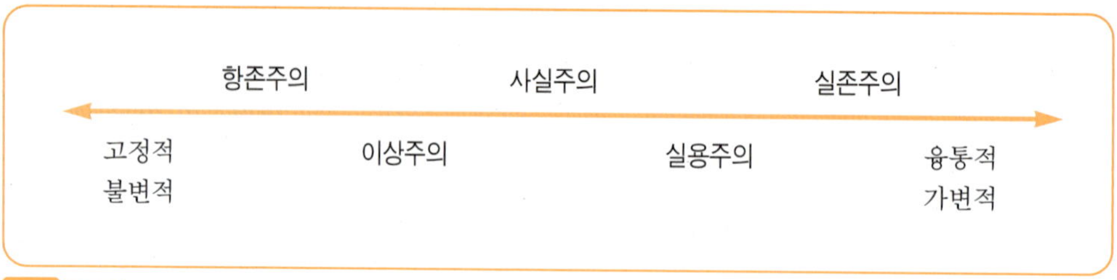

그림 2-1 주요 철학의 위치

| 출처 | 방인옥 외(2013). 유아교육과정. p. 106.

(2) 보육 사상

지금까지는 일반 교육과정에서 사용하는 교육 철학의 분류를 살펴보았다. 이제는 보육의 관점에서 보육과정으로 형상화된 철학적 사상을 살펴보고자 한다. 고대 그리스의 플라톤에서 시작된 보육의 철학적 기원은 코메니우스, 로크, 루소, 페스탈로치, 프뢰벨, 듀이, 몬테소리의 계보를 통해 전개되어 왔다.

본 절에서는 아동 중심주의 흐름을 주도해왔던 사상가들을 간략히 소개할 것이며, 보육 프로그램의 구체적인 뼈대를 형성하게 된 프뢰벨, 듀이, 몬테소리의 사상에 초점을 맞추어 살펴보고자 한다.

① 코메니우스(J. A. Comenius)

코메니우스는 17세기 최고의 교육학자이며, 신교주의에 입각한 기독교적 인간주의를 교육에 적용하였다. 그는 박식(博識)과 덕(德)과 경건(敬虔)을 하나의 통일된 개념으로 보았는데, 지(智)는 덕(德)을 위해 존재하며, 덕(德)은 신앙(信仰)을 위해 존재한다고 하였다. 코메니우스는 전통적 교육 방법을 비판하고, 과학적 방법론을 통해 '모든 사람에게, 모든 것을 철저히' 가르칠 수 있다고 하였다. 그는 범교육학적(Pammaedia) 신념을 갖고 있었으며, 이는 누구에게나 똑같이 과학적이고 실제적인 방법으로 교육해야 한다는 믿음이다. 그는 『대교수학』이란 저서를 통해 출생부터 성인기까지 4단계로 나누어 각 시기별로 적절한 교육 방법을 제시하였다. 그에 따르면, 제1단계는 0세에서 6

세까지 이루어지는 어머니 학교(Schula Materno)로 가정교육을 받는 시기이다. 무릎학교라고도 불리우는 이 시기 동안에는 주로 건강, 언어 및 신앙의 기초, 자연계의 사실과 진리를 배운다. 제2단계는 7세에서 12세까지의 모국어 학교(Schula Vernacula)로 모국어를 중시하며 3R's와 지리, 역사, 미술 등을 학습하는 초등 교육 시기이다. 제3단계는 13세에서 18세까지의 라틴어 학교(Schula Latin)로 오늘날의 중등학교에 해당하며 라틴어, 그리스어, 물리, 수학, 지리, 역사, 도덕, 종교 등을 학습하는 시기이다. 제4단계는 19세에서 24세까지의 청년기 교육의 시기로 오늘날의 대학 교육에 해당하여 신학, 의학, 철학 및 고전과 여행을 통한 교양 교육을 중시하였다. 코메니우스에게 있어서 교육의 목적은 자기 완성, 자기 수양과 성격의 발달이었다.

코메니우스는 놀이를 통한 교육을 강조하였으며, 최초의 그림책인 『세계도회』를 통해 감각 교육은 모든 학습의 기초가 된다고 주장하였다. 그의 교육 방법은 자연의 질서를 따르는 합자연의 원리를 갖는다. 자연의 특성이나 움직임과 마찬가지로, 교육은 비약하지 않고 단계적 순서를 가지며, 일반적인 것에서 특수한 것으로 진행되어야 한다고 하였다. 또한 학습은 영유아의 흥미와 욕구를 중심으로 이루어져야 하며, 자연의 법칙처럼 학습도 적절한 시기에 이루어져야 한다고 하였다. 신 앞에 만인이 평등하다는 기독교 사상과 합자연의 원리는 인간 중심 교육의 토대를 마련하는 계기가 되었다.

② 로크(J. Locke)

인간의 발달에 미치는 환경의 영향을 강조하는 입장은 로크의 백지설(tabula rasa)에서 기원한다. 로크에 따르면 인간은 백지와 같은 깨끗한 상태로 태어나며, 이 백지 위에 어떤 그림을 그리느냐에 따라 인간의 모습이 결정된다고 보았다. 이와 같이 인간의 타고난 본성보다는 환경적 자극이란 외적 개입을 강조한 면에서 로크의 사상은 적극적 교육론으로 평가되어 루소의 소극적 교육론과 대조되기도 한다.

로크는 교육 목적을 지혜(wisom)와 가치(value)의 훈련에 두었으며, 지성과 도덕성을 갖춘 시민 사회의 구성원을 양성하고자 하였다. 그는 저서 『교육에 관한 고찰』에서 체육, 지육, 덕육을 강조하는 교육 내용을 설명하고 있다. 교육 방법으로는 단계적 학습 방법을 제시하였는데, 분명하고 단순한 것에서 시작하여 한 번에 할 수 있는 만큼의 내용을 학습해야 하며, 새로운 것을 배우기 전에 이미 배운 것을 정확히 알고 있는가를 확인해야 한다고 하였다.

③ 루소(J. J. Rousseau)

18세기 계몽사상의 대표적인 인물인 루소는 자연에 의한 교육을 주장하였다. 영유아를 비어 있는 그릇이나 백지 상태로 보았던 로크와 달리, 루소는 그들을 특유의 감정과 사고 양식이 있는 존재로 보았다. 성선설을 지지하였고, 자연주의 교육을 강조하여 자연이 스스로 영유아의 성장을 인도하도록 내버려 두어야 한다고 주장한다. 그는 유명한 교육 저서인 『에밀』을 통하여 자신의 아동 발달 및 교육에 관한 견해를 표현하였는데, 사회를 떠나 무인도에서 자연을 통해 교육받는 주인공을 통해, 루소는 교육의 목적은 사회의 관습과 전통을 따르는 것이 아니라, 스스로 살아가는 합리적인 인간의 육성임을 보여주고 있다.

루소는 발달이 내부의 생물학적인 시간표에 따라 진행되며, 일련의 단계를 거쳐 이루어진다고 보았다. 루소의 교육 방법은 자연에 의한 교육, 사물에 의한 교육, 인간에 의한 교육으로 요약될 수 있다. 루소의 소극적 교육 방법은 영유아의 자연스러운 발달을 보장하기 위해 바람직한 환경 속에서 자유롭게 활동하도록 하고 있으며 교사들에게 영유아의 연령에 맞게 다루도록 하여 아동 중심적 교육 철학이라고 불린다. 그의 가장 두드러진 공헌은 교사 중심적 교수 방법의 전통에 아동 중심 교육 방법을 제시한 것이라 할 수 있다.

④ 페스탈로치(J. H. Pestalozzi)

페스탈로치는 19세기를 대표하는 교육 사상가이자, '근대 교육의 아버지'로 불린다. 그는 합자연의 원리를 바탕으로 인간 중심, 아동 중심의 교육을 실천하고자 노력한 교육 실천가이다.

그는 저서 『은둔자의 황혼』을 통해 인간은 누구나 동일한 본성을 갖고 있지만, 그 본성 안에 동물적 · 사회적 · 도덕적인 세 층의 상태가 있다고 하였다. 자연 상태의 인간은 이기적인 면과 이타적인 면을 동시에 갖고 있는데, 이기적인 동물적 상태를 법으로 규제하는 것이 사회적 상태라고 보았고, 법이 아닌 자신의 내면적 순화를 통해 개인의 행위를 결정하는 상태가 도덕적인 상태라고 보았다. 이러한 내면적인 상태가 되는 것이 참된 인간이 되는 길이며, 교육의 목적은 이런 도덕인이 되도록 하는 것이라고 보았다.

페스탈로치는 인간을 개혁함으로써 사회가 개혁될 수 있다고 보았다. 그는 가슴(심정력), 머리(정신력), 손(신체력)의 조화를 통해 인간이 가진 잠재력을 개발하고자 하였고 전인 교육이 가능하다고 보았다. 그는 인간 형성의 기초로서 가정교육을 강조하였는데, 부모와 자녀 사이의 애정이 넘치는 관계야말로 가장 탁월한 자연의 교육임을 주장하였다. 그에 따르면, 보육은 어머니의 힘으로 완성되며, 어머니는 보육의 가장 우선적인 원동력인 것이다.

페스탈로치는 합자연의 원리, 자발성의 원리, 직관의 원리, 조화의 원리, 친근성의 원리, 노작의 원리에 의해 보육 사상을 전개시켰으며, 인간의 본성과 영유아의 심리에 적합한 보육을 주장함으로써 인간 중심 보육의 선구자가 되었다.

⑤ 프뢰벨(F. W. Fröbel)

프뢰벨은 조화와 통합을 중시하는 보육 철학을 바탕으로 '어린이'를 의미하는 'Kinder'와 '정원'을 의미하는 'garten'를 합성하여 '어린이의 정원'이란 뜻을 가진 유치원(kindergarten)을 만들었다. 그는 유치원의 교사를 식물을 가꾸고 재배하는 정원사에 비유하기도 하였다. 프뢰벨은 신과 인간과 자연의 통합을 강조하였고, 교육은 어린이의 타고난 본성을 자연스럽게 전개(unfold)시켜 주는 것이라 생각하였다. 따라서 놀이와 자발적인 자기 활동을 통해 영유아 스스로가 갖고 있는 내면의 힘을 기르는 것이 교육의 목표라고 볼 수 있다.

프뢰벨 유치원의 기본 요소는 은물, 작업, 게임과 노래, 자연학과 언어, 수 교육이었다. 은물은 제10은물까지 구성된 공과 나무로 만들어진 육면체들로서, 나무와 헝겊이란 자연스러운 소재와 원과 구의 형태를 사용함으로써 프뢰벨이 추구하는 통합의 개념을 가르치고자 하였다. 작업은 점토, 나무, 종이를 이용한 만들기가 주로 이루어졌다. 게임과 노래 시간에는 원 게임과 율동 혹은 손유희가 주로 이루어졌고, 자연학의 내용은 주로 동·식물이나 자연에 대한 관찰을 통해 종교적인 심성을 기르기 위해 다루어졌다.

이와 같은 유치원 교육은 당시의 성인 중심이었던 교육에서 벗어나 놀이 중심 교육의 장을 열었고, 노작교육을 통하여 수동적이지 않고 직접 참여하는 교육, 또래와의 상호작용을 통한 사회성 발달 증진과 같은 새로운 유아교육의 모형을 창조하게 되었다. 프뢰벨은 인간이 고정된 단계에 따라 발달한다고 보았기 때문에 교육과정이 지나치게 단계적이고 상징적이라는 비판을 받게 되기는 하였지만, 유치원의 교육 내용과 교수 방법을 처음으로 체계화시켰다는 점에서 유치원 교육과정에 공헌한 바가 매우 크다고 볼 수 있다.

⑥ 듀이(J. Dewey)

듀이의 실용주의는 상징주의적 성향이 강했던 프뢰벨의 유치원에 많은 영향을 주었다. 그는 교육이란, 계속적인 경험의 재구성이며 생활이라고 생각하였다. 그는 자신의 교육 이론을 '계속성의 원리'와 '상호작용의 원리'로 전개했는데, 이는 생활 속에서 자신과 사회적 환경과의 상호작용이 현재뿐 아니라 과거 경험과도 연결되어 연속성을 가지는 것을 의미하며, 이것이 성장과 연결되면서 교육이 이루어진다고 보았다. 그는 상호작용을 일으키기 위해서 영유아가 흥미 있는 활동에 참여하여야 자발적인 상호작용이 나타날 수 있다고 보았다. 듀이는 영유아가 성장의 가능성을 가지고 있다고 생각하였고, 이 성장의 가능성이 환경과의 상호작용을 통해 변화하는 것이라고 보았다. 따라서 듀이의 관점에서 교사는 이러한 변화가 일어나도록 기회를 제공하는 안내자의 역할을 하게 된다.

듀이의 진보주의 개념에서는 영유아의 경험을 교육적으로 재구성하고 일상생활과 연관시키기 위해 단원(unit)과 프로젝트(project)를 교육 내용으로 사용하였다. 영유아의 주변에서 쉽게 관찰되거나 경험할 수 있는 교육적 주제들을 중심으로 통합적 접근을 시도하는 것이 스스로 학습을 주도하는 데 효율적이라고 판단했기 때문이다. 또한 자신이 선택한 주제에 관해 심층적으로 학습해 나가는 프로젝트 접근 방법은 영유아가 주도권을 쥐고 진행해 나가기 때문에 자연스럽게 자발적이고 능동적인 상호작용이 된다. 진보주의에서 시도한 단원 학습과 프로젝트 학습은 현재까지도 보육과정의 핵심적인 원리가 되고 있다.

듀이의 진보주의 사상은 아동 연구 운동과 함께 1920년대의 개혁유치원 교육과정에도 영향을 미치게 된다. 이때 단원 학습과 흥미 영역의 개념이 등장하게 되었다. 따라서 이미 1920년대부터 영유아의 일상생활에서 흥미의 대상이 되는 가족, 집, 동네, 경찰관, 소방서 등 영유아와 영유아 주변의 지역 사회와 관련된 주제들이 단원으로 사용되었다. 흥미 영역은 현대 어린이집에서 찾아볼 수 있는 것과 유사하게, 쌓기놀이, 극화놀이, 목공놀이, 미술, 과학, 도서와 그림 맞추기 등의 영역이 구성되었다.

보육에 있어서 듀이의 가장 중요한 공헌은 문제 해결 능력의 강조와 사회화 개념을 강조한 점이다. 듀이는 영유아가 문제에 직면했을 때, 우선 먼저 문제가 무엇인지를 정확하게 인식하고, 문제 해결을 위한 계획을 세운 다음, 자료를 수집하고 결과를 검증하여 해결점에 도달하게 하는 방법을 사용하였다. 이 과정에서 영유아는 또래와 협력하여 문제를 해결함으로써, 협동적인 집단 활동을 경험하게 되는데 이렇게 문제 해결 능력과 사회화를 강조한 것은 프뢰벨 이후로 보육과정에 끼친 지대한 영향이라 볼 수 있다.

⑦ 몬테소리(M. Montessori)

몬테소리 교육과정의 핵심은 이론이라기보다는 교수 방법론에 가깝다. 그러나 감각 교구를 통한 교육과정에서 드러나는 몬테소리만의 독득한 교육 원리는 현대 보육과정에 또 다른 개념을 제공하고 있기도 하다.

몬테소리는 이탈리아 최초의 여의사로서 정신지체아를 대상으로 보육을 시행하다가 이후에는 '어린이의 집(Casa dei Bambini)'이라는 도시 빈민 영유아를 대상으로 하는 교육기관을 창설하였다. 그는 영유아가 자기 스스로 발달해갈 수 있는 능력이 있음을 인지하고, 발달이 영유아 자신으로부터 전개되어가는 과정을 교육의 핵심으로 삼았다. 그는 교사의 역할이란 영유아를 제대로 관찰하는 데 있다고 보았고, 이 관찰을 통해 교사는 영유아에게 적합한 자극을 줄 수 있는 교육 환경을 창조하도록 하였다. 시각, 청각, 후각, 미각, 촉각과 같은 감각 교육이 지적 발달을 이룰 수 있다고 보았으며 실생활 훈련과 기본적인 읽기, 쓰기, 셈하기 등을 강조하였다.

몬테소리 교육과정에는 그만의 독특한 개념이 있는데, 정상화(normalization), 민감기(sensitive period), 흡수 정신(absorbing mind), 준비된 환경(prepared environment), 제한된 자유(freedom within limits), 자동교육(auto-education), 자기 교정의 원리 등이다. 정상화란 몬테소리 교육의 목적이 되는 상태라고 볼 수 있는데,

영유아가 작업을 선택하여 흥미를 가지고 집중하여 만족감을 느끼는 상태를 말한다. 교구와의 상호작용이 중심이 되는 몬테소리의 교육과정에서 영유아가 스스로 활동을 선택하여 몰입하는 과정은 매우 중요한 개념이다. 민감기란 영유아기에 나타나는 특별히 민감한 상태로, 지적 흡수력이 왕성한 시기를 말한다. 몬테소리는 어떤 특성에 대한 적합한 외적 조건이 갖추어지면 영유아는 그 특성을 발달시키는 데에 집중하게 되어 그 특성을 받아들이기 수월한 시기가 연속적으로 찾아온다. 준비된 환경이란 영유아를 관찰한 후 영유아의 발달에 가장 적합한 활동들로 환경을 조성해 줌으로써 자발적인 선택을 통해 발달이 이루어질 수 있도록 교사가 준비해 놓은 환경을 의미한다. 영유아는 교사가 준비해 놓은 환경 안에서 원하는 활동과 교구를 선택하여 마음껏 자유로운 상호작용을 하게 된다. 영유아는 마치 무제한의 자유를 누리고 있는 것처럼 보이나, 실상은 교사가 이미 준비해 놓은 환경 내에서 주어진 자유이기 때문에 제한된 자유라고 부른다. 몬테소리의 교구는 스스로 오류를 수정하게 고안되었다. 교사가 잘못을 정정해 주지 않아도 영유아 스스로의 활동 속에서 오류가 드러나게 되어 있기 때문에 자기교정의 원리를 갖는다.

몬테소리 교육에서는 집단 활동이 강조되지 않는다. 영유아는 스스로 선택한 교구와 상호작용하고 교사는 영유아를 관찰한 후 환경을 조성할 뿐이다. 결국 또래와의 상호작용이나 교사와의 상호작용은 거의 없고 오직 교구와의 상호작용이 높은 비중을 차지하게 된다. 이러한 몬테소리 교육과정의 개인주의적 특징은 1900년 이후 개혁유치원의 움직임이 놀이와 상상력, 집단 활동과 사회성 발달을 강조하게 되면서 갈등을 일으키게 되어 쇠퇴하게 되었다. 그러나 1960년대에 들어서서 피아제의 인지 이론의 부각과 함께 다시 대두되게 된다.

이와 같이 1960년대 이전 보육의 사상적 기초는 프뢰벨의 상징주의, 듀이의 진보주의, 그리고 몬테소리의 교육 철학이었다고 볼 수 있다. 앞서 밝힌 바 있듯이, 이러한 보육 사상들은 1920년대 이후에 영향을 미치게 된 아동 연구 운동과 심리학 이론, 1960년대 이후에 등장하게 되는 사회적 요인의 영향을 받으며 보육과정의 기초를 형성하게 된다.

⑧ 현대적 경향

현대에 들어와서 새롭게 교육 철학이 대두되거나 철학적 패러다임이 뒤집히는 일은 거의 일어나지 않는다. 가드너는 보육과정의 기초가 되는 심리학 이론이 오랜 학문의 역사를 통해 상당히 분명해진 것에 비하여 철학적 기초는 아직도 모호하고 파악하기 힘들다고 하였다(Gardner, 1969). 보육과정의 기초가 되는 철학이 단일하게 합의되어 있으면 보육과정을 개발하는 과정이 매우 수월하겠지만, 인간을 보는 관점, 보육을 바라보는 시각은 사람마다 다를 수 있으며, 현대 사회는 특히 다양한 가치와 철학이 공존하는 특성을 갖기 때문에, 보육과정 철학에의 합의는 이루어질 수 없다고 본다. 웨버(Weber, 1970)는 오늘날 보육 철학에서 강조하고 있는 세 가지 우세한 가치를 독창성, 창조성, 적절성이라고 보았다(이기숙, 2000 재인용).

2) 심리학적 기초

앞서 밝힌 바대로 심리학적 기초는 보육의 주체와 객체 간에 일어나는 상호작용의 심리적 속성에 관한 정보이다. 교사들이 어떻게 가르칠 때 학생이 잘 학습하는가(교수(teaching)의 문제)와 학생이 어떠한 상태일 때 가장 잘 학습하는가(학습(learning)의 문제), 또 인간은 어떠한 양상으로 발달하는가, 인간 발달의 강력한 동인은 무엇인가를 연구하고, 그 결과를 보육과정에 반영하고자 하는 것이다. 1920년대에 이루어졌던 아동 연구 운동은 개혁유치원 움직임으로 이어져 영유아의 발달을 측정할 수 있는 다양한 연구 방법들이 시도되기 시작하였다. 그 이후로 발달심리학의 커다란 갈래가 형성되었고, 이를 세 가지 입장으로 요약하면 다음과 같다.

(1) 인간의 본성을 중시하는 이론

인간의 발달에 영향을 미치는 동인을 내적인 본성에서 찾는 입장으로는 성숙주의와 정신분석 이론이 있다. 루소의 전통을 따르는 성숙주의자들은 인간이 태어나면서부터 모든 발달의 가능성을 가지고 태어나기 때문에 굳이 환경적인 자극이 없어도 자연스럽게 성숙할 수 있다고 믿는다. 이들은 인간의 발달이란 내적인 시간표에 따라 예정된 발달을 하는 것이라고 생각하였다. 고정된 발달에 대한 이들의 견해는 게젤(Gesell)의 표준 행동 목록에서도 찾아진다.

정신분석 이론가들은 인간 발달의 동인을 무의식적 충동에서 찾는다. 본능적으로 갖고 태어난 충동, 동기, 욕구와 같은 무의식적 기제들은 인간의 발달이 진행되면서 충족해야 하는 과업을 갖게 되고, 이러한 욕구의 충족을 통해 발달이 진행된다고 보았다. 성숙주의와 정신분석 이론의 입장은 저마다 독특한 이론을 전개하고 있지만, 발달이란 인간이 타고난 유전적인 속성에 의해 진행되는 것이라는 점에서 공통된 견해를 갖는다.

① 성숙 이론

이 이론은 인간의 발달이 선천적으로 타고난 유전적 요인에 의해 결정된다고 생각한다. 물론 환경적 요인들이 영유아의 발달에 영향을 줄 수 있다는 것도 인정하지만, 근본적인 변화 가능성은 보편적이며 내적인 힘이라고 본다. 루소와 게젤로 대표되는 성숙 이론가들은 발달이란 이미 예정되어 있던 발달의 가능성이 내적인 시간표에 따라 진행되는 것이라고 보았다. 루소는 성선설을 지지하였고, 그의 교육적 소설인 『에밀』을 통해 자신의 교육 사상을 나타내고 있다. 루소는 인간의 타고난 존재 그대로를 선이라고 보았으며, 인간이 악해지는 요인은 그릇된 사회 때문이라고 보았다. 그는 자연에 의한 교육만이 인간의 성장 가능성을 충분히 발달시킬 수 있다고 보았고, 어떠한 인위적인 조작이나 환경적 자극도 무의미하다는 소극적 교육론을 펼쳤다. 게젤은 오랜 기간 동안 영유아의 발달 과정 연구와 부모와의 면담을 통해 인간 발달의 규칙성과 보편성에 주목하게 되었다. 그는 영유아가 각 연령별로 무엇을 할 수 있는지와 할 수 없는지를 밝혀내고자 하였고, 결과적으로 연령별 영유아 행동의 표준이 되는 목록을 만들게 되었다. 게젤학파들은 그들이 제시한 표준 행동 목록을 통해 성인이 영유아의 발달에 지나친 기대를 함으로써 영유아의 발달 수준을 넘어서는 성취를 강요하지 말 것을 경고하였다.

유전자가 발달에 미치는 영향에 대한 연구는 일란성 쌍생아를 대상으로 많이 이루어졌다. 타고난 유전적 형질이 동일하면서 서로 다른 환경에서 양육된 일란성 쌍생아는, 인간의 발달에 영향을 미치는 유전과 환경의 요인을 설명해 주기 때문이다. 모든 연구 결과가 일치하지는 않지만, 많은 연구들이 환경이 달라도 같은 유전자를 보유한 개인들이 유사한 발달을 보임을 증명해 보였다. 결국 인간 발달의 어떤 측면들은 환경보다 타고난 유전 인자에 따라 결정된다는 것을 보여준 것이다.

성숙주의자들에게 있어서 '가르친다는 것'의 의미는 영유아가 갖고 있는 본질적인 욕구와 흥미를 반영하는 편안하고 허용적인 환경을 제공해 주는 것이다. 성숙주의에 기초한 보육 프로그램의 일반적 원리는 다음과 같다.

- 영유아에게 선택의 기회를 제공하고 불필요한 교사의 개입을 줄인다.
- 영유아의 발달과 흥미에 적합한 다양하고 풍부한 자료를 사용한다.
- 특정한 유형의 활동은 매일 일정한 시간에 규칙적으로 이루어져야 한다.
- 영유아가 발달적 수준에 적합하지 않은 과제를 수행하도록 강요받아서는 안 된다.
- 집단 구성은 발달 수준이 동일하거나 유사한 동질 집단이 되어야 한다.
- 영유아의 발달은 내적인 힘에 의해 이루어져야 하므로 교사는 영유아 자신이 스스로를 수용하고 이해하도록 도와야 한다.

성숙 이론에 뿌리를 둔 교육 프로그램으로는 뱅크 스트리트 프로그램(Bank Street program), 다르시 프로그램(DARCEE program) 등이 있다.

② 정신분석 이론

정신분석 이론은 인간이 타고난 욕구와 본능을 해결하고자 노력하는 과정에서 발달이 이루어진다고 보는 입장이다. 프로이드(Freud)는 심리적 이상 증세를 갖는 환자들을 치료하는 과정에서 자유 연상법, 면담 등의 방법을 통해, 인간 행동에 갈등을 유발하는 원인을 밝혀냈다. 그에 따르면 인간은 원초아(id), 자아(ego), 초자아(superego)라는 세 가지 성격 구조를 갖는다. 원초아는 본능적인 욕구나 충동으로 쾌락 원리에 의해 지배되기 때문에 반드시 충족되어야만 하는 성격이다. 자아는 자신의 욕구와 현실과의 조화를 고려하여 현실적으로 실현 가능한가를 판단하는 현실 원리에 지배되는 성격이다. 초자아는 자아 이상이나 양심과 같은 도덕적이고 초월적인 가치이다. 프로이드에 따르면, 인간의 성격은 자아의 현실 원리가 원초아의 욕구와 초자아의 이상 사이에서 중재하는 구조로 이루어져 있다고 하였다. 따라서 인간의 성격 이상이나 정신 이상은 원초아와 초자아 사이의 갈등을 자아가 제대로 조절하지 못할 때 발생하는 것이라고 하였다. 그는 인간의 정신세계를 전의식, 의식, 무의식의 세 부분으로 나누어 이를 빙산에 비유하였는데 인간의 의식이란 빙산의 수면 위에 보이는 일각에 불과하다고 하였다. 인간의 행동에 결정적인 영향을 주는 요인은 빙산의 수면 아래 부분에 해당하는 무의식의 영역이며 이 무의식이 나타나는 경로를 꿈의 해석이나 자유연상, 최면과 같은 방법으로 찾아내고자 하였다.

프로이드는 인간의 성적 에너지인 리비도(libido)가 발달이 진행됨에 따라 신체의 여러 부분으로 이동된다고 하였다. 인간의 발달은 리비도가 모여 있는 부위에 따라 구강기, 항문기, 남근기, 잠복기, 생식기의 다섯 단계로 발달이 진행되어 간다. 프로이드는 각 발달 단계마다 충분히 충족시켜야 할 욕구가 있는데, 이 욕구가 지나치게 충족되거나 그와 반대로 결핍되거나 하였을 때, 발달적 고착 현상이 생기게 된다고 하였다. 영유아기에 충족되지 못한 욕구는 인간의 무의식 속에 부정적인 정서로 잠재되어 영유아가 건전한 인성을 갖춘 성인으로 성장하는 데 방해 요소가 될 수 있다. 따라서 정신분석 이론가들은 잠재된 부정적 정서를 '놀이'라는 긍정적 수단을 통해서 배출할 수 있다고 본다.

프로이드의 이론은 정상적인 인간보다는 정신이나 성격 이상을 갖는 환자를 대상으로 하여 탄생했다는 점에서 이론의 객관화에 한계를 갖기도 하지만 인간의 발달에 영향을 미치는 무의식의 영역을 언급한 것은 심리학에의 커다란 공헌이라고 볼 수 있다.

정신분석 이론에 뿌리를 둔 프로그램으로는 심리치료 이론이 있다.

③ 다중지능 이론

가드너는 지능이란 문제를 해결하는 능력 또는 특정 문화 상황에서 가치 있게 여기는 것을 만들어내는 능력으로서, 인간의 지능을 단일 요인이 아닌 복합 요인으로 설명한다. 그에 의하면 인간의 뇌는 각기 다른 부분이 서로 다른 종류의 정보를 처리한다고 하는데 지능은 서로 독립적이어서 한 지능에 손상이 생겨도 다른 지능은 작동할 수 있다고 하였다. 그가 언급한 7가지 지능의 개념은 다음의 | 표 2-3 | 과 같다.

표 2-3 다중지능 종류와 특징

지능의 종류	특징	관련 직업
언어 지능	• 언어의 소리, 리듬 및 언어의 다양한 기능을 민감하게 파악하는 능력	• 작가, 번역가, 편집자
논리적-수학적 지능	• 분류하기와 범주화하기, 패턴을 지각하고 패턴을 이해하기, 체계적으로 추리하기 등과 같은 능력	• 과학자, 의사, 수학자
음악적 지능	• 음조, 리듬, 음색을 예리하게 파악할 수 있는 능력	• 음악가, 작곡가, 지휘자
공간 지능	• 사물, 시각, 공간적 세계를 정확히 지각하고 그 지각한 내용을 머릿속에서 변형하고 회전시켜 볼 수 있는 능력	• 화가, 조각가, 건축가, 항해사
신체운동 지능	• 자신의 신체 움직임을 조정하고, 사물을 능숙하게 조작할 수 있는 능력	• 무용가, 운동선수, 외과의사, 장인
대인 관계 지능	• 다른 사람의 기분, 기질, 동기 및 의도를 식별하고 그에 적절하게 반응하는 능력, 다른 사람이 일을 하도록 동기 유발시키는 능력	• 교사, 연극배우, 정치가, 영업 사원
자신 이해 지능	• 자신의 내적 과정과 특성, 그리고 자신의 행동을 이해하고 안내할 수 있는 능력	• 상담자, 정신과의사, 시인, 작가

| 출처 | 이기숙 외(2014). 영유아교육과정. p. 70.

가드너에 따르면 모든 영유아는 최소한 하나 이상의 우수한 지능을 갖고 있기 때문에 각 영유아의 탁월한 지능을 활용하여 교육하면 효과적이라고 할 수 있다.

(2) 외적 환경을 중시하는 이론

인간의 본성을 중시하는 이론과 상이한 견해를 기지는 대표적인 입장은 행동주의이다. 이들은 로크의 백지설(tabula rasa)에 뿌리를 두고 모든 발달 및 교육적 성취는 외적 자극에 대해 유기체가 반응함으로써 비롯된다고 주장한다. 결과적으로 세상에 태어나는 순간에 백지 상태였던 인간은 후천적으로 주어진 여러 가지의 경험들로 인해 만들어진다고 본다. 이처럼 관찰 가능한 행동만을 연구 대상으로 삼고 객관적이고 과학적으로 검증 가능한 사실만을 내용으로 삼는 심리학 이론을 행동주의라 한다.

① 행동주의

행동주의 이론은 파블로프(Pavlov)의 반사 행동(reflex) 조건화 실험을 근거로, 유기체의 능동적 행동(behavior)이 조건화되는 과정을 실험한 스키너(Skinner)를 통해 완성되었다. 스키너는 자극에 반응하는 유기체의 메커니즘을 통해 인간은 일정한 자극에 일정하게 반응하게 되어 있다는 논리(자극-반응 이론), 어떤 자극은 반응이 나타나는 빈도를 높이며 또 어떤 자극은 반대로 반응률을 떨어뜨릴 수 있다는 원리(강화와 소멸의 원리), 반복적인 경험이 습관화되는 가정에 대한 생각(습관 형성의 원리)를 과학적 · 객관적으로 증명해 보임으로써, 인간이 환경적인 자극에 수동적 존재임을 보여주었다. 환경적 자극을 통해 인간의 행동을 변화시킬 수 있다는 행동주의자들의 믿음은, 어떻게 하면 인간의 행동을 조절할 수 있을까를 고민하게 되었고, 환경의 조작과 자극의 개입을 통해 바람직한 행동은 증가시키고 바람직하지 않은 행동은 감소시키는 원리를 적용하게 된다.

행동주의 심리학에 따르는 교육과정은 대개 교육적 자극을 제공하는 것을 핵심으로 한다. 여기서 교육적 자극이란 학습의 조각들을 아주 작게 나누어 위계적으로 서열화시킨 매우 구조적인 형태의 학습 내용으로 이루어져 있다. 학습자는 매우 단순한 학습 내용을 반복적이고 순차적으로 교육받기 때문에 지루하지만 어렵지 않게 학습할 수 있다. 교사는 이렇게 위계적인 학습 내용을 짜여진 교수요목에 따라 순서적으로 학생들에게 제시한다. 따라서 행동주의 교육과정에서의 교사 역할은 매우 일방적이고 획일적인 교수 방법을 사용하며, 철저히 계획된 교육과정을 통해 정보를 전달하는 전달자의 역할을 하게 된다. 행동주의 관점의 보육 프로그램이 갖는 특징은 다음과 같다.

- 매우 구체적인 목표를 갖는다.
- 학습의 주제는 매우 단순하고 위계화되어 있으며, 순서화되어 있다.
- 교사의 역할은 지시하고 수정하고 강화하는 것이다.
- 언어를 통한 교수법을 많이 사용한다.

행동주의 심리학을 기초로 한 프로그램으로는 직접적 교수 모형이라 불리는 디스타 프로그램(DISTAR program), 행동수정요법을 들 수 있다.

(3) 상호작용을 중시하는 이론

앞서 밝혔던 인간의 본성을 중시하는 입장이나 외적 환경을 중시하는 입장은 모두 양극단에 서 있는 입장으로 그 한계를 서로 보완해야 하는 동전의 양면 같은 관계의 이론이다. 반면에 상호작용을 중시하는 이론은 유기체의 자발적이고도 선택적인 상호작용을 통해, 환경에 수동적으로 반응하는 것이 아니라 상호작용의 과정을 통해 자신의 지식을 스스로 구성한다는 구성주의의 관점을 갖는다. 성숙주의자들은 영유아의 연령을 발달에 영향을 미치는 중요한 요인으로 보았던 것에 비해 구성주의자들은 연령보다는 영유아의 경험에 더 큰 비중을 둔다. 구성주의자들이 바라본 발달의 주체는 영유아 자신이기 때문에 성숙주의자들이 내적 요인의 전개(unfold)를 기다렸던 것과는 달리, 구성주의자들은 환경과의 적극적인 상호작용을 통해 경험을 얻는 것이 발달에 중요한 요소임을 강조하게 된다.

이러한 입장의 배경에는 피아제와 비고스키가 있다. 이 두 사람은 동 시대에 활동하였지만, 세상에 알려지기 시작한 시기의 차이에 따라, 피아제가 먼저, 비고스키가 나중에 알려지게 되었다. '구성주의(constructivism)' 의 핵심은 '인산의 징신은 공급되는 것이 아니라 구성되는 것이다' 라는 가정을 갖는다.

① 구성주의

피아제는 인지 구조의 기본 단위를 '도식(scheme)' 이라 칭하며 이 도식이 점차 환경 속에서 상호작용을 통해 확장되고 정교화되어 가는 과정을 밝혀주었다. 그는 이 과정을 적응의 과정이라 하여 동화와 조절을 통해 평형 상태에 이르는 과정을 되풀이한다고 설명하였다. 피아제는 인지 발달 단계를 감각운동기–전조작기–구체적 조작기–형식적 조작기의 4단계로 설명하였으며, 각 단계마다에서 인간은 질적으로 전혀 다른 사고를 한다고 하였다.

한편, 비고스키는 인간의 현재 발달 수준과 잠재적 발달 수준과의 차이를 근접발달지대(ZPD: Zone of Proximal Development)라고 명명하였고, 자신보다 발달이 빠른 또래나 성인과의 상호작용을 통해 개인의 발달을 앞당길 수 있다고 보았다. 그는 근접발달지대에 해당하는 도전적 과제를 영유아에게 제공하는 것을 비계설정(scaffolding)이라고 하였는데, 그에 따르면 좋은 교사의 역할이란 정확한 관찰을 통하여 끊임없이 적절한 비계를 설정해 주는 것이다.

구성주의 보육 프로그램이 갖는 특징은 다음과 같다.

- 영유아는 구체적인 자료와 직접적으로 활동할 수 있는 다양한 경험이 필요하다.
- 영유아가 스스로 계획하고 참여할 수 있도록 충분한 시간과 자유선택 활동이 제공

되어야 한다.

- 영유아가 자신의 관점을 적용시켜 볼 수 있도록 다양한 또래 집단과의 사회적 상호작용이 이루어져야 한다.
- 대집단 활동뿐 아니라, 개별 활동과 소집단 활동이 적절히 안배되어 계획되어야 한다.

피아제의 이론이 기초가 된 보육 프로그램에는 대표적으로 까미 드브리스 프로그램(Kamii & DeVries program), 하이 스코프 프로그램(High Scope program), 라바텔리 프로그램(Lavatelli program) 등이 있다. 이 프로그램들은 피아제의 구성주의를 해석하는 방식에 따라 상당히 다른 성격을 갖는다.

② 인본주의

이 이론은 인간의 잠재력, 독특성, 존엄성에 가치를 두는 입장이며 매슬로우(Maslow)에 의해 대표된다. 인본주의는 1960년대 이후 도시화, 기계화로 인하여 물질만능주의로 흐르는 심리적 정서 속에서 상실된 인간성을 찾고자 대두되게 되었다. 이들은 인간을 사고하는 주체로 보았으며, 능동적인 계획자로 간주한 점에서 인지 발달 이론과 일맥상통하는 점이 있다. 이들의 관심은 인간의 적극적 행동, 친사회적 행동, 자아 실현, 호기심, 창의력, 상상력, 주관적 경험, 이타심, 평등 등에 있다.

③ 생태학적 이론

브론펜브레너(U. Bronfenbrenner)는 영유아의 발달이 진공 상태에서 이루어지는 것이 아니라, 영유아를 둘러싼 환경들 간에 끊임없이 얽혀 있는 상호 관계의 영향을 받아 이루어지는 것이라고 생각한다. 행동주의자들이 환경을 영유아의 외부에 가만히 존재하는 하나의 덩어리로 보았다면, 브론펜브레너는 그 환경을 여러 작은 알갱이로 나누어 그 안에서 일어나는 상호작용을 밝혀주었다고 볼 수 있다. 영유아는 가까이로는 가족, 친구, 친척으로부터, 어린이집, 종교 단체, 이웃, 좀 더 멀게는 타인으로부터도 영향을 받는다. 또 보이지 않게 TV 등의 대중 매체로부터도 끊임없이 영향을 받으며, 시대적 · 문화적 조류에도 민감하다.

브론펜브레너는 미시 체계(microsystem), 중간 체계(mesosystem), 외체계(exosystem), 거시 체계(macrosystem), 시간 체계(chronosystem)의 다섯 가지 체계로 환경을 구분하여 그 환경들 간의 역동적인 상호 관계를 분석하였다. 미시 체계란 영유아의 가족, 친구, 어린이집, 이웃과 같이 영유아가 매일의 일상 속에서 부딪치며 직접적으로 상호작용하는 대상들을 말한다. 그는 영유아에게 영향을 미치는 사회문화적 환경에 관한 대부분의 연구들은 바로 이 미시 체계적 환경을 대상으로 한 것이라고 하였다. 중간 체계란 매우 독특한 개념으로서, 미시 체계들 간의 관계를 의미한다. 예를 들어, 부모와 교사 사이에 의사소통이 잘 되는 영유아가 있다고 가정해 보자. 부모는 가정에서의 영유아의 습관과 태도를 교사에게 알려주고, 교사는 어린이집에서의 영유아의 생활과 관련된 정보를 부모에게 주어서 지속적이고 상호 신뢰적인 정보 교환이 이루어진다고 생각해 볼 수 있다. 아마도 이 영유아는 그렇지 못한 영유아에 비해 어린이집의 효과를 백배 경험하게 될 것이다. 외체계란 영유아와 관련된 정책을 결정하는 정부 기관이나 교육청, 대중 매체 등과 같이 영유아가 직접 참여하지는 않지만, 영유아의 삶에 간접적인 영향을 주는 사회적 환경을 말한다. 실제 생활에서 영유아가 전혀 만나지 못하는 부모의 친구나 직장 동료들도 보이지 않게 영유아의 삶에 영향을 주고 있다. 그들의 조언이나 삶의 발자취가 부모에게 영향을 주어 다시 그 영향이 영유아에게 돌아가게 되기 때문이다. 거시 체계란 개인이 살고 있는 문화적 환경을 말한다. 인간은 자신이 속해 있는 사회의 가치, 신념, 종교, 전통 등을 보이지 않게 내면화한다. 예를 들어, 어른을 공경하는 예(禮)의 가치는 유교적 전통이 강한 사회에서 소리 없이 각인되는 영향이라고 볼 수 있다. 마지막으로 시간 체계는 전 생애를 통해 일어나는 변화나 사회적 사건이나 환경의 시간적 요소를 말한다. 예를 들어 부모의 이혼을 경험해야 했던 사람의 경우에, 이혼의 시기가 언제였는가는 그 사람의 발달에 서로 다른 영향을 줄 수 있다. 부모가 이혼을 한 시기가 그 사람이 아주 어렸을 때였는가, 아니면 사춘기 때였는가, 혹은 성인이 된 후였는가의 여부는 부모의 이혼을 받아들이는 그 사람의 태도에 많은 영향을 미치게 된다.

이와 같이 브론펜브레너는 개인과 환경 안의 상호작용뿐 아니라 환경 간의 상호작용도 강조하였다. 피아제의 인지 발달 이론에서 강조되는 상호작용은 개인이 속해 있는 즉각적인 환경으로 브론펜브레너의 미시 체계적인 환경을 의미한다. 비고스키는 더 큰 맥락으로 보아 영유아의 사회문화적 환경을 강조하였지만 생태학적 관점에서는 미시 체계와 거시 체계를 연결하는 중간 체계나 외체계를 간과하였다고 볼 수 있다. 결과적으로 브론펜브레너의 생태학적 관점은 아동을 둘러싼 환경에 대해 새롭고 폭넓은 시각을 제공해 주고 있다(전인옥 · 박선희, 2001).

3) 사회적 기초

한 사회의 보육과정은 사회의 변화를 반영한다. 역사적으로 볼 때, 보육과정은 끊임없는 그 사회 변화의 양상을 흡수하며 함께 변화한다. 미래의 사회 구성원을 양성하는 어린이집 교육의 내용은 현재 사회의 모습에 대한 통찰과 다가올 미래 사회의 모습에 대한 예견이 함께 어우러진 것이어야 한다. 따라서 보육과정은 동 시대를 살고 있는 영유아를 대상으로 하면서, 영유아가 성장해서 살아가게 될 예견된 미래 사회에 적합한 사회 구성원을 양성하기 위한 내용을 담아내야 한다.

어떤 미래 학자는 다가올 사회에서는 한 개인이 평생 동안 평균 다섯 가지의 직업을 갖게 될 거라고 한다. 그 이유는 사회의 변화 속도가 빠르기 때문이다. 만약 그것이 사실이라면 한 가지 기술만 갖고 있어서는 미래 사회에 적응하기가 쉽지 않을 수도 있다. 그렇다면 미래 사회에 가장 중요한 능력은 적응력이 될 수도 있다. 사회가 어떻게 변화할지 예측할 수 없기 때문에, 한두 가지 기술보다는 잘 적응하는 능력을 갖추는 것이 더 요긴할지도 모른다. 당장 한국 사회도 저출산이란 사회적 위기를 겪고 있다. 저출산이 가져올 사회적 변화는 이미 여러 측면에서 예견되고 있다. 특히 보육과 관련된 산업에 큰 변화가 올 것이고, 보육 정책, 나아가서는 보육과정에도 변화가 있을 것이다. 이렇게 한 가지의 사회적 현상은 연쇄적으로 영향을 주어 보육과정을 변화시키므로 사회라는 덩어리를 살아 움직이는 생명체에 비유할 수 있을 것이다. 본 절에서는 현대 사회의 특징을 살펴보고 사회적 특징이 보육에 미치는 영향에 대해 알아볼 것이다.

(1) 현대 사회의 변화

역사적으로 인류 사회는 다음과 같은 양상을 보이며 변화해 왔다.

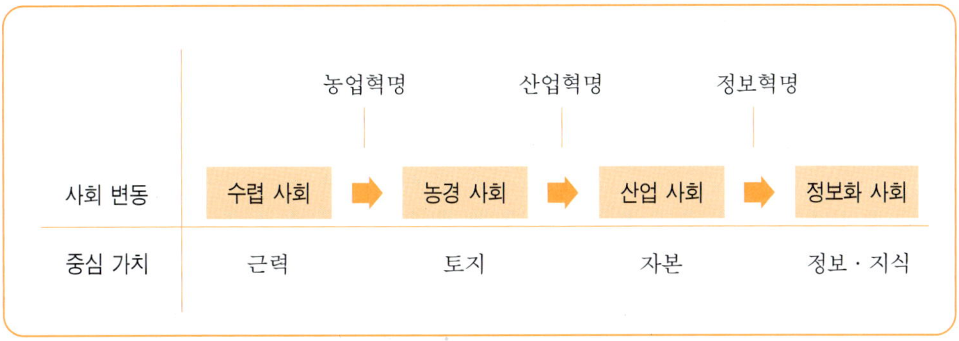

그림 2-2 인류 사회의 변천 과정

| 출처 | 방인옥 외(2013). 유아교육과정. p. 107.

사회학자들은 현대 사회의 변화 양상을 크게 세 가지로 특징지어 설명하였다. 첫째는 산업화, 둘째는 정보화, 셋째는 세계화이다. 이를 차례대로 살펴보면 다음과 같다.

① 산업화에 따른 사회문화적 환경의 변화

현대 사회는 후기 산업 사회이다. 이는 기계화에 의한 대량 생산의 산업 사회와는 달리 지식과 과학 기술이 지배하는 사회이다. 이러한 후기 산업 사회는 미국의 경우에 1950년대에, 유럽은 1960년대에, 일본의 경우는 1970년대, 그리고 한국은 1990년대에 진입한 것으로 보고되고 있다(김영모, 1999). 후기 산업 사회의 특징은 여러 가지가 있으나, 여기서는 산업화로 인해 야기된 사회 환경의 변화를 살펴보도록 한다.

산업화는 첫째, 사무직 노동자(white color worker) 계층을 대량으로 형성시켰고 이들은 급속도로 도시로 유입되기 시작하여 거대도시가 탄생하게 되었다. 과거 전통적인 사회에 비해 거대도시들은 익명성이 증대됨에 따라 개인주의적인 가치관을 발달시켰다.

둘째, 공업화의 결과로 많은 노동력이 필요하게 되자 여성의 취업률이 해마다 증가하였다. 여성의 사회 참여는 전통적인 가정의 역할에 큰 변화를 가져오게 된다. 긍정적으로는 여성의 경제력이 향상됨에 따라 평등주의적 부부 관계가 형성되기 시작하였고, 자녀를 출산하고 양육하는 데 있어서의 남아 선호 경향도 두드러지게 감소하게 되었다. 또한 전통적 가정에서 여성의 역할에 속하던 부분이 이제는 사회가 감당해야 할 몫으로 전환되었다. 한 예로 영유아와 노인을 가정에서 돌볼 수 있는 노동력이 감소하게 되었고, 정부는 새로운 육아 정책과 노인 정책을 입안해야 한다는 사회적 요구에 직면하게 된 것이다. 현재 우리나라의 경우도 2005년 여성가족부의 출범 이후 쏟아지는 육아 정책과 재정 투입으로 국가가 보육을 책임지고자 하는 보육 공공성 확대 분위기가 확산 일로에 있다. 교육부도 2006년부터 만 5세 유아의 유치원 교육비 지원을 대폭 확대하여 가는 추세이다.

셋째, 가족 구조가 대가족에서 핵가족화 되었으며, 여러 가지 요인에 의하여 가족이 분열되는 현상을 낳고 있다. 과거 농경 사회에서는 가족과 직장이 통합되어 있었고, 가족원의 협동과 노동력의 수가 생산 활동과 직결되었기 때문에 가족 중심적인 가치관이 유지될 수 있었다. 그러나 현대 산업 사회는 가족과 직장이 분리되는 특징을 갖기 때문에, 소가족 혹은 핵가족으로의 전이가 불가피하게 나타나게 된다. 또한 개인주의적인 가치관은 가족이란 공동체의 붕괴를 가져오기가 용이하여, 이혼 가정 혹은 별거 가정, 주말 부부와 같은 다양한 형태의 가족이 나타나게 되며 심지어는 부모와 자녀 모두가 따로 떨어져 지내다가 주말에만 만나는 형태의 가족도 증가하고 있다.

② 정보화에 따른 사회문화적 환경의 변화

기계화에 의해 시작된 산업 사회는 오늘날 점차 정보가 생명이 되는 정보 사회로 전환하게 되었다. 종전의 산업 사회가 물질과 에너지에 의존하는 사회였다면, 정보 사회에서는 지식의 생산, 처리, 전달 등을 맡은 지식 산업이 주된 산업이 되고, 정보가 사회의 주된 바탕을 이루게 된 사회이다(정범모, 1996). 현대인의 삶을 들여다보면 이러한 특징은 일상에서 쉽게 관찰된다. 아침에 일어나서 신문을 펼쳐드는 순간부터 TV나 컴퓨터를 통해, 출근이나 등교를 하는 이동 과정에서는 라디오나 휴대폰, 거리의 광고들을 통해서 꾸준히 무엇인가를 알려주고 있다. 한 가지 물건을 사기 위해 우리는 여러 개의 카탈로그를 보고, 홍보용 자료나 광고를 읽고, 기존 사용자들의 사용 후기까지 미리 확인할 수 있다. 이러한 정보화 사회에서는 주체할 수 없는 정보의 유통이 이루어지며, 개인들은 정보의 홍수 속에서 어떤 정보를 받아들여야 하는지에 대해서 혼란을 느끼게 된다. 결국 올바른 정보를 판단하는 능력과 효율적으로 정보를 사용하는 능력이 개인들에게 새롭게 요구된다.

이제 거의 모든 정보가 디지털화 되어가고 있다. 멀티미디어를 통해 신문, 방송 등의 기존 매체들이 하나로 통합되어가고 있으며, 인터넷 포털 사이트 하나면 원하는 정보를 모두 얻을 수 있는 세상이 되었다. 이러한 정보화 사회를 사회학자들은 '그물망 사회', '다원화 사회', '지구촌' 등의 개념으로 표현하고 있다. 누구에게나 정보가 개방되는 현대 사회는 소수만이 정보를 갖던 과거 사회에 비해 매우 평등적이다. 이러한 사회에서는 개별적인 자율성에 바탕을 둔 다양한 사회 조직이 생겨날 것이고, 개인들의 삶은 보다 다양해지고 선택의 폭도 넓어질 것이다. e-mail, 메신저 등 통신 기술의 발달로 인해 시간과 공간의 제약이 사라졌고, 이제 지리적 국경도 의미가 없어진 세계 사회가 되어가고 있다. 이렇게 개인의 행동에 제약이 없어진다는 것은 모든 선택과 의사 결정, 또 그에 따른 책임까지 개인 스스로가 져야함을 의미한다. 이제 주체성과 자율성이 없는 사람은 아무것도 성취할 수 없게 된다. 현대 사회는 정보를 창출하고, 설계하고 활용하는 사고 능력과 창의성의 개발이 더욱 중요하게 부각되고 있다. 따라서 능동적이고 적극적인 성향, 자신의 삶을 계획하고 선택하는 자율적 태도, 다양한 관계를 형성하고 의사소통할 수 있는 열린 태도, 독립적인 의식 구조 등이 정보화 사회에서 요구되는 특성이라고 볼 수 있다.

③ 세계화에 따른 사회 · 문화 환경의 변화

통신의 발달은 경제 교류의 증가와 함께 세계를 하나로 묶는 역할을 톡톡히 해내고 있다. 우리나라도 통신위성이 발사된 이후 TV 스위치만 켜면 세계 곳곳에서 일어나는 일들을 위성채널을 통해 실시간으로 시청할 수 있게 되었다. 전통적인 농경 사회에서는 한 집이나 마을에서 대대로 터를 잡고 살아왔고, 대부분의 인간은 자신이 태어난 장소로부터 반경 몇 km를 벗어나지 못하고 일평생을 살다 죽었다. 그러나 이제는 어린아이조차 해외여행이나 조기 유학을 통해 일찍부터 다른 나라와 문화를 접하고 있고, 학업이나 취업을 위해 우리나라로 이주해 오는 이민족들도 자주 관찰되는 상황이다. 앞으로 세계화와 지구촌화는 더욱 더 가속화될 것이고, 우리는 이러한 변화를 받아들여야 한다.

세계화에 따른 사회 · 문화 환경의 변화에 적응하는 데 걸림돌이 되는 요인을 최병권은 다양성에 대한 두려움, 단일성에 대한 과도한 의존이라고 보았다(전인옥 · 박선희, 2001 재인용). 서양의 교육과정이 독특하고 자신만의 개성이 있는 '남과 다른 나'를 살리는 데 주력해 왔다고 한다면, 우리나라의 보육과정은 '모난 돌이 정 맞는다' 는 속담에서 보이는 바처럼 남들과 유사하게 성장할 것을 암묵적으로 강요하여 왔다. 다르다는 것에 대한 공포는 바꿔 말하면 다른 것을 받아들이지 못하는 태도로 이어질 수 있다. 다양한 문화가 공존하는 세상을 살아가기 위해서는 우선 다른 사람의 것에 대한 편견 없는 수용, 다른 문화에 대한 긍정적 태도가 준비되지 않으면 안 된다. 곧 다양성을 인정하는 것이 성숙함이란 인식이 필요한 것이다.

세계화를 위해서는 자신이 속한 나라의 문화에 대해 높은 긍지를 가져야 한다. 또 자신이 속한 나라의 문화를 먼저 알고 다른 나라의 문화를 이해하여야 한다. 그렇지 않다면 특정의 문화를 우월한 개념으로 받아들이는 사대주의로 흐르거나, 아니면 특정의 문화를 경시하는 배타적 민족주의로 흐를 수 있기 때문이다.

세계화의 흐름 속에서 떠내려가지 않고 자신의 항로를 유지할 수 있기 위해서는 긍정적인 자기 정체성이 필수적이다. 가족의 구성원으로서, 어린이집의 구성원으로서, 나라의 구성원으로서 '나' 에 대한 진정한 정체성을 확립하는 것이 세계화를 향한 밑거름이 될 것이다.

(2) 사회적 요인에 따른 보육 상황의 변화 경향

① 복지 사회 개념의 확대

복지 사회란 인간으로서의 가치를 유지하고 행복한 삶을 누릴 수 있도록 보장되어 있는 사회로 인도주의, 평등주의, 보상주의를 기본 이념으로 한다. 인도주의는 인간 존중 사상을, 평등주의는 인간의 가치 평등을, 보상주의는 사회적 실조 대상의 구제를 우선 과제로 삼고 있는 개념이다.

교육과 사회는 불가분의 관계에 있다. 교육은 사회를 유지시키는 데 필요한 사회 구성원을 양성시키는 하나의 제도이며 그 사회의 가치 및 신념 체계는 교육을 통해 그 구성원들에게 내면화된다. 복지 사회란 사회의 구성원 모두에게 고르고 균등한 혜택이 돌아가도록 하는 개념이다. 교육적 복지란 모든 사회 구성원들이 원하는 교육을 받을 수 있도록 국가와 사회가 제도적 장치를 마련하는 것에서 출발한다. 개인마다 능력과 가치관이 다를 수 있기 때문에 민주 사회에서는 교육의 기회 균등을 최선의 목표로 삼는다. 최근 들어 우리나라에서도 복지 정책의 일환으로 부모의 영유아 보육 부담을 덜어주고 안정적인 보육 기반을 구축하기 위한 재정투자가 증가하고 있다. 2013년 이후에는 무상교육 관련 보육정책을 통해 소득과 상관없이 모든 계층에 양육수당을 10~20만원 지급하고 있으며, 2014년부터는 유보통합추진위원회의 설치로 유치원과 어린이집의 평가인증 체계를 정비하고 2015년에 유치원과 어린이집의 교육과정 통합을 시도하고 있다. 이는 이미 검증된 영유아교육의 효과로 볼 때, 교육과 보육의 공공성을 확보함으로써 사회 전체의 부를 축적할 수 있는 보장된 투자라 할 수 있다.

다음은 보건복지부의 보육 예산에 관한 통계이다. 이는 기하급수적으로 늘어난 보육예산을 보여줌과 동시에 영유아 보육료 및 양육수당의 국보 보조율의 증가 및 다양한 어린이집 지원정책을 보여주고 있다.

표 2-4 2011~2013 보육 예산

(단위: 백만 원, %)

사업명	2011년 예산	2012년 예산(A)*	2013년 예산안(B)	증감(B-A)	(%)
영유아보육료 지원	1,934,611	2,391,291	2,598,219	206,928	8.7
양육수당 지원	89,794	102,646	880,950	778,304	758.2
보육돌봄 서비스	395,023	423,153	444,463	21,310	5.0
어린이집 지원	23,077	78,207	150,445	72,238	92.4
어린이집 기능 보강	14,650	11,867	23,610	11,743	99.0

* 2012년 1월 기준임.

| 출처 | 보건복지부(2012). 2013년 보건복지부 소관 보육예산(안) 사업설명 자료; 보건복지부(2013. 1. 1.). 보건복지부 보도 자료 '2013년 새해 보건복지부 예산 41조 673억 원으로 최종 확정'

2013년 영유아보육료 지원은 전 연령, 전 계층에 대한 무상보육이며, 만 0~5세의 영유아를 둔 부모는 어린이집이나 유치원에 보낼 경우에는 소득과 상관없이 보육료를 국가로부터 지원받을 수 있게 되었다. 또한 국가는 어린이집을 이용하지 않고 영유아를 양육하는 가정에 일정금액을 지원함으로써 가정의 경제적 부담을 완화시키고자 양육수당 지원제도를 도입하여 실시하고 있다.

표 2-5 2012~2013 영유아보육료 지원 제도 변경 내역

구분	2012	2013
만 0~2세	전 계층 지원 • 만 0세: 39.4만 원 • 만 1세: 34.7만 원 • 만 2세: 28.6만 원	좌동
만 3~4세	소득 하위 70% • 만 3세: 19.7만 원 • 만 4세: 17.7만 원	전 계층 지원 • 만 3세: 22만 원 • 만 4세: 22만 원
만 5세	전 계층 지원 • 만 5세: 20만 원	전 계층 지원 • 만 5세: 22만 원

| 출처 | 송신영(2013). 2013 보육예산. 육아정책포럼. 34호. p. 43.

표 2-6 2012~2013 양육수당 지원 제도 변경 내역

구분	2012	2013
만 0~2세	차상위 계층 지원 • 12개월 미만: 20만 원 • 24개월 미만: 15만 원 • 36개월 미만: 10만 원	전 계층 지원 • 12개월 미만: 20만 원 • 24개월 미만: 15만 원 • 36개월 미만: 10만 원
만 3~5세	지원 없음	전 계층 지원 • 만 3~5세: 10만 원

| 출처 | 송신영(2013). 2013 보육예산. 육아정책포럼. 34호. p. 43.

② 인성 교육 및 사회성 교육의 필요성 증대

대가족 제도에서 핵가족 제도로의 변화는 저출산과 함께 가정 내에서 영유아가 차지하는 사회적 관계를 변화시키는 요인이 되었다. 중국에서 '한 자녀 낳기 운동'이 실시된 이후에 이 영유아들이 유치원에 취원하면서 종래와는 다른 영유아들의 특성에 사회적으로 큰 이슈가 된 적이 있었다. 부모뿐 아니라 친가, 외가의 친인척으로부터 온갖 애정을 받고 자란 이 소(小)황제들은 지나치게 자기 중심적인 성향을 갖고 있는 것으로 나타났고, 하나밖에 없는 자녀를 최고로 키우고자 하는 부모들의 열망이 중국의 보육산업을 고급화시켰다. 우리나라의 경우도 마찬가지이다. 개인주의적인 성향의 증가와 사교육의 부담이 가져온 사상 유례없는 저출산은 자녀를 최고로 키우고자 하는 부모의 열망을 불러일으키고 있다. 그러나 이 귀한 소수 자녀들은 핵가족 안에서 제한된 인간관계를 경험할 수밖에 없고, 친인척 간의 교류도 줄어들어, 관계를 경험하고 배울 수

있는 기회가 줄어들어가고 있는 실정이다.

사회적 존재로서 살아가야 하는 인간에게 있어서 바람직한 인성과 남을 배려하는 사회성 발달은 매우 중요한 요소이다. 자녀수의 감소 이외에도 이혼율의 증가, 별거 가족의 증가, 직장 등의 이유로 주말에만 만나는 가족의 증가는 가족 내에서 경험할 수 있는 인간관계의 폭을 제한시켰다. 종전의 대가족 제도가 제공했던 가족 구성원 간의 정서적 완충 작용은 사라지고 고립된 인간관계만 남아 고독한 현대인을 양성하게 되는 것이다.

특히 인터넷의 사용이 영유아에게도 일반화되면서 사이버 세상에서 만나는 관계가 갖는 익명성은 다른 사람에 대한 숨은 공격성을 유발하기도 한다. 최근 들어 젊은 층의 우울증 환자군이 증가하는 것도 이러한 원인에서 야기된 결과라고 볼 수 있다.

보육기관은 가정이나 이웃에서 또래 관계를 경험할 수 없는 현대 사회의 영유아가 다양한 또래 및 성인과의 관계를 경험할 수 있는 곳이다. 특히 형제 · 자매 관계를 폭넓게 경험할 수 없었던 영유아는 혼합 연령 집단 구성을 통해 자연스럽게 이러한 관계를 경험하게 된다.

③ 다문화 교육의 비중 강화

뱅크스와 뱅크스(Banks & Banks, 1993; 전인옥 · 박선희, 2001 재인용)는 자신의 저서를 통해 다문화 교육(multi-cultural education)과 반편견 교육과정(anti-bias curriculum)의 개념에 관해 언급하였다. 그는 인간의 삶 속에 있는 다양성에 대한 이해를 촉구한다. 우리 주변을 둘러보면 다양한 문화, 다양한 민족, 서로 다른 성, 다른 연령 집단, 다양한 사회적 계층, 장애인과 비장애인 등 수많은 다양성이 공존하는 집단들의 복합체임을 쉽게 알 수 있다. 빗장을 닫아걸고 혼자서만 살아갈 수 있는 시대는 이미 지나갔다. 다양성을 인정하는 것은 곧 성숙함을 의미한다. 하루에도 수십만, 수백만의 인구가 국경을 넘나들며, 이민과 역이민이 증가하는 현 시점에서 타 집단에 대한 이해와 수용의 태도는 문화 교류를 긍정적으로 받아들이기 위한 필요조건이다. 따라서 보육과정의 내용을 구성하는 경우에도, 다른 나라의 전래 동화나 전통 음악과 미술, 역사와 풍습 등에 대하여 영유아가 받아들일 수 있는 수준에서 다양한 주제들을 다루어 주는 것은 매우 의미 있는 일이다. 또 장애에 대해 이해하고 더불어 사는 법을 배우기 위해서는 무엇보다도 장애를 가진 사람과의 생활이 가장 근본적이다. 보육 현장에서 합리적인 통합 교육이 이루어져, 장애 유아가 일반 보육기관을 어려움 없이 다닐 수 있는 사회적 분위기의 조성이 필요할 것이다.

④ 창의성 교육에의 관심 증대

앞으로의 사회는 예측 불허의 시대이며, 다양성의 시대이다. 예전에는 동화책 속에서만 가능했던 우주 개발이 이루어지고 있고, 인간을 둘러싼 환경도 시시각각 변화하고 있다. 게다가 이러한 변화는 가속성마저 띠고 있어, 고정적 사고로부터의 탈피와 새로운 발상의 전환이 요구되고 있다.

정보화 사회의 실현은 지적인 창의력을 바탕으로 하고 있다. 창조적 사고를 하기 위해서는 실수를 허용하는 자유로운 분위기, 새로운 아이디어에 대한 가치 부여가 이루어져야 한다. 창의적 인간의 필수적 조건은 지적 호기심, 합리적 사고, 탐구심, 개척 정신, 정보 처리 능력, 개방성 등이다. 창의적 인간은 어떤 상황에 직면했을 때, 합리적 통찰력을 바탕으로 기존의 것과는 다른 사고를 산출할 수 있다. 역사적으로 유용한 창의력은 인류의 문명에 막대한 공헌을 하여 왔다. 하지만, 전통적으로 동질성을 강조해 왔던 우리의 교육은 지나치게 획일화되어 자칫하면 영유아의 개성을 무시하고 집단의 속성에 개인의 특수성을 매몰시켜 버릴 가능성이 있다. 보육 현장에서 영유아를 창의적이고도 지적으로 성장시키기 위해서는 다양한 선택 활동을 통해 자신만의 고유한 사고와 행동 패턴을 펼칠 수 있는 자유로운 분위기가 제공되어야 할 것이다.

⑤ 전통 교육의 강조

세계화, 국제화의 기류 속에서 자칫하면 우리 민족 고유의 문화가 사라지게 될 위험이 도사리고 있다. 매스컴의 발달은 세계 각국의 풍속과 전통에 관한 정보를 실시간으로 접하게 해준다. 이러한 정보의 홍수 속에서는 정보를 효율적으로 수용하고 적용하는 능력이 중요한 관건이 된다. 민족적 정체성, 문화적 정체성, 개인적 정체성이 문화적 혼돈을 막아줄 수 있는 주요한 축이라고 할 수 있다. 가장 한국적인 것이 가장 세계적인 것이라는 표현에서 볼 수 있듯이 우리 것에 대한 정확한 이해가 다양한 문화를 제대로 이해하기 위한 선결 요건이다. 최근 들어 보육 현장에서는 전래 동요나 전래 동화, 우리 가락과 장단, 민속춤과 놀이 등을 교육 내용으로 삼는 활동들이 다양하게 연구되어 이루어지고 있는데, 이는 우리 문화적 정체성을 바탕으로 세계화를 향해 나아가는 바람직한 추세로 보인다. 그러나 사라져 가는 우리 풍속이나 전통을 마치 관광객이 특정 장소를 평생에 한 번 여행하면서 경험하듯 단순히 1회적으로 소개하는 수준에서 그쳐서는 안 될 것이다. 보육 현장에서는 단지 정보 제공의 수준에서 옛 삶의 모습이 다루어지는 것을 쉽게 관찰할 수 있다. 교사는 옛 조상들의 삶 속에서 지혜를 찾고 이를 오늘날 우리의 삶 속에서 실천해 볼 수 있는 활동들을 찾아내고 적용하고자 더 노력해야 한다.

⑥ 환경 교육의 강조

과학 문명의 발달로 인간은 자신이 살고 있는 환경을 보다 인류에게 편리하도록 이용하고 개발해 왔다. 자연과 상생하기보다는 자연을 정복함으로써 대대손손 살아가야 할 터전을 훼손시킨 셈이다. 생태계의 순환 관계에 대한 인류의 무지는 오로지 인간에게 이로우면 익충, 인간에게 해를 끼치면 해충이란 식의 이분법적 분류로 먹이사슬의 고리를 끊어버리는 우를 범하였다. 인류가 지구 환경을 보존하는 일에 얼마나 서툴렀던가는 오랜 인간 중심의 역사를 거쳐 이제 다양한 환경문제들로 가시화되고 있다. 많은 동 · 식물들이 멸종 위기에 놓이게 되고, 환경오염으로 인한 이상 기온 현상이 지구 곳곳에서 발생하고 있다. 사람이 사는 곳이면 어디서나 발생하는 생활 쓰레기의 처리 문제, 교통량의 증가로 인한 대기 오염, 공업화의 부산물인 수질 오염과 토양 오염 등 지구의 환경은 이제 인류가 특별하게 관리하지 않으면 안 될 지경에 놓이게 되었다. 그렇게 하지 않으면 이제 인간의 생존마저도 위태로워졌기 때문이다. 우리가 사는 지구 환경에 대한 이해, 인류와 함께 공존해야 하는 생명체에 대한 의식의 전환이 우주 개발의 꿈과 함께 병행되지 않으면 안 되는 것이다.

보육기관에서 적용해 볼 수 있는 환경 교육 활동은 매우 다양하다. 교실에서 이루어지는 여러 활동에서 재활용품 사용하기, 학급 내에서 분리수거의 생활화, 깨끗한 환경을 만들고 유지하기 위한 방법에 관한 토의 등 영유아들이 실천할 수 있는 간단한 활동을 찾아서 실행해 본다. 보육기관의 주변에서 관찰 가능한 오염된 환경(예 하천)을 견학해 보고, 생태계 변화나 환경오염에 관한 TV나 VTR을 시청하는 것도 좋은 방법이다. 또한 보육기관의 실외 환경을 이용하여 텃밭에서 식물 재배해 보기, 동물 기르고 보호하기 등 다양한 활동이 보육과정에 반영될 수 있다.

3 보육과정의 유형 및 효과

1) 보육과정의 유형

보육과정은 전통적으로 크게 세 가지의 심리학적 줄기에 따라 형성되었다. 학습과 발달에 관한 성숙주의, 행동주의, 구성주의의 큰 갈래는 각각의 이론적 배경에 따라 서로 다른 보육과정을 탄생시켰다. 학자들은 각각 인간의 발달 근원을 어디에서 찾는가에 대한 자신들의 이론에 기초하여 자연스러운 발달을 목표로 하는 성숙주의 프로그램, 강화와 모델링을 사용하여 직접적 자극을 제공하는 행동주의 프로그램, 영유아의 능동적인 역량과 스스로 지식을 구성하는 원리를 중시하는 구성주의 프로그램의 형태로 나뉘었다. 이들 프로그램에 대한 이해는 각각의 심리학적 전통에 대한 고찰과 맥을 같이한다.

그러나 1970년대에 들어서서, 단일한 이론이나 철학에 근거를 두기보다는, 복합적이며 다양한 이론에 근거를 두는 접근법들이 새롭게 소개되기 시작하였다. 프로젝트 접근법, 레지오 에밀리아 접근법, 발도르프 교육과정, 생태 유아교육과정 등과 같이 새롭게 대두된 프로그램들은 다양한 이론적 배경을 조합하여 다양한 현장성과 실제성을 가지고 있다. 이들 프로그램에 관한 설명은 제6장에 자세하게 소개될 예정이다. 본 절에서는 전통적인 보육과정의 유형을 몇 가지 기준으로 분류해 보고자 한다. 이처럼 보육과정의 유형을 분류하는 것은 현존하는 다양한 보육 프로그램이나 접근법 등을 이해하는 데 필요한 관점이나 시각을 갖도록 돕기 위함이다.

2) 보육과정 유형의 분류

(1) 와이카트(D. Weikart)의 분류

와이카트는 보육과정의 유형을 교사나 영유아 중에서 누가 주도권을 갖고 누가 수동적으로 반응하는가를 중심으로 분류하였다. | 그림 2-3 | 과 같이 교사가 주도권을 갖고 영유아는 반응하는 유형(계획된 보육과정), 교사와 영유아가 모두 주도권을 갖고 있는 유형(개방 체제 보육과정), 영유아가 주도하고 교사는 반응하는 유형(아동 중심 보육과정), 마

지막으로 교사와 영유아 모두가 수동적으로 반응하는 유형(보호적 보육과정)으로 분류하였다.

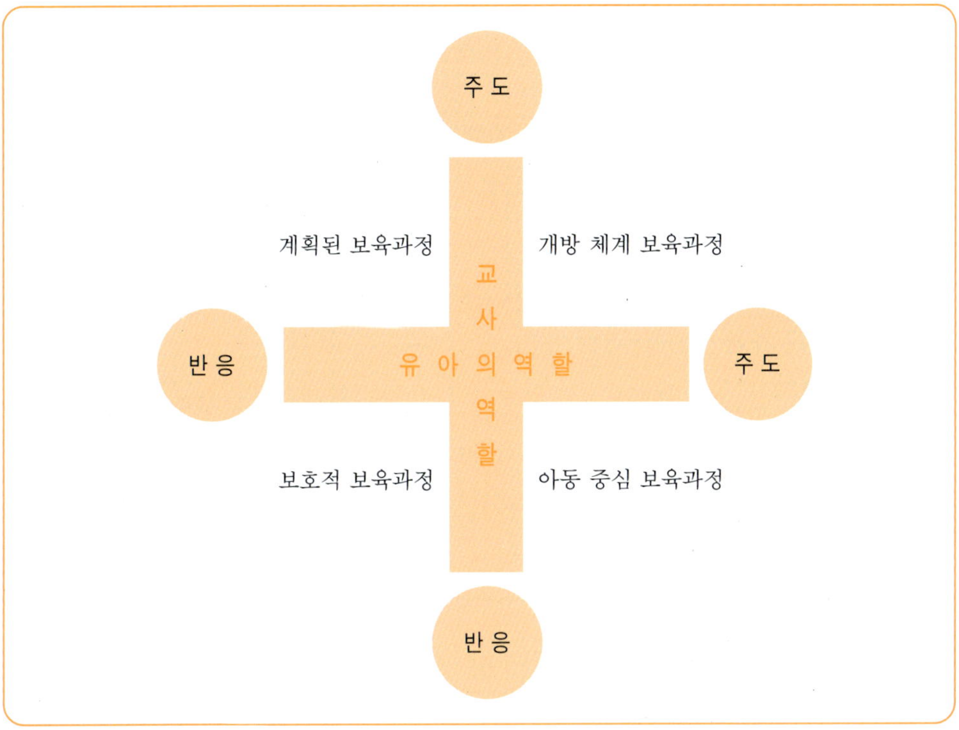

그림 2-3 와이카트의 보육과정 유형 분류

| 출처 | 이기숙 외(2014). 영유아교육과정. p. 183.

① 계획된 보육과정

교사가 보육과정을 주도적으로 운영하고 영유아는 교사의 계획에 따라 수동적으로 반응하는 형태의 보육과정이다. 이러한 보육과정은 환경의 자극에 대해 인간을 수동적 존재로 바라보는 행동주의 이론에 바탕을 두고 있다. 이러한 프로그램들은 대체로 영유아의 관찰 가능한 행동에 초점을 맞추고 있으며, 물질적 보상에 따르는 외재적 동기 유발의 방법을 사용한다. 미국에서는 1960년대 헤드스타트 운동의 일환으로 행동주의 접근 방식의 보육과정이 다양하게 개발되었다. 사회 · 경제적으로 소외되거나 실조된 계층의 영유아들은 학습 능력 면에서 일반 아동에 비해 뒤처졌다고 판단하였고, 이를 위해서는 읽기, 쓰기, 셈하기와 같은 기본 학습 기술들을 단기간에 습득시키는 일이 중요하다고 생각되었다. 이러한 분위기에서 교사 중심적인 행동주의 프로그램은 짧은 시기 동안, 적은 노력으로 많은 효과를 얻고자 하였다.

계획된 보육과정은 읽기, 쓰기, 셈하기와 같은 기본적인 수학 기술과 함께, 구체적인 교수요목이 있어서, 교사의 교수 방법에 대한 지침까지 자세하게 제시되어 있는 특징을 갖는다. 따라서 이러한 프로그램을 사용하는 교사는 특별히 수업경험이 많지 않아도 교수 계획에 따라 단계적으로 수업을 진행할 수 있도록 구조화되어 있다. 따라서 초임 교사나 그다지 창의력이 없는 교사라 할지라도 수월하게 프로그램을 운영할 수 있다. 다만, 영유아의 창의적 사고와 사회성을 강조하는 현대의 경향에 비추어 본다면, 교사의 지시에 수동적으로 반응하는 형태의 이 교수법은 영유아의 자발성이나 학습에의 참여도, 또래 간의 상호작용을 감소시키는 측면을 갖고 있다.

계획된 보육과정 유형에 해당하는 프로그램은 디스타 프로그램(DISTAR program), 다르시 프로그램(DARCEE program), 행동분석 프로그램(Behavior Analysis program), 투산 모델(Tucson Early Education Model) 등이 있다.

② 개방 체제 보육과정

글자 그대로 교사도 주도권을 갖고, 영유아도 주도권을 갖는 교육과정의 형태이다. 교사는 영유아에게 적절한 학습 계획을 세우고, 환경을 준비하며, 다양한 활동을 통해 영유아에게 선택권을 주며, 필요할 때 적절히 개입하는 주도성을 보인다. 또한 영유아 역시 교사가 제시한 활동 안에서 선택적으로 활동에 참여하며, 때로는 일과 계획에 직접 참여하기도 하면서 자신의 생각을 구성해 나가는 주도적인 역할을 하게 된다.

이 보육과정의 기본이 되는 이론은 피아제의 구성주의 이론이다. 이들은 영유아의 사고와 인지 발달을 중요하게 생각하며, 직접경험과 자발적 참여, 지식을 스스로 구성하는 원리를 강조한다. 즉, 영유아의 능동성, 자발성에 초점을 두고 교사와 영유아, 영유아와 영유아, 교구와 영유아 간의 상호작용을 통해 전인적인 발달을 지향한다.

이 프로그램의 장점은 교사에게 자율권이 부여된다는 점이다. 교사는 자신의 재량대로 창의적이고 다양한 교육 활동을 시행할 수 있다. 이러한 과정은 교사로 하여금 자신만의 교육경험을 토대로 전문성을 개발할 수 있는 동력이 된다. 바꾸어 말하면, 교육경험이 없거나 열의가 부족한 교사에게는 쉽사리 접근하기 어려우며 상당한 교사의 능력이 요구되는 교육과정이다.

개방 체제 보육과정에 속하는 프로그램으로는 몬테소리 프로그램(Montessori program)과 피아제 이론에 기초한 까미 드브리스 프로그램(Kamii-DeVries program)이나 하이 스코프 프로그램(High Scope program)이 있다.

③ 아동 중심 보육과정

이러한 보육과정 유형은 학습에서 영유아가 모든 주도권을 가지고, 교사는 수동적으로 반응하는 형태를 띤다. 이 보육과정의 바탕에는 성숙주의 이론이 깔려 있으며, 이들은 인간의 발달을 선천적으로 타고난 생득 요인에 의한 것으로 간주한다. 따라서 외적 자극이나 불필요한 환경적 요소들이 발달에 영향을 미치지 않는다고 본다. 이러한 관점에서는 영유아의 흥미나 욕구, 본성 등을 충분히 발산하도록 내버려두는 것이 가장 바람직한 보육이라고 생각한다.

루소, 게젤, 프로이드로 이어지는 성숙주의 이론은 영유아의 내재된 특성, 예정된 발달 가능성을 자연스럽게 전개하면서 사회·정서적으로 안정된 전인 아동을 육성하는 것을 목표로 한다.

보육 내용은 영유아의 욕구와 흥미에 따라 결정되며, 교사는 다양한 놀이와 자유로운 활동을 제공하도록 노력한다. 하지만 아동 중심 보육과정은 영유아에게 모든 주도권이 주어져 무한한 자유를 제공함으로써 지칫 방인으로 흐를 위험이 있다. 또 영유아의 흥미나 욕구에 상응하는 내용들이 교육적으로 바람직하지 않을 경우에 교사는 갈등을 느낄 수 있다. 이는 영유아가 초콜릿이나 사탕을 좋아한다고 해서 매일 그런 음식을 제공할 수 없는 것과 같은 이치이다.

이 유형에 속하는 프로그램은 뱅크 스트리트 프로그램(Bank Street program)이다.

④ 보호적 보육과정

이 프로그램은 교사도 반응하고, 영유아도 반응하는 형태를 말하는데, 이러한 프로그램은 영유아의 생리적인 욕구를 해결해 주고, 신체적·심리적 안전을 지켜주는 등의 최소한의 보살핌을 말한다. 현실적으로 오늘날 보육기관이 운영하는 프로그램으로서는 가능하지 않은 보육과정이라고 볼 수 있다.

한편, 도피에라와 도피에라(Lay-Dopyera & Dopyera, 1987)는 '아동 중심 보육과정' 이란 논문에서 아동 중심주의와 혼용되어 사용되는 다양한 개념들을 나열하면서, 진정한 아동 중심주의가 무엇인가를 밝혔다. 그는 아동 중심 보육과정의 유형을 A와 B의 두 가지 유형으로 분류하여, 두 보육과정 간의 차이를 밝혔다. 영유아의 흥미와 욕구를 최우선으로 하여 교사에게는 아무런 주도권도 주어지지 않는 보육과정의 유형은 아동 중심 보육과정 유형 A이다. 이러한 보육과정에서는 영유아의 흥미나 욕구가 최우선이기 때문에 교육이 가지는 지향성이나 가치문제가 간과될 수 있다. 반면에 아동 중심 보육과정 유형 B는 교사가 큰 테두리를 결정하고 보이지 않는 주도권을 가지면서, 영유아는 그 안에서 선택권을 가지며 활동에 참여하게 된다. 이러한 의미에서 도피에라와 도피에라가 규정한 아동 중심 보육과정 유형 A는 와이카트의 유형 분류 중의 아동 중심 보육과정에 해당하며, 아동 중심 보육과정 유형 B는 개방 체제 보육과정에 가깝다고 볼 수 있다.

(2) 메이어의 분류

메이어(Mayer)는 보육과정의 기초가 되는 요소를 교사, 영유아, 교구 세 가지로 보았다. 그는 이 세 요소들 간에 상호작용의 정도로 보육과정을 분류할 수 있다고 보았다. 따라서 그는 교사–영유아 간의 상호작용, 영유아–영유아 간의 상호작용, 교구–영유아 간의 상호작용에 따라 보육과정을 분류하였고, 그가 분류한 보육과정의 유형은 다음과 같다.

① 아동 발달 모형

아동 발달 모형에 속하는 프로그램은 프로이드, 에릭슨, 게젤의 이론적 전통을 따르는 모형으로서 성숙주의 접근법에 기초하고 있다. 이 모형의 프로그램들은 영유아의 사회·정서적 발달을 강조하며, 영유아와 영유아 간의 상호작용을 강조하는 특징을 갖는다. 학습 활동은 영유아의 발달 단계를 중요시하며 영유아의 직접적인 활동과 영유아의 흥미를 강조한다. 와이카트의 분류 모형과 비교하면 아동 중심 보육과정에 해당한다.

② 언어-인지 모형

언어와 인지를 강조하는 모형으로서 피아제의 인지 발달 이론을 기초로 하여 구성된 프로그램들이 이 모형에 속한다. 영유아의 사회성 발달과 인지 발달을 모두 강조하는 프로그램으로 교사-영유아 간의 상호작용, 영유아-영유아 간의 상호작용, 영유아-교구 간의 상호작용을 모두 강조한다.

이 프로그램에서는 교사의 역할이 매우 주도적이다. 하루 일과를 계획하고 영유아의 놀이에도 개입하며 구체적인 언어적 상호작용을 통해 영유아의 사고를 촉진시킨다. 구성주의적 접근법에 기초하고 있으며, 와이카트의 분류 모형의 개방 체계 보육과정에 해당한다.

③ 언어-교수 모형

이 모형은 사회 · 경제적으로 실조된 계층의 영유아를 위해 개발되었다. 1960년대 이후 '가난과의 전쟁' 이 선포된 이래로, 미국의 저소득층 영유아에 대한 교육적 지원 움직임이 활발해진 가운데, 혜택 받지 못한 영유아의 특징 및 요구에 부응하기 위해 개발된 프로그램이라고 볼 수 있다. 중산층 영유아에 비해 뒤떨어진 학습 능력을 빠른 시간 내에 효율적으로 가르치기 위하여, 언어적 지시 및 강화와 보상을 사용하는 교사 중심적인 특징을 갖는다. 읽기, 쓰기, 셈하기가 주된 보육 내용이며, 교사-영유아 간의 상호작용이 가장 빈번하게 이루어진다. 이 모형은 행동주의 접근법에 기초하고 있으며 와이카트의 유형 분류의 계획된 보육과정에 해당된다.

④ 감각-인지 모형

감각-인지 모형은 몬테소리의 보육 사상과 방법에 기초하여 개발된 프로그램이다. 학습은 비언어적이며 교구-영유아 간의 상호작용이 중심이 된다. 교구와의 상호작용을 통해 감각 훈련과 실생활 습관 훈련이 강조된다. 몬테소리 프로그램의 특징과 마찬가지로 이 프로그램은 영유아가 자신의 수준이나 흥미에 맞는 교구를 선택하여 사용하기 때문에, 발달과 학습 간의 연계가 자연스럽게 이루어지는 특징을 갖는다. 감각-인지 모형의 교사는 영유아를 관찰하고 관찰한 결과에 따라 환경을 준비해 주는 역할을 한다.

메이어의 보육과정 유형 분류를 도표화하면 다음 | 표 2-7 | 과 같다.

표 2-7 메이어의 보육과정 유형 분류

구분	철학적 배경	상호작용의 형태	집단 형태	와이카트 모형 비교
아동 발달 모형	성숙주의	영유아-영유아 상호작용	소집단 개별 활동	아동 중심 보육과정
감각-인지 모형	몬테소리 이론	영유아-교구 상호작용	개별 활동	
언어-교수 모형	행동주의 이론	교사-영유아 상호작용	소집단	계획된 보육과정
언어-인지 모형	인지 발달 이론	교구-영유아, 영유아-영유아, 교사-영유아 모두 강조	소집단 개별 활동	개방 체계 보육과정

| 출처 | 이기숙(2000). 유아교육과정. p. 138.

(3) 콜버그와 메이어의 분류

콜버그와 메이어는 보육과정의 유형을 낭만주의(romanticism), 문화전달주의(cultural transmission), 진보주의(progressivism)의 세 가지 이데올로기로 분류하였다.

표 2-8 콜버그와 메이어의 보육과정 유형 분류

이데올로기	접근법의 기초	특징
낭만주의	성숙주의 접근법	• 아동 중심, 흥미 위주 • 사회 · 정서적 발달에 초점 • 내적 · 주관적 경험에 대한 강조 • 개인의 자유 중시
문화전달주의	행동주의 접근법	• 발달은 외부적 요인에 의해 결정된다고 봄 • 계획적 강화나 소멸의 교수 전략 사용 • 구체적인 학습 목표가 있는 구조적 프로그램
진보주의	구성주의 접근법	• 영유아와 환경과의 상호작용 중시 • 지식은 내부에서 구성된다는 믿음 • 교사와 영유아 모두가 교육과정 주도 • 놀이 강조

| 출처 | 이기숙(2000). 유아교육과정. p. 142.

이상에서 살펴본 여러 학자들의 보육과정 유형에 대한 분류를 종합하여 도표화해 보면 다음 | 표 2-9 | 와 같다.

표 2-9 보육과정 유형 분류 간의 비교

접근법의 기초	와이카트	메이어	콜버그와 메이어
성숙주의	아동 중심 보육과정	아동 발달 모형	낭만주의
행동주의	계획된 보육과정	언어-교수 모형	문화전달주의
구성주의	개방 체제 보육과정	언어-인지 모형	진보주의
	보호적 보육과정	감각-인지 모형	

콜버그와 메이어는 현대 보육과정을 구성하기 위해서는 낭만주의와 문화전달주의만으로는 통합적인 모형을 제공할 수 없다고 밝혔다. 따라서 진보주의가 보육의 원천이 되어야 한다고 주장하였다(이기숙, 2000).

3) 보육 프로그램의 효과

1960년대에 시작된 보육의 중요성에 대한 인식은 1970년대에 들어 다양한 보육 프로그램의 개발로 이어졌다. 여러 가지 다양한 철학적 · 심리학적 배경을 가지고 탄생한 보육 프로그램들은 그 효율성을 입증함으로써 보육의 효과를 확인하려는 움직임으로 확대되었고, 1975년에 형성된 종단적 연구협회(The Consortium for Longitudinal Studies)를 통한 많은 연구들은 보육 프로그램의 효율성과 효율성을 가져오는 변인들에 관한 다양한 연구 결과를 보여주고 있다. 이들 연구가 보여준 결과로, 보육의 효과는 단기적 효과와 장기적 효과에서 상이하게 나타났으며, 이를 구분하여 살펴보면 다음과 같다.

(1) 프로그램의 단기 효과 연구

보육 프로그램의 단기 효과를 분석한 연구는 주로 저소득층 영유아를 대상으로 실시한 조기 개입 프로그램의 효과를 살펴본 것들이 대부분이었다. 학습 및 발달의 간격을 줄이고자 실시되었던 프로그램은 주로 교사 중심적 접근법을 사용하였고, 이들 프로그램의 효과는 단기적 인지 능력에서 나타났다. 그러나 IQ 및 학력 검사 점수와 같은 단기적 인지 능력의 효과는 2~3년 정도밖에 지속되지 않았고, 대부분의 영유아들이 초등학교 3학년이 되면 오히려 감소하는 결과를 보여주었다. 반면에 유아 중심적인 프로그램에서는 독립성이나 친사회적 행동의 요소에서 높은 점수를 보였다.

표 2-10 보육 프로그램의 단기 효과 연구

연구 주체	연구 대상 프로그램 유형	연구 결과
휴스턴-스테인 외(1977)	• 3개의 헤드스타트 학급	• 교사 지시적 · 통제적 학급에서 친사회적 행동 및 상상놀이가 낮게 나타남
와이카트 외(1978)	• 피아제 프로그램 • 교사 중심 구조화된 프로그램 • 단원 위주의 전통적 프로그램	• 프로그램 유형에 따른 차이는 없었음 • 프로그램의 효과를 가져오는 변인은 부모 참여, 잘 훈련된 교사진, 낮은 영유아와 교사의 비율, 잘 정비된 교실 환경, 계획된 일일계획안이었음
밀러와 다이어의 루이빌 연구(1975)	• 베라이터-잉글만 프로그램 • DARCEE 프로그램 • 몬테소리 프로그램 • 전통적 프로그램	• B-E 프로그램은 학업 수행 능력의 증진을 보임 • DARCEE 프로그램은 학업 수행 능력과 동기, 언어, 사회적 참여에도 효과를 보임 • 몬테소리 프로그램은 창의성과 호기심에 효과 • 전통적 프로그램은 언어 및 사회적 참여에 효과
반운경(1981)	• 아동 중심 교수 집단 • 교사 중심 교수 집단	• 인지 발달에는 차이가 없고, 사회 정서 발달에만 차이가 나타남

| 출처 | 이기숙(2000). 유아교육과정. pp. 200-203.

(2) 프로그램의 장기 효과 연구

1975년 이후 이루어진 종단 연구의 결과들은 보육 프로그램의 장기 효과를 밝혀주었다. 영유아들이 보육기관을 졸업한 직후가 아니라 중학교 혹은 고등학교 이후의 발달까지 추적하여 연구해본 종단 연구 결과, 교사 중심적이고 행동주의적 접근법을 사용하는 B-E 프로그램은 단기적인 효과는 높으나 이 효과가 2~3년 이내에 사라지는 것으로 드러났다. 즉, 교사 주도적이고 직접적인 교수 위주의 방법을 사용하는 프로그램에 참여했던 영유아들은 초등학교 저학년까지 학습 능력 면에서 빠른 성장을 보이다가 초등학교 3학년 정도 이후부터는 다시 빠른 속도로 감소하는 경향을 보인다는 것이다. 결과적으로 이러한 종단 연구들은 형식적인 교수와 집중적인 연습 방법이 저소득층 영유아를 위한 효과적인 방법이 아님을 보여준다. 반면에 사회 · 정서 발달의 영역은 보육 프로그램의 유형에 따라 장기적인 효과를 보여준다. 즉, 놀이 위주의 영유아-영유아 간 상호작용 비중이 높은 프로그램에서는 영유아의 사회 · 정서적 발달 점수가 높게 나타났으며, 이 결과는 장기간 지속되는 것으로 나타났다. 다음은 종단 연구 방법에 의해 실시되었던 보육 프로그램의 효과 연구들을 정리해 놓은 표이다.

표 2-11 보육 프로그램의 장기 효과 연구

연구 주체	프로그램 유형	연구 기간	연구 결과
그레이 외 (1982)	영유아 보육경험 집단과 영유아 보육 비경험 집단 간의 비교	3~20세	• 영유아 보육경험 집단의 지능은 초등학교 3학년까지 우세하다가 고등학교에서 차이가 없어짐 • 영유아 보육경험 집단에서 지도력, 생산력, 사회적 적응, 학교 활동의 참여도에서 우세
밀러와 비젤의 루이빌 송난 연구(1983)	B-E 프로그램 DARCEE 프로그램 몬테소리 프로그램 전통적 프로그램	중학교 2학년	• 전체적으로 남아보다는 여아의 감소 폭이 큼 • B-E 프로그램 유아의 IQ 및 학력 검사 점수에서 큰 감소가 보임 • 교수적 프로그램보다 비교수적 프로그램이 학업 성취에서 더 우세한 것으로 나타남
칸스 외(1983)	5가지 프로그램	고등학교 졸업 후까지	• 보육 프로그램 유형 간의 차이는 발견되지 않음 • 영유아 보육경험 집단이 비경험 집단보다 졸업률은 높고, 유급·퇴학률, 특수 학급 배치율은 낮은 차이가 있었음 • 고등학교 졸업률은 몬테소리 프로그램이 가장 높음
로이스 외 연구 (1983)	11개 연구 종합		• 보육 프로그램의 유형에 관계없이 지능 발달은 초등학교 1학년까지 상승하는 효과를 보이다가 3학년 정도가 되면 사라지는 것으로 나타났다.
이기숙·이은해 (1990)	몬테소리 프로그램 개방주의 프로그램 전통적 프로그램 학습 준비 프로그램	보육기관 졸업 후 중학교 2학년까지	• 학교 준비도-구조적 프로그램과 몬테소리 프로그램, 사회 정서 발달-단원 중심 전통적 프로그램이 가장 높았으며, 구조화된 프로그램이 가장 낮았음 • 창의성 발달-놀이 중심이며, 선택 활동이 많고, 영유아 간 상호작용이 많고, 구조화가 낮은 프로그램에서 효과

| 출처 | 이기숙(2000). 유아교육과정. pp. 203-207.

참고문헌

김영모(1999). 21세기 아동보육의 방향. 한국 영유아보육학회 추계학술대회자료집.

김정원·심은희·이경화·이연규·장은주·전선옥·조순옥·조화연·최일선(2005). 보육학개론. 서울: 정민사.

김현준(2013). 부모와 아이가 모두 행복한 새 정부 안심(安心)보육 추진 방향. 육아정책포럼. 36호. 육아정책연구소.
김혜진(2013). 제8대 대통령 당선자 육아정책 공약. 육아정책포럼. 34호. 육아정책연구소.
반운경(1981). 유아교육 교수방법에 따른 효율성에 관한 연구. 이화여자대학교 석사학위논문.
방인옥 · 박찬옥 · 이기현 · 김은희(2013). 유아교육과정. 서울: 정민사.
송신영(2013). 2013 보육예산. 육아정책포럼. 34호. 육아정책연구소.
신화식(2003). 몬테소리 유아교육과정. 서울: 양서원.
이귀윤(1991). 교육과정. 조경원 · 이기숙 · 오욱환 · 이귀윤 · 오은경. 교육학의 이해. 이화여자대학교 출판부.
이기숙(2000). 유아교육과정. 서울: 교문사.
이기숙 · 김정원 · 이현숙 · 전선옥(2014). 영유아교육과정. 경기: 공동체.
이은해 · 이기숙(1992). 유아교육 프로그램의 효과. 청삼아동문제연구소.
전인옥 · 박선희(2001). 현대사회와 아동. 한국방송통신대학교 출판부.
정범모(1996). 정보화 시대와 아동교육. 한국아동학회 춘계학술대회 자료집.
정옥분(2002). 아동발달의 이해. 서울: 학지사.
조경원 · 이기숙 · 오욱환 · 이귀윤 · 오은경(1992). 교육학의 이해. 서울: 이화여자대학교 출판부.
허혜경(2005). 현대교육과정요론. 서울: 창지사.
홍후조(2002). 교육과정의 이해와 개발. 서울: 문음사.
Fein, G., & Schwartz, C. (1982). Developmental theories in the early education. In Spodek (eds.), *Handbook of research in early childhood education*. New York: Free Press. 82-104.
Gardner, H. (1969). Early childhood education: A look ahead. *Contemporary education*, 143.
Gray, S. W., Ramsey, B. K., & Klaus, R. A. (1982). *From 3-20: The early training project*. Baltimore: University Park Press.
Karnes, M. B., Shwedel, A. M., & Williams, M. B. (1983). A comparison of five approaches for educating young children from low-income homes. *In Consortium for Longitudinal Studies*. Hillsdale, NJ: Erlbaum.
Houston-Stein, A., Friedlich, C., & Susan, E. (1977). The relation of classroom structure to social behaviors, imaginative play, and self-regulation of economically disadvantaged children. *Child Development, 48*, 908-916.
Lay-Dopyera, M. L., & Dopyera, J. E. (1987). *Becoming a teacher of young children*. Random House.
Miller, L. B., & Bizzell. R. P. (1983). Long-term effects of four preschool programs: 6th,

7th, and 8th grade effects. *Child Development, 54*, 725-741.

Miller, L. B., & Dyer, J. L. (1975). Four preschool programs: Their dimensions and effects. *Monographs of the society for research in child development, 40*(5-6, Serial No. 162).

Royce, L. M., Darlington, R. B., & Murray, H. W. (1983). *Pooled analysis: Findings across studies*. In Consortium for Longitudinal Studies. Hillsdale, NJ: Erlbaum.

Spodek, B. (1973). *Early childhood education*. Englewood Cliffs, NJ: Prentice Hall.

Weikart, D. P., Epstein, A. S., & Bond, J. T. (1978). *The Ypsilanti preschool curriculum demonstration project*. Ypsilanti MI: High/scope Educational Research Foundation.

Chapter 3

보육과정의 구성

1 보육 목표의 설정

2 보육 내용의 선정과 조직

3 교수-학습 방법

4 보육 평가

어린이집에서 영유아를 위하여 보육이 이루어지는 과정은 교사들이 영유아를 위하여 어떤 보육 목표를 설정하고, 설정된 목표를 구체적으로 실현 가능하도록 돕는 보육 내용을 선정한 다음, 발달 특성이 매우 독특하고 세분화되어 있는 각 영유아에게 적합한 교수 방법을 찾아 실제 보육을 실시하고, 최종적으로 보육 목표가 어느 정도 달성되었는지를 평가하는 모든 과정이 포함된다. 그러므로 영유아를 위한 보육과정을 구성하는 기본 요소에는 일반적으로 보육 목표와 보육 내용, 교수-학습 방법, 평가 등의 네 가지 요소가 포함된다.

보육 목표의 설정은 보육과정을 구성하는 가장 기본적인 요소로서 영유아기의 발달에 적합하고 아울러 각 기관의 철학에 적합한 목표의 설정이 이루어져야 한다. 그로부터 적합한 학습경험의 선정과 조직, 그리고 목표에 근거한 평가가 이루어지게 되고, 보육 목표의 달성 여부와 보육과정의 장점과 단점에 대한 정보의 송환이 이루어지게 되기 때문이다.

본 장에서는 여러 가지 보육과정의 구성 요소들에 대하여 구체적으로 살펴보고자 한다.

1 보육 목표의 설정

영유아와 보람된 생활을 하기 위해서 뚜렷한 보육 목표를 세우는 것은 교사가 첫 번째로 해야 할 중요한 일이다. 목표는 학습 내용, 교수 절차, 평가를 준비하기 위한 기준이 된다. 또한 목표는 각 기관의 철학이나 관점에 따라 판이하게 달라질 수 있으나 대부분 어떤 준거를 따르게 된다. 타일러는 균형 잡힌 목표를 포괄적으로 설정하는 데 중요한 정보를 제공해 주는 원천을 크게 학습자에 대한 연구, 학교 밖 즉 학교가 속한 사회에 대한 연구, 교과 전문가의 제안, 철학, 학습 심리 등으로 구분하여 설명하였다. 그러므로 어린이집에서는 각 기관의 철학, 영유아의 발달과 학습에 관한 이론, 사회와 문화의 요구에 대한 부응, 유아교육 전문가의 제안 등을 고려하여 보육 목표를 설정해야 한다.

1) 보육 목표 설정의 원천

영유아를 위한 보육 목표 설정의 원천에 대하여 간략히 살펴보면 다음과 같다.

첫째, 학습자로서 영유아에 대한 사실이다.

영유아 보육은 어디까지나 학습자가 있는 곳에서 출발하여야 하며 학습자를 충분히 고려하는 입장에서 검토되고 계획되어야 한다. 특히 영유아 보육의 대상은 매우 어리고, 발달의 속도가 빠르며, 개인차가 크다는 특징을 지녔기 때문에 다른 어느 연령대보다도 학습자에 대한 연구가 철저히 이루어진 후에 보육 목표가 설정되어야만 한다.

둘째, 사회에 대한 사실이다.

학습자로서의 영유아에 대한 이해와 함께 보육 목표를 설정하기 위해서 고려해야 하는 또 한 가지는 우리가 몸담고 살아가는 사회에 대한 사실이다. 어린 세대의 보육은 일종의 사회화 과정으로서 개인으로 하여금 그가 속한 사회에 잘 적응할 수 있도록 하는 것이므로, 어린이집에서는 각 사회에서 중요하게 다루어지는 사회적 가치나 기대를 보육과정에 반영해야만 한다. 미래 사회에서 중요한 역할을 담당해야 할 어린 세대인 영유아의 보육을 위해서 전망적 안목으로 현재뿐만 아니라 미래의 사회 변화와 그 사회의 요구를 예견하고 그것에 맞추어 바람직한 인간상을 설정하고 보육 목표를 계획하는 것은 대단히 중요한 일이다.

셋째, 교과 전문가의 제안이다.

유아교육 전문가들은 교사들이 영유아를 위하여 무엇을 가르쳐야 할지에 대하여 끊임없이 연구하여, 영유아의 각 연령에 따라 발달에 적합하면서 동시에 가르칠 가치가 있는 보육 목표와 내용들에 관하여 제안해 왔다. 그러므로 보육 목표를 설정하기 위하여 이들 전문가들의 제안을 기초로 하는 것은 반드시 필요한 일이다.

넷째, 보육 철학에 대한 검토이다.

앞서 제시한 세 가지 목표 설정의 자원은 서로 상충되는 목표를 제시할 수도 있으며, 조사된 학습자의 필요나 흥미, 사회적 요구가 바람직하지 않을 수도 있다. 따라서 이들 목표 설정의 원천에서 도출한 목표가 가치 있는 것인가의 여부를 검토해야 하며, 이들 중에서 보다 더 중요한 목표를 골라내야 한다. 이때에는 어린이집에서 자신들이 믿고 있는 철학적 가치 기준에 따라서 가장 가치 있는 보육 목표를 설정한다.

다섯째, 학습 심리이다.

학습 심리에 대한 근거는 학습심리학이 제공할 수 있다. 특히 영유아의 발달적 특성은 그 어느 단계에서보다도 독특하므로 그들의 발달과 학습 특성을 충분히 고려하는 것은 보육 목표를 성공적으로 달성하는 데 반드시 필요한 요소라 할 수 있다.

이상에서 보육 목표 설정의 원천에 대하여 간략히 살펴보았으나, 보육 목표 설정에서 가장 중요한 것은 결국 선택의 문제이며 어린이집을 책임지고 있는 사람들의 가치 판단의 문제라고 할 수 있다. 특히 영유아 보육은 초·중등과 같은 각급 학교와 달리 국가 수준에서 제시하고 있는 획일적이고 통일된 교과서가 없는 상황에서 각 기관의 운영자와 교사들이 각자의 철학에 근거하여 보육 목표를 설정하여야 하므로 보육 목표의 원천에 해당되는 여러 가지 사항들에 근거하여 심사숙고한 후에 자신들이 보육하게 될 영유아의 성장에 도움이 되는 합리적인 보육 목표를 설정하도록 노력하여야 할 것이다.

2) 보육 목표의 설정

목표의 설정과 관련하여 문헌들에서는 목적(goal, aim)과 목표(objectives, purposes, ends)가 서로 조금씩의 의미를 달리하며 사용되어지고 있음을 알 수 있다. 비슷한 듯하면서도 서로 다르게 사용되어지는 이 두 용어 간의 의미를 좀 더 명확히 따져보면 다음과 같은 차이가 있다.

목적은 목표보다 포괄적인 개념으로서 우리나라의 교육법에서도 목적은 목표보다 한 단계 위의 개념으로 쓰이고 있다. 예를 들어 국가 수준 누리과정을 살펴보면, 언제나 영유아를 위한 교육은 영유아를 전인적으로 성장시키는 데에 목적이 있다고 해놓고, 그 다음으로 그러한 목적을 실현하기 위하여 생활 영역별로 교육 목표를 상세히 진술하고 있다. 이렇게 볼 때에 목표는 보다 그 위의 목적을 실현시키기 위한 활동으로 사용되는 것으로서 목적을 보다 구체적으로 심화시킨 것이다. 목적이 교육의 방향 또는 중점을 지극히 일반적이고 포괄적으로 진술한 것이라면, 목표는 교육과정에서 실제로 무엇을 다루어야 하고 어떠한 것에 우선순위를 두어야 하고 어떠한 내용을 선정하고 어떠한 경험을 강조해야 하는지 구체적인 행동 지침을 제시해 주는 것이라고 하겠다. 목적이 가치 규범적인 것이라면, 목표는 구체적인 행동 형성을 위한 수단이라고도 할 수 있다. 따라서 목표는 목적에 대한 분석 과정을 통하여 설정되는 것이며 목적이 여러 개의 구체적인 요소로 구분되어 목표로 바뀐다고 할 수 있다.

목적과 목표는 장기 목표와 단기 목표로도 구분되는데, 목적과 같은 의미로 사용되는 용어인 장기 목표는 일반적이며 추상적인데 반하여, 목표와 같은 의미인 단기 목표는 특수하며 구체적이다. 즉, 장기 목표는 교육을 통하여 성취하려는 추상적이며 이상적인 행동적 용어와 관련된 목표이고, 단기 목표는 명료한 행동 결과와 관련된 목표이다. 장기 목표는 교육과정을 구성하는 철학적 · 이론적 관점을 반영하는 목표이며, 단기 목표는 구체적인 교수-학습 형태나 실제 교수 상황을 반영하는 목표로서 교수 계획과 관련된 목표이다(이기숙, 2000).

목적과 목표의 한 예로서 미국의 NAEYC에서 3~8세 유아들을 위하여 설정 · 제시한 교육 목표를 살펴보면 다음과 같다(NAEYC, 1991).

영유아 교육의 목적

영유아의 발달에 적합할 뿐만 아니라 21세기를 살아가기 위해 비판적으로 사고하고, 함께 협동하며 창조적으로 문제를 해결할 수 있는 민주 시민을 육성하기 위한 것을 추구하고 있다.

목적의 달성을 위한 영유아 교육의 목표

- 학습에 대한 긍정적 자아 개념과 태도, 자기 조절력과 소속감을 기른다.
- 세상에 대한 호기심, 학습자로서의 자신감, 창의성과 상상력, 개인적인 주도성을 기른다.
- 교사 및 또래와의 상호 신뢰감과 존경의 관계, 타인의 입장에 대한 이해, 집단생활의 규칙을 지키고 타협할 수 있는 능력을 기른다.
- 사회적 · 문화적 다양성을 이해하고 존중한다.
- 지역 사회와 사회적 역할에 대해 안다.
- 효율적으로 의사소통을 하며 사고와 학습을 촉진시키기 위해서 언어를 사용한다.
- 읽기와 쓰기로부터 정보뿐만 아니라 만족감을 얻는 유능한 인간이 된다.
- 가상놀이, 춤과 동작, 음악, 미술 및 구성 활동을 통해 감정과 느낌, 생각을 표상한다.
- 비판적으로 생각하고 추론하며 문제를 해결한다.
- 사건, 사물, 사람과의 관계에서 분류 · 서열 · 수 · 공간 · 시간과 같은 개념을 이해한다.

- 물리적 세계에 대한 지식을 구성하고, 사물을 조작하며, 인과 관계를 이해한다.
- 예술, 문학, 과학에 대한 감상과 이해를 한다.
- 신체 조절에 능숙하고, 대 · 소근육의 기초적인 신체 기술을 익힌다.
- 자신의 신체를 보호하기 위한 지식을 갖고 바람직한 건강과 체력을 유지한다.

3) 보육 목표의 진술

보육 목표의 진술은 보육의 결과로 학습자가 성취하게 될 행동이 무엇인가를 분명하게 규정하는 구체적이고도 명확한 행동적 용어로 진술되어야 한다. 목표의 진술은 교사가 무엇을 할 것인가에 대한 것이 아니라 학습자인 영유아가 무엇을 배울 것인가에 초점을 둔 학습자 중심의 진술이 되어야 한다. 그러므로 목표 달성 후 영유아가 나타낼 수 있는 관찰 가능한 행동형 동사로 진술한다.

행위동사를 사용하여 목표 진술을 하면 교수-학습 과정을 효율적으로 평가할 수 있고, 교수 자료나 내용 및 방법을 선정하는 데 유용한 기초를 제공하게 되며 학습자가 목표에 어느 정도 도달했는지를 파악하는 것도 용이하다. 이때의 행위동사는 수업 목표 즉 수업의 의도를 분명히 나타내줄 수 있도록 분명한 의미의 용어들을 사용하여야 한다. 여러 가지로 그 뜻이 해석될 수 있는 다의적 용어들은 피하고, 제한적인 해석을 내릴 수 있는 분명한 용어들을 사용하여야 한다. 예를 들면, 생활 주제 '가족'에서는 '가족 구성원을 알고, 다양한 가족 구조가 있음을 안다', 생활 주제 '동물'에서는 '동물에 대한 이야기를 주의 깊게 듣고, 질문에 알맞게 대답할 수 있다', '알을 낳는 동물과 새끼를 낳는 동물을 구별할 수 있다' 등의 구체적 목표를 설정할 수 있다.

2 보육 내용의 선정과 조직

보육과정을 구성하는 두 번째 작업은 미리 설정된 보육 목표를 실제적으로 잘 성취하기 위해서 목표 달성을 용이하게 하는 적절한 보육 내용을 선정하는 일이다. 영유아에게 어떤 내용을 가르칠 것인가에 대한 질문에 답을 하기 위해서 교사는 자신이 원하는 학습이 일어날 수 있는 내용을 잘 선정해야만 한다. 즉, 교사는 영유아의 기존 경험의 질을 반영하여 그들에게 필요하고 도움이 될 수 있는 구체적인 내용을 선정할 수 있어야 한다. 이를 위하여 교사는 학습에서 반응의 주체인 영유아의 흥미와 관심 및 배경을 모두 잘 알고 있어야 한다.

1) 보육 내용 선정의 기준

교사는 어떠한 보육 내용을 선정해야 할 것인가? 보육 내용을 선정하는 가장 타당하고 합리적인 기준은 무엇인가? 보육과정의 목적과 목표가 설정되면 그 다음으로는 목적과 목표의 달성이 가능하도록 돕는 보육 내용을 선정하여야 한다. 보육 목표가 무엇이냐에 따라 그 목표의 달성을 위해 선정되는 보육 내용이 달라지지만 보육 내용을 선정하는 데에는 일반적으로 적용할 수 있는 원칙이 있다(이성호, 2004).

첫째는 내용의 유의미성이다. 내용의 유의미성은 보육 내용이 그 학문 분야에서 얼마나 본질적이며 또는 기본적이냐 하는 문제로서 내용 선정에 있어 가장 합리적인 기준이 된다. 그러한 기본적인 내용은 다른 학문, 다른 지식들을 학습함에 있어서 선수(先修) 기초 요건이 되는 경우도 포함한다.

둘째는 내용의 타당성이다. 이 기준은 보육 내용 선정에 있어서 우리가 반드시 가르치고 배워야 할 모든 내용을 고르게 포함시키고 있느냐의 문제이다. 타당성 기준은 두 가지 측면에서 생각할 수 있는데, 하나는 그 내용 자체의 타당성으로 얼마나 많은 전문가들이 입증하고 확신하는 내용이냐 하는 문제이고 다른 하나는 보육 내용으로 선정되는 내용의 깊이와 폭에 있어서 균형이 확보되어야 함을 의미한다.

셋째는 내용의 유용성이다. 넓은 뜻에서의 유용성은 보육 내용과 어린이집 밖의 현실 세계와의 관련성을 의미하는 것으로, 보육 내용의 사회적 효능성을 말한다. 즉, 보육 내용이 실생활에서 얼마나 활용 가능한 것인가에 대한 고려를 의미한다. 보육 내용이 사회와 영유아의 요구를 적절히 수용하고 있는지, 또한 영유아의 흥미와 필요에 얼마나 적합하게 선택되었는지는 유용성을 결정하는 관건이 된다.

넷째는 내용의 학습 가능성이다. 내용은 교사에게는 가르칠 수 있는 내용이어야 하고, 영유아에게는 학습이 가능한 즉 배울 수 있는 내용이어야 한다. 영유아의 신체, 정서, 사회, 인지, 언어 발달 등에 적합한 수준과 양의 내용이어야 한다. 무조건 조기에 학습시킬수록 좋다는 맹신이 내용 선정의 원칙이 되어서는 안 된다.

다섯째는 내용의 경제성이다. 이는 보육 내용이 영유아로 하여금 가장 경제적인 방식으로 최대한의 성취를 하는 데 도움을 줄 수 있는 내용으로 선정되어야 함을 의미한다. 학습자의 노력의 경제성, 교수자의 노력과 교수–학습 자원의 경제성 등을 포함하며, 허락된 시간에 가용한 인적 · 물적 자원을 활용하여 최대한의 교수와 학습 효과를 거두는 것을 의미한다.

여섯째는 내용의 내적 · 외적 관련성이다. 어느 학문이든지 여러 가지 수준의 개념들이 어떠한 위계적 구조와 체계를 형성하고 있다. 보육과정에서 선정되는 내용은 바로 그러한 위계적 구조와 체계 속에서 구조적 관련성을 지니고 있는 내용이어야 하며, 다른 학문 분야의 내용과도 관련지을 수 있는 잠재적 가능성을 지니고 있어야 함을 의미한다.

일곱째는 내용의 균형성이다. 이는 보육 내용이 무조건적으로 영유아의 요구에만 지우쳐서도 안 되고, 사회의 요구, 성인들의 요구, 또는 여러 집단의 요구가 함께 균형 있게 고려되어야 함을 의미한다.

여덟째는 내용의 사회 가치 적합성이다. 이 기준은 '민주주의적 가치 지향', '사회적 가치', '사회 개발' 등의 다양한 용어로 표현되고 있다. 이러한 기준에 기초하여 선정된 보육 내용은 인간의 도덕적 가치와 이상, 사회 문제, 인간의 감정, 효율적인 사고 과정 등에 대한 탐구를 중심으로 하고 있다. 즉 여기서는 보육과정 내용 선정이 왜곡된 사회적 가치를 바로잡고, 새롭고 바람직한 가치 창조에 적합한 내용으로 선정되어야 함을 의미한다.

한편 임재택(1995)은 영유아를 위한 학습 내용 및 활동의 선정 기준으로 다음 사항들을 제시하고 있다. ① 설정된 목표와 관련성이 있어야 한다. ② 유아들에게 필요하거나 경험할 만한 가치가 있어야 한다. ③ 유아들이 흥미를 느낄 수 있으며 친숙한 것이라야 한다. ④ 유아들의 능력과 발달 수준에 적합해야 한다. ⑤ 계절, 기후, 행사, 지역 실정 등과의 관련성이 있어야 한다. ⑥ 가능한 여러 가지 목표와 관련된 것일수록 좋다. ⑦ 유아교육기관에서 실행 가능한 것이어야 한다.

이상의 내용들은 모두 기본적인 지식이나 기술의 습득과 함께 영유아에게 진정한 이해가 가능한 의미심장하고 관련이 있는 학습경험, 상호작용적 교수와 협력적 학습, 관련이 있는 내용들에 대한 폭넓은 학습, 각각 구별된 교사 간의 통합적 학습의 경험이 강조되어야 한다는 것이다.

2) 보육 내용의 유형

어린이집의 보육 철학이나 중요하게 여기는 가치가 무엇인가에 따라서 영유아에게 강조하는 보육의 내용이나 유형은 다양할 수 있다. 영유아가 이후에 진학하게 될 초등학교에서 우등생이 되는 것에 보육의 가치를 둔다면 무엇보다도 인지 능력의 개발에 기여할 수 있는 교육 내용을 강조하게 될 것이고, 창의력 신장에 관심을 기울인다면 다양한 경험과 표현의 기회를 더욱 많이 제공하여 이를 강조할 수 있을 것이다.

이처럼 보육 내용으로서 어떤 종류의 학습이 가치가 있다고 보는 입장은 다양할 수 있으나, 현대 유아교육에서 다루어지는 교육 내용의 유형은 강조점에 따라 사실 축적, 기술 축적, 교과 영역, 학문의 구조화, 단원 중심, 통합적 접근의 여섯 가지로 구분하여 설명될 수 있다(Schwartz & Robison, 1982).

다음은 영유아를 위한 여섯 가지 보육 내용의 유형을 이해하기 쉽도록 적절한 예와 함께 정리한 내용이다(이기숙 · 홍순정, 2001).

(1) 사실 축적

영유아가 경험하고 관찰하는 세부적인 사실들이 중시되며, 이러한 사실들이 중요한 내용으로 간주된다. 예를 들면 크기, 모양과 색깔의 이름, 동물의 이름과 울음소리, 원

산지, 그리고 특성, 악기의 이름, 다양한 형태의 사물 구분, 달력 읽기, 매일의 날씨 관찰과 표현, 견학 후 견학한 사실을 요약하기, 역사적 사실(휴일이나 명절 등)을 강조하는 내용, 사실의 요약을 강조하면서 무엇을 보고 말해보는 활동, 이야기를 읽어준 후에 이해한 것을 말해보고 평가하기 등의 내용들이 강조된다.

사실 축적의 장점은 영유아가 선천적으로 여러 가지 사실들을 축적하는 것을 좋아하며, 이 사실들이 의사소통의 밑바탕이 된다는 것이다. 또한 영유아는 많은 사실을 배울 필요가 있고 기본적인 사실의 수집이 없이는 다른 유형의 내용을 구성하기가 어렵다. 반면에 단점으로는 영유아가 중요하다고 생각하는 사실들의 축적이 교사가 의도한 것과는 다를 수 있다는 점과 사실의 전달을 강조하다보면 교사의 일방적인 설명이 주가 되는 경향이 있으며, 학습하는 방법 중에서 단순한 암기가 가장 장려되기도 한다는 것이다.

(2) 기술 축적

기본생활을 위한 자조 기술, 학습 활동에 필요한 학문적 기술 등을 주된 내용으로 강조한다. 따라서 영유아를 위한 글자의 인지, 수세기, 글자 쓰기 등의 기술 훈련 프로그램들이 개발되기도 하였다. 그러나 영유아 교육에서의 기술 축적은 학습에 관련된 측면에만 국한되는 것은 아니어서, 몬테소리 프로그램에서는 옷 입기, 신발 끈 매기, 단추 끼우기, 옷 입고 벗기와 같은 일상적인 기능과 정돈하는 기술 등을 주 내용으로 하고 있다. 기술 축적을 강조하는 프로그램에서는 기술의 습득을 위해 반복적인 연습이 강조되는데, 놀이식의 연습과 게임 등을 통해서 이루어진다.

영유아 교육에서 강조되는 기술 축적의 내용에는 다음과 같은 여러 가지가 있을 수 있다.

- 읽기, 쓰기, 셈하기 등의 학과 기술(예 이름 알기, 세기 기능, 쓰기 기능, 철자, 숫자, 단어 암기)
- 개인적인 일상생활 기능(예 옷 입기, 신발 신기, 혼자 밥 먹기, 손 씻기와 화장실 가기, 교구 정리하기 등)
- 신체운동 기능(예 가위나 연필 사용 기술, 음악에 맞추어 몸 움직이기, 도구를 활용한 신체활동 협응 능력, 체조, 무용 스텝이나 리듬 연습 등)

영유아가 다양한 기술을 습득하기 위해서는 많은 시간이 필요하며 영유아의 발달 수준에 적합하지 않은 기술을 습득하도록 요구했을 때에는 오히려 학습의 역효과를 가져올 수 있다는 점을 지적할 수 있다.

(3) 교과 중심의 내용 구성

전통적으로 교과는 초 · 중등 교육과정의 중심 내용이 되어 왔으나, 영유아를 위한 보육 내용도 교과 영역으로 구분하여 구성하는 유형이다. 즉 읽기와 쓰기, 셈하기뿐만 아니라 사회, 건강과 안전, 언어, 과학, 음악과 미술, 율동 등의 교과 중심으로 내용을 구성하는 것을 의미한다. 실제로 유아교육 현장에서는 이러한 교과 영역이 독립적으로 진행되기보다는 두 개나 그 이상의 교과를 통합해서 운영하는 것이 보통이다. 즉 음악 시간, 과학 시간 등이 교과목의 형태를 띠고 엄격히 구별되는 것이 아니라 각 영역이 서로 관련성을 가지고 통합되어 계획 · 운영된다. 예를 들어 영유아가 동물에 관한 노래를 배운다면 노래를 통해 동물의 이름을 배워 새로운 어휘를 습득하고, 이를 율동으로 표현해 보고, 미술 활동과 연결하여 구성 활동을 해볼 수가 있는 것이다.

교과 중심의 내용 구성은 부모나 교사에게 친숙한 형태이므로, 보육과정에 대한 의사소통이 쉽고 명확하게 이루어지게 된다. 그러나 교과로 분리해서 가르친다면 다양성과 통합적 활동에 제한을 받게 되므로 주의해야 한다.

(4) 핵심 개념 중심의 내용 구성

각 학문 영역에서 강조하고 있는 핵심적 개념을 중심으로 내용을 구성하는 유형이다. 크레이그(Craig)가 제안한 과학의 기본 개념 7가지(공간의 개념, 시간의 개념, 변화의 개념, 상호 관련성의 개념, 다양성의 개념, 적응의 개념, 평형과 균형의 개념), 또는 음악에서의 기본 개념 등을 예로 들 수 있다.

장점으로는 학문의 구조화를 통하여 사실 축적 방법의 한계를 극복하여, 개념을 더욱 더 효과적으로 조직하고 학습하기 쉬우며 난이도에 따라 더욱 심도 높은 학습을 가능하게 한다. 또 잘 조직화된 개념이라는 점에서 영유아의 이해와 기억을 돕는다. 그러나 단점으로 영유아에게 너무 복잡하고 수준 높은 개념들은 추론과 개념화를 통해 그

개념을 이해하기보다는 단지 기억하는 데 그치기 쉽다.

(5) 주제 중심의 내용 구성

주제 중심의 내용 구성은 주제를 중심으로 이와 관련된 활동을 통해 각 교과 영역이나 흥미 영역의 활동을 통합적인 형태로 지도할 수 있도록 구성되며, 이는 영유아를 위하여 가장 보편적으로 사용되는 유형 중의 하나이다. 여기서는 영유아와 교사 모두에게 흥미롭고 필요한 주제를 선정하여 다양하고 융통성 있는 활동이 전개된다. 예를 들어 '동물' 이라는 주제를 다루면 동물원 견학, 극화놀이, 동물 그리기, 동물과 관련된 경험 이야기하기, 동물과 관련된 책보기, 동물 퍼즐 맞추기나 쌓기놀이, 동물의 움직임을 표현하는 신체 표현 활동 등 주제와 관련이 있는 다양한 활동을 할 수 있다.

장점으로는 통합적인 지도를 전제로 하고 있으며 운영상의 융통성이 허용된다는 점을 들 수 있으나, 단점으로는 예측된 학습 결과를 확신할 수 없고 자료 및 교사가 가진 경험의 제한으로 다양한 주제를 선정하지 못할 수도 있다는 점이다.

(6) 통합적 접근 방법

내용을 교과나 학문 영역으로 구분하여 구성하지 않고, 지식보다는 기본 능력이나 태도, 행동 등에 가치를 두는 것으로, 영유아를 위해서는 다양한 형태의 통합적 보육과정을 추구하는 경우가 많다. 영유아의 일상에서 일어나기 쉬운 우연한 흥미와 문제, 즉흥적인 반응이나 사건을 통해 수업을 진행하게 되므로 교수요목에 의한 수업, 구조화된 계획적 수업이라기보다는 비교적 비형식적인 수업 형태를 취하게 된다.

영유아의 흥미나 욕구에 반응해 줌으로써 자유롭게 학습에 임할 수 있고, 영유아의 감정과 태도, 관심이 중시되므로 어린이집은 즐거운 곳이라는 느낌과 자신감을 준다는 장점이 있다. 반면에 충분히 준비하지 않으면 보육 내용이나 활동이 편협해지기 쉽다는 단점이 있다.

이상의 여섯 가지의 유형은 서로 배타적인 것이 아니고 또 실제로 단 한 가지에만 근거해서 보육 내용이 구성되는 것도 아니며 경우에 따라서는 몇 가지가 함께 묶여서 내용의 근거를 이루기도 한다(이기숙, 2000).

3) 보육 내용의 조직

보육 목표를 최대한 성취하기 위하여 보육 내용은 체계적으로 조직되어야만 한다. 보육 내용을 어느 정도로 잘 조직하였는가의 정도와 질은 교수의 효율성을 좌우하여 목표의 달성 여부를 가늠할 수 있도록 해준다. 그러므로 교사는 보육 내용 및 활동들을 언제, 어디서 어떻게 전개할 것인가를 결정하고 이를 알기 쉽게 잘 조직하여야 한다.

보육 내용을 효율적으로 조직하기 위해서는 계속성과 계열성 그리고 통합성을 고려하여야 하는데 이 원리들을 구체적으로 살펴보면 다음과 같다.

첫째, 계속성(continuity)의 원리이다.

계속성은 중요한 보육과정 요소가 시간 계열에 따라 반복적으로 경험되도록 조직하는 것을 의미한다. 그러므로 반복성이라고도 하는데 하나의 지식이나 기술을 완전히 습득하기 위해서 그것을 연습하고 계발할 수 있는 기회를 자주 반복해서 제공하는 것이며, 새롭게 익혀야 하는 지식이나 기술에 익숙하도록 하는 것이 목적이다.

둘째, 계열성(sequence)의 원리이다.

계열성은 보육 내용이 제시되는 시간적 순서를 의미하며, 수직적 조직 개념이라는 점에서 계속성과 의미가 상통한다. 그러나 중요한 보육과정 요소라고 하더라도 완전히 동일한 수준에서 반복되는 것이 아니라 연령이 많아질수록 그 보육과정 요소가 포괄하는 경험의 폭과 깊이가 더해지도록 조직한다는 점에서 의미상의 차이가 있다. 계열성은 학습경험이 단계적으로 깊어지고 넓어져서 보다 더 폭넓게 제공되는 것이다.

계열성에 관하여 지금까지 보육 실제에서 사용하여 왔던 여러 가지 원칙들을 살펴보면 다음과 같은 것들이 있다(이성호, 2004).

- 단순한 내용에서 복잡한 내용으로
- 친숙한 내용에서 친숙하지 않은 내용으로
- 부분에서 전체적 내용으로 또는 전체에서 부분적인 내용으로
- 구체적인 사실에서 추상적인 개념으로
- 선수(先修) 학습에 기초해서 그 다음 학습으로
- 현재에서 과거로 또는 과거에서 현재로

셋째, 통합성(integration)의 원리이다.

이 원리는 영유아가 경험하게 될 여러 가지 활동들이 하나의 통합된 의미를 지니고 있음을 발견할 수 있도록 내용을 조직해야 한다는 원리이다. 통합성의 원리가 추구하는 근본적인 목표는 학습자에게 통합된, 통합 조정된 경험을 어떻게 하면 제공할 수 있도록 보육과정을 조직하느냐에 있다. 통합성은 교과에 대한 학습이 그것으로만 끝나는 것이 아니라 일상생활에서 활용하거나 다른 교과의 내용과 관련짓도록 하기 위한 것이다. 그러므로 교사는 영유아가 배운 내용을 일상의 다양한 상황 속에서 사용해 볼 수 있도록 보육 내용과 경험을 조직하여야 한다.

특히 영유아 보육에서는 통합성의 원리가 매우 중요하게 다루어지는데, 영유아의 학습은 학과 단위로 협소하게 정의되지 않으며 학습과 발달이 통합적으로 이루어지고 어느 한 영역에 영향을 주는 활동은 다른 영역에도 영향을 미칠 수 있기 때문이다.

이상에서 살펴본 세 가지 보육 내용 조직의 원리가 보육 현장에서는 동심원적 조직이나 나선형 조직으로 구체화될 수 있다.

첫째, 동심원적 조직은 영유아를 중심으로 영유아에게 가장 직접적이고 구체적이며 가까운 내용으로부터 점차 직접적이고 추상적이며 먼 내용으로 확대시켜 나가는 것을 의미한다. 예를 들면, 연간 보육 계획에서 주제를 선정하는 경우에 나 → 가족 → 우리 동네 → 우리나라 → 세계 여러 나라의 순으로 점진적으로 관심을 확장시켜 나가는 방법이다. 이때 '나'는 제일 가운데 작은 원 안에 위치시키고, 점점 원의 크기를 키워가며 두 번째 큰 원에 가족, 그 다음 원에 우리 동네, 우리나라, 세계 여러 나라의 순으로 확장하는 것이다.

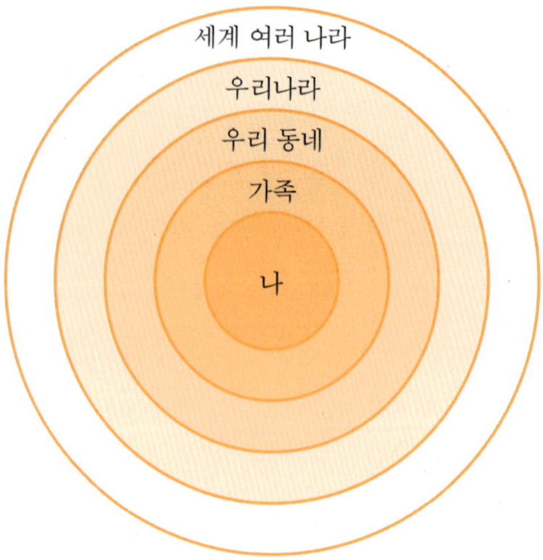

그림 3-1 동심원적 접근 조직

둘째, 나선형식 조직은 보육 내용을 나선형으로 계열화시켜 쉬운 내용에서 차츰 어려운 내용으로 반복적으로 확장하여 보육 내용을 제시하는 방법이다. 즉 동일한 내용을 반복해서 제시하며, 어린 연령일수록 직접적이고 구체적인 활동으로 제시하고 점차로 상징적이고 추상적인 활동으로 수준을 바꾸어 제시하는 것이다. 예를 들면, 생활 주제 '나'에 대해서 다룰 경우에 유아기에는 '나는 이 세상에 하나뿐인 소중한 사람이다'라는 개념을 다룬다면, 초등학교 저학년에서는 '나뿐만 아니라 우리는 모두 가치 있는 사람이다'를 다루고, 초등학교 고학년에서는 '사람은 각자 자기에게 중요한 가치가 무엇인지 알아야 한다' 등으로 다루어질 수 있다(심성경 외, 2004).

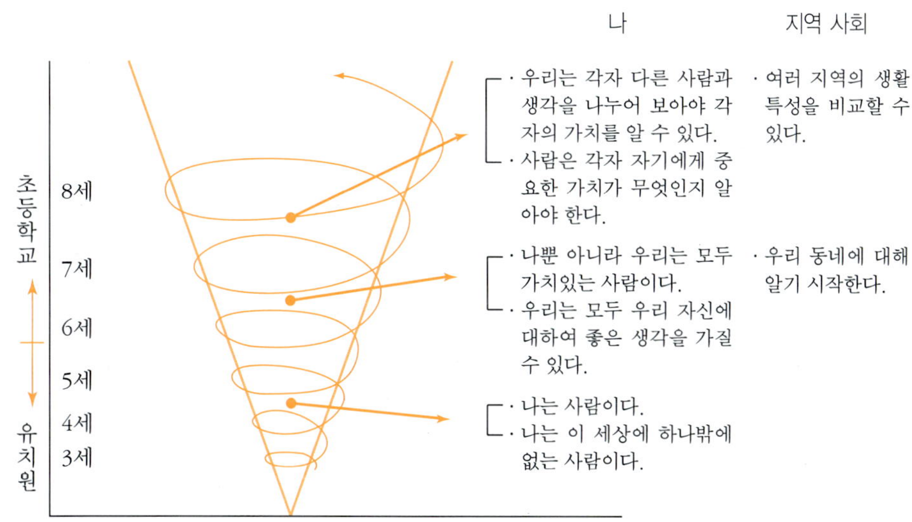

그림 3-2 나선형적 접근 조직

| 출처 | 심성경 외(2004). 개정 유아교육개론. p. 282.

셋째는 통합적으로 조직하는 방법이다. 영유아에게 보육 내용을 동심원적이거나 나선형식으로 조직하는 것은 모두 영유아가 학습 내용에 보다 쉽게 접근하도록 돕는 방법에 속한다. 그러나 영유아의 학습에서 가장 중요한 것은 영유아가 지식을 쪼개서 나누거나, 분절된 교과의 형식으로는 잘 습득하기 어렵기 때문에 활동 주제나 발달 영역, 흥미 영역과 하루 일과 등을 통하여 통합적으로 균형 있게 조직하는 것이 바람직하다.

통합적 조직은 여러 가지 다양한 내용들을 통합적인 전체 경험으로 조직하여 제공하는 유형이다. 현대의 유아교육자들은 영유아의 조화로운 발달을 위하여 의미 있는 학습경험을 주제, 단원, 프로젝트를 중심으로 조직할 것을 강조하고 있다(이기숙, 2000). 보육 내용의 통합적 조직과 주제 선정에 관한 내용은 본 서의 '제5장 보육과정의 운영'에서 좀 더 상세히 다룰 예정이다.

3 교수-학습 방법

다양한 연령의 영유아들을 돌보고 보육하기 위하여, 각 연령의 발달과 사회적 요구에 적합한 보육 목표와 내용 및 경험들을 선정하고 이를 효과적으로 실행에 옮기기 위하여 반드시 고려해야 할 것은 영유아를 위한 교수-학습의 영역이다. 교수(teaching)는 가르치는 일을 의미하며, 학습(learning)은 배우는 일을 의미한다. 교수란 교사가 학습자로 하여금 의도한 것을 효율적으로 학습할 수 있도록 여러 가지 것들을 체계적으로 조직하여 가장 적절한 학습의 조건을 형성하여 주는 일이며, 학습은 주어진 환경 속에서 계속적인 경험으로 일어나는 학습자의 행동의 변화를 의미한다. 어린이집에서는 다른 각 급 학교에서와 달리 일정하게 정해진 시간표에 의해서 엄격하게 하루 일과가 진행되기보다는 영유아들과의 일상생활 속에서 꾸준한 상호작용을 통하여 융통성 있게 일과가 진행되어야 하는 것이 큰 특징이라고 할 수 있다.

이기숙(2000)은 유아교육의 교수 방법에 관한 여러 연구 결과들을 집약하고 다양한 발달과 학습에 관한 이론적인 관점들을 고려하여 유아교육자들에 의하여 공통적으로 논의, 제시되고 있는 다음의 원리들이 있다고 하였다.

첫째는 구체성이다. 영유아의 학습은 구체적인 것의 학습으로부터 추상적인 것의 학습으로 진전되므로, 학습 활동과 자료는 구체적이어야 하고 실제적이며 영유아의 생활과 관련된 것이어야 한다. 미국의 NAEYC는 유아를 위한 교수-학습 전략으로서 유아의 구체적인 조작 없이 연습지(workbook), 시험지, 색칠공부, 미술 활동 등에 있어 성인이 만든 모델을 모방하게 하는 것은 적합하지 않다고 지적하였다(Bredekamp, 1986). 따라서 영유아 보육은 구체적인 경험을 통하여 학습이 이루어지도록 노력하여야 한다.

둘째는 다양성 및 융통성이다. 영유아들은 다양한 교수 방법과 교수 자료를 활용할 때에 효과적으로 학습을 할 수 있다. 연령이 어리면 어릴수록 교수 전략이 더 다양화되어야 하고 교수 내용도 더욱 융통성이 있어야 한다. 또한 영유아기는 발달의 개인차가 큰 시기이기도 하므로 각 영유아의 개인차에 부응하는 교육을 위해서 영유아가 자신에 맞는 활동을 선택할 수 있도록 교수 자료와 전략이 다양해야만 한다.

셋째는 다양한 활동의 선택경험이다. 교사는 영유아에게 다양한 활동과 자료 중에서 선택하여 활동할 기회를 주어야 하며, 영유아의 탐구로부터 문제해결력을 키워줄 수 있도록 개방적 질문과 제안을 해주어야 한다.

넷째는 통합성이다. 영유아의 전인적 성장과 발달을 도모하기 위해서 모든 활동은 통합적인 노력 위에서 전개되어야만 한다. 영유아는 신체, 정서, 언어, 사회, 인지 등이 통합적으로 발달이 이루어져야 하고, 이러한 통합적 발달을 위하여 어린이집에서는 생활 주제를 중심으로 흥미 영역에 제공되어지는 놀잇감, 하루 일과 속에서 이루어지는 활동들의 내용 등이 서로 연계되어 통합될 수 있도록 경험을 제공해 주어야 한다.

다섯째는 활동의 균형성이다. 영유아에게 제시되는 활동은 균형을 이루어 다양하게 진개되이야 하는데, 이는 구체적으로 동적 활동과 정적 활동, 실내 활동과 실외 활동, 개별 활동과 대 · 소집단 활동, 교사 주도 활동과 영유아 주도 활동 등이다. 어린이집에서의 하루 일과는 이러한 활동들 간에 다양한 균형을 통하여 이루어질 수 있어야 한다.

여섯째는 능동적 상호작용이다. 영유아는 수동적 활동보다는 능동적 활동과 상호작용에 참여함으로써 효율적인 학습을 할 수 있다. 영유아의 능동적인 탐색과 자기 발견은 영유아가 실물을 통하여 직접 경험함으로써 많은 것을 배울 수 있도록 도와주기 때문에 중요한 요소가 된다. 대부분의 영유아는 많은 시간을 호기심에 차서 활동을 하며 탐색적인 일에 몰두하는 경향이 있으므로 교사는 이를 능동적인 학습과정으로 격려해 줄 필요가 있다.

일곱째는 동기 유발의 중요성이다. 영유아의 지식 습득은 놀이를 중심으로 창의성, 호기심, 내적 동기 유발에 기초할 때에 효율적이다. 따라서 영유아를 위한 교수 방법은 영유아에게 친숙하며 흥미에 기초하여 적절한 대화를 할 수 있는 활동과 자료를 포함하여야 한다.

어린이집의 교사들은 이른 아침부터 저녁까지 장시간 영유아들과 함께 지내야 하므로 새로운 보육 내용이나 교수-학습 방법에 대해 고민하고 배울 시간적인 여유가 극히 부족한 것이 현실이다. 그러나 각기 독특한 발달 특성을 지닌 다양한 연령층의 대상과 함께 한다는 점과 연령이 어리면 어릴수록 감각이 모두 열려 있어 오히려 외부의 자극에 무척 민감하다는 점을 고려하여 어떠한 교수 방법을 왜, 언제, 어떻게 사용할 것인가에 대해 적극적으로 고민하고 심사숙고할 필요가 있다. 또한 수업을 전개해 나가는 데 있어서 가장 효과적인 방법이 무엇이냐 하는 것은 획일적으로 결정될 수 없는 부분이므로 교사 스스로가 자신과 자신이 맡고 있는 영유아의 특성에 맞추어 꾸준히 찾아나가는 일이 필요하겠다.

다음으로는 영유아 교수–학습 과정의 특성, 교수–학습 방법의 유형 등에 대하여 간략히 살펴보도록 하겠다.

1) 영유아 교수–학습 과정의 특성

영유아는 다른 연령대와 비교해 볼 때, 발달의 속도가 매우 빠르고 발달 특성 또한 독특하다. 이에 미국유아교육협회(NAEYC)에서는 영유아들이 어떻게 학습하는지에 관한 이론적 근거를 찾기 위해 피아제, 비고스키, 에릭슨의 이론적인 관점을 논의하면서, 교수–학습 과정이 교수와 학습으로 양분된 과정이라기보다는 상호작용적인 과정이라고 제시하였다.

다음은 NAEYC가 제시하고 있는 상호작용적인 과정으로서의 교수–학습 과정에 관한 기본 원리이다(NAEYC, 1991).

■ 영유아는 신체적 욕구가 충족되고 심리적으로 안정을 느낄 때 가장 잘 학습한다.

영유아에게 적합한 보육과정은 영유아의 생리적 욕구를 무시하기보다 존중한다. 예를 들어, 바람직한 프로그램에서는 대부분의 시간을 영유아가 앉아서 성인의 설명을 듣거나 학습지를 하도록 요구하지 않는데, 그 이유는 그러한 활동은 영유아의 신체적 욕구에 적합하지 않기 때문이다.

■ 영유아는 스스로 지식을 구성한다.

영유아는 사람과 사물과의 능동적인 상호작용 경험을 통해 스스로 지식을 구성한다. 영유아의 능동적인 실험에서 중심이 되는 것은 많은 실수를 경험하는 것이다. 성인의 관점에서 볼 때에 정확하지 않고 틀리는 이런 실수들은 영유아가 관계를 이해하고 자신의 경험에 기초하여 개념을 형성하고자 하는 시도를 반영하는 것이다.

■ 영유아는 성인과 다른 영유아와의 사회적 상호작용을 통해 학습한다.

영유아의 건강한 발달은 다른 사람과의 관계 속에서 시작된다. 부모-자녀 관계는 매우 어릴 때부터 사회적 상호작용을 통해 영유아가 발달하고 학습해 가는 기초적인 예가 된다. 학습의 원리는 영유아가 먼저 도움을 받을 수 있는 상황 내에서 어떤 것을 할 수 있으며, 그 후에는 독립적으로 그리고 다양한 상황에서 무엇인가를 스스로 할 수 있게 되는 것이다. 성인과 보다 유능한 또래의 지지는 영유아가 독립적인 기능의 다음 수준으로 발달해 나갈 수 있도록 필수적인 조력 혹은 '비계설정(scaffolding)'을 해준다. 교사의 역할은 단순히 지식의 전달자로서가 아니라, 발달과 학습을 지지하고 안내하고 촉진하는 것이다. 사회적 상호작용은 지적 발달을 위해서 필수적이기도 하지만 영유아의 사회적 유능감과 자아 존중감을 발달시키기 위해서도 필수적이다.

■ 영유아의 학습은 인식(awareness)에서 시작하여 탐색(exploration), 탐구(inquiry), 그리고 활용(utilization)으로 이동해 가는 순환적 주기를 따른다.

어떤 것을 새로 배우기 위해서는 먼저 그 현상에 대한 인식이 이루어져야 한다. 인식은 경험으로부터 만들어지며, 학습의 다음 주기는 탐색이다. 탐색은 가능한 수단을 동원하여 학습하려고 하는 것의 구성 요소를 이해하는 과정이다. 탐구란 영유아가 자신의 행동이나 개념을 사회에서 관찰한 것과 비교하고 분석해가는 과정이다. 학습 주기의 마지막 측면은 활용으로서, 영유아는 자신이 배운 것을 여러 가지 목적으로 사용할 수 있고 새로운 상황에 적용시킬 수 있다. 이러한 주기는 순서적으로 일어나는 것은 아니며 동시에 일어날 수 있다.

■ 영유아는 놀이를 통해서 배운다.

영유아의 자발적인 놀이는 지식 구성에 필수적인 탐색, 실험, 조작을 위한 기회를 제공한다. 놀이는 표상적 사고의 발달에도 기여한다. 놀이를 하는 동안 영유아는 감정을 조절하는 것, 타인과 상호작용하는 것, 갈등을 해결하는 것 등을 배운다. 가장 중요한 것은 놀이를 통해 상상력과 창의력을 발달시킬 수 있다는 것이다. 영유아의 놀이는 또한 새로 습득한 기술이나 지식을 다양한 상황에서 자발적으로 연습할 수 있는 기회를 제공한다.

■ 영유아의 흥미와 '알고자 하는 욕구'는 학습의 동기를 부여한다.

영유아는 자신의 능력을 연습하고 경험을 이해하려는 타고난 내적 욕구를 가지고 있다. 교사는 환경을 계획하고 새롭고 자극적인 사물, 사람, 경험 등을 소개함으로써 영유아의 흥미를 촉진하고, 영유아의 흥미에 기초한 활동은 학습을 위한 내적 동기를 제공한다. 영유아의 흥미와 이해하고자 하는 내적인 동기에 기초한 교육과정은 창의성, 호기심, 자기-주도, 근면성, 유능성, 학습애(love of learning) 등의 바람직한 성향과 느낌을 촉진한다.

■ 인간의 발달과 학습은 개개인에 따라 다양하다.

지금까지 영유아라는 용어와 함께 언급된 학습에 관한 기본적 가정들은 마치 영유아들 모두에게 똑같이 적용되는 일반적인 것처럼 보여진다. 그러나 어떠한 발달과 학습도 개인의 다양성의 원리에 대한 논의 없이는 완전할 수 없다. 각 개인은 개인의 학습유형뿐만 아니라 성장과 발달에 있어서도 개별적인 형태와 시기, 속도를 가진다. 개개인의 가족경험과 문화적 배경도 다양하다. 개인의 다양성에 대한 인식은 교육과정 결정에 있어서도 가능한 한 개별화할 것을 요구한다.

2) 영유아 교수-학습 방법의 유형

일반적으로 교수-학습 방법의 유형은 교사와 학습자가 상호작용하는 과정 속에서 학습의 주체가 누구냐에 따라 교사 중심 교수 방법과 학습자 중심 교수 방법으로 나누거나 또 집단의 크기에 따라서 대집단, 소집단, 개별 교수 방법 등으로 나눌 수도 있다(곽은복 외, 2004).

(1) 학습 주체에 의한 분류

① 교사 중심 교수 방법

교사가 중심이 되어 학습자들에게 보육 내용을 전달하는 방법으로 대부분 학습자와 얼굴을 직접 맞대고 진행하는 강의식 수업이다. 이 경우에 수업의 전 과정에서 학습자 개개인의 독특한 여건이나 특수성, 어려움, 또는 각 개인의 차이는 고려되기 어렵다.

이 방법의 장점은 많은 학습자를 동시에 가르칠 수 있다는 점이지만, 수업이 전적으로 교사에 의해 좌우될 수 있다는 단점도 있다.

② 학습자 중심 교수 방법

교사 중심 교수 방법이 교사에 의해 강력히 주도되는 반면, 학습자 중심 교수 방법은 학습자들의 생활과 자신의 학습 스타일에 초점을 둔 상당히 융통성 있는 보육을 제공하도록 한다. 학습자 중심 교수 방법은 교사나 어린이집이 중심이 되어 통제하는 역할이기보다는 보조적인 역할을 하게 된다. 이 방법은 학습 결과에 대한 책임을 학습자가 지게 되므로 학습자의 학습에 대한 동기가 높아야 하며, 적극적인 행정적 지원과 정보의 제공이 중요하다.

(2) 집단 크기에 의한 분류

① 대집단 교수 방법

전체 학급의 영유아를 대상으로 실시하는 교수 형태이며, 주로 학습자의 개인차를 인정하는 다양한 교수 방법 또는 학습자들이 수업에 적극 참여하고 상호작용할 수 있을 정도의 집단 크기를 벗어난 대집단 형태가 된다. 대집단 교수에서는 강의식의 설명적 수업이 가장 대표적인 방법으로 활용된다. 영유아들은 주의 집중 시간이 짧고, 관심도 다양하기 때문에 대집단 교수 방법으로 수업을 진행하기 위해서는 교사가 다양한 매체를 활용하며, 다양한 질문을 준비하여 영유아들의 학습 동기를 유발시키는 노력을 해야만 한다.

② 소집단 교수 방법

보육 목표의 바람직한 성취를 위하여 전체 학급의 영유아를 소집단으로 나누어 소집단 내에서의 상호작용 과정을 통하여 영유아와 상호작용하는 방법이다. 소집단 학습에서는 교실 상황, 좌석 배치, 집단의 크기, 교사의 역할 등이 성패에 중요한 역할을 한다.

③ 개별 교수 방법

개인차에 관한 연구들을 기초로 영유아기의 개인차를 고려하는 다양한 교수법이 개발되고 있다. 개별 교수법은 첫째, 학습자의 특성과 개인차를 존중하여 개인차에 따른 개별 교수가 가능하다. 둘째, 학습자의 능력이나 서로 다른 심리적 특성을 고려하여 학습 속도의 조정과 개인차에 적응할 수 있는 지도를 가능하게 하므로 각 개인에게는 최적의 교수 방법이 된다. 셋째, 교사와 학습자 간의 끊임없는 상호작용을 통하여 최적의 교수 방법을 추구할 수 있다. 넷째, 인지적, 정의적, 신체 기능적 영역의 모든 학습 목표를 효과적으로 달성시킬 수 있다. 다섯째, 학습자의 독립심을 신장시킬 수 있다.

개별 교수 방법의 장점은 학습자가 스스로 자신의 학습을 이끌어가므로 학습에 대한 책임감을 갖게 되고, 스스로 학습하는 방법을 학습하게 된다는 장점을 가지고 있다. 그러나 시간과 노력이 많이 소요되고, 교사 대 영유아의 비율이 높은 보육 현장에서 현실적으로 실현되기에 어려움이 많다는 단점이 있다.

4 보육 평가

1) 보육 평가의 이해

(1) 평가의 개념

영유아 보육에서의 평가는 영유아의 발달을 진단하고, 보육 프로그램의 개선을 위해 관련 자료를 수집하고 분석하여 정보를 제공함으로써 보육 현장의 의사 결정을 돕기 위한 과정으로 정의할 수 있다(이은해, 1995). 중요한 것은 어린 영유아와 함께 생활하는 교사들은 평가의 기본적인 개념과 구조를 이해하고, 그 결과 평가의 도구와 방법을 선택할 때에 적합한 결정을 내릴 수 있어야 한다는 것이다. 그리고 주어진 평가 결과와 절차를 영유아나 보육과정에 관하여 적합한 결정을 내리고 이해하는 데 필요한 정보로 삼아, 보육의 전반적인 질을 높이는 데 기여할 수 있어야 한다. 특히 영유아를 대상으로 하는 평가는 평가를 보육의 과정으로 생각해야 하며, 보육이 이루어지는 과정에 대한 반성과 정보로 이용될 수 있어야만 한다.

(2) 평가의 필요성

최근까지도 보육 현장에서 평가의 영역은 크게 관심을 받지 못했을 뿐만 아니라 다양한 평가 방법들이 제대로 적용되지 못했고, 평가의 중요성 및 활용도에 대해서 현장의 교사들이 제대로 인식하지 못하고 있는 편이었으며, 보육 현장이 평가를 체계적으로 실시할 만큼 여건이 마련되지 못했다고 할 수 있다. 그러나 보육 평가는 보육의 성패를 결정하는 주요 요인으로 작용한다는 지적이 있는 것과 같이, 어린이집에서 평가는 반드시 계획되고 실천되어야만 한다.

보육 현장에서 평가는 보육과 관련된 모든 활동을 대상으로 하여 있는 사실을 그대로 파악 · 기술해야 하며, 영유아들의 전인적 성장과 발달에 도움을 주기 위한 보육 프로그램 전체의 효율성을 밝히는 데 목적을 두어야 한다. 또한 궁극적으로 평가는 보육에 참여하는 모든 사람들, 즉 영유아, 부모, 교사, 어린이집 종사자, 기타 관계자 등에 도움을 주고 영유아 개개인의 발달 수준 및 행동 변화를 평가하는 데 그 목적이 있다(황해익, 2000).

다음으로 보육과정에서 평가가 필요한 이유를 구체적으로 살펴보면, 평가는 영유아들에게 질적으로 우수한 보육 프로그램이 제공되고 있다는 것을 확인하기 위해 보육과 관련이 있는 여러 사람에게, 여러 가지 목적에서 필요하다(강문희 외, 2002 재인용).

첫째, 원장의 경우, 원장이 자체적으로 설정한 기준이나 외부의 기준에 비추어 볼 때 그 기관이 기준에서 벗어나고 있는지에 대해 끊임없이 주의를 기울여야 한다. 이를 위해 정부나 지방자치단체에서 제정한 법적 규제뿐 아니라 여러 학회나 연구자들이 제시한 보육 평가 기준에 의해 기관의 질을 측정하는 것이 필요하다.

둘째, 교사의 경우, 평가를 통해 전문가나 보건복지부 등에서 설정한 평가 기준에 자신이 잘 맞추고 있는가를 검토해 볼 수 있다. 그러나 교사는 이와 같이 외부적으로 설정된 최소한의 기준에 맞추는 것에 만족하지 않아야 한다. 전문가로서의 긍지를 가지려면 교사들은 보육 프로그램에 대해 높은 기준을 갖고 교수 방법을 개선시키고자 스스로 노력해야 한다.

셋째, 영유아의 경우, 영유아들도 자신이 다니는 어린이집에 대해 평가한다. 영유아들은 행동으로 그 프로그램이 어떤가를 알려주는데, 영유아들이 교구나 자료들을 어떻게 사용하는지를 관찰하면 교사가 영유아들을 위해 올바른 수준의 교구나 자료를 선택했는지를 알 수 있다.

넷째, 가족의 경우, 가족은 영유아가 얼마나 어린이집에 가기를 좋아하는지 또는 싫어하는지로 어린이집을 평가할 수 있다. 가족은 영유아가 가지고 오는 새로운 생각들, 그림 등으로 어린이집에서 어떤 일들이 이루어지는지를 알게 된다. 부모들은 어떤 기준에서 어린이집들을 평가해야 하는지를 잘 알지 못하기 때문에 외부 기관에 의한 평가를 필요로 한다. 따라서 사회는 영유아들을 대상으로 서비스를 제공하는 사람들을 평가하고, 어린이집이 기준을 달성하고 있는지를 평가해야 한다.

다섯째, 사회의 경우, 사회 변화와 더불어 점점 더 많은 수의 영유아들이 일찍부터 어린이집 같은 보육기관을 이용하기 때문에, 앞으로의 세대들에게 어린이집의 영향은 점점 더 커질 것이다. 어린이집의 질적인 측면을 통제하기 위해 어린이집의 장은 그 프로그램의 질적 기준을 항상 관찰해야 하고 기준에 미달하는 부분이 있으면 향상시키기 위해 노력해야 한다.

2) 평가의 대상과 내용

(1) 영유아에 대한 평가

① 영유아기 평가의 특성

영유아에 대한 평가란 영유아가 무엇을 알고 행동하고, 어떻게 하는지에 관심을 두고 영유아의 발달과 학습 과정을 관찰 · 기록 · 문서화하는 과정이다(Hills, 1992). 보육현장에서 교사들이 당면하는 많은 어려움 중의 하나는 영유아들의 현재 발달 수준을 정확히 파악하여 이에 적절한 교수를 하는 것이다. 그러나 영유아를 정확하게 평가하는 일은 쉬운 작업이 아닌데, 이는 측정상의 문제(김옥련 · 박찬옥, 1990)와 영유아의 특성 자체에 기인하는 문제(이은해, 1985) 때문이다.

먼저 측정상의 문제를 살펴보면 다음과 같다. 첫째, 영유아라는 특성 때문에 객관적인 측정을 할 때 오차가 많아질 수 있다. 둘째, 영유아 보육은 전인적인 발달에 중점을 두고 있기 때문에 관찰기록 등에 의한 주관적인 자료의 사용이 많고, 그 결과로서 평가 그 자체도 주관적인 경향이 농후하게 될 위험성이 있다.

다음으로 영유아의 특성 자체에 기인하는 문제를 살펴보면 첫째, 영유아는 언어 구사 능력이 제한되어 의사소통 과정에 문제가 있으므로 영유아가 이해할 수 있는 수준의 언어를 사용해야 한다. 둘째, 영유아는 주의 집중력이 약하여 어떤 과제에 대한 지속성이 결여되기 쉽기 때문에 검사 실시 시간이나 과제의 종류 등에 무리가 없도록 해야 한다. 셋째, 검사 시에 성인을 내상으로 하는 경우보다 훨씬 더 훈련된 기술이 필요하다는 점 등이다.

이처럼 영유아를 평가하는 일은 단순하고 쉬운 일이 아니기 때문에 교육부에서는 교육기관에서 영유아를 평가할 때 유의해야 할 사항을 다음과 같이 제시하고 있다(교육부, 1993).

첫째, 영유아의 행동이나 발달을 객관적으로 평가해야 한다. 이를 위해 교사는 다양한 상황에서 자료를 수집해야 하는데, 일상적인 관찰, 부모와의 면담, 일화기록, 평정척도, 체크리스트, 작품 분석, 각종 표준화 검사의 실시 등을 통하여 수집한다.

둘째, 영유아 간의 상대적 비교보다는 각 영유아에 대한 개인내 평가를 해야 한다. 평가의 목적이 등급을 매기거나 성공 · 실패한 영유아를 구별하는 것이 아니므로 영유아 개인 내의 평가를 통해 현재의 발달이 미래에 어떻게 진전될 것인가를 평가해야 한다.

셋째, 영유아에 대한 평가는 활동이 진행되는 상황에서 결과보다는 과정에 초점을 맞추어 실시하여야 한다. 또한 영유아의 전인적인 발달을 위하여 신체적 건강 및 안전, 기본생활 습관, 정서적인 안정감, 대인 관계, 의사소통 능력 및 탐구심 등에 중점을 두어야 한다.

② 영유아기 평가의 유형

영유아에 대한 평가는 평가의 시기에 따라 진단 평가(diagnostic evaluation), 형성 평가(formative evaluation), 총괄 평가(summative evaluation)의 세 가지 유형으로 나눌 수 있다.

■ 진단 평가

현재의 학습 과제에 대한 활동이 시작되기 전에 하는 평가로 학습에 대한 준비도, 학습 결손의 유무, 지능, 적성, 흥미 등 심리적 · 환경적 학습 장애의 원인을 밝히기 위하여 실시한다. 즉 학습자의 현재 수준을 진단하여 보육의 적절한 출발점을 찾고자 하는 평가로 학습자의 흥미, 성격, 태도, 기능, 배경 및 이전 학습 경력 등을 살펴봄으로써 교수-학습 전략과 교수-학습 방법의 선택을 도와주는 기능을 갖는다.

형성 평가는 교과 내용과 직접적으로 관련된 내적 행동을 평가하는 반면, 진단 평가는 광범위하고 근원적인 외적 학습 결함의 원인을 찾으려 한다는 점에서 차이를 나타낸다.

■ 형성 평가

보육 활동이 진행되고 있는 유동적인 상황 속에서 보육과정이나 수업 방법을 개선하기 위해 실시하는 평가를 말한다. 그러므로 다양한 측면의 보육경험이 형성 평가를 통해서 모니터될 수 있다(Wortham, 1990).

형성 평가의 주된 기능을 살펴보면 다음과 같다.

첫째, 학습 결과에 대하여 적절하게 피드백을 제공해 줌으로써 학습경험을 용이하게 하고 학습 행동을 강화시킨다.

둘째, 영유아가 가지고 있는 문제나 학습 결손을 조기에 발견하여 이를 교정하고 보충함으로써 효율적인 학습이 이루어지게 한다.

셋째, 교사에게도 피드백을 제공하여 교사가 학습 지도 방법을 개선하는 데 형성 평가의 결과를 활용할 수 있다.

형성 평가는 프로그램의 디자인과 실행에 따라 프로그램에 발전을 가져올 수 있는 정보를 제공할 뿐만 아니라 프로그램의 진전을 측정하는 데 이용된다(Royce, Murray, Lazar, & Darlington, 1982). 따라서 형성 평가에 의하여 총괄 평가 결과를 예측할 수가 있으며, 형성 평가를 통하여 보육과정이 끝날 무렵의 전반적인 학습 성과를 예측할 수 있게 된다.

■ 총괄 평가

총합 평가라고도 불리며 주어진 학습 과제에 대한 활동이 모두 끝난 후에 하는 평가를 말한다. 총괄 평가에서 일련의 보육이 언제 종결되는지는 견해의 차이가 다소 있을 수 있다. 예를 들어 보육의 종결을 한 학년의 끝으로 볼 것이냐, 아니면 자주 보육의 종결로 언급되는 그 동안의 모든 보육을 끝마치는 시점을 끝으로 볼 것이냐 하는 것이 바로 그것이다(Gullo, 1992).

총괄 평가의 가장 큰 기능은 활동이 모두 끝난 후에 실시하여 영유아들의 행동 변화를 판정하는 데 있으며 평가시 사용할 도구는 영유아들의 개인차를 잘 분별할 수 있는 것이 바람직하다. 총괄 평가는 이미 완성된 프로그램의 효과를 평가하기 위해 실시하는 경우가 많으며 실시 중인 프로그램을 계속 도입할 것인지 아니면 그만둘 것인지를 결정하는 데 필요한 정보를 제공하기도 한다. 또한 다양한 프로그램이나 자료 중에서 어느 것이 가장 좋은지를 선택하는 데 활용되어질 수 있다.

보육과정과 관련이 있는 결정을 내릴 때에 총괄 평가가 중요한 역할을 할지라도 총괄 평가가 이루어져야만 하는 시기에 관해서는 적절한 결정을 내려야만 한다. 또한 총괄 평가와 형성 평가는 서로 보충적으로 사용되어야만 한다. 형성 평가는 보육과정이 더욱 실효성을 거두기 위해서 어떻게 수정할 수 있고 수정해야만 하는가에 대한 정보를 제공해 주고, 반면에 총괄 평가는 경험의 전반적인 효율성을 설명하기 때문이다.

③ 영유아기 평가의 방법

평가의 과정에서 주된 강조점은 그것이 영유아의 전반적인 발달을 묘사하는 절차가 되어야 한다는 것이다. 즉 평가는 포괄적으로 이루어져야 하며 다양한 정보원을 사용해야만 하고 개인의 다양한 측면을 측정하고 다양한 맥락에서 실시되어야만 한다.

이처럼 포괄적인 평가를 하기 위해서 영유아에 대한 평가는 형식적인 평가와 비형식적인 평가를 함께 사용한다. 이는 보육이 그 특성상 상당 부분이 비형식적으로 진행되는 것에 기인하며, 이 단계의 영유아들에게 활용할 수 있는 측정 도구가 제한되어 있고, 이는 어린 아동에게 미칠 수 있는 검사의 부작용을 최소화하기 위해서이다(강문희 외, 2002). 영유아 평가에서 특히 비형식적인 방법은 중요하고 가치가 있는데, 비형식적인 평가에서 관찰 방법은 가장 기본적인 방법으로서 영유아 평가에 관여하는 사람들은 반드시 관찰에 관하여 훈련을 받고 익숙해져야만 한다. 어린이집에서 관찰을 통하여 얻어진 모든 정보들은 궁극적으로 교사가 영유아들을 위해 가장 적절한 보육과정을 계획하는 데 기초가 되며 이를 통하여 영유아들은 질적인 보육을 받을 수 있게 된다(김희진 외, 2000).

영유아에 대한 관찰의 형식과 관찰의 결과를 기록하는 방법에는 다음과 같은 여러 가지 방법이 있다.

■ 일화기록

일화기록은 관찰한 내용을 기록하기 위해 가장 흔히 사용하는 방법으로 특정한 기록 양식 없이 일어난 사건이나 영유아의 행동에 대해 그대로 적어서 묘사하는 짧은 이야기식 기록이다. 영유아에게 일어난 행동의 정보를 발생 순서대로 자유롭게 기술하는 방법이기 때문에 영유아의 자연적인 행동에 대한 정보를 많이 제공해 준다.

일화기록은 특정한 양식에 의하지 않는다 하더라도 관찰시의 기본적인 유의점을 지켜서 일관된 용어로 관찰기록해야 하고, 반드시 관찰 날짜와 시간, 기록 날짜와 시간, 관찰 대상 영유아의 이름, 사건의 상황, 관련되는 발달 영역 등을 객관적으로 기술해야 한다.

예 3-1 일화기록의 예

일화기록

관찰 유아	김○○	관찰자	이○○
생년월일	2009. 4. 20.	성별	(남) , 여
관찰일	2014. 5. 13.	관찰 시간	오전 10: 10~10: 25
관찰 장면	자유선택 활동 시간 중 쌓기 영역		
관찰기록	• ○○가 유니트 블록으로 동물원 쌓기를 하던 중 원기둥 모양의 블록이 필요한데 옆에서 다른 유아들이 원기둥을 이용하여 다른 모양을 구성하고 있으므로, "△△아, 나 이 원기둥이 필요해. 두 개가 있어야 하는데 나도 좀 줄래?" 하고 물어보았다. △△이가 "싫어." 하고 이야기하며 못 들은 척하자, ○○는 "선생님이 어린이집에 있는 장난감은 같이 노는 거랬어." 하고 설득을 했다. 그러나 △△이가 다시 못 들은 척하자 폐품함에서 다 먹은 캔 음료수 통을 꺼내어 자신이 필요한 부분에 적용하여 동물원을 완성하였다.		
분석	• 언어적 협상 능력이 있음 • 사회적으로 용납될 수 있는 긍정적인 방식으로 문제를 해결함 • 자발적인 문제 해결 능력이 있음 • 공간 구성 능력이 발달하여 작은 조각들로 일상생활에서 볼 수 있는 구체적인 사물이나 건물을 만들어냄		

▣ 행동목록법

행동목록법은 관찰하고자 하는 행동에 관한 목록을 만들어 체크 표시를 하는 것이다. 교사가 관심을 가진 영역의 목록을 사전에 미리 준비하고 목록에 포함된 행동, 환경 등을 체크하는 방법이다. 행동목록법은 대개 보육적 목적이나 발달적 목적과 직접적으로 연관된 일련의 행동이나 기술들을 기록하고 연구하기 위하여 사용되는 도구이다. 교사들이 다음에 실시할 보육과정을 위하여 더 나은 계획을 세우고자 영유아가 가지고 있는 어떤 기술이나 그들이 현재 보유하고 있는 발달적 특성을 알아보기 위하여 사용할 수 있다(Gullo, 1994).

행동목록법은 교사가 영유아의 행동 발생 여부를 매우 신속하고 효과적으로 기록할 수 있고 행동 발달의 단계 및 영유아 개인의 단계적인 발달상을 기록하고 관찰하는 데 도움이 되는 장점을 지닌 도구이며, 많은 행동을 관찰할 때에 가장 적절히 사용할 수 있는 도구이다(Wortham, 1990). 그러나 행동의 질적인 측면에 대한 정보는 전혀 제공하지 못하는 단점이 있기도 하다.

행동목록법을 사용하기 위해서는 이미 연구되어 나와 있는 자료를 이용할 수도 있고, 교사 자신이 문헌을 참고로 만들 수도 있다. 행동목록법은 시간을 절약할 수 있으며 행동의 형태를 쉽게 분류하고 파악할 수 있으나 항목에 없는 각 영유아 행동의 중요한 부분을 빠뜨릴 수도 있다.

예 3-2 행동목록법의 예

행동목록법

관찰 유아	최○○	관찰자	김○○
생년월일	2009. 5. 31.	성별	(남) , 여
관찰일	2014. 7. 18.		

- 관찰할 유아를 선택하여 체크리스트에 있는 행동이 나타나면 V로 표시한다.
- 관찰 결과를 요약한다.

번호	내용	예	아니오	비고
1	정리 · 정돈을 할 수 있다.	V		
2	간식과 식사 전에 손을 깨끗이 씻는다.	V		
3	손을 씻을 때 물을 절약할 수 있다.		V	
4	규칙을 잘 지키는 편이다.	V		
5	물건을 소중히 다루고 아껴 쓴다.	V		
6	옷을 혼자서 바르게 입을 수 있다.	V		
7	화장실 사용 후 뒤처리를 혼자 한다.		V	
8	양치질을 깨끗하게 할 수 있다.	V		
9	올바른 태도로 식사를 한다.	V		
10	스스로 적당한 휴식을 취한다.	V		

요 약:
- 기본생활 습관이 비교적 고르게 잘 형성된 편이며 물 사용 시에 절약하는 습관을 길러주어야 함
- 용변 후 뒤처리 문제는 학교에 가기까지 1년이 더 남았으므로 너무 스트레스를 받지 않도록 서서히 지도할 필요가 있음

▣ 평정 척도법

평정 척도는 영유아에게 특별한 행동이나 특성이 존재하는지 혹은 존재하지 않는지

를 조사하기보다는 개개인에게 있어서 존재한다고 믿고 있는 행동이나 기질의 정도를 묘사하는 데에 사용된다(Gullo, 1994). 평정의 간격은 일정하며 똑같은 간격의 단위, 점수, 숫자 등이 사용된다. 예를 들면 3점이나 5점 평정 척도가 있다. 이 평가 방법에 내재되어 있는 가장 큰 문제점은 평가가 매우 주관적인 것이 될 수 있다는 것이다. 또한 평정 척도에서 모호한 참조 목록을 가지고 있는 묘사적 용어를 사용할 수 있고 이러한 측면이 주관적인 평가의 경우를 더욱 증가시킨다.

예 3-3 평정 척도법의 예

평정 척도법

관찰 유아		관찰자	
생년월일		성별	남 , 여
관찰일			

- 유아의 친사회적 행동에 대해 잘 읽고 다음과 같이 1~3으로 평정하여 해당 숫자에 O표를 한다.
- 평정 내용을 종합하여 요약한다.

번호	내용	못함	보통	잘함
1	친구와 물건을 나누어 쓸 수 있다.	1	2	3
2	친구에게 양보할 줄 안다.	1	2	3
3	놀이나 작업을 할 때 협동한다.	1	2	3
4	다른 사람의 부탁을 들어준다.	1	2	3
5	친구나 교사를 도와준다.	1	2	3
6	친구나 교사에게 친절하다.	1	2	3
7	친구와 대화하며 언어적으로 교류한다.	1	2	3

요 약:

■ 표준화 검사

표준화 검사는 누가 사용하더라도 검사의 실시와 채점, 그리고 결과의 해석이 동일하도록 모든 절차와 방법을 일정하게 만들어 놓은 검사로서, 개인이 지니고 있는 신체적 · 심리적 특성의 질과 양을 측정할 목적으로 일정한 조건하에 특정한 문제나 작업을 부과하여 피검사자가 나타내는 반응을 체계적으로 관찰하는 절차를 말한다(황해익, 2000).

영유아를 대상으로 하는 표준화 검사는 영유아 자신이 직접 검사 내용을 이해하고 답하는 것이 아니라, 검사자를 통하여 판단되므로 여러 가지 문제가 발생할 수 있다. 검사자와 영유아의 심리적인 유대감 조성이 중요하며, 영유아들은 발달이 미분화되어 있어 능력을 정확히 측정하기 어렵고 객관적인 측정이 힘들다. 따라서 표준화 검사 그 자체만으로 영유아의 발달을 평가한다는 것은 위험한 일이며, 다른 평가 도구와 함께 영유아의 발달을 이해하기 위한 보조 자료로 사용되는 것이 중요하다.

어린이집에서 사용할 수 있는 검사는 발달 검사, 유아 지능 검사, 그리고 학습 준비도 검사로 대별할 수 있는데, 제반 표준화 검사는 영유아의 발달 수준과 겸하여 검사 내용과 요령 등에 관한 전문적인 훈련을 받은 검사자에 의해 시행되지 않을 경우에는 잘못 진단할 수 있으므로 특히 유의하여 조심스럽게 시행하여야 한다.

■ 교사 제작 검사

교사 제작의 검사는 교사가 필요하다고 판단될 때에 임의로 제작하여 사용하는 검사를 뜻하는데, 매일의 학습 활동은 교사가 비형식적인 검사 방법을 통하여 영유아를 평가할 수 있는 다양한 기회를 제공해 준다. 교사가 제작한 평가 도구는 해당 어린이집이나 해당 학급의 특수성을 고려해서 제작된 것이기 때문에 바람직한 평가 도구가 될 수 있다. 교사는 자신이 목표로 삼고 있는 여러 가지 활동들을 나열하고 영유아 행동을 관찰할 수 있다. 이러한 검사는 반드시 검사지 형식을 취하지 않고, 교사가 각 영유아 곁에서 질문을 던지거나 교구를 조작해 보게 하는 것을 통해서 이루어질 수 있다.

검사란 언제나 영유아에게 불안감과 긴장감을 초래하므로 표준화 검사이건 교사 제작 검사이건 검사라는 것은 부득이한 경우에만 실시하는 것이 바람직하다.

■ 영유아의 자기 평가

교사는 영유아의 능력 한계 내에서 영유아 스스로 자신의 행동과 능력을 평가해 보도록 장려해 줄 수 있다. 어린 영유아라 하더라도 자신이 한 일에 대한 평가를 스스로 느껴보도록 유도할 수 있다. "오늘 하루 동안 네가 한 일에 대해 어떻게 생각하니?", "이 그림은 무엇을 그린 것이니?", "친구하고 왜 싸웠니?" 등의 질문에 대한 반응은 교사가 생각했던 것과 아주 상반된 것을 이끌어낼 수도 있으며, 또한 앞으로의 학습 계획에 반영될 수 있다.

■ 작품집

작품집(portfolio)은 영유아에 관한 모든 자료, 즉 관찰기록, 면접, 검사, 기타 기록물, 영유아가 그린 자화상, 가족 구성원에 대한 그림, 창의적인 그림, 제작한 입체 구성물의 사진, 글이나 말의 샘플 등을 1년 간에 걸쳐서 조직적으로 목적을 가지고 정기적으로 수집하여, 이를 모아 책으로 만든 것이다. 이러한 작품집은 시간 경과에 따라 영유아가 발달하고 배우고 있음을 보여줄 수 있는 좋은 증거가 된다. 작품집은 영유아의 실제 수행에 대한 평가의 기초가 되고, 이후의 학습과 발달을 위한 지침의 근거가 된다.

작품집은 단순히 영유아의 작업을 모두 모아 놓거나, 또는 교사의 노트, 기록, 검사 결과나 잡다한 정보들을 모두 넣어 놓은 것은 아니다. 작품집은 잘 계획하고 조직하여 자료를 수집해야 의미 있는 평가 도구가 된다. 작품집에 포함될 내용은 영유아의 연령과 발달 수준, 프로그램의 목적, 교과 과정이나 발달 영역, 작품집의 유형이나 목적, 교사의 취향 등에 따라 달라질 수 있다.

영유아의 작품을 수집하여 사용하는 것의 장점을 살펴보면, 영유아의 작품은 사실적이고 직접적인 증거를 교사에게 제공한다. 이는 영유아들의 발달에 대하여 왜곡되었거나 교실에서의 활동 자료들이 아닌 다른 방법을 사용하여 보충되고 첨가된 증거들이 아니다. 더 나아가 작품의 표본들을 수집하여 날짜를 기록한다면 수집된 작품들은 그 작품을 수집한 교사가 아닌 다른 사람들에 의해서도 나중에 사용되고 해석될 수 있다(Cryan, 1986). 반면에 영유아들의 실제 작품을 사용하는 것의 잠재적인 단점은 보관의 문제이다. 교실에서의 작품 활동을 통하여 산출되는 영유아들의 작품의 수가 그 교실의 영유아들 수의 몇 배에 달할 것이라는 사실을 생각할 때에 영유아들의 작품의 수는 보관할 수 없을 정도로 많을 수 있다. 또 다른 단점은 영유아의 능력을 대표하는 데 얼마나 많은 표본이 필요한지 혹은 어떤 표본이 적절한지를 알기가 어렵다는 것이다(Decker & Decker, 1980).

(2) 보육 프로그램 및 어린이집에 대한 평가

① 프로그램 평가의 목적

영유아에 대한 평가와 더불어 프로그램 자체에 대한 평가도 필요하다. 보육 프로그램 평가는 프로그램의 질적 수준과 효과를 평가하는 것이다. 프로그램의 효과와 가치 등에 대한 적절한 평가는 영유아와 부모들, 관련 행정가들에게 유용한 정보와 도움을 줄 수 있다(Spodek & Saracho, 1997).

프로그램 평가는 프로그램의 개선을 목적으로 하며, 그 목적을 구체적으로 살펴보면 다음과 같다(강문희 외, 2002).

첫째, 어린이집의 철학, 시대적 변화, 대상의 요구에 적합하게 보육 목표를 설정하고 정기적으로 재검토한다.

둘째, 보육 프로그램 계획(연간, 월간, 주간, 일일 계획)의 적합성과 효율성을 높인다.

셋째, 어린이집 및 보육 자료 측면에서 필요하거나 부족한 영역을 발견하여 개선한다.

넷째, 어린이집의 보육에 적합한 교사의 역할을 발전시키고, 영유아와 상호작용하는 질적 수준을 높인다.

다섯째, 영유아 및 부모에게 미치는 프로그램의 효과를 검토한다.

② 프로그램 평가의 절차와 준거

보육 프로그램의 평가는 보육 프로그램이 대상 영유아들에게 적합한 보육과정과 환경을 제공하고 있는지를 알아보고, 프로그램의 질적 향상을 도모하기 위해 실시된다. 어린이집에서 프로그램의 향상을 목적으로 평가를 시도할 때에 다음과 같은 절차를 제안해 볼 수 있다(이은해, 1995).

▣ 어린이집에서 보육 목표의 우선순위를 검토해 보고, 이를 영유아의 특성과 비교한다.

■ 학부모에게 보육에 대한 요구 조사를 실시한다. 예를 들면 어린이집에 대해 기대하는 수준과 현 상태에 대한 만족도를 조사하여, 둘 간의 차이가 큰 내용은 학부모의 요구가 크다고 보는 것이다.

■ 보육계획안(일일 또는 주간계획안)의 계획된 안과 실제 운영 사이의 차이를 비교한다. 그 결과가 일치 또는 불일치한 이유에 대해 논의하고 다음의 보육 계획에 반영시킨다.

■ 영유아의 흥미 영역별 참여도를 일정 기간 동안 조사하여 영유아별 또는 영역별 참여도의 분포를 검토한다. 이를 통해 흥미 영역의 배치 및 구성을 재고한다.

■ 흥미 영역별 교구와 자료에 대한 영유아의 반응을 관찰한다. 예를 들어 영유아가 모두 흥미 있어 하는 교구와 관심을 보이는 교구, 그렇지 않은 교구에 관해 조사하는 것이다. 이 결과를 교사 간에 논의하고 수량, 배치, 활용 면에서 수정될 것이 없는지 검토한다.

■ 경력 있는 교사로 하여금 각 교실을 관찰하게 하여 교사와 영유아의 상호작용, 교사의 언어 유형, 학급 운영상의 특징 등을 검토하게 한다.

■ 어떤 특정 모델을 표방하는 프로그램의 경우는 그 모델의 주요 특징이 실제에 나타나고 있는지 실행 과정을 교안, 교실 환경, 영유아와의 상호작용 등의 측면에서 검토한다.

■ 기존의 유아교육 평가 도구(예 교육 환경 평정 척도, 교육 프로그램 평가 척도)를 사용하여 기관 스스로 자체 평가를 시도한다.

③ 어린이집 평가인증제

■ 평가인증제의 개념 및 필요성

평가인증이란 '일정한 수준의 충족에 대한 공적 인정' 으로 정의되며, 어린이집 평가인증제는 보육계와 일반 사회에서 공히 인정을 받는 대표 기관에 의하여 보육 서비스의 표준을 수립하고, 개별 어린이집이 자발적으로 지원하여 서비스의 질을 평가받아서 인증기관이 설정한 표준이 요구하는 수준을 충족하거나 그 이상의 수준에 있으면 그 사실을 인정하는 증서를 부여하는 제도를 말한다(Doherty-Derkowski, 1995). 그러므로 어린이집 평가인증이란 평가 지표를 기준으로 보육 현장의 현재 운영 수준을 점검하고 진단하여 이에 국가가 인증을 부여하는 제도이다. 평가인증제도의 목적은 첫째, 어린이집의 서비스 수준의 향상, 둘째, 어린이집 원장과 보육교사의 전문성 향상, 셋째, 부모들에게 어린이집 선택 시 정보의 제공, 넷째, 영유아들이 안전한 보육 환경에서 건강하게 성장하는 것을 지원하는 것 등이다(어린이집 평가인증사무국, 2005).

우리나라에서 보육 업무를 주관하고 있는 보건복지부에서는 보육 서비스의 수준을 향상하고 부모들에게 보육의 질적 수준에 관한 정보를 제공하여 합리적으로 어린이집을 선택할 수 있도록 돕는 어린이집 평가인증제를 도입하기로 하였다. 우리나라의 보육 모형은 주로 민간 부분 어린이집의 확대에 의해 발전되어 왔기 때문에 더욱 평가인증제는 지지가 된다. 국·공립 또는 공적 부분에서 대폭 지원되는 국가에서는 인증제의 기능이 그다지 절실하지 않지만 보육을 민간 부문에 의존하는 국가일수록 평가인증제는 어린이집을 선택해야 하는 소비자의 권리 차원에서 필요하다고 볼 수 있다. 정부와 지방자치단체의 보육 비용 지원이 많은 유럽 대다수의 국가들은 평가인증제를 시행하고 있지 않은 반면, 미국과 호주처럼 민간 시설 위주의 국가들은 민간 보육 서비스의 질을 관리하기 위한 수단으로 평가인증제를 발전시키는 경향이 있다.

이러한 평가인증제의 도입은 다음과 같은 실행 효과를 기대할 수 있다(http://www.kcpi.or.kr).

첫째, 보육 서비스의 질적 수준을 향상시켜 영유아의 권리를 보장할 수 있다.

둘째, 어린이집(보육 서비스 제공자)은 보육 서비스의 질적 수준을 높이고자 준비하고 노력하게 됨으로써 보육의 목적을 성취하여 사회에 기여하게 된다.

셋째, 보육 대상 영유아의 보호자는 어린이집에 대한 합리적인 선택의 판단 근거 자료로 활용할 수 있다.

넷째, 정부의 보육 정책 수립자는 보육 현장이 효율적으로 운영될 수 있도록 하여 보육 현장을 적극적으로 지원하고 관리할 수 있게 된다.

▣ 평가인증의 절차

어린이집 평가인증 운영 체계는 신청 단계, 1단계 참여 확정, 2단계 현장관찰, 3단계 심의의 과정으로 이루어진다. 구체적인 평가 인증 단계는 다음의 그림과 같다.

단계	내용	절차	참여자
신청 단계	• 상시 자체 점검 • 상시 신청	신청 평가인증 컨설팅	어린이집 육아종합지원센터
1단계 참여 확정 (2개월)	• 기본 사항 확인 • 자체 점검 보고서 제출 및 참여 수수료 납부 • 참여 대상 확정	기본 사항 확인 자체 점검 보고서 제출 참여 수수료 납부 참여 대상 확정	지자체 어린이집 보건복지부 (한국보육진흥원)
2단계 현장관찰 (1개월)	• 현장관찰(현장관찰자) - 현장관찰 실시 - 현장관찰 보고서 작성 및 제출		보건복지부 (한국보육진흥원)
3단계 심의 (1개월)	• 인증심의(심의위원회) • 결과통보서 및 종합평가서 작성 • 인증결정	인증결과 발표 인증서, 인증현판 발급	

그림 3-3 평가인증 운영 체계

| 출처 | 보건복지부(2014). 2014년도 보육사업 안내. p. 266.

신청 단계에서 신청 대상 어린이집은 신규인증과 재인증으로 구분된다. 신규인증 어린이집은 「영유아보육법」 제12조 및 제13조 규정에 의하여 설립된 국 · 공립 어린이집, 사회복지법인 어린이집, 법인 · 단체 등 어린이집, 직장 어린이집, 가정 어린이집, 부모협동 어린이집, 민간 어린이집(방과후 전담 어린이집 제외)으로서 현재 미인증 상태인 어린이집이 대상이다. 재인증은 현재 인증을 유지하고 있는 어린이집으로서 인증 유효기간 만료시점이 도래한 어린이집이다.

다음으로 제1단계는 참여 확정의 단계이다. 신규인증 및 재인증 신청을 마친 어린이집이 「영유아보육법」에서 정하고 있는 기본 사항 확인, 자체 점검 보고서 제출 및 참여

수수료 납부를 완료하면 보건복지부(한국보육진흥원)에서 평가인증 참여 대상 어린이집으로 확정한다.

2단계 현장관찰 단계는 현장관찰자의 파견과 현장관찰의 실시, 현장관찰 후 상호 확인 등의 절차로 이루어진다. 어린이집 1개소 당 2인(99인 이하 어린이집) 또는 3인(100인 이상 어린이집)의 현장 관찰자가 파견되어 1일 간 관찰을 실시하며, 현장관찰은 하루일과 전반에 걸쳐 관찰, 문서검토, 면담 등의 방법을 통해 진행된다.

3단계는 심의이며, 심의는 학계전문가, 어린이집 보육교직원, 육아종합지원센터장, 보육 담당 공무원의 3인 1조로 구성된 심의위원회에서 조별로 진행된다. 심의위원회는 자체 점검 보고서, 기본 사항 확인서, 현장관찰 보고서 등을 개별 검토한 후, 심의 기준에 맞추어 심의위원회 의견서를 작성하며 검토한 결과를 토대로 어린이집의 질적 개선 방향을 제시하는 종합평가서를 작성한다.

평가인증의 결과는 인증, 인증유보 및 불인증으로 구분되는데 인증결정은 기본 사항 확인서 10%, 현장관찰 보고서 55%, 심의위원회 의견서 25%가 반영된다. 인증유효기간은 인증결과가 발표된 달의 15일부터 3년 간 유효하고, 보건복지부(한국보육진흥원)는 평가인증을 통과한 어린이집에 대하여 보건복지부 장관 명의의 인증서 및 현판을 배부한다. 거짓 또는 부정한 방법으로 평가인증을 받은 경우에는 인증이 취소될 수도 있다.

▣ 평가인증 영역 및 지표

어린이집을 평가하는 평가인증 지표는 어린이집의 규모 및 유형에 따라 달리 적용되어 3종으로 구성되어 있다. 40인 이상 시설은 6개 영역(보육 환경, 운영관리, 보육과정, 상호작용 및 교수법, 건강과 영양, 안전) 70항목으로 평가된다. 또한 39인 미만 시설은 5개 영역(보육 환경 및 운영관리, 보육과정, 상호작용 및 교수법, 건강과 영양, 안전) 55항목으로 구성되어 있다. 장애아 전담 어린이집은 6개 영역(보육 환경, 운영관리, 보육과정, 상호작용 및 교수법, 건강과 영양, 안전) 75항목으로 구성되어 있다.

구체적인 평가인증 지표의 내용 구성은 다음 표와 같다.

표 3-1 평가인증 지표의 내용 구성

구분	영역		하위 영역
40인 이상 어린이집 평가인증 지표 (6개 영역 70항목)	영역 1	보육 환경(11항목)	가. 어린이집 환경(3항목) 나. 보육 활동 자료(5항목) 다. 보육 지원 환경(3항목)
	영역 2	운영관리(12항목)	가. 어린이집의 운영관리(3항목) 나. 보육인력(3항목) 다. 가족과의 협력(4항목) 라. 지역 사회와의 협조(2항목)
	영역 3	보육과정(14항목)	가. 보육 활동 계획과 구성(7항목) 나. 보육 활동(7항목)
	영역 4	상호작용과 교수법(11항목)	가. 일상적 양육(3항목) 나. 교사의 상호작용(6항목) 나. 교수법(2항목)
	영역 5	건강과 영양(12항목)	가. 청결과 위생(8항목) 나. 질병관리(2항목) 다. 급식과 간식(2항목)
	영역 6	안전(10항목)	가. 실내 · 외 시설의 안전(5항목) 나. 영유아의 안전 보호(5항목)
39인 이하 어린이집 평가인증 지표 (5개 영역 55항목)	영역 1	보육 환경 및 운영관리(11항목)	가. 어린이집 환경(3항목) 나. 어린이집의 운영관리(3항목) 다. 보육인력(3항목) 라. 가족과의 협력(2항목)
	영역 2	보육과정(11항목)	가. 보육 활동 계획과 구성(4항목) 나. 보육 활동과 자료(7항목)
	영역 3	상호작용과 교수법(11항목)	가. 일상적 양육(3항목) 나. 교사의 상호작용(6항목) 다. 교수법(2항목)
	영역 4	건강과 영양(12항목)	가. 청결과 위생(8항목) 나. 질병관리(2항목) 다. 급식과 간식(2항목)
	영역 5	안전(10항목)	가. 실내 · 외 시설의 안전(5항목) 나. 영유아의 안전 보호(5항목)
장애아전문 어린이집 평가인증 지표 (6개 영역 75항목)	영역 1	보육 환경(14항목)	가. 어린이집 환경(4항목) 나. 보육 활동 자료(7항목) 다. 보육 지원 환경(3항목)
	영역 2	운영관리(13항목)	가. 어린이집의 운영관리(4항목) 나. 보육인력(3항목) 다. 가족과의 협력(4항목) 라. 지역 사회와의 협조(2항목)

구분	영역		하위 영역
장애아전문 어린이집 평가인증 지표 (6개 영역 75항목) (계속)	영역 3	보육과정(15항목)	가. 보육 활동 계획과 구성(7항목) 나. 보육 활동(8항목)
	영역 4	상호작용과 교수법(10항목)	가. 일상적 양육(3항목) 나. 교사의 상호작용(6항목) 다. 교수법(1항목)
	영역 5	건강과 영양(13항목)	가. 청결과 위생(8항목) 나. 질병관리(3항목) 다. 급식과 간식(2항목)
	영역 6	안전(10항목)	가. 실내 · 외 시설의 안전(5항목) 나. 장애 영유아의 안전 보호(5항목)

| 출처 | 강원도육아종합지원센터(http://gangwon.childcare.go.kr)

(3) 평가 결과의 활용

① 평가 자료의 조직

평가 자료의 유용성과 결과 해석은 평가 결과를 어떻게 조직하여 기록하고 정리하는가에 따라서 크게 달라질 수 있다. 어린이집에서 영유아에 대한 평가 결과를 기록하고 정리할 때에는 다음과 같은 점을 고려하여, 영유아 평가의 결과가 유용하게 활용될 수 있도록 한다(이은해, 1995).

첫째, 각 영유아별로 파일을 만들어 그 영유아에 관한 모든 평가 자료, 즉 관찰, 건강 기록부, 검사 결과, 작업 표본, 면담 자료 등을 정리한다.

둘째, 모든 자료에는 날짜, 관찰자(또는 검사자), 관련 상황에 대한 간략한 정보가 반드시 포함되도록 한다.

셋째, 1년 간의 계획을 세우고, 지속적으로 자료를 수집하여 어느 한 시기에만 집중되지 않도록 한다.

넷째, 담당 교사 외의 다른 교사가 관찰한 것, 또는 한 상황에서 한 명 이상의 영유아가 관찰된 경우 등에서 파일을 상호 참조(cross-filing)할 수 있는 체제를 만든다.

다섯째, 1년에 1회 또는 3회, 예를 들어 6월, 11월, 2월에 영유아별로 평가의 요약 및 해석을 시도한다. 이때 자료에서 누락된 부분의 여부를 확인한다.

여섯째, 영유아별 평가 요약은 영유아 발달 영역 또는 보육과정에 기초하여 생활 영역별로 정리한다. 영유아에 대한 일종의 프로파일을 제시하듯이 발달이 잘 이루어진 영역과 덜 이루어진 영역을 서술한다.

평가 자료는 가장 쉽게 해석될 수 있도록 기록해야 하며, 시간이 지나도 기록된 자료의 가치가 없어지지 않도록 충분한 정보를 포함해야 한다.

② 평가 자료의 활용

보육 현장에서 평가 결과는 주로 영유아의 발달 수준을 상, 중, 하로 나누어 부모와의 면담을 목표로 하거나 유아의 초등학교 입학을 위한 참고 자료로 보관하는 정도로 활용된다. 이는 매우 제한적인 보육 평가 자료의 활용 방법이라고 할 수 있으며 평가 자료는 무엇보다도 영유아의 전인적인 발달에 도움을 제공하는 측면에서 활용되어야 한다.

참고문헌

강문희 · 문미옥 · 박경자 · 서영숙 · 우남희 · 이강이 · 이숙재 · 이순형 · 이영 · 이옥(2002). 21세기 유아보육. 서울: 학지사.

강원도육아종합지원센터(http://gangwon.childcare.go.kr/)

교육부(1993). 유치원 교육과정 해설. 서울: 교육부.

김금주 · 김언진 · 윤희경 · 윤덕영 · 곽은복(2009). 유아교육개론. 서울: 창지사.

김옥련 · 박찬옥(1990). 유아교육개론. 서울: 교육과학사.

김희진 · 박은혜 · 이지현(2000). 유아교육기관에서의 관찰. 서울: 창지사.

보건복지부(2014). 2014 보육사업안내.

어린이집 평가인증사무국(2005). 어린이집평가인증지침서. 서울: 보건복지부.

심성경 · 조순옥 · 이정숙 · 이춘자 · 이선경 · 이효숙(2004). 개정 유아교육개론. 서울: 창지사.

이기숙(2000). 유아교육과정. 서울: 교문사.

이기숙 · 홍순정(2001). 유아교육과정. 서울: 한국방송통신대학교출판부.

이성호(2004). 교육과정 개발과 평가. 서울: 양서원.

이은해(1985). 아동연구방법. 서울: 교문사.

이은해(1995). 아동발달의 평가와 측정. 서울: 교문사.

임재택(1995). 현대 유아교육과정. 서울: 양서원.

(재)한국보육진흥원(http:// www.kcpi.or.kr)

황해익(2000). 유아교육평가. 서울: 양서원.

Bredekamp, S. (1986). *Developmentally appropriate practice in early childhood programs serving children from birth through age 8*. New York: Teachers College Press.

Cryan, J. R. (1986). Evaluation: Plague or promiss? *Childhood Education, 62*, 344-350.

Decker, C. A., & Decker, J. R. (1980). *Planning and administering early childhood programs*. Columbus, OH: Merrill Publishing Co.

Doherty-Derkowski, G. (1995). *Quality matters excellence in early childhood programs*. Don Mills, Ontarino: Addison-Wesley Publishers Limited.

Gullo, D. F. (1992). *Developmentally appropriate teaching in early childhood: Curriculum, implimentation, evaluation*. Washington, DC: National Educational Association.

Gullo, D. F. (1994). *Understanding assessment and evaluation in early childhood education*. New York: Teachers College Press.

Hills, T. W. (1992). Reaching potentials through appropriate assessment. In S. Bredekamp, & T. Rosengrant (eds.), *Reaching potentials: Appropriate curriculum and assessment for young children*. Washington, DC: National Association for the Education of Young Children.

National Association for the Education of Young Children (1991). Guidelines for appropriate curriculum content and assessment in programs serving Children ages 3 through 8. *Young Children, 30*, 21-67.

National Association for the Education of Young Children (1998). *Accreditation criteria and procedures*. Washington, DC: National Association for the Education of Young Children.

Royce, J. M., Murray, H. W., Lazar, I., & Darlington, R. B. (1982). *Methods of evaluating program outcomes*. In B. Spodek (eds.), Handbook of research in early childhood education. New York: Free Press.

Schwartz, S. L., & Robison, H. F. (1982). *Designing curriculum for early childhood*. Boston, MA: Allyn & Bacon.

Spodek, B., & Saracho, O. (1997). Issues in early childhood educational assessment and evaluation. *Yearbook in early childhood education(Vol. 7)*. New York: Teachers College Press.

Wortham, S. C. (1990). *Tests and measurement in early childhood education*. Columbus, OH: Merrill Publishing Company.

Chapter 4

보육과정의 내용

1 표준보육과정의 기초

2 목적과 목표

3 편성과 운영

4 표준보육과정의 내용

우리나라 어린이집에 적용되고 있는 국가 수준 교육과정인 어린이집 표준보육과정(이하, '표준보육과정' 이라 함)은 어린이집의 만 0~5세 영·유아들에게 국가 수준에서 제공하는 보편적이고 공통적인 보육의 목표와 내용을 제시한 것이다. 2013년 1월 21일 개정 고시된 제3차 어린이집 표준보육과정은 0-1세 보육과정, 2세 보육과정, 3-5세 보육과정(누리과정 포함)으로 구성되어 있으며, 영·유아의 전인적 발달과 우리 문화에 적합한 내용을 일관성 있고 연계적으로 실천하고, 궁극적으로 사회에서 추구하는 인간상을 구현하는 것을 목적으로 한다(보건복지부 고시 제2013-8호에 근거함).

본 장에서는 제3차 어린이집 표준보육과정의 내용을 소개하기 위하여 표준보육과정의 총론에 제시되어 있는 표준보육과정의 기초, 목적과 목표, 그리고 편성과 운영에 관한 내용을 간략히 소개하고자 한다. 또한 본 장에서 보육과정의 내용을 제시하면서 영유아를 위한 국가 수준 교육과정의 내용 영역인 기본생활 영역, 신체운동 영역, 의사소통 영역, 사회관계 영역, 예술경험 영역, 자연탐구 영역의 내용이 추출된 이론적 근거를 설명한 후 「0-1세 보육과정」, 「2세 보육과정」, 그리고 「3-5세 보육과정(누리과정)」의 내용을 제시할 것이다. 다만 누리과정에 근거하여 제안된 3-5세 보육과정에서는 기본생활 영역과 신체운동 영역을 신체운동·건강 영역으로 제시하였으므로 내용 영역별로 설명하는 본 서에서는 3-5세 보육과정의 내용 중 신체운동·건강 영역의 내용을 기본생활 영역과 신체운동 영역으로 나누어 제시하고자 한다. '제3차 어린이집 표준보육과정' 의 구체적인 내용은 '부록' 을 참고로 할 수 있다.

1 표준보육과정의 기초

1) 추구하는 인간상

가. 심신이 건강하고 행복한 사람

나. 자율적이고 창의적인 사람

다. 자신과 타인을 존중하고 배려하는 사람

라. 자연과 우리 문화를 사랑하는 사람

마. 다양성을 인정하는 민주적인 사람

2) 표준보육과정의 기본 전제

가. 영 · 유아는 개별적인 특성을 지닌 고유한 존재이다.

나. 영 · 유아는 연령에 따라 발달적 특성이 질적으로 다르다.

다. 영 · 유아는 그 자체로서 존중 받아야 하는 존재이다.

라. 영 · 유아는 직접적으로 경험할 때 의미 있는 지식, 기술 및 바람직한 태도를 형성해 간다.

마. 영 · 유아는 일상생활이 편안하고 학습과 경험이 놀이 중심으로 이루어질 때, 최대의 능력이 발휘된다.

바. 영 · 유아는 민감하고 반응적인 성인과의 신뢰로운 관계 속에서 최적의 발달을 이룬다.

사. 영 · 유아가 속한 가정, 지역 사회가 함께 협력할 때 영유아에게 가장 긍정적인 영향을 미친다.

3) 구성 방향 및 체계

가. 구성 방향

① 영 · 유아의 발달 특성과 개인차를 고려하여 연령 및 수준별로 구성한다.

② 어린이집에서 편안하고 행복한 일상생활이 되도록 중점을 두어 구성한다.

③ 질서, 배려, 협력 등 기본생활 습관과 바른 인성을 기르는 데 중점을 두어 구성한다.

④ 자율성과 창의성을 기르는 데 중점을 두고, 전인 발달을 이루도록 구성한다.

⑤ 사람과 자연을 존중하고, 우리 문화를 이해하는 데 중점을 두어 구성한다.

나. 구성 체계

① 어린이집 표준보육과정은 0-1세 보육과정, 2세 보육과정, 3-5세 보육과정으로 구성한다.

② 어린이집 표준보육과정은 영역, 내용 범주, 내용, 세부 내용으로 구분하고, 내용 간에

연계가 이루어지도록 구성한다.

③ 세부 내용이라 함은 0–1세 보육과정, 2세 보육과정에서는 수준별 세부 내용을 의미하고 3–5세 보육과정에서는 연령별 세부 내용을 의미한다.

④ 0–1세 보육과정은 기본생활, 신체운동, 의사소통, 사회관계, 예술경험, 자연탐구의 6개 영역을 중심으로 구성한다.

⑤ 2세 보육과정은 기본생활, 신체운동, 의사소통, 사회관계, 예술경험, 자연탐구의 6개 영역을 중심으로 구성한다.

⑥ 3–5세 보육과정은 신체운동 · 건강, 의사소통, 사회관계, 예술경험, 자연탐구의 5개 영역을 중심으로 구성한다.

⑦ 3–5세 보육과정은 초등학교 교육과정과의 연계성을 고려하여 구성한다.

2 목적과 목표

1) 목적

영 · 유아의 심신의 건강과 전인적 발달을 도와 행복을 도모하며 민주시민의 기초를 형성하는 것을 목적으로 한다.

2) 목표

가. 0-1세 보육과정

① 건강하고 안전한 일상생활을 경험한다.
② 감각 및 기본 신체운동 능력을 기른다.
③ 말소리를 구분하고 의사소통의 기초를 마련한다.
④ 친숙한 사람과 관계를 형성한다.
⑤ 아름다움에 관심을 가진다.
⑥ 보고, 듣고, 만지면서 주변 환경에 관심을 가진다.

나. 2세 보육과정

① 건강하고 안전한 생활습관의 기초를 마련한다.
② 감각, 신체 조절 및 기본 운동 능력을 기른다.
③ 의사소통 능력의 기초를 기른다.
④ 나를 인식하고 다른 사람과 더불어 생활하는 경험을 한다.
⑤ 아름다움에 관심을 가지고 예술경험을 즐긴다.
⑥ 주변 환경에 호기심을 갖고 탐색하기를 즐긴다.

다. 3-5세 보육과정

① 기본 운동 능력과 건강하고 안전한 생활 습관을 기른다.
② 일상생활에 필요한 의사소통 능력과 바른 언어 사용 습관을 기른다.
③ 자신을 존중하고 다른 사람과 더불어 생활하는 능력과 태도를 기른다.
④ 아름다움에 관심을 가지고 예술경험을 즐기며, 창의적으로 표현하는 능력을 기른다.
⑤ 호기심을 가지고 주변세계를 탐구하며, 일상생활에서 수학적 · 과학적으로 생각하는 능력과 태도를 기른다.

3 편성과 운영

1) 편성

가. 어린이집의 운영 시간에 맞추어 편성한다.

나. 표준보육과정에 제시된 각 영역의 내용을 균형 있게 통합적으로 편성한다.

다. 영 · 유아의 발달 특성 및 개인차, 경험을 고려하여 놀이를 중심으로 편성한다.

라. 영 · 유아의 일과 중 일상생활을 포함하여 편성한다.

마. 어린이집과 보육실의 특성에 따라 융통성 있게 편성한다.

바. 성별, 종교, 신체적 특성, 가족 및 민족 배경 등으로 인힌 편견이 없도록 편성한다.

2) 운영

가. 보육계획(연간, 월간, 주간, 일일 계획 등)에 의거하여 운영한다.

나. 실내 · 외 환경을 다양힌 흥미 영역으로 구성하여 운영한다.

다. 영 · 유아의 능력과 장애 정도에 따라 조정하여 운영한다.

라. 부모와 각 기관의 실정에 따라 부모교육을 실시한다.

미. 가정과 지역 사회와의 협력과 참여에 기반하여 운영한다.

바. 교사 재교육을 통해 어린이집 표준보육과정 운영을 개선해 나간다.

3) 교수 · 학습 방법

가. 주도적인 놀이를 중심으로 교수 · 학습 활동이 이루어지도록 한다.

나. 흥미를 중심으로 활동을 선택하고 지속할 수 있도록 한다.

다. 생활 속 경험을 소재로 하여 지식, 기술, 바람직한 태도를 기르도록 한다.

라. 교사와 신뢰감을 형성하고 개별적인 활동이 이루어지도록 한다.

마. 교사, 환경, 또래와 능동적인 상호작용이 이루어지도록 한다.

바. 주제를 중심으로 여러 활동이 통합적으로 이루어지도록 한다.

사. 만 0~1세아, 만 2세아는 일상생활 및 개별 활동, 휴식 등이 균형 있게 이루어지도록 한다.

아. 만 3~5세아는 실내 · 실외 활동, 정적 · 동적 활동, 대 · 소집단 활동 및 개별 활동, 일상생활 및 휴식 등이 균형 있게 이루어지도록 한다.

4) 평가

가. 운영평가

① 어린이집 표준보육과정의 목표와 내용에 근거하여 보육 내용이 적절히 편성 · 운영되는지 평가한다.

② 어린이집 표준보육과정의 운영 내용 및 활동이 영유아의 발달 수준과 흥미, 요구에 적합한지 평가한다.

③ 영 · 유아의 발달 수준, 흥미, 요구에 적합한 경험 및 학습을 촉진할 수 있는 다양한 활동과 교수학습 방법이 계획되고 통합적으로 운영되는지 평가한다.

④ 일과 운영 및 보육 활동 구성 시 놀이 활동과 일상생활 활동의 양과 내용이 영아 및 유아 각 연령의 발달에 적합하게 계획되고 운영되는지 평가한다.

⑤ 만 0~1세아, 만 2세아는 집단 활동보다 개별적인 상호작용과 교수법을 중심으로 상호작용이 진행되는지를 평가한다.

⑥ 어린이집 표준보육과정 운영 평가 결과를 수시로 반영하여 보육과정 운영 계획을 수정 · 보완하거나 다음 연도의 계획 수립 및 운영에 반영하는지 평가한다.

나. 영 · 유아평가

① 어린이집 표준보육과정의 목표와 내용에 근거하여 영 · 유아의 특성과 변화 정도를 평가한다.

② 지식, 기술, 태도 등을 평가한다.

③ 일상생활과 보육과정 활동 전반에 걸쳐 평가한다.

④ 관찰, 활동 결과물 분석, 부모 면담 등 다양한 방법을 사용하여 종합적으로 평가하고, 그 결과를 기록한다.

⑤ 평가 결과는 영 · 유아에 대한 이해와 어린이집 표준보육과정운영 개선 및 부모 면담 자료로 활용한다.

4 표준보육과정의 내용

1) 기본생활 영역

보육과정을 통하여 어린 시기에 건강, 안전, 영양과 관련된 좋은 생활 습관을 형성하는 것은 이후 삶의 과정에 지속적으로 영향을 미치므로 매우 중요하다. 따라서 보육과정에서는 다양한 활동을 통하여 영유아로 하여금 영양적으로 균형 있는 음식을 섭취하게 하고, 영양과 관련된 바른 식습관을 가지게 하며, 안전한 환경이 어떠한 것인지를 이해하고, 안전한 생활 습관을 형성할 수 있도록 하여야 한다. 이를 위해 보육과정을 운영하는 교사나 다른 관계자들이 안전한 생활 습관의 모델이 되어야 한다. 또한 어린이집에서 제공하는 실내와 실외 활동, 그리고 지역 사회에서의 활동을 통하여 안전한 생활 습관이 무엇인지를 배우는 것도 중요하다(Gestwicki, 1999). 영유아들이 다양한 활동을 통하여 자신의 몸의 상태를 알고, 휴식을 취할 필요가 있을 때, 물을 마셔야 할 때, 잠을 자야 할 때 등 다양한 상황에 적절히 대처할 수 있는 능력을 기르는 것 또한 영유아의 건강, 안전, 영양과 관련하여 보육과정에서 중요하게 고려되어야 할 내용이다.

(1) 건강, 안전, 영양과 관련된 기본 내용

① 건강

영유아는 건강한 습관 형성에 도움을 주는 보육과정에 참여하면서 건강과 관련된 지식과 생활 습관을 익힌다. 화장실 다녀와서 손 씻기, 간식 전에 손 씻기, 간식 후에 이 닦기, 날씨와 기후에 따른 적절한 휴식 취하기 등의 보육과정 내의 일상적인 활동은 영유아의 건강한 생활 습관 형성에 도움을 준다. 이와 함께 건강에 관련된 다양한 지식을 획득할 수 있는 영유아의 발달에 적합한 활동들도 가능한 한 많이 제공되어야 할 것이다.

② 안전

영유아를 위하여 계획되고 마련된 안전한 어린이집의 환경은 영유아의 안전에 관한 지식 형성에 기본이 되는 중요한 보육 내용이라고 할 수 있다. 실내와 실외의 모든 환경과 지역 사회 등에서 이루어지는 활동을 진행하는 과정에서 영유아를 대상으로 안전에 관한 교육은 필수적으로 이루어져야 하며, 동시에 안전과 관련된 모든 규칙이나 약속도 반드시 지켜져야 한다. 이러한 보육 내용은 실내 · 외의 안전, 비상시 대처 방법, 화재 예방 및 대피 훈련, 유괴나 길을 잃었을 때의 대처 방법, 보행자 안전과 교통안전 등의 주제로 다루어질 수 있다.

③ 영양

보육과정에서 이루어지는 영양 교육을 위한 활동은 기본적으로 음식을 준비하는 요리 활동 시간과 식사 및 간식 시간에 이루어진다. 영유아는 여러 가지 종류의 음식에 관하여 배우고 맛을 보며 다양한 음식의 종류가 있다는 것과 골고루 음식을 섭취해야 건강한 몸을 유지할 수 있음을 알게 된다. 보육과정을 통하여 이루어지는 영양 교육에서는 영유아로 하여금 새로운 음식을 먹어 보도록 격려하며 적당한 양의 음식을 먹어야 건강을 유지할 수 있음도 알게 해야 한다(안미희, 2006). 영유아를 위한 영양 교육은 특히 가정과 연계되는 활동으로 이루어질 때 더 효과적일 수 있으므로(김정원 · 최정옥, 2006) 가정과 연계하여 이루어질 수 있는 보육과정의 구성과 적용이 적극적으로 시도될 필요가 있다.

④ 기본생활 습관

최근 우리 사회의 사회문화적 상황의 변화로 인하여 교사는 어린이집에서 오랜 기간 동안 오랜 시간을 생활하는 영유아를 대상으로 올바른 기본생활 습관을 형성시켜주는 주된 역할을 수행해야 한다. 영유아기는 특히 한 개인의 생활 습관의 기본이 형성되는 시기이다. 따라서 이 시기 동안 영유아에게 우리 사회에서 생활하는 데 기본적으로 필요한 예절과 질서가 무엇인지를 인식시키고 이를 몸에 익혀 생활 습관으로 형성시키는 데 도움이 되는 보육과정을 구성하고 운영하는 것은 매우 중요하다. 예를 들어 영유아는 보육과정에서 제공되는 다양한 활동에 참여하면서 예의 바른 태도와 질서를 알게 되고, 다른 사람을 배려하고 존중하며 양보할 수 있는 태도를 익히며, 소비자로서 검소하게 생활하고 절약하는 방법을 알게 되므로 이를 고려한 보육과정과 활동을 제공하는 것은 매우 중요하다.

(2) 표준보육과정 기본생활 영역의 내용

「0-1세 보육과정」과 「2세 보육과정」에서는 건강, 안전, 영양, 기본생활 습관과 관련된 내용이 건강하게 생활하기, 안전하게 생활하기 등의 내용 범주에 따라 기본생활 영역에 제시되어 있다. 그리고 「3-5세 보육과정(누리과정)」에서는 신체운동 · 건강 영역에 건강하게 생활하기, 안전하게 생활하기 등의 내용 범주로 구성되어 있다. 기본생활과 관련된 표준보육과정의 구체적 내용을 제시하면 다음과 같다.

0-1세 기본생활 영역의 내용 체계

내용 범주	내용
건강하게 생활하기	몸을 깨끗이 하기
	즐겁게 먹기
	건강한 일상생활하기
안전하게 생활하기	안전하게 지내기
	위험한 상황에 반응하기

0-1세 기본생활 영역의 세부 내용

<table>
<tr><th>내용 범주</th><th>내용</th><th>1수준</th><th>2수준</th><th>3수준</th><th>4수준</th></tr>
<tr><td rowspan="10">건강하게 생활하기</td><td rowspan="3">몸을 깨끗이 하기</td><td colspan="4">몸이 깨끗해졌을 때 기분이 좋음을 안다.</td></tr>
<tr><td colspan="4">도움을 받아 손을 씻는다.</td></tr>
<tr><td></td><td colspan="3">도움을 받아 이를 닦는다.</td></tr>
<tr><td rowspan="3">즐겁게 먹기</td><td>편안하게 안겨서 우유(모유)를 먹는다.</td><td>이유식에 적응한다.</td><td>고형식에 적응한다.</td><td>다양한 음식을 먹어본다.</td></tr>
<tr><td colspan="2"></td><td colspan="2">도구로 음식을 먹어 본다.</td></tr>
<tr><td colspan="4">즐겁게 먹는다.</td></tr>
<tr><td rowspan="4">건강한 일상생활하기</td><td colspan="4">수면을 충분히 취한다.</td></tr>
<tr><td colspan="4">편안하게 쉰다.</td></tr>
<tr><td colspan="4">하루 일과에 편안하게 참여한다.</td></tr>
<tr><td colspan="2"></td><td colspan="2">배변 의사를 표현한다.</td></tr>
<tr><td rowspan="4">안전하게 생활하기</td><td rowspan="3">안전하게 지내기</td><td colspan="3">안전한 상황에서 놀이한다.</td><td>놀잇감을 안전하게 사용한다.</td></tr>
<tr><td colspan="4">안전한 장소에서 놀이한다.</td></tr>
<tr><td colspan="4">차량 승하차 시 안전 장구를 착용한다.</td></tr>
<tr><td>위험한 상황에 반응하기</td><td></td><td>위험하다는 말에 반응을 보인다.</td><td colspan="2">위험하다고 알려주면 주의한다.</td></tr>
</table>

2세 기본생활 영역의 내용 체계

내용 범주	내용
건강하게 생활하기	몸을 깨끗이 하기
	바르게 먹기
	건강한 일상생활하기
	질병에 대해 알기
안전하게 생활하기	안전하게 놀이하기
	교통안전 알기
	위험한 상황알기

2세 기본생활 영역의 세부 내용

내용 범주	내용	1수준	2수준
건강하게 생활하기	몸을 깨끗이 하기	스스로 손과 몸 씻기를 시도한다.	
		스스로 이 닦기를 시도한다.	
	바르게 먹기	음식을 골고루 먹는다.	
		도구를 사용하여 스스로 먹는다.	
		정해진 자리에서 먹는다.	
	건강한 일상생활하기	일과에 따라 규칙적으로 잠을 잔다.	
		정해진 시간에 알맞게 휴식한다.	
		하루 일과에 즐겁게 참여한다.	
		정해진 곳에서 배변한다.	화장실에서 배변한다.
	질병에 대해 알기	질병의 위험을 안다.	
안전하게 생활하기	안전하게 놀이하기	놀이기구나 놀잇감을 안전하게 사용한다.	
		안전한 장소에서 놀이한다.	
	교통안전 알기	교통수단의 위험을 안다.	교통수단의 위험을 알고 조심한다.
	위험한 상황알기	위험한 상황과 위험한 것을 안다.	위험한 상황과 위험한 것을 알고 조심한다.
		위험한 상황 시 어른의 지시에 따른다.	

3세 신체운동 · 건강 영역의 내용 체계

내용 범주	내용
건강하게 생활하기	몸과 주변을 깨끗이 하기
	바른 식생활하기
	건강한 일상생활하기
	질병 예방하기
안전하게 생활하기	안전하게 놀이하기
	교통안전 규칙 지키기
	비상 시 적절히 대처하기

3세 신체운동 · 건강 영역의 세부 내용

내용 범주	내용	세부 내용
건강하게 생활하기	몸과 주변을 깨끗이 하기	손과 이를 깨끗이 하는 방법을 알고 실천한다.
		주변을 깨끗이 한다.
	바른 식생활하기	음식을 골고루 먹는다.
		몸에 좋은 음식에 관심을 갖는다.
		바른 태도로 식사한다.
	건강한 일상생활하기	규칙적으로 잠을 자고, 적당한 휴식을 취한다.
		하루 일과에 즐겁게 참여한다.
		스스로 화장실에서 배변한다.
	질병 예방하기	질병의 위험을 알고 주의한다.
		날씨에 맞게 옷을 입는다.
안전하게 생활하기	안전하게 놀이하기	놀이기구나 놀잇감, 도구를 안전하게 사용한다.
		안전한 놀이장소를 안다.
		TV, 인터넷, 통신기기 등을 바르게 사용한다.
	교통안전 규칙 지키기	교통안전 규칙을 안다.
		교통수단을 안전하게 이용한다.
	비상 시 적절히 대처하기	학대, 성폭력, 실종, 유괴상황을 알고 도움을 요청한다.
		재난 및 사고 등 비상 시 적절하게 대처하는 방법을 안다.

4세 신체운동 · 건강 영역의 내용 체계

내용 범주	내용
건강하게 생활하기	몸과 주변을 깨끗이 하기
	바른 식생활하기
	건강한 일상생활하기
	질병 예방하기
안전하게 생활하기	안전하게 놀이하기
	교통안전 규칙 지키기
	비상 시 적절히 대처하기

4세 신체운동 · 건강 영역의 세부 내용

내용 범주	내용	세부 내용
건강하게 생활하기	몸과 주변을 깨끗이 하기	손과 이를 깨끗이 하는 방법을 알고 실천한다.
		주변을 깨끗이 하는 습관을 기른다.
	바른 식생활하기	음식을 골고루 먹는다.
		몸에 좋은 음식을 알아본다.
		음식을 소중히 여기고 식사예절을 지킨다.
	건강한 일상생활하기	규칙적으로 잠을 자고, 적당한 휴식을 취한다.
		하루 일과에 즐겁게 참여한다.
		바른 배변습관을 가진다.
	질병 예방하기	질병을 예방하는 방법을 알고 실천한다.
		날씨와 상황에 알맞게 옷을 입는다.
안전하게 생활하기	안전하게 놀이하기	놀이기구나 놀잇감, 도구를 안전하게 사용한다.
		안전한 장소를 알고 안전하게 놀이한다.
		TV, 인터넷, 통신기기 등의 위해성을 알고, 바르게 사용한다.
	교통안전 규칙 지키기	교통안전 규칙을 알고 지킨다.
		교통수단을 안전하게 이용한다.
	비상 시 적절히 대처하기	학대, 성폭력, 실종, 유괴상황 시 도움을 요청하는 방법을 알고 행동한다.
		재난 및 사고 등 비상 시 적절하게 대처하는 방법을 알고 행동한다.

5세 신체운동 · 건강 영역의 내용 체계

내용 범주	내용
건강하게 생활하기	몸과 주변을 깨끗이 하기
	바른 식생활하기
	건강한 일상생활하기
	질병 예방하기
안전하게 생활하기	안전하게 놀이하기
	교통안전 규칙 지키기
	비상 시 적절히 대처하기

5세 신체운동 · 건강 영역의 세부 내용

내용 범주	내용	세부 내용
건강하게 생활하기	몸과 주변을 깨끗이 하기	스스로 몸을 깨끗이 하는 습관을 기른다.
		주변을 깨끗이 하는 습관을 기른다.
	바른 식생활하기	적당량의 음식을 골고루 먹는다.
		몸에 좋은 음식을 선택할 수 있다.
		음식을 소중히 여기고 식사예절을 지킨다.
	건강한 일상생활하기	규칙적으로 잠을 자고, 적당한 휴식을 취한다.
		하루 일과에 즐겁게 참여한다.
		규칙적인 배변습관을 가진다.
	질병 예방하기	질병을 예방하는 방법을 알고 실천한다.
		날씨와 상황에 알맞게 옷을 입는다.
안전하게 생활하기	안전하게 놀이하기	놀이기구나 놀잇감, 도구의 바른 사용법을 알고 안전하게 사용한다.
		안전한 장소를 알고 안전하게 놀이한다.
		TV, 인터넷, 통신기기 등의 위해성을 알고, 바르게 사용한다.
	교통안전 규칙 지키기	교통안전 규칙을 알고 지킨다.
		교통수단을 안전하게 이용한다.
	비상 시 적절히 대처하기	학대, 성폭력, 실종, 유괴상황 시 도움을 요청하는 방법을 알고 행동한다.
		재난 및 사고 등 비상 시 적절하게 대처하는 방법을 알고 행동한다.

2) 신체운동 영역

영유아에게 있어 움직임은 발달과 학습을 위한 필수 조건이다. 태어날 때부터 이루어지는 움직임을 통한 기본 운동 기술의 발달은 이후의 능숙한 운동 능력 형성을 위한 토대가 된다. 따라서 영유아를 대상으로 하는 보육과정에는 움직임을 통한 신체 및 운동 능력 발달을 위한 내용이 반드시 포함되어야 한다.

운동 능력의 발달은 영유아의 인지 발달, 자기 발견, 그리고 의사소통 능력의 발달에 영향을 미친다(Malina, 1982). 뇌 발달에 관한 최근의 다양한 연구 결과들도 운동 기술의 발달이 어린 영유아들에게 매우 중요함을 나타내고 있다. 영유아기에 부모와 교사의 격려와 가르침에 의하여 촉진되고 이루어지는 뒤집기, 혼자 앉기, 기기, 걷기, 뛰기 등의 운동 기술 발달은 신경세포의 발달을 강화함으로써 두뇌 발달에도 긍정적인 영향을 미친다(Shore, 1997). 결과적으로 영유아기에 이루어지는 신체 및 운동 능력의 발달은 영유아의 두뇌 발달을 비롯한 모든 발달 영역에 매우 중요한 영향을 미치는 요인이라고 볼 수 있다. 따라서 보육과정에서 신체 발달 관련 내용은 감각 및 지각 자극, 신선한 공기, 휴식, 영양을 위한 영유아의 생리적인 요구를 고려하여 지속적으로 강조되어야 할 것이다(Bredekamp & Copple, 1997).

보육과정은 영유아의 신체 발달을 자발적으로 촉진시킬 수 있도록 구성되어야 한다. 영유아는 보육과정을 통하여 다양한 움직임을 탐색함으로써 문제 해결 능력을 기르고, 확신적 시고를 연습하며, 자신의 연령과 발달적 수준에 맞게 성장한다. 또한 다른 사람들과 협동할 수 있는 능력을 학습하며 다른 사람의 관점과 아이디어를 좀 더 잘 인식할 수 있는 능력도 획득하게 된다. 움직임을 탐색하고, 자기 표현력을 증가시키며, 창의성과 자신감을 획득하고, 강한 근육을 발달시키는 동시에 운동 기술을 세분화할 수 있는 기술도 획득한다(Gordon & Browne, 2004).

영유아의 신체운동 발달을 위한 보육과정은 대상 영유아의 발달적 다양성을 고려하여 놀이를 통하여 계획되고 실시되어야 한다. 특히 보육과정을 구성하고 적용할 때는 신체 및 운동 능력 발달과 관련된 영유아의 연령적 · 개인적 발달 특성을 고려하여 다양한 수준의 활동을 고안할 필요가 있다. 이를 위하여 환경을 구성할 때도 다양한 수준의 능력을 가진 영유아들이 여러 가지 방법으로 활용해 볼 수 있는 자료들을 구비해야 한다. 특히 교실에 신체 · 인지 · 정서 장애나 학습 장애를 가진 영유아가 있다면 이들을 위한 환경을 마련해야 하고, 활동을 계획할 때에도 다양한 유형의 장애 영유아들이 그들의 능력 안에서 적극적으로 참여해 볼 수 있도록 해야 할 필요가 있다.

보육과정을 계획하기 위해서는 보육의 대상이 되는 영유아들의 신체 및 운동 능력 발달의 상태를 파악하여 영유아의 발달에 적합하게 계획하는 것이 필수적이다. 이를 위하여 다음의 체크리스트를 실시해 본 후 부족한 부분이 나타나면 이를 보완할 수 있는 보육과정을 구성하는 것이 바람직하다(Gordon & Browne, 2004).

- 영유아가 어떤 물체를 쥐거나 균형 잡는 것을 어려워하는가?
- 균형을 잡고 움직이는 것을 어려워하고 움직임이 서투른가?
- 잘 움직이지 못하는가?
- 협응 능력을 요구하는 활동에 참여할 때 일반적으로 서툴지 않은가?
- 움직임을 변화시키는 것을 어려워하는가?
- 단순한 움직임을 섞어서 함께 사용하는 것을 어려워하는가?
- 자신의 몸을 움직이는 데 필요한 공간을 가늠하는 데 어려움을 겪거나 주위의 물건 혹은 다른 사람들과 자주 부딪치는가?
- 자주 넘어지는가?
- 눈과 손의 협응이 서툴지 않은가?
- 신체 활동을 하면서 간단한 도구(예 팥주머니, 공, 시각과 운동의 협응력을 요구하는 기타 도구 등)를 사용하는 데 어려움을 겪는가?

(1) 신체 발달을 위한 기본 내용

신체 및 운동 능력을 발달시키기 위한 보육과정에는 이동 능력, 비이동 능력, 조작 능력 등을 발달시키기 위한 내용이 포함되어야 한다.

■ 이동 능력

이동 능력이란 몸의 위치를 변화시킬 수 있는 움직임을 의미한다(Gallahue, 1996). 걷기, 달리기, 도약하기, 점프하기, 기어오르기, 깡충깡충 뛰기, 가볍게 뛰기, 갤롭핑하기, 미끄럼타기, 세발자전거 타기 등이 포함된다.

■ 비이동 능력

비이동 능력이란 균형 잡기나 몸의 안정을 유지하는 능력을 의미한다. 몸을 돌리기, 몸을 꼬기, 밀기, 섞기, 스트레칭하기, 끌기, 그네 타기, 구르기, 땅을 파기, 균형 잡기 등의 움직임이 포함된다.

■ 조작 능력

조작 능력은 손과 발의 대 · 소근육을 적절히 통제하며 정교하게 사용하는 능력을 의미한다. 던지기, 잡기, 도달하기, 튀어 오르기, 치기, 차기 등의 대근육 조작 능력과 잡기, 쥐기, 자르기, 바느질하기 등의 소근육 조작 능력이 포함된다.

■ 일상생활 관련 기술

신체 및 운동 능력이 급격히 발달하는 시기의 영유아는 보육과정을 통하여 일상생활을 할 때 필요한 기본적인 기술을 경험하고 연습할 수 있어야 한다. 예를 들어 겉옷을 입고 벗을 때나 인형 옷을 입히고 벗길 때 단추 끼우고 풀기, 이 닦기와 머리 빗기, 수도꼭지나 문고리를 돌리기, 숟가락과 젓가락 사용하기 등의 소근육 사용 기술과 책상과 의자 옮기기, 간식차 밀고 끌기 등의 대근육 사용 기술을 연습할 수 있는 활동이 보육과정을 통하여 제공되어야 한다. 이 과정에서 단순한 기술이 먼저 제공되어야 하고, 그 이후에 이러한 단순한 기술을 연합하여 사용할 수 있는 좀 더 정교화되고 복잡한 활동이 계획되는 것이 바람직하다.

(2) 표준보육과정 신체운동 영역의 내용

「0-1세 표준보육과정」과 「2세 표준보육과정」에서는 신체 및 운동 발달을 위한 내용이 감각과 신체 인식하기, 신체 조절과 기본 운동하기, 신체 활동에 참여하기 등의 내용 범주로 구별되어 신체운동 영역에 제시되어 있다. 「3-5세 보육과정(누리과정)」에서는 신체운동 영역과 관련된 내용이 신체 인식하기, 신체 조절과 기본 운동하기, 신체 활동에 참여하기 등의 내용 범주로 신체운동 · 건강 영역에 제시되어 있다.

0-1세 신체운동 영역의 내용 체계

내용 범주	내용
감각과 신체 인식하기	감각적 자극에 반응하기
	감각기관으로 탐색하기
	신체 탐색하기
신체 조절과 기본 운동하기	신체 균형 잡기
	대근육 조절하기
	소근육 조절하기
	기본 운동하기
신체 활동에 참여하기	몸 움직임 즐기기
	바깥에서 신체 움직이기
	기구를 이용하여 신체 활동 시도하기

0-1세 신체운동 영역의 세부 내용

내용 범주	내용	1수준	2수준	3수준	4수준
감각과 신체 인식하기	감각적 자극에 반응하기	시각, 청각, 촉각, 후각, 미각으로 자극을 느낀다.			
		시각, 청각, 촉각, 후각, 미각으로 자극에 반응한다.			
	감각기관으로 탐색하기	감각기관으로 주변 환경을 탐색한다.			
	신체 탐색하기	손과 발 등을 바라보며 탐색한다.	주요 신체 부분의 움직임을 탐색한다.		
신체 조절과 기본 운동하기	신체 균형 잡기	몸의 균형을 잡기 위한 자세를 시도한다.	붙잡고 서 있기 등의 자세를 취한다.	안정되게 서 있기 등의 자세를 시도한다.	
	대근육 조절하기	뒤집기 등 몸을 조절하여 위치를 바꾼다.	누웠다 앉기 등 몸의 움직임을 조절한다.		
	소근육 조절하기	보이는 물체에 손을 뻗는다.	눈과 손을 협응하여 소근육을 활용해 본다.		

<table>
<tr><th>내용 범주</th><th>내용</th><th>1수준</th><th>2수준</th><th>3수준</th><th>4수준</th></tr>
<tr><td rowspan="2">신체 조절과 기본 운동하기 (계속)</td><td rowspan="2">기본 운동하기</td><td>배밀이 등 이동 운동을 시도한다.</td><td>기기, 걷기 등 이동운동을 시도한다.</td><td colspan="2">걷기 등 이동운동을 시도한다.</td></tr>
<tr><td colspan="2">팔 다리 뻗기, 흔들기 등 제자리 운동을 시도한다.</td><td colspan="2">서 있기, 앉기 등 제자리 운동을 시도한다.</td></tr>
<tr><td rowspan="3">신체 활동에 참여하기</td><td>몸 움직임 즐기기</td><td colspan="2">몸을 활발히 움직인다.</td><td colspan="2">몸의 움직임을 다양하게 시도한다.</td></tr>
<tr><td>바깥에서 신체 움직이기</td><td colspan="2">규칙적으로 바깥환경을 경험한다.</td><td colspan="2">규칙적으로 바깥에서 신체 활동을 한다.</td></tr>
<tr><td>기구를 이용하여 신체 활동 시도하기</td><td></td><td colspan="3">간단한 기구를 이용하여 신체 활동을 시도한다.</td></tr>
</table>

2세 신체운동 영역의 내용 체계

내용 범주	내용
감각과 신체 인식하기	감각 능력 기르기
	감각 기관 활용하기
	신체를 인식하고 움직이기
신체 조절과 기본 운동하기	신체 균형 잡기
	대근육 조절하기
	소근육 조절하기
	기본 운동하기
신체 활동에 참여하기	신체 활동에 참여하기
	바깥에서 신체 활동하기
	기구를 이용하여 신체 활동하기

2세 신체운동 영역의 세부 내용

내용 범주	내용	1수준	2수준
감각과 신체 인식하기	감각 능력 기르기	다양한 감각적 차이에 반응한다.	
	감각 기관 활용하기	감각기관으로 주변 환경을 탐색한다.	
	신체를 인식하고 움직이기	신체 각 부분의 명칭을 안다.	
		신체 각 부분의 움직임을 탐색한다.	
신체 조절과 기본 운동하기	신체 균형 잡기	안정된 자세를 취하려고 시도한다.	
	대근육 조절하기	팔, 다리, 목, 허리 등 움직임을 조절한다.	
	소근육 조절하기	눈과 손을 협응하여 소근육을 조절해본다.	
	기본 운동하기	걷기, 계단 오르기 등 이동운동을 한다.	
		제자리에서 몸을 움직여본다.	
신체 활동에 참여하기	신체 활동에 참여하기	신체 활동에 자발적으로 참여해 본다.	
	바깥에서 신체 활동하기	규칙적으로 바깥에서 신체 활동을 한다.	
	기구를 이용하여 신체 활동하기	간단한 기구를 이용하여 신체 활동을 한다.	

3세 신체운동 · 건강 영역의 내용 체계

내용 범주	내용
신체 인식하기	감각 능력 기르고 활용하기
	신체를 인식하고 움직이기
신체 조절과 기본 운동하기	신체 조절하기
	기본 운동하기
신체 활동에 참여하기	자발적으로 신체 활동에 참여하기
	바깥에서 신체 활동하기
	기구를 이용하여 신체 활동하기

3세 신체운동 · 건강 영역의 세부 내용

내용 범주	내용	세부 내용
신체 인식하기	감각 능력 기르고 활용하기	감각적 차이를 경험한다.
		감각기관을 인식하고, 활용해 본다.
	신체를 인식하고 움직이기	신체 각 부분의 명칭을 알고, 움직임에 관심을 갖는다.
		자신의 신체를 긍정적으로 인식하고 움직인다.
신체 조절과 기본 운동하기	신체 조절하기	신체 균형을 유지해 본다.
		공간, 힘, 시간 등의 움직임 요소를 경험한다.
		신체 각 부분의 움직임을 조절해 본다.
		눈과 손을 협응하여 소근육을 조절해 본다.
	기본 운동하기	걷기, 달리기 등 이동운동을 한다.
		제자리에서 몸을 움직여 본다.
신체 활동에 참여하기	자발적으로 신체 활동에 참여하기	신체 활동에 자발적으로 참여한다.
		다른 사람과 함께 하는 신체 활동에 참여한다.
	바깥에서 신체 활동하기	규칙적으로 바깥에서 신체 활동을 한다.
	기구를 이용하여 신체 활동하기	여러 가지 기구를 이용하여 신체 활동을 한다.

4세 신체운동 · 건강 영역의 내용 체계

내용 범주	내용
신체 인식하기	감각 능력 기르고 활용하기
	신체를 인식하고 움직이기
신체 조절과 기본 운동하기	신체 조절하기
	기본 운동하기
신체 활동에 참여하기	자발적으로 신체 활동에 참여하기
	바깥에서 신체 활동하기
	기구를 이용하여 신체 활동하기

4세 신체운동 · 건강 영역의 세부 내용

내용 범주	내용	세부 내용
신체 인식하기	감각 능력 기르고 활용하기	감각적 차이를 구분한다.
		여러 감각기관을 협응하여 활용한다.
	신체를 인식하고 움직이기	신체 각 부분의 특성을 이해하고 활용하여 움직인다.
		자신의 신체를 긍정적으로 인식하고 움직인다.
신체 조절과 기본 운동하기	신체 조절하기	다양한 자세와 움직임에서 신체 균형을 유지한다.
		공간, 힘, 시간 등의 움직임 요소를 활용하여 움직인다.
		신체 각 부분을 협응하여 움직임을 조절한다.
		눈과 손을 협응하여 소근육을 조절해 본다.
	기본 운동하기	걷기, 달리기, 뛰기 등 다양한 이동운동을 한다.
		제자리에서 몸을 다양하게 움직인다.
신체 활동에 참여하기	자발적으로 신체 활동에 참여하기	신체 활동에 자발적이고 지속적으로 참여한다.
		다른 사람과 함께 하는 신체 활동에 참여한다.
		자신과 다른 사람의 운동 능력의 차이에 관심을 갖는다.
	바깥에서 신체 활동하기	규칙적으로 바깥에서 신체 활동을 한다.
	기구를 이용하여 신체 활동하기	여러 가지 기구를 이용하여 신체 활동을 한다.

5세 신체운동 · 건강 영역의 내용 체계

내용 범주	내용
신체 인식하기	감각 능력 기르고 활용하기
	신체를 인식하고 움직이기
신체 조절과 기본 운동하기	신체 조절하기
	기본 운동하기
신체 활동에 참여하기	자발적으로 신체 활동에 참여하기
	바깥에서 신체 활동하기
	기구를 이용하여 신체 활동하기

5세 신체운동 · 건강 영역의 세부 내용

내용 범주	내용	세부 내용
신체 인식하기	감각 능력 기르고 활용하기	감각으로 대상이나 사물의 특성과 차이를 구분한다.
		여러 감각기관을 협응하여 활용한다.
	신체를 인식하고 움직이기	신체 각 부분의 특성을 이해하고 활용하여 움직인다.
		자신의 신체를 긍정적으로 인식하고 움직인다.
신체 조절과 기본 운동하기	신체 조절하기	다양한 자세와 움직임에서 신체 균형을 유지한다.
		공간, 힘, 시간 등의 움직임 요소를 활용하여 움직인다.
		신체 각 부분을 협응하여 움직임을 조절한다.
		눈과 손을 협응하여 소근육을 조절해 본다.
		도구를 활용하여 여러 가지 조작운동을 한다.
	기본 운동하기	걷기, 달리기, 뛰기 등 다양한 이동운동을 한다.
		제자리에서 몸을 다양하게 움직인다.
신체 활동에 참여하기	자발적으로 신체 활동에 참여하기	신체 활동에 자발적이고 지속적으로 참여한다.
		다른 사람과 함께 하는 신체 활동에 참여한다.
		자신과 다른 사람의 운동 능력의 차이를 이해한다.
	바깥에서 신체 활동하기	규칙적으로 바깥에서 신체 활동을 한다.
	기구를 이용하여 신체 활동하기	여러 가지 기구를 이용하여 신체 활동을 한다.

3) 의사소통 영역

언어란 소리를 의미 있는 패턴으로 사용하는 인간 행동의 한 양상으로 영유아는 보육과정을 통하여 사고와 감정을 형성하고, 표현하며, 의사소통을 하기 위하여 적절한 상징을 사용할 수 있는 언어 능력을 획득해야 한다. 영유아는 수용적이고 표현적인 언어 능력을 획득하게 되면서 그들의 삶에서 의미 있고 즐거운 의사소통 능력을 발달시킬 수 있게 된다.

특히 언어 능력과 사고 능력은 밀접하게 관련되어 있기 때문에 사고하는 능력인 인지 발달이 이루어지기 위해서도 언어 능력의 발달은 매우 중요하다. 영유아는 듣고, 질문하고, 말하는 언어를 통하여 지식의 기반을 확장한다. 영유아는 그들이 경험한 것을 내재화할 때 사고하고, 그 경험을 묘사하고 표현할 때 언어를 사용하면서 언어 능력과 사고 능력을 동시에 발달시킬 수 있게 되는 것이다. 언어는 사고를 생산하고 저장하는 방법으로 논리적이고 분석적인 사고의 도구라고 표현되기도 한다(Berk & Winsler, 1995). 일반적으로 교사는 영유아가 말하는 것과 대답하는 것을 듣고 영유아가 무엇을 생각하고 있는지에 관하여 알 수 있다(이경화 · 조순옥 · 김정원 · 심은희 · 이연규 · 이문정, 2003). 따라서 언어 발달을 위한 보육과정 전반에서는 다양한 활동을 통하여 바른 자세로 듣고 말할 수 있는 기회가 충분히 제공되는 것이 중요하다.

한편 영유아기는 인쇄물에 대한 관심이 증가하는 시기이기도 하다. 따라서 보육과정에서는 발달에 적합한 문해 활동을 제공하여 영유아의 읽고 쓸 수 있는 능력을 격려해 주어야 한다. 영유아기의 문해 능력 발달을 위하여 특히 중요한 것은 영유아들에게 발달에 적합하지 않은 기술 훈련을 위한 학습지나 판에 박힌 반복 활동을 강요하지 않음으로써 성공적인 문해 능력을 획득하도록 하는 것이다(Elkind, 1987). 문해 능력은 최적의 교수-학습 방법을 통해서 이루어질 때에만 이후의 진정한 학문적 성취를 위한 중요한 기반이 될 수 있다(Bobys, 2000). 따라서 영유아기에는 읽기, 쓰기의 기술에만 집중하여 받아쓰기 등을 통한 강제적인 학습을 하기보다는 영유아가 흥미를 보이는 질 높은 문학 작품 읽기나 요리나 극놀이 활동 등을 통하여 자연스럽게 읽고 쓰기를 해볼 수 있도록 하는 것이 바람직하다. 이러한 활동을 통하여 영유아는 읽기와 쓰기의 기술뿐 아니라 읽고 쓰기의 중요성과 기능을 함께 인식할 수 있게 된다(이경화 외, 2003; Goodman, 1986).

(1) 의사소통 능력 발달을 위한 기본 내용

의사소통 능력 발달을 위한 보육과정의 기본 내용을 살펴보면 다음과 같다.

① 발음하기

소리와 단어를 정확히 올바로 발음하는 기술은 언어 발달을 위한 보육과정의 기본 내용이다. 보육과정을 운영하는 교사는 영유아들과의 상호작용을 통하여 일상의 대화에서 다른 사람의 말을 잘 듣고 올바로 발음하는 시범을 보여주어야 한다. 교사는 보육과정에서 다음과 같은 점에 유의함으로써 영유아가 올바로 말하는 것을 도와줄 수 있다(Chesler, 2002).

- 영유아가 말을 할 때 주의를 기울이고 급하게 말하도록 채근하지 않는다.
- 영유아가 화가 나 있거나 스트레스를 받고 있을 때 말하도록 요구하지 않는다.
- 영유아가 원하지 않을 때 다른 사람 앞에서 말하도록 요구하지 않는다.
- 영유아가 말을 할 때 끼어들지 않고 문장을 대신 완성해 주지 않는다.
- 천천히, 부드럽게, 그리고 분명하게 말함으로써 올바른 말하기의 시범을 보여 준다.

② 수용 언어

수용 언어는 영유아가 듣고 이해하는 것과 관련된 언어 능력이다. 이 능력을 통하여 영유아는 다른 사람의 지시를 이해하고, 질문에 대답하고, 일상생활에서 만나게 되는 일련의 사건들을 이해하여 문제를 해결할 수 있게 된다. 영유아는 수용 언어 능력을 활용함으로써 상황과 맥락에 따른 관계를 이해하고 사람들의 행동의 결과를 예측할 수도 있다. 이렇게 수용 언어 능력을 획득하게 되면서 영유아는 일상생활을 살아나갈 수 있는 기술을 획득하게 되고 더 나아가 삶을 즐길 수 있게 된다.

예를 들어, 영유아는 교사가 틀어주는 부드럽고 따뜻한 음악을 듣거나 바람결에 나뭇잎이 흔들리는 소리를 들으며 마음을 편하게 할 수 있고, 교사가 읽어주는 아름답고 슬픈 이야기를 들으며 주인공의 마음에 공감하여 마음 아파하면서 다른 사람들에 관하여 진정으로 이해할 수도 있게 된다. 또한 좋아하는 친구나 교사의 목소리를 듣고 반가워하며 웃을 수도 있게 된다. 따라서 보육과정 전체를 통하여 올바로 듣고 이해할 수 있는 다양한 활동을 제공해 주는 것은 매우 중요하다.

③ 표현 언어

영유아가 표현 언어 능력을 발달시키기 위해서는 어휘를 획득하고, 문법을 배우며, 언어를 정교하게 사용하는 기술을 익혀야 한다.

▣ 어휘

표현 언어를 활용하기 위해서는 어휘를 알아야 한다. 교사는 보육과정을 전개하면서 사물의 이름을 말하고, 행동과 감정을 표현하는 어휘를 알려줌으로써 영유아의 지식과 어휘를 함께 확장시킬 수 있다. 영유아는 교사의 단어에 대한 깊이 있는 설명을 접하면서 중요한 어휘를 익히고 익숙하게 사용하기 시작한다. 또한 하나의 어휘가 여러 의미를 가질 수도 있다는 사실과 한 가지 의미를 표현하기 위하여 서로 다른 어휘를 사용할 수 있다는 사실도 배우게 된다.

▣ 문법

영유아는 들은 말을 일반화하면서 기본적인 문법 구조를 학습한다. 따라서 교사는 영유아와의 상호작용시 문법적으로 올바른 말을 하도록 노력해야 한다. 또한 보육과정을 진행하면서 영유아의 발달적 적합성을 고려하여 언어의 문법 구조를 익힐 수 있는 다양한 교재 교구를 활용하도록 제시해줌으로써 영유아의 언어 발달에 도움을 줄 수 있다.

▣ 언어의 정교화

영유아는 언어 능력이 발달해감에 따라 언어를 보다 세련되고 정교하게 사용하는 기술을 획득하게 된다. 교사는 보육과정을 진행하면서 다양한 활동을 통하여 영유아의 언어를 정교화할 수 있도록 배려해야 한다. 예를 들어 영유아들에게 그들이 경험하는 상황을 언어로 묘사해 보게 하고, 동극을 하면서 이야기가 전개되어가는 상황을 설명해 볼 수 있는 기회를 제공할 수도 있다. 일상생활에서 영유아와 상호작용하면서 교사가 사용하는 정교화된 언어를 통하여 영유아가 스스로의 언어를 정교화할 수 있도록 도움을 주어야 한다. 또한 교사가 문제 해결 과정을 언어로 표현하고, 지시를 내리고, 지시에 따르는 과정을 언어로 표현하는 것과 질문하고 대답하며, 일정한 주제에 관하여 지속적으로 의사소통하는 것도 영유아의 언어 정교화에 도움이 된다.

④ 도식 언어

말하는 것을 글로 쓰는 경험을 통하여 영유아는 한 사람이 생각한 것을 기록하고 복사하고 다른 사람에게 전달할 수 있다는 사실을 직접 체험하고 그 중요성을 인식하게 된다. 쓰기 과정을 통하여 음성 언어를 기록할 수 있다는 사실을 학습하면서 영유아는 읽기와 쓰기를 시작한다. 영유아는 교사가 정기적으로 그림책을 읽어주는 것을 들으면서, 교사가 읽기와 쓰기를 하는 것을 관찰하면서, 주변 환경에서 보게 되는 글을 읽으면서, 읽기와 쓰기의 기능을 이해한다. 따라서 교사는 글이 어떤 의미를 가지고 있는지를 알려주어야 하며, 말을 글로 표현하는 과정에 대하여 구체적인 경험을 통하여 체험할 수 있도록 도움을 주어야 한다. 영유아는 보육과정을 통하여 제공되는 다양한 활동에 참여하면서 우리 사회에서 생활하는 데 반드시 필요한 글의 기능과 유용성을 인식하고 이를 배우기 위하여 동기화될 수 있다.

⑤ 언어의 즐거움 경험하기

영유아가 언어를 배우고 사용하는 즐거움을 체험하는 것은 중요하다. 영유아는 교사가 영유아, 부모, 그리고 다른 여러 사람들과 대화를 나누고, 의사소통하는 것을 관찰하면서 언어를 배우고 사용하는 것이 얼마나 중요하고 재미있는지를 이해할 수 있게 되고, 동시에 읽고 쓰기를 배우는 것에 동기화된다. 교사가 그림책을 비롯한 다양한 읽을거리를 준비해 주고, 도서 영역을 마련해 주어 영유아들이 읽기의 즐거움을 체험하도록 하는 것도 중요하다. 지역 사회의 도서관을 정기적으로 방문하는 것도 읽기와 쓰기를 배우기 위한 동기화에 도움이 된다. 영유아가 좋아하는 책을 서로 돌려가며 읽고, 교사와 영유아가 대화하는 데 충분한 시간과 정성을 쏟는 것도 언어의 즐거움을 경험할 수 있는 의미 있는 기회가 될 수 있다(Curry-Rodd, 1999).

(2) 표준보육과정 의사소통 영역의 내용

표준보육과정에서는 언어 발달을 위한 내용이 의사소통 영역에 제시되어 있다. 듣기, 말하기, 읽기, 쓰기 등의 내용 범주로 구별되어 제시되어 있는 의사소통 영역의 구체적 내용은 다음과 같다.

0-1세 의사소통 영역의 내용 체계

내용 범주	내용
듣기	주변의 소리와 말소리 구분하여 듣기
	경험과 관련된 말 듣고 알기
	운율이 있는 말 듣기
	말하는 사람을 보기
말하기	발성과 발음으로 소리내기
	표정, 몸짓, 말소리로 말하기
	말할 순서 구별하기
읽기	그림책과 환경 인쇄물에 관심 가지기
쓰기	끼적이기

0-1세 의사소통 영역의 세부 내용

<table>
<tr><th>내용 범주</th><th>내용</th><th>1수준</th><th>2수준</th><th>3수준</th><th>4수준</th></tr>
<tr><td rowspan="7">듣기</td><td rowspan="3">주변의 소리와 말소리 구분하여 듣기</td><td colspan="3">여러 가지 소리와 말소리 듣기에 흥미를 보인다.</td><td>친숙한 낱말의 발음에 흥미를 보인다.</td></tr>
<tr><td colspan="4">익숙한 목소리를 듣고 그것에 반응한다.</td></tr>
<tr><td colspan="2"></td><td colspan="2">높낮이와 세기 등 말소리의 차이에 반응한다.</td></tr>
<tr><td rowspan="2">경험과 관련된 말 듣고 알기</td><td colspan="4">눈앞에 보이는 경험과 관련된 말에 반응한다.</td></tr>
<tr><td></td><td colspan="3">자신의 이름이 불리면 듣고 반응한다.</td></tr>
<tr><td>운율이 있는 말 듣기</td><td colspan="4">운율이 있는 짧은 말소리를 관심 있게 듣는다.</td></tr>
<tr><td>말하는 사람을 보기</td><td colspan="2">말하는 사람의 눈을 마주 바라 본다.</td><td colspan="2">말하는 사람의 표정, 몸짓을 관심 있게 본다.</td></tr>
<tr><td rowspan="5">말하기</td><td rowspan="3">발성과 발음으로 소리내기</td><td colspan="2" rowspan="2">여러 가지 소리를 내고 옹알이를 한다.</td><td colspan="2">여러 말소리를 즐겁게 내 본다.</td></tr>
<tr><td colspan="2">의미 있는 음절을 내 본다.</td></tr>
<tr><td colspan="2">옹알이와 말소리에 대해 말로 반응해 주면 모방하여 소리 낸다.</td><td colspan="2">교사의 말을 모방하여 발음한다.</td></tr>
<tr><td>표정, 몸짓, 말소리로 말하기</td><td>표정과 소리로 의사표현을 한다.</td><td>표정, 몸짓, 소리로 의사표현을 한다.</td><td colspan="2">표정, 몸짓, 말소리로 의사표현을 한다.</td></tr>
<tr><td>말할 순서 구별하기</td><td colspan="4">말할 순서에 따라 표정, 몸짓, 말소리로 반응한다.</td></tr>
</table>

<table>
<tr><th>내용 범주</th><th>내용</th><th>1수준</th><th>2수준</th><th>3수준</th><th>4수준</th></tr>
<tr><td rowspan="3">읽기</td><td rowspan="3">그림책과 환경 인쇄물에 관심 가지기</td><td colspan="4">다양한 감각 책을 탐색해 본다.</td></tr>
<tr><td colspan="2"></td><td colspan="2">사물과 주변의 친숙한 환경 인쇄물에 관심을 가진다.</td></tr>
<tr><td colspan="4">읽어주는 짧은 그림책에 관심을 가진다.</td></tr>
<tr><td>쓰기</td><td>끼적이기</td><td></td><td colspan="3">끼적이기에 관심을 가진다.</td></tr>
</table>

2세 의사소통 영역의 내용 체계

<table>
<tr><th>내용 범주</th><th>내용</th></tr>
<tr><td rowspan="4">듣기</td><td>말소리 구분하여 듣고 의미 알기</td></tr>
<tr><td>짧은 문장 듣고 알기</td></tr>
<tr><td>짧은 이야기 듣기</td></tr>
<tr><td>말하는 사람을 주의 깊게 보기</td></tr>
<tr><td rowspan="3">말하기</td><td>낱말과 간단한 문장으로 말하기</td></tr>
<tr><td>자신이 원하는 것을 말하기</td></tr>
<tr><td>상대방을 바라보며 말하기</td></tr>
<tr><td>읽기</td><td>그림책과 환경 인쇄물에 흥미 가지기</td></tr>
<tr><td>쓰기</td><td>끼적이며 즐기기</td></tr>
</table>

2세 의사소통 영역의 세부 내용

<table>
<tr><th>내용 범주</th><th>내용</th><th>1수준</th><th>2수준</th></tr>
<tr><td rowspan="6">듣기</td><td rowspan="2">말소리 구분하여 듣고 의미 알기</td><td>친숙한 낱말의 발음에 흥미를 보인다.</td><td>친숙한 낱말의 발음에 관심을 가지고 듣는다.</td></tr>
<tr><td colspan="2">다양한 말소리의 차이를 구분한다.</td></tr>
<tr><td rowspan="2">짧은 문장 듣고 알기</td><td>낱말을 듣고 친숙한 사물과 사람을 찾아본다.</td><td>일상생활과 관련된 친숙한 낱말을 듣고 뜻을 이해한다.</td></tr>
<tr><td colspan="2">친숙한 짧은 문장을 듣고 반응한다.</td></tr>
<tr><td>짧은 이야기 듣기</td><td colspan="2">짧은 이야기와 노랫말 등을 즐겁게 듣는다.</td></tr>
<tr><td>말하는 사람을 주의 깊게 보기</td><td colspan="2">말하는 사람의 표정, 몸짓, 억양 등을 주의 깊게 보고 듣는다.</td></tr>
</table>

<table>
<tr><th>내용 범주</th><th>내용</th><th>1수준</th><th>2수준</th></tr>
<tr><td rowspan="6">말하기</td><td rowspan="3">낱말과 간단한 문장으로 말하기</td><td>눈앞에 보이는 친숙한 사물의 이름을 발음해 본다.</td><td>친숙한 낱말을 발음해 본다.</td></tr>
<tr><td colspan="2">일상생활에서 경험한 새로운 낱말에 관심을 가진다.</td></tr>
<tr><td colspan="2">일상생활의 반복적인 일이나 친숙한 상황을 한두 낱말이나 간단한 문장으로 말해본다.</td></tr>
<tr><td rowspan="2">자신이 원하는 것을 말하기</td><td colspan="2">표정, 몸짓, 말소리로 의사표현을 한다.</td></tr>
<tr><td>자신이 원하는 것을 한두 낱말로 말해본다.</td><td>자신이 원하는 것을 낱말이나 짧은 문장으로 말해본다.</td></tr>
<tr><td>상대방을 바라 보며 말하기</td><td colspan="2">말할 순서에 상대방을 바라보며 말을 주고받는다.</td></tr>
<tr><td rowspan="3">읽기</td><td rowspan="3">그림책과 환경 인쇄물에 흥미 가지기</td><td colspan="2">그림책과 환경 인쇄물에 있는 그림과 내용에 관심을 가진다.</td></tr>
<tr><td colspan="2">친숙한 그림과 환경 인쇄물을 보고 읽는 흉내를 내본다.</td></tr>
<tr><td colspan="2">선호하는 그림책들을 읽어주면 집중하여 듣는다.</td></tr>
<tr><td rowspan="2">쓰기</td><td rowspan="2">끼적이며 즐기기</td><td colspan="2">의도적으로 끼적인다.</td></tr>
<tr><td colspan="2">자기 이름 끼적이기에 관심을 가진다.</td></tr>
</table>

3세 의사소통 영역의 내용 체계

<table>
<tr><th>내용 범주</th><th>내용</th></tr>
<tr><td rowspan="4">듣기</td><td>낱말과 문장 듣고 이해하기</td></tr>
<tr><td>이야기 듣고 이해하기</td></tr>
<tr><td>동요, 동시, 동화 듣고 이해하기</td></tr>
<tr><td>바른 태도로 듣기</td></tr>
<tr><td rowspan="3">말하기</td><td>낱말과 문장으로 말하기</td></tr>
<tr><td>느낌, 생각, 경험 말하기</td></tr>
<tr><td>상황에 맞게 바른 태도로 말하기</td></tr>
<tr><td rowspan="2">읽기</td><td>읽기에 흥미 가지기</td></tr>
<tr><td>책 읽기에 관심 가지기</td></tr>
<tr><td rowspan="2">쓰기</td><td>쓰기에 관심 가지기</td></tr>
<tr><td>쓰기 도구 사용하기</td></tr>
</table>

3세 의사소통 영역의 세부 내용

내용 범주	내용	세부 내용
듣기	낱말과 문장 듣고 이해하기	낱말의 발음에 관심을 가지고 듣는다.
		일상생활과 관련된 낱말과 문장을 듣고 뜻을 이해한다.
	이야기 듣고 이해하기	다른 사람의 이야기를 관심있게 듣는다.
	동요, 동시, 동화 듣고 이해하기	동요, 동시, 동화를 다양한 방법으로 듣고 즐긴다.
	바른 태도로 듣기	말하는 사람을 바라보며 듣는다.
말하기	낱말과 문장으로 말하기	친숙한 낱말을 발음해 본다.
		새로운 낱말에 관심을 가진다.
		일상생활에서 일어나는 일들을 간단한 문장으로 말한다.
	느낌, 생각, 경험 말하기	자신의 느낌, 생각, 경험을 말해 본다.
	상황에 맞게 바른 태도로 말하기	상대방을 바라보며 말한다.
		바르고 고운 말을 사용한다.
읽기	읽기에 흥미 가지기	주변에서 친숙한 글자를 찾아 본다.
		읽어 주는 글의 내용에 관심을 가진다.
	책 읽기에 관심 가지기	책에 흥미를 가진다.
		책의 그림을 단서로 내용을 추측해 본다.
쓰기	쓰기에 관심 가지기	말을 나타내는 것에 관심을 보인다.
		자기 이름의 글자에 관심을 가진다.

4세 의사소통 영역의 내용 체계

내용 범주	내용
듣기	낱말과 문장 듣고 이해하기
	이야기 듣고 이해하기
	동요, 동시, 동화 듣고 이해하기
	바른 태도로 듣기
말하기	낱말과 문장으로 말하기
	느낌, 생각, 경험 말하기
	상황에 맞게 바른 태도로 말하기
읽기	읽기에 흥미 가지기
	책 읽기에 관심 가지기
쓰기	쓰기에 관심 가지기
	쓰기 도구 사용하기

4세 의사소통 영역의 세부 내용

내용 범주	내용	세부 내용
듣기	낱말과 문장 듣고 이해하기	낱말의 발음에 관심을 가지고 듣는다.
		일상생활과 관련된 낱말과 문장을 듣고 뜻을 이해한다.
	이야기 듣고 이해하기	다른 사람의 이야기를 듣고 이해한다.
		이야기를 듣고 궁금한 것에 대해 질문한다.
	동요, 동시, 동화 듣고 이해하기	동요, 동시, 동화를 다양한 방법으로 듣고 즐긴다.
		전래 동요, 동시, 동화를 듣고 우리 말의 재미를 느낀다.
	바른 태도로 듣기	다른 사람의 이야기를 주의 깊게 듣는다.
말하기	낱말과 문장으로 말하기	친숙한 낱말을 정확하게 발음해 본다.
		다양한 낱말을 사용하여 말한다.
		일상생활에서 일어나는 일들을 간단한 문장으로 말한다.
	느낌, 생각, 경험 말하기	자신의 느낌, 생각, 경험을 말한다.
		주제를 정하여 함께 이야기를 나눈다.
		이야기를 지어 말한다.

내용 범주	내용	세부 내용
말하기 (계속)	상황에 맞게 바른 태도로 말하기	듣는 사람의 생각과 느낌을 고려하여 말한다.
		차례를 지켜 말한다.
		바르고 고운 말을 사용한다.
읽기	읽기에 흥미 가지기	주변에서 친숙한 글자를 찾아본다.
		읽어 주는 글의 내용에 관심을 가진다.
	책 읽기에 관심 가지기	책 보는 것을 즐기고 소중하게 다룬다.
		책의 그림을 단서로 내용을 이해한다.
		궁금한 것을 책에서 찾아본다.
쓰기	쓰기에 관심 가지기	말이나 생각을 글로 나타낼 수 있음을 안다.
		자기 이름을 써 본다.
		자신의 느낌, 생각, 경험을 글자와 비슷한 형태로 표현한다.
	쓰기 도구 사용하기	쓰기 도구에 관심을 가지고 사용해 본다.

5세 의사소통 영역의 내용 체계

내용 범주	내용
듣기	낱말과 문장 듣고 이해하기
	이야기 듣고 이해하기
	동요, 동시, 동화 듣고 이해하기
	바른 태도로 듣기
말하기	낱말과 문장으로 말하기
	느낌, 생각, 경험 말하기
	상황에 맞게 바른 태도로 말하기
읽기	읽기에 흥미 가지기
	책 읽기에 관심 가지기
쓰기	쓰기에 관심 가지기
	쓰기 도구 사용하기

5세 의사소통 영역의 세부 내용

내용 범주	내용	세부 내용
듣기	낱말과 문장 듣고 이해하기	낱말의 발음에 관심을 가지고 비슷한 발음을 듣고 구별한다.
		다양한 낱말과 문장을 듣고 뜻을 이해한다.
	이야기 듣고 이해하기	다른 사람의 이야기를 듣고 이해한다.
		이야기를 듣고 궁금한 것에 대해 질문한다.
	동요, 동시, 동화 듣고 이해하기	동요, 동시, 동화를 다양한 방법으로 듣고 이해한다.
		전래 동요, 동시, 동화를 듣고 우리 말의 재미를 느낀다.
	바른 태도로 듣기	다른 사람의 이야기를 끝까지 주의 깊게 듣는다.
말하기	낱말과 문장으로 말하기	정확한 발음으로 말한다.
		다양한 낱말을 사용하여 상황에 맞게 말한다.
		일상생활에서 일어나는 일들을 다양한 문장으로 말한다.
	느낌, 생각, 경험 말하기	자신의 느낌, 생각, 경험을 적절한 낱말과 문장으로 말한다.
		주제를 정하여 함께 이야기를 나눈다.
		이야기 지어 말하기를 즐긴다.
	상황에 맞게 바른 태도로 말하기	듣는 사람의 생각과 느낌을 고려하여 말한다.
		때와 장소, 대상에 알맞게 말한다.
		바르고 고운 말을 사용한다.
읽기	읽기에 흥미 가지기	주변에서 친숙한 글자를 찾아 읽어 본다.
		읽어 주는 글의 내용에 관심을 가지고 읽어 본다.
	책 읽기에 관심 가지기	책 보는 것을 즐기고 소중하게 다룬다.
		책의 그림을 단서로 내용을 이해한다.
		궁금한 것을 책에서 찾아본다.
쓰기	쓰기에 관심 가지기	말이나 생각을 글로 나타낼 수 있음을 안다.
		자신의 이름과 주변의 친숙한 글자를 써 본다.
		자신의 느낌, 생각, 경험을 글자와 비슷한 형태나 글자로 표현한다.
	쓰기 도구 사용하기	쓰기 도구의 바른 사용법을 알고 사용한다.

4) 사회관계 영역

영유아는 놀이와 창의적 표현을 중시하는 발달에 적합한 보육과정에 참여함으로써 건강한 인성과 긍정적인 사회관계를 형성한다(Arce, 2000). 또한 자유롭고 자율적으로 자신을 표현할 수 있는 기회를 경험하고, 이를 통하여 다른 사람의 의견과 기분을 이해하고 어떻게 대처할지도 학습하게 된다. 보육과정에서 이루어지는 또래 및 교사와의 상호작용, 영유아의 발달에 적합한 질 높은 교재 · 교구와의 상호작용은 영유아로 하여금 자신의 감정을 적절한 방법으로 표현하도록 하고, 스트레스를 받지 않고 여유롭게 놀이를 할 수 있게 함으로써 사회 정서 발달에 도움이 된다(조순옥 · 이경화 · 배인자 · 이정숙 · 김정원 · 민혜영, 2002). 또한 보육과정에서 제공되는 교사의 지지와 이해는 영유아가 자존감을 형성하고 독특한 정체성을 확립하는 네 많은 도움이 될 것이다(Curry & Johnson, 1990; Marshall, 1989).

이밖에도 영유아는 그들의 사회 정서 발달을 격려하기 위하여 계획된 발달에 적합한 보육과정에 참여하며 한계를 수용할 수 있는 능력을 발달시키고, 자기 규제 행동을 할 수 있게 되며, 자신의 능력에 대한 신뢰감을 획득하고 확장시킨다. 또한 자신의 감정을 긍정적으로 인식하고 적절히 표현할 수 있게 되며, 감정 이입적인 말과 몸짓을 적절히 사용할 수 있는 능력도 기르게 된다. 그리고 다른 사람들과 공동 작업을 하면서 협력하는 방법을 학습하고, 지역 사회 공동체에 관심을 가지게 되며, 여러 가지 가능성을 고려하여 적절한 선택을 할 수 있는 능력을 향상시키게 된다. 다른 사람과의 대 · 소그룹 활동에 조화롭게 참여하며, 이 과정에서 다른 사람들과 자신의 공통점을 인식하고, 차이점을 수용할 수도 있게 된다. 영유아를 위한 보육과정에서는 이러한 사회 정서와 관련된 영유아의 발달을 최대한으로 촉진시키기 위하여 영유아의 발달적 적합성을 고려한 적절한 활동이 제공되어야 한다.

(1) 정서 발달을 위한 기본 내용

신생아는 태어난 지 수주 만에 행복함, 흥미, 놀람, 두려움, 분노, 슬픔, 혐오감 등 기본 정서(basic emotions)를 표현한다. 부끄러움, 죄책감, 질투, 자랑스러움 등의 복합적인 정서(complex emotions)는 다른 사람들이 그러한 정서를 표현하는 것을 보거나 영유아 스스로 그러한 정서를 경험할 수 있는 다양한 상황을 접하면서 서서히 나타나게 된다. 이렇게 다양한 정서와 관련된 보육과정의 목표를 성취하고 최선의 학습 성과를 거두기 위해서는 정서적으로 편안한 마음을 가지고 생활할 수 있는 어린이집의 분위기가 마련되는 것이 중요하다(Seefeldt, 2001). 또한 정서적 표현을 강조하는 주제나 정서와 관련된 특별한 기술을 중심으로 하는 주제 접근법이 실시되는 것도 도움이 된다. 보육과정을 통하여 이루어야 할 정서 발달 관련 교육 내용은 다음과 같다(조순옥 외, 2002; Goldman, 1995).

① 정서 조절 능력

▣ 정서를 인식하기

영유아의 정서 인식을 돕기 위해서는 보육과정을 통하여 다양한 정서의 종류를 인식하고 명명할 수 있는 상호작용이 이루어져야 한다. 영유아가 기분을 표현할 때 교사는 정서의 종류를 언어로 표현해 줌으로써 영유아가 정서의 종류를 인식하고 이해하는 데 도움을 줄 수 있다. 다양한 활동을 통하여 여러 종류의 정서를 인식할 수 있도록 하고, 기쁨, 즐거움, 슬픔 등 정서에 이름을 붙여 볼 수 있도록 함으로써 영유아의 정서 인식과 정서의 종류에 대한 학습에 도움을 줄 수도 있다.

▣ 정서를 수용하기

교사는 보육과정을 운영하면서 영유아가 다양한 정서를 이해하고 수용할 수 있도록 상호작용해야 한다. 영유아가 스스로 느끼는 슬픔, 분노, 기쁨 등의 감정을 받아들일 수 있도록 도움을 주고, 그 깊이를 수용할 수 있도록 하는 동시에 처음에는 받아들이기 어려운 강렬한 정서도 시간이 지나면서 점차 수용할 수 있을 정도로 변화된다는 사실을 알게 할 필요도 있다. 또한 누구든지 다른 사람들로부터 비난받을 필요 없이 모든 종류의 정서를 느낄 수 있음을 알게 할 필요도 있다.

▣ 정서를 적절한 방법으로 표현하기

영유아는 어린이집에서의 다양한 활동에 참여하면서 자신의 연령과 상황에 적절한 정서 표현 방법을 학습해야 한다. 교사가 안정된 정서적 분위기의 교실을 마련하는 것은 영유아가 자신의 정서를 이해하고 표현하는 것을 돕는 효과적인 방법이다. 영유아는 성장하면서 발달에 적합한 정서 표현 방법을 알게 된다. 따라서 아직 언어 능력이 충분히 발달하지 못한 어린 영아에게는 울음과 웃음, 몸짓 등으로 정서를 표현할 수 있는 기회가 제공되어야 하고, 언어적 표현이 가능한 좀 더 높은 연령의 유아에게는 말이나 글, 혹은 다른 다양한 상징을 사용해서 자신의 정서를 표현할 수 있는 기회가 제공되어야 한다.

▣ 다른 사람의 정서를 이해하고 적절히 반응하기

다른 사람의 정서를 정확히 이해하고 이에 적절히 대처하기 위해서는 영유아가 정서의 종류와 강도를 제대로 인식하고, 자신과 다른 사람의 정서를 수용할 수 있어야 하며, 자신과 다른 사람이 경험하는 정서를 적절한 방법으로 표현할 수도 있어야 한다. 이를 위해서는 사회 인지 능력의 발달이 필요하다. 사회 인시란 사회직 대인 관계 속에서 타인의 생각과 감정 등을 알고 추론하는 지각 과정으로 개인이 다른 사람의 의도, 감정, 사고 등을 이해할 수 있는 역할 수용 능력과 감정 이입 능력이 포함된다. 따라서 보육과정에서는 정서 이해 및 이에 대한 대처와 관련된 적절한 활동이 적극적으로 제공되어야 한다(이은화 · 김영옥, 2000; 조순옥 외, 2002; Berk, 2000).

② 변화와 스트레스에 대처하는 능력

모든 사람은 태어나면서부터 변화를 경험하기 시작한다. 대부분의 영유아는 삶을 살아가며 만나게 되는 부모와의 격리나 동생의 출생 등과 같은 일상적인 스트레스에 적절히 대처해가며 생존하는 방법을 터득하고, 이렇게 스트레스를 이겨내는 과정을 통하여 어려움을 이겨냈다는 성취감을 경험하며 발달한다. 따라서 보육과정에서는 영유아의 발달 단계에 따른 일상적인 스트레스의 원인을 고려하여 다양한 활동을 제공함으로써 영유아의 스트레스 대처 능력을 향상시켜 줄 필요가 있다.

영유아의 스트레스 대처 능력은 연령, 지적 능력, 성별 등과 같은 다양한 요인에 의하여 영향을 받으므로 이를 고려한 보육과정이 필요하다. 긍정적인 자아존중감을 가진 영유아는 어려운 스트레스 상황에서도 희망을 가짐으로써 스트레스 상황을 이겨낼 수 있기 때문에 보육과정에서 영유아의 자아 존중감 형성을 도와주는 것은 특히 중요하다.

보육과정을 운영하는 교사는 스트레스에 대처하는 과정에서 자신감 있고 긍정적인 역할 모델이 됨으로써 영유아가 스트레스 상황을 이겨내는 데 도움을 주어야 한다. 교사는 스트레스 상황에 관한 내용의 그림책을 읽어주고 토론하며, 일상생활의 경험에서 스트레스에 대처하는 방법을 경험해 볼 수 있는 활동을 제공해 줌으로써 영유아가 변화가 많은 우리 사회에 적응할 수 있도록 도움을 줄 수 있다.

③ 판단하고 결정하는 능력

영유아는 보육과정에 참여하면서 일상생활에서 만나게 되는 다양한 문제 상황에 대하여 바르게 판단하고 의사 결정을 할 수 있는 능력을 기른다. 영유아는 보육과정을 처음 경험하기 시작하는 아주 어린 시기부터 많은 선택과 결정을 해야 한다. 어느 영역에서 놀이를 할지, 누구와 놀지, 어떤 친구와 놀고 싶을 때 어떻게 말해야 할지를 선택해야 하며, 간식을 얼마나 먹을지, 잠을 자기 싫을 때 어떻게 해야 할지도 결정해야 한다. 교사는 보육과정을 통하여 영유아가 올바른 선택과 결정을 할 수 있도록 생각하고 연습해 볼 수 있는 기회를 가능하면 많이 제공해야 하고 지혜로운 결정을 내릴 수 있도록 도움을 주어야 한다. 특히 영유아가 계획을 세우고 스스로를 조절할 수 있는 능력인 자기 규제 능력(self-regulation)을 기를 수 있도록 보육과정을 운영하는 것이 중요하다(김정원, 2001, 2002; Bronson, 2000; Shaffer, 1999). 이를 위해서는 영유아가 보육과정에 참여할 때 자기 효능감을 가지고 스스로 사고하고 학습할 수 있는 적절한 기회를 많이 제공해야 한다.

④ 자존감

영유아가 보육과정에 참여하면서 성취해야 할 중요한 과업들 중의 하나는 스스로를 자신의 삶의 주인이라고 인정하고 자신의 능력에 대한 자신감을 갖게 되는 것이다(조순옥 외, 2002; Berk, 2000). 이를 위하여 교사는 영유아에게 자신을 사랑하고 좋아할 수 있는 감정을 경험할 기회를 제공해야 하며, 영유아들 각자 스스로에 대하여 유일하며 독특한 개인으로서 소중하다는 느낌을 가질 수 있도록 격려해야 한다. 자신감과 자존감의 형성과 동시에 중요하게 고려할 점은 영유아가 힘을 행사할 때 반드시 책임이 따른다는 것, 그리고 자신의 힘을 행사하는 과정에서 넘지 않아야 할 한계가 있다는 것을 인식하도록 하는 것이므로 이를 위한 보육 내용의 제공도 중요하다.

(2) 사회적 발달을 위한 기본 내용

영유아기는 다양한 사회적 기술을 학습하는 중요한 시기로 영유아는 또래 및 교사와 함께 보육과정에 참여하면서 사회적 능력을 발달시킬 수 있어야 한다. 영유아는 보육과정을 통하여 협력하고, 자신과 다른 사람이 서로 다른 의견을 가질 수 있다는 사실을 인정하고, 나누고, 의사소통하고, 자신의 주장을 효과적으로 주장하는 등의 사회적 기술을 익혀야 한다. 또한 영유아는 집단 활동에 참여하고, 어린이집에서 요구하는 규칙에 적응하며, 다른 사람의 권리와 감정을 존중하는 집단의 구성원으로서의 자질을 향상시킬 수 있어야 한다. 자신의 감정을 다른 사람들에게 적절한 방법으로 표현하고, 자조 기술을 익히는 것도 중요하다. 이를 위하여 교사는 놀이를 중심으로 하는 보육과정을 통하여 영유아가 자연스럽게 서로의 행동과 그 행동의 동기를 이해할 수 있도록 도움을 줄 필요가 있다.

① 성인과의 관계와 관련된 내용

영유아가 어린이집에서 교사와 상호작용하면서 어려운 상황을 만나거나 도움이 필요할 때 부모 이외의 성인인 교사에게도 도움을 청할 수 있음을 인식하게 된다. 또한 교사로부터 사회적 규칙을 배우고 다른 사람에게 상처를 주는 행동이 옳지 않다는 것과 상처를 받지 않을 수 있는 방법도 배우게 된다(Katz & McClellan, 1999).

보육과정을 통하여 우리 사회의 사회문화적 유사점과 차이점, 장애, 성 정체성, 언어적 다양성, 그리고 편견과 선입견에 대처하는 방법을 배우는 것도 중요하다. 그리고 교사를 비롯한 성인이 영유아의 모든 문제를 해결해 주는 사람이 아니라 영유아가 스스로 문제를 해결하는 과정에서 도움을 주는 존재임을 아는 것도 반드시 학습해야 할 내용이다.

② 또래와의 관계와 관련된 내용

영유아는 보육과정을 통하여 또래와 상호작용하면서 친구들과 함께 놀이하기 위해서는 다양한 방법을 사용해야 함을 알게 되고, 또래와의 관계를 유지하기 위해서 특별한 기술이 필요함도 알게 된다(Hartup, 1992; Lillard & Curenton, 1999). 또한 또래와의 갈등 상황에 직면했을 때 문제 해결을 포기한다거나 물리적 힘을 행사하지 않고 보다 긍정적인 방법을 활용해야 함도 알게 된다. 영유아는 또래와의 상호작용을 통하여 서로 생각을 나누는 방법과 놀이를 즐겁게 하기 위해서는 모두에게 만족스런 방법을 찾아야 한다는 것을 배우게 된다. 스스로를 방어할 수 있는 방법과 사회적으로 수용될 수 있는 방법으로 자신의 권리를 주장하는 방법을 배우며, 차례를 지키고 자신이 바라는 바를 적절한 방법으로 의사소통하는 방법도 익혀야 한다. 그리고 또래와 타협하는 기술, 또래와 함께 과업을 성공적으로 수행할 수 있는 방법, 정보를 제공하고, 시범 활동을 보여주는 방법도 배워야 한다. 문제 발생 가능성이 있는 상황을 예측할 수 있는 능력을 기름으로써 그 문제 상황을 피할 수 있는 능력도 학습해야 한다. 또래에게 적절한 행동을 기대할 수 있어야 하고, 어려운 상황에 대처할 수 있는 기술을 배워야 하며, 친구를 사귀고, 스스로가 다른 아이들의 친구가 되고, 여러 친구가 함께 놀고, 가장 친한 친구가 다른 아이들과 노는 것을 수용할 수 있어야 하며, 때에 따라서는 친구를 잃는 상황을 만날 수도 있음을 보육과정을 통해 학습할 수 있어야 한다.

③ 집단생활과 관련된 내용

영유아는 어린이집의 집단 활동에 참여하면서 집단의 한 구성원으로서 적절한 역할을 학습한다. 혼자 하는 것보다 여러 사람이 집단으로 함께 참여할 때 더 나은 결과를 얻을 수 있다는 것도 경험한다. 또한 집단의 구성원으로서 정체성을 형성하고, 어린이집의 하루 일과 계획에 따라 함께 생활해야 한다는 것과 규칙을 따라야 함을 배운다(조순옥 외, 2002). 또한 집단 놀이에 참여하기 위하여 어떻게 특정 놀이 집단에 들어가고 나오는지를 학습해야 하고 다른 사람의 권리, 감정, 그리고 소유물을 존중해야 함을 배운다. 영유아는 적절하게 제공되는 보육과정의 다양한 활동에 집단으로 참여하면서 특히 공평하지 않거나 편견이 개입된 행동이나 상황이 벌어졌을 때 적극적으로 대처하는 방법을 배워야 한다. 정리하는 시간이나 특정 활동을 준비하는 과정에 참여하면서 만족을 지연하는 방법과 기다릴 수 있는 방법도 배울 필요가 있다.

④ 개인의 사회적 능력 향상과 관련된 내용

영유아는 보육과정에 참여하면서 자조 기술을 학습하고, 책임감을 기르며, 활동에 주도적으로 참여하고, 선택을 할 수 있게 된다. 불공평함과 정의롭지 못한 상황을 인식한 후 대처할 수 있고, 올바르게 타협할 수 있으며, 거부당하거나 마음이 상하거나 실망스러운 상황도 적절한 방법으로 이겨낼 수 있는 능력을 학습해야 한다. 언어나 다른 여러 가지 방법으로 의사소통할 수 있어야 하고, 또래와의 상호작용에서 자신의 의견을 당당히 주장할 수도 있어야 한다. 또한 자신의 감정을 사회적으로 수용되는 방법으로 표현하고, 책임을 다하고 자유를 누릴 수 있는 자질을 함양하는 것도 중요하다.

(3) 표준보육과정 사회관계 영역의 내용

표준보육과정에서는 사회 정서 발달을 위한 내용이 사회관계 영역에 제시되어 있다. 「0-1세 보육과정」과 「2세 보육과정」의 사회관계 영역은 나를 알고 존중하기, 나와 다른 사람의 감정 알기, 더불어 생활하기 등의 내용 범주로 구성되어 있고, 「3-5세 보육과정(누리과정)」의 사회관계 영역은 나를 알고 존중하기, 나와 다른 사람의 감정 알고 조절하기, 가족을 소중히 여기기, 다른 사람과 더불어 생활하기, 사회에 관심 갖기 등의 내용 범주로 구성되어 있다.

0-1세 사회관계 영역의 내용 체계

내용 범주	내용
나를 알고 존중하기	나를 구별하기
	나의 것 인식하기
나와 다른 사람의 감정 알기	나의 감정을 나타내기
	다른 사람에게 주의 기울이기
더불어 생활하기	안정적인 애착형성하기
	또래에 관심 갖기
	자신이 속한 집단 알기
	사회적 가치를 알기

0–1세 사회관계 영역의 세부 내용

<table>
<tr><th>내용 범주</th><th>내용</th><th>1수준</th><th>2수준</th><th>3수준</th><th>4수준</th></tr>
<tr><td rowspan="3">나를 알고 존중하기</td><td>나를 구별하기</td><td colspan="2">거울 속의 나에게 관심을 가진다.</td><td colspan="2">거울 속의 나를 알아본다.</td></tr>
<tr><td rowspan="2">나의 것 인식하기</td><td colspan="4">자기 이름을 부르는 소리에 반응한다.</td></tr>
<tr><td colspan="2"></td><td colspan="2">친숙한 자기 물건을 안다.</td></tr>
<tr><td rowspan="2">나와 다른 사람의 감정 알기</td><td>나의 감정을 나타내기</td><td colspan="4">나의 욕구와 감정을 나타낸다.</td></tr>
<tr><td>다른 사람에게 주의 기울이기</td><td colspan="2">다른 사람의 말과 표정, 몸짓에 주의를 기울인다.</td><td colspan="2">다른 사람이 나타내는 여러 가지 감정에 주의를 기울인다.</td></tr>
<tr><td rowspan="6">더불어 생활하기</td><td rowspan="2">안정적인 애착형성하기</td><td>양육자와 시선을 맞춘다.</td><td colspan="3">양육자에게 적극적으로 관심과 욕구를 표현한다.</td></tr>
<tr><td colspan="2">주변의 친숙한 사람의 얼굴과 목소리를 인식한다.</td><td colspan="2">주변의 친숙한 사람에게 애정을 표현한다.</td></tr>
<tr><td>또래에 관심 갖기</td><td colspan="4">다른 영아와 함께 지내는 것을 경험한다.</td></tr>
<tr><td>자신이 속한 집단 알기</td><td colspan="2">담임교사를 구별한다.</td><td colspan="2">자기 반에서 지내며 안정감을 가진다.</td></tr>
<tr><td rowspan="2">사회적 가치를 알기</td><td colspan="2"></td><td colspan="2">친숙한 물건의 자리를 안다.</td></tr>
<tr><td colspan="4">만나고 헤어지는 인사를 해본다.</td></tr>
</table>

2세 사회관계 영역의 내용 체계

<table>
<tr><th>내용 범주</th><th>내용</th></tr>
<tr><td rowspan="2">나를 알고 존중하기</td><td>나를 구별하기</td></tr>
<tr><td>좋아하는 것 해보기</td></tr>
<tr><td rowspan="2">나와 다른 사람의 감정 알기</td><td>나의 감정을 나타내기</td></tr>
<tr><td>다른 사람의 감정에 반응하기</td></tr>
<tr><td rowspan="4">더불어 생활하기</td><td>내 가족 알기</td></tr>
<tr><td>또래와 관계하기</td></tr>
<tr><td>자신이 속한 집단 알기</td></tr>
<tr><td>사회적 가치를 알기</td></tr>
</table>

2세 사회관계 영역의 세부 내용

내용 범주	내용	1수준	2수준
나를 알고 존중하기	나를 구별하기	나와 다른 사람의 모습을 구별한다.	
	좋아하는 것 해보기	내가 좋아하는 것을 찾아본다.	
		좋아하는 놀이나 놀잇감을 선택해 본다.	스스로 선택한 놀이나 놀잇감을 즐긴다.
나와 다른 사람의 감정 알기	나의 감정을 나타내기	여러 가지 감정을 말과 행동으로 나타낸다.	
	다른 사람의 감정에 반응하기	다른 사람이 나타내는 여러 가지 감정에 반응을 보인다.	
더불어 생활하기	내 가족 알기	내 가족에게 애정을 표현한다.	내 가족에게 다른 사람과는 구별된 특별한 감정을 갖는다.
	또래와 관계하기	또래에게 관심을 보인다.	또래의 모습과 행동을 모방한다.
		또래의 이름을 안다.	또래가 있는 곳에서 놀이를 한다.
	자신이 속한 집단 알기	자신이 속한 반과 교사를 안다.	자신이 속한 반의 활동에 즐겁게 참여한다.
	사회적 가치를 알기	도움 받아 물건을 정리한다.	스스로 물건을 정리한다.
		자기 순서를 안다.	순서를 기다린다.
		바른 태도로 인사한다.	
		간단한 약속을 지킨다.	

3세 사회관계 영역의 내용 체계

내용 범주	내용
나를 알고 존중하기	나를 알고, 소중히 여기기
	나의 일 스스로 하기
나와 다른 사람의 감정 알고 조절하기	나와 다른 사람의 감정 알고 표현하기
	나의 감정 조절하기
가족을 소중히 여기기	가족과 화목하게 지내기
	가족과 협력하기
다른 사람과 더불어 생활하기	친구와 사이좋게 지내기
	공동체에서 화목하게 지내기
	사회적 가치를 알고 지키기
사회에 관심 갖기	지역 사회에 관심 갖고 이해하기
	우리나라에 관심 갖고 이해하기

3세 사회관계 영역의 세부 내용

내용 범주	내용	세부 내용
나를 알고 존중하기	나를 알고, 소중히 여기기	나에 대해 관심을 갖는다.
		나와 다른 사람의 차이에 관심을 갖는다.
		나를 소중하게 여긴다.
	나의 일 스스로 하기	내가 할 수 있는 일을 알아본다.
		내가 하고 싶은 일을 선택해 본다.
나와 다른 사람의 감정 알고 조절하기	나와 다른 사람의 감정 알고 표현하기	자신에게 여러 가지 감정이 있음을 안다.
		다른 사람의 감정에 관심을 갖는다.
	나의 감정 조절하기	자신의 감정을 조절해 본다.
가족을 소중히 여기기	가족과 화목하게 지내기	가족의 소중함을 안다.
	가족과 협력하기	가족 구성원을 알아본다.
		가족을 위하여 내가 할 수 있는 일을 알아본다.
다른 사람과 더불어 생활하기	친구와 사이좋게 지내기	친구와 함께 놀이한다.
		나와 친구의 의견에 차이가 있음을 안다.
	공동체에서 화목하게 지내기	교사 및 주변 사람과 화목하게 지낸다.
	사회적 가치를 알고 지키기	다른 사람의 소유물을 존중한다.
		약속과 규칙을 지켜야 함을 안다.
사회에 관심 갖기	지역 사회에 관심 갖고 이해하기	우리 동네의 이름을 안다.
		우리 동네 사람들에 관심을 갖는다.
	우리나라에 관심 갖고 이해하기	우리나라를 상징하는 것에 관심을 가진다.
		우리나라의 전통놀이와 풍습에 관심을 갖는다.

4세 사회관계 영역의 내용 체계

내용 범주	내용
나를 알고 존중하기	나를 알고, 소중히 여기기
	나의 일 스스로 하기
나와 다른 사람의 감정 알고 조절하기	나와 다른 사람의 감정 알고 표현하기
	나의 감정 조절하기
가족을 소중히 여기기	가족과 화목하게 지내기
	가족과 협력하기
다른 사람과 더불어 생활하기	친구와 사이좋게 지내기
	공동체에서 화목하게 지내기
	사회적 가치를 알고 지키기
사회에 관심 갖기	지역 사회에 관심 갖고 이해하기
	우리나라에 관심 갖고 이해하기
	세계와 여러 문화에 관심 가지기

4세 사회관계 영역의 세부 내용

내용 범주	내용	세부 내용
나를 알고 존중하기	나를 알고, 소중히 여기기	나에 대해 알아본다.
		나와 다른 사람의 차이점을 알아본다.
		나에 대해 긍정적으로 생각하고 나를 소중하게 여긴다.
	나의 일 스스로 하기	내가 할 수 있는 일을 해 본다.
		하고 싶은 일을 계획하고 해 본다.
나와 다른 사람의 감정 알고 조절하기	나와 다른 사람의 감정 알고 표현하기	자신의 감정을 알고 표현한다.
		다른 사람의 감정을 안다.
	나의 감정 조절하기	자신의 감정을 조절해 본다.
가족을 소중히 여기기	가족과 화목하게 지내기	가족의 소중함을 안다.
	가족과 협력하기	가족 구성원의 역할에 대해 알아본다.
		가족을 위하여 내가 할 수 있는 일을 알아보고 실천한다.

내용 범주	내용	세부 내용
다른 사람과 더불어 생활하기	친구와 사이좋게 지내기	친구와 협동하며 놀이한다.
		친구와의 갈등을 긍정적인 방법으로 해결한다.
	공동체에서 화목하게 지내기	도움이 필요할 때 다른 사람과 도움을 주고받는다.
		교사 및 주변 사람과 화목하게 지낸다.
	사회적 가치를 알고 지키기	정직하게 말하고 행동한다.
		다른 사람의 생각, 행동을 존중한다.
		친구와 어른에게 예의 바르게 행동한다.
		다른 사람과 한 약속이나 공공규칙을 지킨다.
		자연과 자원을 아끼는 습관을 기른다.
사회에 관심 갖기	지역 사회에 관심 갖고 이해하기	우리 동네에 대해 알아본다.
		우리 동네 사람들이 하는 일에 관심을 갖는다.
		물건을 살 때 돈이 필요함을 안다.
	우리나라에 관심 갖고 이해하기	우리나라를 상징하는 것을 안다.
		우리나라의 전통놀이와 풍습에 관심을 갖는다.
		우리나라에 대해 자부심을 갖는다.
	세계와 여러 문화에 관심 가지기	세계 여러 나라에 대해 관심을 갖는다.
		다양한 인종과 문화에 관심을 갖는다.

5세 사회관계 영역의 내용 체계

내용 범주	내용
나를 알고 존중하기	나를 알고, 소중히 여기기
	나의 일 스스로 하기
나와 다른 사람의 감정 알고 조절하기	나와 다른 사람의 감정 알고 표현하기
	나의 감정 조절하기
가족을 소중히 여기기	가족과 화목하게 지내기
	가족과 협력하기
다른 사람과 더불어 생활하기	친구와 사이좋게 지내기
	공동체에서 화목하게 지내기
	사회적 가치를 알고 지키기
사회에 관심 갖기	지역 사회에 관심 갖고 이해하기
	우리나라에 관심 갖고 이해하기
	세계와 여러 문화에 관심 가지기

5세 사회관계 영역의 세부 내용

내용 범주	내용	세부 내용
나를 알고 존중하기	나를 알고, 소중히 여기기	나에 대해 알아본다.
		나와 다른 사람의 신체적, 사회적, 문화적 차이를 존중한다.
		나에 대해 긍정적으로 생각하고 나를 소중하게 여긴다.
	나의 일 스스로 하기	내가 할 수 있는 일을 스스로 한다.
		하고 싶은 일을 계획하고 해 본다.
나와 다른 사람의 감정 알고 조절하기	나와 다른 사람의 감정 알고 표현하기	자신의 감정을 알고 표현한다.
		다른 사람의 감정을 알고 공감한다.
	나의 감정 조절하기	자신의 감정을 상황에 맞게 조절한다.
가족을 소중히 여기기	가족과 화목하게 지내기	가족의 의미와 소중함을 인디.
		가족과 화목하게 지낸다.
	가족과 협력하기	다양한 가족구조에 대해 알아본다.
		가족은 서로 도와야 함을 알고 실천한다.
다른 사람과 더불어 생활하기	친구와 사이좋게 지내기	친구와 협동하며 놀이한다.
		친구와의 갈등을 긍정적인 방법으로 해결한다.
	공동체에서 화목하게 지내기	다른 사람과 도움을 주고받고, 서로 협력한다.
		교사 및 주변 사람과 화목하게 지낸다.
	사회적 가치를 알고 지키기	정직하게 말하고 행동한다.
		다른 사람을 배려하여 행동한다.
		친구와 어른께 예의 바르게 행동한다.
		다른 사람과 한 약속이나 공공규칙을 지킨다.
		자연과 자원을 아끼는 습관을 기른다.
사회에 관심 갖기	지역 사회에 관심 갖고 이해하기	우리 동네에 대해 알아본다.
		다양한 직업에 관심을 갖는다.
		일상생활에서 돈의 쓰임에 대해 안다.
	우리나라에 관심 갖고 이해하기	우리나라를 상징하는 것을 알고 예절을 지킨다.
		우리나라의 전통, 역사, 문화에 관심을 갖는다.
		우리나라에 대해 자부심을 갖는다.
	세계와 여러 문화에 관심 가지기	세계 여러 나라에 대해 관심을 갖고, 서로 협력해야 함을 안다.
		다양한 인종과 문화를 알아보고 존중한다.

5) 예술경험 영역

영유아는 자연적이고 자발적으로 심미적 표현을 한다. 영유아는 소리를 만들어내고, 모래놀이를 하고, 콘크리트 바닥에 물로 그림을 그리면서 심미적 능력을 표현하고, 자발적으로 상상하고, 창조적으로 표현한다.

영유아의 심미성과 창의성 발달을 위해서 보육과정에서는 영유아가 모든 감각을 활용하여 탐색해 볼 수 있는 풍부한 자료와 교재 · 교구가 마련되어야 한다. 영유아에게 주변 자연 환경을 적극적으로 체험하고 감상할 기회를 제공하여 자연의 아름다움을 감상할 수 있게 하고, 소리, 음악, 리듬을 즐길 수 있게 하며, 독창성을 표현하고, 색, 모양, 형태를 관찰할 기회를 제공해야 한다. 또한 감정을 표현하고 긴장을 풀 수 있는 기회를 제공하는 것과 음악적 다양성을 인식하고 다른 사람의 감정과 행동에 반응할 수 있는 능력을 기르는 것도 보육과정의 내용으로 중요하게 고려되어야 한다.

창의성이란 새로운 아이디어를 만들어낼 수 있고, 독창적이고, 상상력이 뛰어나며, 이미 가지고 있는 아이디어를 새롭게 변형시켜 무엇인가 다른 새로운 것을 창조해낼 수 있는 능력을 의미한다. 영유아는 보육과정을 통하여 창의적 경험을 할 수 있어야 한다. 영유아기는 특히 창의성 발달을 위해서 가장 중요한 시기로, 교사는 영유아가 호기심과 열정을 가지고 참여하면서 창의성을 발달시킬 수 있도록 보육과정을 구성해서 실시해야 한다.

(1) 심미성과 창의성 발달을 위한 기본 내용

① 융통성과 유창성 발휘하기

융통성과 유창성은 창의적 반응을 가능하게 하는 기술이다. 융통성은 하나의 아이디어를 다른 아이디어로 변환시키는 능력이고, 유창성은 다양한 아이디어를 생산해내는 능력이다. 어떤 상황에서 문제를 해결하기 위해서는 다양한 해결 방안을 생각해낼 수 있어야 하는데, 창의적 능력이 있는 영유아는 문제 해결이 필요한 갈등 상황에서 기존의 방법과는 다른 해결 방안을 생각해냄으로써 문제를 해결할 수 있다.

② 민감성 증진하기

창의적인 사람은 어린 시절부터 주변세계에 대하여 관심이 많으며, 모든 사물에 관하여 냄새 맡고, 느끼고, 맛보기를 좋아한다. 분위기와 질감, 그리고 다른 사람이나 사물의 아주 작은 변화에도 민감하다. 창의성 있는 영유아는 자신들의 삶에서 찾을 수 있는 이미지를 만들어내며, 즐거워하고, 만족한다. 그리고 이러한 마음을 그림과 춤 등으로 표현하다.

특히 심미성이라고도 하는 아름다움에 대한 민감성은 레지오 에밀리아와 같은 특정 영유아교육 접근법에서 강조된 이후에 그 중요성이 인식되고 있다. 영유아들은 어린 시절부터 자연 환경과 심미적으로 아름다운 것에 관하여 인식하고 가치를 부여하는 능력을 배우게 되므로 영유아를 위한 보육과정에서 심미성을 향상시킬 수 있는 활동을 계획하는 것은 매우 중요하다.

③ 상상력과 독창성 발휘하기

상상력은 창의적 과정에서 자연스럽게 발휘된다. 영유아는 보육과정에 참여하면서 역할놀이를 하고, 이미지를 만들어 내거나 조형물을 구성하는 과정에서 상상력을 발휘한다. 즉, 역할놀이를 하면서 다른 사람의 이미지를 자신이 알고 있는 기존의 이미지와 연결시켜 새로운 이미지를 창조해 내고, 자신이 이해한 시각적 이미지에 새로운 무엇인가를 더하여 전혀 다른 이미지를 창조해낼 수도 있다. 미술 영역에서는 이미 가지고 있는 지식을 상상력을 발휘하여 새롭게 재구성하여 활용함으로써 어떤 독창성 있는 물체를 구성하거나 새로운 활동을 창안해낼 수 있다.

④ 위험 부담을 기꺼이 감수하기

창의적인 사람이란 일반적이고 평범한 것을 넘어서는 시도를 함으로써 다른 사람들로부터 비난을 받을 수도 있다는 사실을 기꺼이 감수할 수 있는 사람이다. 이러한 사람은 용기를 내어 익숙하지 않은 새로운 것을 만들어냄으로써 이 세상을 새롭고 신선한 창조물로 아름답게 변화시킬 수 있는 사람이다. 이들은 다른 사람들과 다르게 생각하고, 일반적인 사람들이 보는 것과 다르게 사물을 볼 수 있는 능력이 있다. 따라서 어린이집에서 영유아에게 다양한 활동에 참여하면서 편안한 마음으로 기꺼이 자신을 드러낼 수 있는 분위기를 제공하여 창의적인 표현의 기회를 제공하는 것이 중요하다. 이러한 기회는 교사의 지시에 의하여 생겨나는 것이 아니라 편안하고 여유로운 분위기에서 즐거운 마음으로 기쁘게 활동에 참여하는 과정에서 나타나기 때문이다.

한편 새로운 것에 도전함으로써 감수해야 할 위험 부담을 기꺼이 수용하기 위해서는 다른 사람의 시선을 의식하지 않는 높은 자존감이 필요하므로 교사는 영유아들이 스스로에 대하여 믿음과 자신감을 가지고 클 수 있도록 도움을 주어야 한다. 영유아가 다른 사람들로부터의 평가나 비난에 당당히 대처할 수 있을 때 새로운 것에 도전해 볼 수 있는 여유가 생기고 이 과정에서 창의성이 발달하게 된다.

⑤ 자신을 자원으로서 활용하기

창의적인 사람은 자신의 능력에 대하여 자신감이 있는 사람이다. 그들은 자기 스스로에 대한 긍정적이고 높은 자아존중감을 가지고 다양한 활동에 참여하면서 스스로를 유용한 자원으로 활용할 수 있다. 자신의 생각과 의도를 따르고 다른 사람들과 다른 더 재미있고 새로운 무엇인가를 창조해내는 데서 기쁨과 만족감을 얻는다. 따라서 영유아는 보육과정을 통하여 마음 편하게 자신의 생각과 의견을 제안하고, 스스로의 생각을 문제 해결 과정에서 활용할 수 있어야 하며, 무엇보다도 자신의 능력에 대한 진정한 존중감을 기를 수 있어야 한다.

⑥ 다양한 재료를 경험하기

보육과정에서 다양한 재료를 자유롭고 창의적으로 사용해 볼 수 있는 경험은 매우 중요하다. 교사는 영유아가 다양한 재료를 활용할 때 민감하게 반응해 주고, 영유아 개인의 작품을 창조해낼 때 불필요한 좌절감과 실망감을 경험하지 않도록 적절하고 풍부한 양의 재료를 지원해 주어야 한다. 다양한 자료를 자유롭고 창의적으로 활용함으로써 영유아는 자신의 아이디어를 개발하고, 새롭게 변화시키며, 모든 사람들이 보고 기뻐하고 즐거워할 수 있는 아름답고 새로운 창조물을 생산해낼 수 있게 된다.

(2) 표준보육과정 예술경험 영역의 내용

표준보육과정에서는 심미성과 창의성 발달을 위한 내용이 예술경험 영역에 제시되어 있다. 아름다움 찾아보기, 예술적 표현하기, 예술 감상하기 등의 내용 범주로 구별되어 있는 예술경험 영역의 구체적 내용은 다음과 같다.

0–1세 예술경험 영역의 내용 체계

내용 범주	내용
아름다움 찾아보기	예술적 요소에 호기심 가지기
예술적 표현하기	리듬 있는 소리로 반응하기
	움직임으로 반응하기
	단순한 미술경험하기
	모방행동 즐기기
예술 감상하기	아름다움 경험하기

0–1세 예술경험 영역의 세부 내용

내용 범주	내용	1수준	2수준	3수준	4수준
아름다움 찾아보기	예술적 요소에 호기심 가지기	주변의 소리와 움직임에 호기심을 가진다.			
		주변 환경에서 색, 모양에 호기심을 가진다.			
예술적 표현하기	리듬 있는 소리로 반응하기	리듬 있는 소리에 관심을 가진다.		노래를 부분적으로 따라 부른다.	
		리듬과 노래에 소리로 반응한다.		리듬과 음높이에 맞추어 소리를 낸다.	
	움직임으로 반응하기	손발 흔들기와 몸 움직임으로 반응한다.			
				간단한 도구를 활용하여 움직인다.	
	단순한 미술 경험하기			감각적으로 단순한 미술경험을 한다.	
	모방행동 즐기기	소리나 얼굴 표정, 몸 움직임 등을 모방한다.		단순한 모방 행동을 놀이처럼 즐긴다.	
예술 감상하기	아름다움 경험하기	일상생활에서 반복되는 소리와 노래에 관심을 가진다.		일상생활에서 리듬 있는 소리와 노래를 즐겨 듣는다.	
		일상생활에서 자연이나 사물의 아름다움을 경험한다.			

2세 예술경험 영역의 내용 체계

내용 범주	내용
아름다움 찾아보기	예술적 요소 탐색하기
예술적 표현하기	리듬 있는 소리와 노래로 표현하기
	움직임으로 표현하기
	자발적으로 미술 활동하기
	모방과 상상놀이하기
예술 감상하기	아름다움 즐기기

2세 예술경험 영역의 세부 내용

내용 범주	내용	1수준	2수준
아름다움 찾아보기	예술적 요소 탐색하기	주변 환경에서 나는 다양한 소리와 움직임을 탐색한다.	
		주변 환경에서 색, 모양을 탐색한다.	
예술적 표현하기	리듬 있는 소리와 노래로 표현하기	친근한 노래를 따라 부른다.	
		신체, 사물, 리듬악기 등을 이용하여 간단한 리듬과 소리를 만든다.	
	움직임으로 표현하기	노래나 리듬에 맞춰 몸으로 표현한다.	
		간단한 도구를 활용하여 몸으로 표현한다.	
	자발적으로 미술 활동하기	자발적으로 그리기, 만들기를 한다.	
		간단한 도구와 미술재료를 다룬다.	
	모방과 상상놀이하기	모방행동을 놀이처럼 즐긴다.	일상생활경험을 상상놀이로 즐긴다.
예술 감상하기	아름다움 즐기기	자연이나 생활의 소리나 움직임, 친근한 음악과 춤을 관심 있게 듣거나 본다.	
		일상생활에서 자연과 사물의 아름다움에 관심을 가지고 즐긴다.	
		자신과 또래가 표현한 노래, 춤, 미술품 등에 관심을 가지고 즐긴다.	

3세 예술경험 영역의 내용 체계

내용 범주	내용
아름다움 찾아보기	음악적 요소 탐색하기
	움직임과 춤 요소 탐색하기
	미술적 요소 탐색하기
예술적 표현하기	음악으로 표현하기
	움직임과 춤으로 표현하기
	미술 활동으로 표현하기
	극놀이로 표현하기
	통합적으로 표현하기
예술 감상하기	다양한 예술 감상하기
	전통예술 감상하기

3세 예술경험 영역의 세부 내용

내용 범주	내용	세부 내용
아름다움 찾아보기	음악적 요소 탐색하기	다양한 소리, 음악의 셈여림, 빠르기, 리듬 등에 관심을 갖는다.
	움직임과 춤 요소 탐색하기	움직임과 춤의 모양, 힘, 빠르기 등에 관심을 갖는다.
	미술적 요소 탐색하기	자연과 사물의 색, 모양, 질감 등에 관심을 갖는다.
예술적 표현하기	음악으로 표현하기	간단한 노래를 듣고 따라 부른다.
		전래동요를 즐겨 부른다.
		리듬악기로 간단한 리듬을 표현해 본다.
		간단한 리듬과 노래를 즉흥적으로 만들어 본다.
	움직임과 춤으로 표현하기	신체를 이용하여 주변의 움직임을 자유롭게 표현한다.
		움직임과 춤으로 자신의 생각과 느낌을 표현한다.
		도구를 활용하여 다양한 움직임으로 표현한다.
	미술 활동으로 표현하기	다양한 미술 활동을 경험해 본다.
		미술 활동에 필요한 재료와 도구에 관심을 가지고 사용한다.
	극놀이로 표현하기	일상생활의 경험을 극놀이로 표현한다.
	통합적으로 표현하기	예술 활동에 참여하여 표현과정을 즐긴다.
예술 감상하기	다양한 예술 감상하기	다양한 음악, 춤, 미술작품, 극놀이 등을 듣거나 본다.
		나와 다른 사람의 예술 표현을 소중히 여긴다.
	전통예술 감상하기	우리나라의 전통예술에 관심을 갖는다.

4세 예술경험 영역의 내용 체계

내용 범주	내용
아름다움 찾아보기	음악적 요소 탐색하기
	움직임과 춤 요소 탐색하기
	미술적 요소 탐색하기
예술적 표현하기	음악으로 표현하기
	움직임과 춤으로 표현하기
	미술 활동으로 표현하기
	극놀이로 표현하기
	통합적으로 표현하기
예술 감상하기	다양한 예술 감상하기
	전통예술 감상하기

4세 예술경험 영역의 세부 내용

내용 범주	내용	세부 내용
아름다움 찾아보기	음악적 요소 탐색하기	다양한 소리, 음악의 셈여림, 빠르기, 리듬 등에 관심을 갖는다.
	움직임과 춤 요소 탐색하기	움직임과 춤의 모양, 힘, 빠르기 등에 관심을 갖는다.
	미술적 요소 탐색하기	자연과 사물의 색, 모양, 질감 등에 관심을 갖는다.
예술적 표현하기	음악으로 표현하기	노래로 자신의 생각과 느낌을 표현한다.
		전래동요를 즐겨 부른다.
		리듬악기를 연주해 본다.
		간단한 리듬과 노래를 즉흥적으로 만들어 본다.
	움직임과 춤으로 표현하기	신체를 이용하여 주변의 움직임을 자유롭게 표현한다.
		움직임과 춤으로 자신의 생각과 느낌을 표현한다.
		도구를 활용하여 다양한 움직임으로 표현한다.
	미술 활동으로 표현하기	다양한 미술 활동으로 자신의 생각과 느낌을 표현한다.
		협동적인 미술 활동에 참여한다.
		미술 활동에 필요한 재료와 도구를 다양하게 사용한다.

내용 범주	내용	세부 내용
예술적 표현하기 (계속)	극놀이로 표현하기	일상생활의 경험이나 간단한 이야기를 극놀이로 표현한다.
		소품, 배경, 의상 등을 사용하여 협동적으로 극놀이를 한다.
	통합적으로 표현하기	음악, 움직임과 춤, 미술, 극놀이 등을 통합하여 표현한다.
		예술 활동에 참여하여 표현과정을 즐긴다.
예술 감상하기	다양한 예술 감상하기	다양한 음악, 춤, 미술작품, 극놀이 등을 듣거나 보고 즐긴다.
		나와 다른 사람의 예술 표현을 소중히 여긴다.
	전통예술 감상하기	우리나라의 전통예술에 관심을 갖는다.

5세 예술경험 영역의 내용 체계

내용 범주	내용
아름다움 찾아보기	음악적 요소 탐색하기
	움직임과 춤 요소 탐색하기
	미술적 요소 탐색하기
예술적 표현하기	음악으로 표현하기
	움직임과 춤으로 표현하기
	미술 활동으로 표현하기
	극놀이로 표현하기
	통합적으로 표현하기
예술 감상하기	다양한 예술 감상하기
	전통예술 감상하기

5세 예술경험 영역의 세부 내용

내용 범주	내용	세부 내용
아름다움 찾아보기	음악적 요소 탐색하기	다양한 소리, 악기 등으로 음악의 셈여림, 빠르기, 리듬 등을 탐색한다.
	움직임과 춤 요소 탐색하기	움직임과 춤의 모양, 힘, 빠르기, 흐름 등을 탐색한다.
	미술적 요소 탐색하기	자연과 사물에서 색, 모양, 질감, 공간 등을 탐색한다.
예술적 표현하기	음악으로 표현하기	노래로 자신의 생각과 느낌을 표현한다.
		전래동요를 즐겨 부른다.
		리듬악기를 연주해 본다.
		리듬과 노래 등을 즉흥적으로 만들어 본다.
	움직임과 춤으로 표현하기	신체를 이용하여 주변의 움직임을 다양하게 표현하며 즐긴다.
		움직임과 춤으로 자신의 생각과 느낌을 표현한다.
		다양한 도구를 활용하여 창의적으로 움직인다.
	미술 활동으로 표현하기	다양한 미술 활동으로 자신의 생각과 느낌을 표현한다.
		협동적인 미술 활동에 참여하여 즐긴다.
		미술 활동에 필요한 재료와 도구를 다양하게 사용한다.
	극놀이로 표현하기	경험이나 이야기를 극놀이로 표현한다.
		소품, 배경, 의상 등을 사용하여 협동적으로 극놀이를 한다.
	통합적으로 표현하기	음악, 움직임과 춤, 미술, 극놀이 등을 통합하여 표현한다.
		예술 활동에 참여하여 창의적으로 표현하는 과정을 즐긴다.
예술 감상하기	다양한 예술 감상하기	다양한 음악, 춤, 미술작품, 극놀이 등을 듣거나 보고 즐긴다.
		나와 다른 사람의 예술 표현을 소중히 여긴다.
	전통예술 감상하기	우리나라의 전통예술에 관심을 갖고 친숙해진다.

6) 자연탐구 영역

인지(cognition)란 영유아가 지식을 획득하기 위하여 사용하는 정신적 과정이나 능력으로 사고 능력을 의미한다. 사고한다는 것은 지식을 획득하고 적용할 수 있다는 것으로, 영유아는 의식적인 사고와 기억을 활용하여 그들 자신과 세상, 그리고 그 밖의 다른 모든 것들에 관한 지식을 획득하고 삶의 과정에 적용한다. 영유아의 인지 능력은 사고 능력의 발달뿐만 아니라 다른 모든 영역의 발달과도 관련이 있다. 예를 들어 영유아들이 자전거를 타거나 롤러 블레이드를 탈 때 균형 잡기와 다리 조절 능력 등의 신체 및 운동 능력 발달이 요구된다. 그리고 이와 동시에 분석하고, 예측하고, 일반화하고, 평가하고, 바퀴의 움직임을 고려하여 연습하는 등의 인지 능력 발달도 요구된다. 또한 또래와 놀이하는 과정에서는 새로운 또래 집단에 참여하고자 시도하는 사회적 능력, 어떻게 말을 시작하여 협상을 시작해야 하는지에 대한 전략을 수립하고 이를 행동으로 옮길 수 있는 인지 능력이 함께 요구된다.

영유아는 어린 시기 동안 끊임없이 주변 환경을 탐색하며 인지 발달을 위한 경험을 하게 되므로 적절한 보육과정을 통해 인지 발달을 촉진시킬 수 있는 활동을 제공하는 것은 매우 중요하다. 교사는 영유아기에 이루어지는 인지 발달의 양과 질이 평생 동안 매우 중요한 역할을 할 수 있음을 염두에 두고 영유아를 대상으로 발달에 적합한 다양한 활동으로 보육과정을 구성하여 적용해야 한다. 즉 교사는 다양한 이론적 · 실제적 관점을 연구하고, 영유아가 아이디어를 만들어내고, 이성적이고 논리적으로 사고할 수 있도록 개념, 관계, 일반화 등 인지 능력의 발달을 이끌 수 있는 보육과정을 구성하여 실시해야 할 필요가 있다. 보육과정에 참여하면서 인지 능력을 발달시킨 영유아는 아이디어를 창조해내고, 구체적인 것에서 추상적인 개념으로 사고 능력을 확장시켜 나갈 수 있게 된다.

영유아의 인지 능력 향상을 위한 보육과정의 내용으로는 피아제에 의한 물리적 지식, 논리 · 수학적 지식, 사회적 지식(Kamii & DeVries, 1978), 혹은 탐구 기술, 물리적 세계에 관한 지식, 사회적 세계에 관한 지식, 분류, 서열화, 수, 상징, 공간적 관계, 시간 등을 들 수 있다(Gordon & Browne, 2004). 위에서 언급한 바와 같이 영유아의 인지 발달은 다른 모든 영역의 발달과 연관되어 있고 따라서 그 내용도 매우 포괄적이고 광범위하므로 본 장에서는 피아제의 세 가지 유형의 지식을 설명하고, 표준보육과정에서 인지 발달과 관련하여 주요 보육 내용으로 제시하고 있는 수학 교육 내용과 과학 교육 내용, 그리고 수학과 과학 능력을 향상시키기 위하여 다양한 과업을 수행하는 과정에서 필요한 태도 및 기술인 수 · 과학 과정 기술을 중심으로 살펴보고자 한다.

(1) 피아제의 세 가지 유형의 지식

① 물리적 지식

물리적 지식은 외부에 있는 대상과 사물에 관한 지식이다. 영유아는 물체를 사용하고, 많은 시간 동안 탐색하고, 조작해 보고, 선택하고, 놀잇감과 자연물을 사용하면서 그들을 둘러싼 세상에 관하여 학습한다. 영아는 주위의 물체들을 직접 입에 넣어 빨아보면서 무엇인가를 알아내려고 하고, 물체를 잡았다가 놓아보며, 그리고 물체를 집었다 던져보고, 의자에서 물체를 떨어뜨려봄으로써 물리적 세계의 원리를 탐색한다. 탐색 활동을 통하여 나타나는 반응을 관찰하고, 관계를 발견하며, 무슨 일이 일어날지를 예측해 보기도 한다. 이러한 과정을 통하여 영유아는 공은 경사진 아래로 굴러가며, 어떤 자료를 결합하면 결정체가 생기고, 어떤 물체는 물 위에 뜬다는 등의 물리적 지식을 획득하게 된다. 이렇게 영유아는 경이로움으로 가득 차 있는 세상을 여러 가지 방법으로 탐색하며 물리적 지식을 획득한다. 따라서 보육과정에서는 영유아의 탐색을 장려할 수 있도록 다양한 자료를 제공해 주고, 그 자료들을 탐색해 볼 수 있는 경험을 제공해 주어야 한다. 이를 통하여 영유아들은 그들을 둘러싸고 있는 물리적 세계와 관련된 원인과 결과에 관하여 더 잘 이해할 수 있게 된다.

② 논리 · 수학적 지식

논리 · 수학적 지식은 사물 사이의 관계성으로 구성되며, 신체적 행동을 일련의 순서나 논리로 조직해가는 과정에서 이루어진다. 영유아들은 사물과 관계되는 스스로의 행동을 통하여 논리 · 수학적 지식을 획득하게 된다. 이러한 지식은 형식적인 수학이라기보다는 영유아가 문제 해결을 하는 과정에서 사용하는 일종의 수학적 사고 방법이라고 볼 수 있다. 예를 들면, 숨겨진 장난감을 찾기 위하여 담요를 들춰보는 영아는 자신이 눈으로 봐서 획득한 지식의 종류를 서로 연결시키는 과정에서 논리 · 수학적 사고 기술을 사용한다. 논리 · 수학적 지식의 다른 예로는, 유목-포함 과제에서 전체 블록은 파란 블록보다 더 많다는 사실을 이해하는 것이다. 영유아는 블록을 관찰하면서 전체와 부분에 관한 위계 조직에 관하여 이해하게 된다. 이러한 유형의 지식은 영유아의 수학과 과학적 능력의 발달을 촉진시키기 위하여 보육과정에서 제공되는 다양한 활동을 통하여 획득된다.

③ 사회적 지식

사회적 지식은 영유아가 다변화된 세상에 적응하여 기능하는 것을 가능하게 한다. 영유아는 보육과정에서 자신에게 맞는 환경을 이해하고 조작하는 맥락적 지능(contextual intelligence)을 발달시키고, 양심의 발달을 경험하며, 사회생활의 규칙을 학습한다. 이러한 과정에서 획득하게 되는 사회적 지식의 궁극적인 근원은 사람들 사이의 약속이다. 약속에 의해서 유일하게 설정된 지식, 즉 사회적(임의적) 지식의 예는 컵을 '컵'으로 부르며, 일요일은 학교에 가지 않으며, 12월 25일은 크리스마스이고, 사람은 거짓말을 해서는 안 되며, 물건을 훔치고, 다른 사람을 속이고, 책상 위에서 뛰어서는 안 된다는 것과 같은 것이다. 이러한 사회적 지식은 외부 세계로부터 특정한 정보를 필요로 한다. 영유아는 발달에 적합하게 구성된 보육과정에 참여하면서 사회적 지식을 획득한다. 사회적 세계에 관한 이러한 지식은 사회적 능력 발달을 위한 사회관계 영역의 보육 내용에서 깊이 있게 다루어져야 한다.

(2) 유아 수학 교육의 내용

영유아를 위한 수학 교육의 내용은 유아의 수학적 사고 발달의 특성, 수학적 개념의 위계적 관계에 의한 추후 학습과의 관련성, 그리고 문화적 배경 등을 고려하여 선정되어야 한다. 최근에는 수학의 핵심 개념(big ideas)을 중심으로 유아의 사고 능력에 부합되고, 추후 학습에 기초가 되는 내용이 중요하게 부각되고 있다(Clements, 2003). 보육과정을 통하여 제시되어야 할 수학 교육의 내용을 정리하면 다음과 같다(홍혜경, 2004).

① 수와 연산

▣ 수세기

- 수의 인식: 많고 적음 비교, 1:1 대응, 세지 않고 알기
- 안정적인 수 단어 말하기: 한두 수 단어를 빼거나 건너뛰어 세기
- 10단위 수 단어 말하기
- 수 단어와 물체의 1:1 대응, 묶어 세기

- 마지막 센 것이 전체 수량임(기수의 법칙)
- 다양한 세기 방법: 모두 세기, 계속 세기, 거꾸로 세기
- 고유 수 단어와 한자 수 단어의 상호 전환

■ 수량의 비교와 연산

- 부분과 전체의 관계: 부분과 전체 탐색, 같은 부분으로 나누기, 일상생활에서 부분을 표현하는 어휘 사용하기
- 수의 가르기와 모으기
- 작은 수의 더하기
- 작은 수의 빼기

■ 물체, 수, 숫자와의 관계

- 수량 관련 어휘(예 비교, 서수 등과 관련된 어휘)
- 수의 양적 의미: 물체, 숫자, 수 단어와의 관계, 자릿값
- 어림하기
- 일상생활에서 수의 활용
- 수의 체계(예 짝수와 홀수, 십진 체계)

② 기하와 공간

■ 기하

- 평면도형(2D)과 입체도형(3D)의 속성을 탐색하고 관련 어휘 알기, 구성하기
- 2D와 3D 도형의 다양한 형태, 크기, 위치, 방향의 비교
- 2D와 3D 도형을 나누고 합하기
- 2D 도형을 옮기고, 뒤집고, 돌리기
- 2D와 3D 도형 연계하기, 쌓은 후 그리기, 그린 것 쌓기

■ 공간

- 위치 및 방향적 관계의 인식과 관련된 어휘 사용하기
- 친숙한 지역의 물체 지도와 단순한 지도를 읽고 그리기
- 위치의 관계를 기억하고 그리기
- 위치 찾기

③ 측정

■ 측정할 수 있는 속성을 탐색하기

■ 길이, 부피, 무게, 시간, 면적 등을 비교하고 속성에 따른 순서 짓기

■ 길이, 부피, 무게, 시간, 면적 등과 관련된 어휘 사용하기

■ 비표준화된 단위 사용하기

■ 표준화된 구체물 사용하기

■ 어림하기 위하여 참조물 활용하기

④ 패턴과 대수

■ 패턴을 관찰하고, 기술하며, 일반화하기(예 색, 크기, 모양, 단어, 음악, 운동, 수 등)

■ 반복 패턴과 확장 패턴을 복사하고, 다음에 올 것을 예측하기, 빠진 부분 예측하기

■ 패턴의 관계를 상징으로 표상하기

■ 패턴을 구성하기

⑤ 통계(자료 수집 및 분석)

■ 자료를 수집하기 위한 질문 제기하기

■ 자료를 수집하고 기록하는 방법 알기

■ 자료에 대한 범주를 정하고 분류하기

■ 자료를 조직하기

■ 자료의 결과를 구체물, 그림, 그래프, 표 등을 사용하여 나타내기

■ 자료의 결과를 비교하고 설명하기, 또는 예측하기

(3) 유아 과학 교육의 내용

영유아는 보육과정에 참여하면서 자연스럽게 과학의 내용을 배우고 각자에게 의미 있는 방식으로 과학 개념을 구성한다. 즉, 자연적이고 직관적인 경험을 통해 이미 형성한 과학 개념을 보육과정을 통해 접하는 새로운 개념과 연결시키며 의미 있는 과학 개념을 형성해 가는 것이다. 따라서 영유아의 과학 개념 학습을 격려하는 보육과정에서는 무의미한 내용이나 원리를 암기시키는 것보다는 자연스러운 일상의 생활 속에서 직접 체험을 통해 과학 개념의 학습이 이루어지도록 활동을 구성하고 실시하는 것이 바람직하다. 영유아기에 형성되는 기초 과학 개념은 공간 개념, 시간 개념, 변화 개념, 상호 의존성 개념, 다양성 개념, 적응 개념, 에너지 개념 등으로(전경원, 1999) 이러한 다양한 과학 개념이 보육과정을 접하면서 획득되어야 할 것이다. 영유아기 과학 교육의 내용을 구체적으로 살펴보면 다음과 같다(문연심 · 이화영, 2005; Harlan & Rivkin, 2004; NRC, 1996).

① 생명과학(Life Science)

- 식물과 동물의 구조와 특징
- 우리 몸의 구조와 기능
- 생명체의 존재 조건 및 특성
- 식물의 구조와 기능
- 동 · 식물의 환경 적응 및 종류
- 지구에서 사라진 생물과 미생물

② 물리과학(Physical Science)

- 물리적 변화와 화학적 변화
- 다양한 형태의 에너지
- 기계와 도구의 종류 및 기능
- 색의 혼합과 농도
- 필터의 원리
- 중력의 특성

▣ 물체의 움직임과 중력의 상호작용

③ 지구과학(Space Science)

▣ 지구의 구성 물질(예 물과 흙, 돌, 화석 연료 등)

▣ 날씨와 계절의 변화

▣ 해, 달, 별

▣ 환경과 오염 및 그에 관한 대책

▣ 계절의 변화와 생명체에 미치는 영향

▣ 공기

▣ 화석

▣ 물의 주기 및 구름의 형성 원리

▣ 시냇물, 강, 호수, 바다

(4) 수 · 과학 과정 기술

영유아는 호기심을 가지고 환경을 탐색하고 조사하면서 주변 환경에 관한 다양한 지식을 획득한다. 탐구적인 특성을 가진 영유아는 그들이 본 것을 조직하고 분석하고 이해하기 어려운 상황을 구별해 내면서 수 · 과학 관련 개념을 획득해 간다. 그리고 질문을 하고, 다른 사람의 말을 듣고, 다양한 자료나 주위의 사람들을 활용하여 아이디어를 얻고, 제안을 하면서 의사소통한다. 추측을 하고, 실험을 하고, 예측을 점검하고, 평가하는 동시에 판단하고, 의견을 제안하며, 사실과 추측, 실제와 환상을 구별하는 것도 배워나간다. 이러한 탐구의 기본 기술은 사고의 기본인 동시에 수학과 과학을 학습하기 위하여 반드시 필요한 기술이다. 따라서 단순한 읽기나 수 기술의 획득보다는 탐구와 관련된 수 · 과학 과정 기술이 보육과정에서 훨씬 더 강조되어야 하므로 이를 발달시킬 수 있도록 보육과정이 운영되는 것은 매우 중요하다.

구체적으로 과학 과정 기술이란 관찰하기, 실험하기, 창안하기, 비교하기, 측정하기, 의사소통하기, 분류하기, 예견 및 추론하기, 수 어휘 사용하기, 시간과 공간 관계에 관한 용어 사용하기, 그래프와 조사 활동 기록하기 등을 들 수 있다(신은수 · 안경숙 · 유윤영, 2000; 이경우 · 조부경 · 김정준, 2000). 관찰하기, 의사소통하기, 비교하기, 조직하기,

관계 짓기, 추론하기, 적용하기 등의 기술을 제안한 연구도 있다(강숙현 · 김희정, 2003). 이 밖에 관찰하기, 관계 짓기 및 비교하기, 실험하기, 의사소통하기, 문제 해결하기, 추론하기, 조사 및 기록하기 등이 수 · 과학 과정 기술로 제시되기도 한다(문연심 · 이화영, 2005). 이와 같은 다양한 기술을 익히는 것은 영유아의 수학과 과학 능력 발달을 포함하는 전반적인 인지 발달에 필수적인 요인이다.

(5) 표준보육과정 자연탐구 영역의 내용

표준보육과정에서는 자연탐구 영역에 인지 발달을 위한 내용이 제시되어 있다. 탐구하는 태도 기르기, 수학적 탐구하기, 과학적 탐구하기 등의 내용 범주로 구별되어 제시되어 있는 자연탐구 영역의 구체적 내용은 다음과 같다.

0–1세 자연탐구 영역의 내용 체계

내용 범주	내용
탐구하는 태도 기르기	사물에 관심 가지기
	탐색 시도하기
수학적 탐구하기	수량 지각하기
	주변 공간 탐색하기
	차이를 지각하기
	간단한 규칙성 지각하기
과학적 탐구하기	물체와 물질 탐색하기
	주변 동 · 식물에 관심 가지기
	주변 자연에 관심 가지기
	생활 도구 탐색하기

0–1세 자연탐구 영역의 세부 내용

<table>
<tr><th>내용 범주</th><th>내용</th><th>1수준</th><th>2수준</th><th>3수준</th><th>4수준</th></tr>
<tr><td rowspan="2">탐구하는 태도 기르기</td><td>사물에 관심 가지기</td><td></td><td colspan="3">주변 사물에 관심을 가진다.</td></tr>
<tr><td>탐색 시도하기</td><td>나와 주변 사물을 감각으로 탐색한다.</td><td colspan="3">주변의 사물에 대해 의도적인 탐색을 시도한다.</td></tr>
<tr><td rowspan="5">수학적 탐구하기</td><td>수량 지각하기</td><td></td><td>있고 없는 상황을 지각한다.</td><td>'있다'와 '없다'를 구별한다.</td><td>'한 개'와 '여러 개'를 구별한다.</td></tr>
<tr><td rowspan="2">주변 공간 탐색하기</td><td></td><td colspan="3">도움을 받아 주변의 공간을 탐색한다.</td></tr>
<tr><td colspan="4">주변 사물의 모양을 지각한다.</td></tr>
<tr><td>차이를 지각하기</td><td colspan="4">주변 사물의 차이를 지각한다.</td></tr>
<tr><td>간단한 규칙성 지각하기</td><td colspan="2"></td><td colspan="2">일상과 놀이에서 간단한 규칙성을 경험한다.</td></tr>
<tr><td rowspan="5">과학적 탐구하기</td><td>물체와 물질 탐색하기</td><td colspan="4">일상생활 주변의 몇 가지 친숙한 것들을 양육자와 함께 탐색한다.</td></tr>
<tr><td>주변 동·식물에 관심 가지기</td><td colspan="2"></td><td colspan="2">주변 동·식물의 모양, 소리, 움직임에 관심을 가진다.</td></tr>
<tr><td rowspan="2">주변 자연에 관심 가지기</td><td rowspan="2"></td><td colspan="3">생활 주변의 자연물을 감각으로 느껴본다.</td></tr>
<tr><td colspan="3">바람, 햇빛, 비 등을 감각으로 느껴본다.</td></tr>
<tr><td>생활 도구 탐색하기</td><td colspan="2"></td><td colspan="2">도움을 받아 생활 도구를 탐색한다.</td></tr>
</table>

2세 자연탐구 영역의 내용 체계

내용 범주	내용
탐구하는 태도 기르기	호기심 가지기
	반복적 탐색 즐기기
수학적 탐구하기	수량 인식하기
	공간과 도형에 관심 가지기
	차이에 관심 가지기
	단순한 규칙성에 관심 가지기
	구분하기
과학적 탐구하기	물체와 물질 탐색하기
	주변 동 · 식물에 관심 가지기
	자연을 탐색하기
	생활 도구 사용하기

2세 자연탐구 영역의 세부 내용

<table>
<tr><th>내용 범주</th><th>내용</th><th>1수준</th><th>2수준</th></tr>
<tr><td rowspan="2">탐구하는 태도 기르기</td><td>호기심 가지기</td><td colspan="2">주변 사물과 자연세계에 호기심을 가진다.</td></tr>
<tr><td>반복적 탐색 즐기기</td><td colspan="2">관심 있는 사물을 반복하여 주도적으로 탐색하기를 즐긴다.</td></tr>
<tr><td rowspan="8">수학적 탐구하기</td><td rowspan="3">수량 인식하기</td><td colspan="2">많고 적음을 구별한다.</td></tr>
<tr><td>두 개 가량의 수 이름을 말해본다.</td><td>세 개 가량의 구체물을 말하며 세어본다.</td></tr>
<tr><td colspan="2">구체물을 일 대 일로 대응해본다.</td></tr>
<tr><td rowspan="2">공간과 도형에 관심 가지기</td><td colspan="2">나를 중심으로 익숙한 위치, 장소를 인식한다.</td></tr>
<tr><td colspan="2">주변 사물의 모양에 관심을 가진다.</td></tr>
<tr><td>차이에 관심 가지기</td><td colspan="2">주변 사물의 크기(속성의 차이)에 관심을 가진다.</td></tr>
<tr><td>단순한 규칙성에 관심 가지기</td><td colspan="2">주변에서 단순하게 반복되는 규칙성에 관심을 가진다.</td></tr>
<tr><td>구분하기</td><td colspan="2">주변 사물의 같고 다름에 따라 구분한다.</td></tr>
</table>

내용 범주	내용	1수준	2수준
과학적 탐구하기	물체와 물질 탐색하기	친숙한 물체와 물질을 능동적으로 탐색한다.	
	주변 동 · 식물에 관심 가지기	주변 동 · 식물의 모양, 소리, 움직임에 관심을 가진다.	
	자연을 탐색하기	돌, 물, 모래 등의 자연물을 탐색한다.	
		날씨를 감각으로 느낀다.	
	생활 도구 사용하기	생활 속에서 간단한 도구에 관심을 가진다.	
		간단한 도구를 사용한다.	

3세 자연탐구 영역의 내용 체계

내용 범주	내용
탐구하는 태도 기르기	호기심을 유지하고 확장하기
	탐구과정 즐기기
수학적 탐구하기	수와 연산의 기초 개념 알아보기
	공간과 도형의 기초 개념 알아보기
	기초적인 측정하기
	규칙성 이해하기
	기초적인 자료 수집과 결과 나타내기
과학적 탐구하기	물체와 물질 알아보기
	생명체와 자연환경 알아보기
	자연현상 알아보기
	간단한 도구와 기계 활용하기

3세 자연탐구 영역의 세부 내용

내용 범주	내용	세부 내용
탐구하는 태도 기르기	호기심을 유지하고 확장하기	주변 사물과 자연세계에 대해 호기심을 갖는다.
	탐구과정 즐기기	궁금한 점을 알아보는 과정에 흥미를 갖는다.
수학적 탐구하기	수와 연산의 기초 개념 알아보기	생활 속에서 수에 관심을 갖는다.
		구체물 수량의 많고 적음을 비교한다.
		다섯 개 가량의 구체물을 세어보고 수량에 관심을 갖는다.
	공간과 도형의 기초 개념 알아보기	나를 중심으로 앞, 뒤, 옆, 위, 아래를 알아본다.
		물체의 모양에 관심을 갖는다.
	기초적인 측정하기	두 물체의 길이, 크기를 비교해 본다.
	규칙성 이해하기	생활 주변에서 반복되는 규칙성에 관심을 갖는다.
	기초적인 자료 수집과 결과 나타내기	같은 것끼리 짝을 짓는다.
과학적 탐구하기	물체와 물질 알아보기	친숙한 물체와 물질의 특성에 관심을 갖는다.
	생명체와 자연환경 알아보기	나의 출생과 성장에 대해 관심을 갖는다.
		주변의 동 · 식물에 관심을 가진다.
		생명체를 소중히 여기는 마음을 갖는다.
	자연현상 알아보기	돌, 물, 흙 등 자연물에 관심을 갖는다.
		날씨에 관심을 갖는다.
	간단한 도구와 기계 활용하기	생활 속에서 간단한 도구와 기계에 관심을 갖는다.
		도구와 기계의 편리함에 관심을 갖는다.

4세 자연탐구 영역의 내용 체계

내용 범주	내용
탐구하는 태도 기르기	호기심을 유지하고 확장하기
	탐구과정 즐기기
	탐구기술 활용하기
수학적 탐구하기	수와 연산의 기초 개념 알아보기
	공간과 도형의 기초 개념 알아보기
	기초적인 측정하기
	규칙성 이해하기
	기초적인 자료 수집과 결과 나타내기
과학적 탐구하기	물체와 물질 알아보기
	생명체와 자연환경 알아보기
	자연현상 알아보기
	간단한 도구와 기계 활용하기

4세 자연탐구 영역의 세부 내용

내용 범주	내용	세부 내용
탐구하는 태도 기르기	호기심을 유지하고 확장하기	주변 사물과 자연세계에 대해 지속적으로 호기심을 갖는다.
	탐구과정 즐기기	궁금한 점을 알아보는 탐구과정에 관심을 가지고 참여한다.
	탐구기술 활용하기	일상생활의 문제를 해결하는 과정에서 탐색, 관찰 등의 방법을 활용해 본다.
수학적 탐구하기	수와 연산의 기초 개념 알아보기	생활 속에서 사용되는 수의 여러 가지 의미를 안다.
		구체물 수량에서 '같다', '더 많다', '더 적다'의 관계를 안다.
		열 개 가량의 구체물을 세어보고 수량을 알아본다.
	공간과 도형의 기초 개념 알아보기	위치와 방향을 여러 가지 방법으로 나타내 본다.
		기본 도형의 특성을 인식한다.
		기본 도형을 사용하여 여러 가지 모양을 구성해 본다.
	기초적인 측정하기	일상생활에서 길이, 크기, 무게 등을 비교해 본다.
	규칙성 이해하기	생활 주변에서 반복되는 규칙성을 알아본다.
		반복되는 규칙성을 인식하고 모방한다.
	기초적인 자료 수집과 결과 나타내기	필요한 정보나 자료를 수집한다.
		한 가지 기준으로 자료를 분류해 본다.

내용 범주	내용	세부 내용
과학적 탐구하기	물체와 물질 알아보기	친숙한 물체와 물질의 특성을 알아본다.
		물체와 물질을 여러 가지 방법으로 변화시켜 본다.
	생명체와 자연환경 알아보기	나의 출생과 성장에 대해 관심을 갖는다.
		관심 있는 동·식물의 특성을 알아본다.
		생명체를 소중히 여기는 마음을 갖는다.
		생명체가 살기 좋은 환경에 대해 관심을 갖는다.
	자연현상 알아보기	돌, 물, 흙 등 자연물의 특성과 변화를 알아본다.
		날씨와 기후 변화에 관심을 갖는다.
	간단한 도구와 기계 활용하기	생활 속에서 간단한 도구와 기계를 활용한다.
		도구와 기계의 편리함에 관심을 갖는다.

5세 자연탐구 영역의 내용 체계

내용 범주	내용
탐구하는 태도 기르기	호기심을 유지하고 확장하기
	탐구과정 즐기기
	탐구기술 활용하기
수학적 탐구하기	수와 연산의 기초 개념 알아보기
	공간과 도형의 기초 개념 알아보기
	기초적인 측정하기
	규칙성 이해하기
	기초적인 자료 수집과 결과 나타내기
과학적 탐구하기	물체와 물질 알아보기
	생명체와 자연환경 알아보기
	자연현상 알아보기
	간단한 도구와 기계 활용하기

5세 자연탐구 영역의 세부 내용

내용 범주	내용	세부 내용
탐구하는 태도 기르기	호기심을 유지하고 확장하기	주변 사물과 자연세계에 대해 지속적으로 호기심을 갖고 알고자 한다.
	탐구과정 즐기기	궁금한 점을 알아보는 탐구과정에 참여하고 즐긴다.
		탐구과정에서 서로 다른 생각에 관심을 갖는다.
	탐구기술 활용하기	일상생활의 문제를 해결하는 과정에서 탐색, 관찰, 비교, 예측 등의 탐구기술을 활용해 본다.
수학적 탐구하기	수와 연산의 기초 개념 알아보기	생활 속에서 사용되는 수의 여러 가지 의미를 안다.
		구체물 수량의 부분과 전체 관계를 알아본다.
		스무 개 가량의 구체물을 세어보고 수량을 알아본다.
		구체물을 가지고 더하고 빼는 경험을 해 본다.
	공간과 도형의 기초 개념 알아보기	위치와 방향을 여러 가지 방법으로 나타내 본다.
		여러 방향에서 물체를 보고 그 차이점을 비교해 본다.
		기본 도형의 공통점과 차이점을 알아본다.
		기본 도형을 사용하여 여러 가지 모양을 구성해 본다.
	기초적인 측정하기	일상생활에서 길이, 크기, 무게, 들이 등의 속성을 비교하고, 순서를 지어 본다.
		임의 측정 단위를 사용하여 길이, 면적, 들이, 무게 등을 재 본다.
	규칙성 이해하기	생활주변에서 반복되는 규칙성을 알고 다음에 올 것을 예측해 본다.
		스스로 규칙성을 만들어 본다.
	기초적인 자료 수집과 결과 나타내기	필요한 정보나 자료를 수집한다.
		한 가지 기준으로 분류한 자료를 다른 기준으로 재분류해 본다.
		그림, 사진, 기호나 숫자를 사용해 그래프로 나타내 본다.

내용 범주	내용	세부 내용
과학적 탐구하기	물체와 물질 알아보기	주변의 여러 가지 물체와 물질의 기본 특성을 알아본다.
		물체와 물질을 여러 가지 방법으로 변화시켜 본다.
	생명체와 자연환경 알아보기	나와 다른 사람의 출생과 성장에 대해 알아본다.
		관심 있는 동 · 식물의 특성과 성장 과정을 알아본다.
		생명체를 소중히 여기는 마음을 갖는다.
		생명체가 살기 좋은 환경과 녹색환경에 대해 알아본다.
	자연현상 알아보기	돌, 물, 흙 등 자연물의 특성과 변화를 알아본다.
		낮과 밤, 계절의 변화와 규칙성을 알아본다.
		날씨와 기후 변화 등 자연현상에 대해 관심을 갖는다.
	간단한 도구와 기계 활용하기	생활 속에서 간단한 도구와 기계를 활용한다.
		변화하는 새로운 도구와 기계에 관심을 갖고 장단점을 안다.

참고문헌

강숙현 · 김희정(2003). 유아과학교육. 서울: 정민사.

김정원(2001). 자기통제가 가능한 자녀로 키우세요. 삼성어린이개발센터 소식지, 여름호.

김정원(2002). 영유아기 자녀의 자기 규제 행동에 대한 어머니의 요구 양상. 한국아동학회지, 23(4), 35-51.

김정원 · 최정옥(2006). 가정과 연계된 요리활동이 유아의 기초과학개념 및 수학 능력에 미치는 영향. 아동학회지, 27(2), 39-53.

문연심 · 이화영(2005). 통합적 접근에 기초한 영유아 수 · 과학교육. 서울: 양서원.

보건복지부(2013). 제3차 어린이집 표준보육과정 고시-보건복지부 고시 제2013-8호. 보건복지부.

신은수 · 안경숙 · 유윤영(2000). 통합적 접근에 의한 영유아 과학교육. 서울: 다음세대.

안미희(2006). 전래동화를 활용한 전통요리활동이 유아의 수개념 발달에 미치는 영향. 한국성서대학교 보육대학원 석사학위 청구논문.

이경우 · 조부경 · 김정준(2000). 구성주의 이론에 기초한 유아과학교육. 서울: 양서원.

이경화 · 조순옥 · 김정원 · 심은희 · 이연규 · 이문정(2003). 유아언어교육. 서울: 창지사.

이은화 · 김영옥(2000). 유아사회교육. 서울: 동문사.

전경원(1999). 창의성을 중심으로 한 유아 과학 교육. 서울: 학문사.

조순옥 · 이경화 · 배인자 · 이정숙 · 김정원 · 민혜영(2002). 유아사회교육. 서울: 창지사.

홍혜경(2004). 유아 수학 능력 발달과 교육. 서울: 양서원.

Arce, E. (2000). *Curriculum for you young children: An introduction.* Delmar Thomson Learning.

Berk, L. E. (2000). *Infants, children, and adolescents* (3rd ed.). Boston: Allyn & Bacon.

Berk, L. E., & Winsler, A. (1995). 어린이들의 학습에 비계 설정(scaffolding)-비고스키와 유아교육. 홍용희 역. 서울: 창지사.

Bobys, A. R. (2000, July). What does emerging literacy look like? *Young Children, 55(4).*

Bredekamp, S., & Copple, C. (1997). *Developmentally appropriate practices in early childhood programs.* Washington, DC: National Association for the Education of Young Children.

Bronson, M. B. (2000). Recognizing and supporting the development of self-regulation in young children. *Young Children, 55(2)*, 32-37.

Chesler, P. (2002). Bilingualism: Literacy development and activities for the young child. Unpublished.

Clements, D. H. (2003). Creative pathways to math. *Early Childhood Today, 17(4)*, 4.

Curry-Rodd, L. (1999). *Creating readers. Child Care Information Exchange, 129.*

Curry, N. E., & Johnson, C. N. (1990). *Beyond self-esteem: Developing a genuine sense of human value.* Washington, DC: NAEYC.

Elkind, D. (1987). *Image of the young child.* Washington, DC: National Association for the Education of Young Children.

Gallahue, D. L. (1996). *Developmental physical education for today's children.* Madison, WI: Browna and Benchmark.

Gestwicki, C. (1999). *Developmentally appropriate practice: Curriculum and development in early education.* Clifton Park, NY: Delmar Learning.

Goldman, D. (1995). *Emotional intelligence.* New York: Bantam Books.

Goodman, K. S. (1986). *What's in whole language?* Portsmouth, NH: Heinemann.

Gordon, A. M., & Browne, K. W. (2004). *Beginning & beyond: Foundations in early childhood education.* Delmar Thomson Learning.

Harlan, J. D., & Rivkin, M. S. (2004). *Science experiences for the early childhood years: An integrated affective approach* (8th ed.). Upper Saddle Rivers NJ: Merrill/Prentice Hall.

Hartup, W. W. (1992). *Having friends, making friends and keeping friends: Relationships as educational contexts.* Early Report, Minneapolis. ERIC. Digest. Urbana, IL: ERIC Crearinghouse on Elementary and Early Childhood

Education.

Kamii, C., & DeVries, R. (1978). 물리적 지식 활동: 피아제이론이 암시하는 과학교육. 이경우 · 문미옥 역. 서울: 창지사.

Katz, L. G., & McClellan, D. E. (1999). 유아의 사회적 능력 기르기: 교사의 역할. 김정원 · 강숙현 · 전선옥 · 최윤정 역. 서울: 창지사.

Lillard, A., & Curenton, S. (1999, September). Research in review: Do young children understand what others feel, want, and know? *Young Children, 54(5).*

Malina, R. M. (1982). *Motor development in the early years. In S. G. Moore & C. R. Cooper* (eds.), The young child: Reviews of research(Vol.3). Washington, DC: National Association for the Education of Young Children.

Marshall, H. H. (1989). Research in review: The development of self-concept. *Young Children, 44(5).*

NRC(National Research Council) (1996). *National science education standards.* Washington, DC: National Academy Press.

Seefeldt, C. (2001). *Social Studies for the Preschool-Primary Child* (6th ed.). Upper Saddle River, NJ: Merrill/Prentice Hall.

Shaffer, D. R. (1999). *Developmental psychology: Childhood and adolescence* (5th ed.). California, Books/Cole.

Shore, R. (1997). *Rethinking the brain: New insights into early development.* New York: Families and Work Institute. The New city School, Inc.

Chapter 5

보육과정의 운영

1 보육과정의 통합적 운영

어린이집은 각 시설의 철학에 따라 목표를 정하고 그 목표를 효과적이고 체계적으로 달성하기 위해 다양한 운영 체제를 사용한다. 현장의 교사들이 주로 사용하는 보육과정 운영 체제는 크게 세 가지로 나눌 수 있다. 피터슨(Petersen, 2003)은 보육과정 운영 방식을 흥미 중심, 기술 중심, 그리고 이 두 가지 보육과정 체제를 통합하여 운영하는 통합보육과정으로 제시한다. 이들 보육과정의 특징은 다음과 같다.

첫째, 흥미 중심 보육과정은 영유아의 관심과 흥미에서 출발하는 보육과정이다. 전통적으로 흥미 중심 보육과정은 영유아가 생활 속에서 관심을 가지는 주제들을 중심으로 일과를 운영하는 것이다.

둘째, 기술 중심 보육과정은 학습 과정에 필요한 기술을 강조하는 보육과정이다. 이 입장은 흥미 중심 보육과정이 주로 영유아의 흥미에 치중하여 학습 과정에 필요한 기본 개념이나 기술 습득의 부진을 초래하였다고 본다. 따라서 기술 중심 교육과정은 영유아가 학습해 나가는 데 필요한 기본적인 기술들로 보육 내용을 구성한다. 그러나 이런 주장은 학교에서의 성공을 위한 3R's(읽기, 쓰기, 셈하기) 기술 습득만을 지나치게 강조하여 단편적인 기술 주입에 치중하는 프로그램으로 흘러버리기도 한다.

셋째, 통합보육과정은 흥미와 기술의 균형을 강조하는 보육과정이다. 이 보육과정의 운영 방식은 영유아의 흥미를 기초로 출발함을 원칙으로 하되 동시에 영유아가 학습해 나가는 과정에서 필요하고 다양한 학습 기술을 빠뜨리지 않고 포함하는 보육과정이다. 오늘날 통합보육과정은 영유아를 깊이 이해하고 영유아의 잠재된 능력을 믿는 교사들에 의해 많이 사용되고 있는 보육과정이다.

본 절에서는 영유아 보육과정 운영의 가장 기본적인 형태인 흥미 중심 보육과정과 기술 중심 보육과정 체제를 살펴보고 이 두 가지 보육과정의 장점을 결합하여 균형잡힌 보육과정을 강조하는 통합보육과정 운영 방식을 살펴보기로 한다.

1) 흥미 중심 보육과정

(1) 흥미 중심 보육과정의 개념

흥미 중심 보육과정은 전통적으로 영유아 보육과정을 대표하는 보육과정이며 대부분의 교사들이 사용하고 있는 체제이다. 이 운영 방식은 일상생활을 통해 영유아의 관심이나 흥미와 관련된 경험을 바탕으로 하기 때문에 생활 중심 보육과정, 경험 중심 보육과정, 단원 중심 보육과정, 주제 중심 보육과정이라고도 부른다.

역사적으로 흥미 중심 보육과정은 듀이의 이론에 기초를 두고 있다. 듀이에 있어서 흥미란, 활동이 진행되는 과정에서 자아와 세상이 서로 맞물려 있는 상태로 설명된다(Dewey, 1996). 즉, 영유아가 생활 주변의 사물, 사람, 상황, 사건 등의 관심있는 대상에 대해 자신의 정신을 몰입시킴으로써 영유아 자신이 세상과 깊이 교류하는 상태를 말한다.

그러나 지금까지의 흥미 중심 보육과정은 매우 개인적인 쾌락에 초점이 맞추어져 있었다. 보육에서 진정한 의미의 흥미란 영유아를 기쁘게 하는 의미의 '얼르는' 보육이 아니라 학습 과정에서 영유아가 자신의 모든 것, 즉 자아를 사람, 사물, 상황에 몰입시키면서 상호작용하는 상태를 말한다(Dewey, 1996). 따라서 흥미 중심 보육과정은 영유아가 주도적 역할을 하지만 교사 또한 주도권을 가지며 영유아와의 상호작용을 통해 협력적으로 보육과정을 운영해 나간다.

교사는 흥미 중심 보육과정을 운영하기 전에 다양한 정보를 수집하고, 이를 위계적으로 조직하여 수업 계획에 이용한다. 교사는 영유아가 경험하며 흥미를 느끼는 다양한 주제들의 목록을 만들고 이를 시간적 순서에 따라 학년초부터 학년말까지 논리적 순서로 배열하여 운영한다. 이와 같이 주제들이 시간의 흐름에 따라 연속적 지표로 나타내지기 때문에 피터슨은 이를 수평적 계획으로 칭하고 있다.

(2) 흥미 중심 보육과정의 구성

① 주제 선정

흥미 중심 보육과정 운영을 위해 가장 우선되는 것은 주제의 선정이다. 교사는 일상생활에서 영유아가 관심을 가지고 경험하는 것, 가족의 가치와 문화를 반영하고 영유아가 흥미를 갖는 것이 무엇인지 자세히 관찰한 후 주제를 선정하는 것이 바람직하다. 영유아에게 흥미가 있는 주제의 내용은 보육과정에 영향을 주는 영유아, 가족, 지역 사회 사건들, 프로그램, 교사의 가치, 문화적 가치, 지리적 조건 등을 반영해야 한다. 예를 들어, 도시에 살고 있는 영유아들은 건물의 형태, 건설 현장, 공장, 자동차, 그 곳에서 일하는 사람들에 대한 주제에 초점을 맞추지만, 어촌 지역의 영유아들은 어선이나 물고기, 낚시, 생선 말리기, 수산물, 어촌의 집 등에 대한 주제를 우선적으로 경험하기 때문에 그와 관련된 주제를 선정해야 한다. 주제 선정에서 교사는 영유아가 흥미있어 하는 주제를 선정하는 것도 중요하지만 영유아의 발달에 적합한지, 선정할 만한 가치가 있는 주제인지에 대해서도 고려해야 한다.

주제 선정의 원리에 따라 주제가 선정되면 교사는 이 주제들을 수업 계획에 효과적으로 이용할 수 있도록 영유아가 속한 환경을 고려하면서 장기적이고 문서화된 계획을 수립해야 한다. 이때 교사는 시간적 순서를 따르는 수평적 계획을 이용하는데 (Petersen, 2003) 학기초에는 영유아의 생활과 밀접한 주제로부터 시작하여 학기말에는 점차 복잡한 주제로 나아간다. 수평적 체제는 시간의 흐름에 기초를 두지만 탄력적으로 운영되어야 하며 영유아의 요구와 잠재적인 흥미에 따라 변화될 수 있어야 한다. 이 계획을 그림으로 나타내보면 | 그림 5-1 | 과 같다. 좀 더 구체적인 계획은 생활 주제와 소주제들이 월 또는 주 단위로 제시된다(연간 보육계획안 참고).

즐거운 어린이집 (나/친구)	봄과 동·식물	소중한 가족	우리 동네	신나는 여름	교통과 안전	세계 속의 우리나라 (추석)	가을과 자연	지구와 환경	겨울과 놀이	기계와 생활	초등학교 (형님반)에 가요(설날)
3월	4월	5월	6월	7월	8월	9월	10월	11월	12월	1월	2월

그림 5-1 흥미 중심 수평적 계획

교사가 수평적 계획으로 접근할 때 다음의 몇 가지 사항을 고려한다면 보육과정 운영에 도움이 될 것이다.

- 융통성 있는 계획이다.
- 융통성이 있어 주제를 시행하는 날짜나 주가 고정적이지 않고 변할 수 있다.

- 주제는 영유아의 흥미에 부응하기 위해 변경될 수 있다.
- 주제가 끝나는 시간에 얽매이지 않고 영유아의 발현적 흥미에 따라 조절될 수 있다.
- 교사는 이 계획을 발전시켜 나갈 수 있다.

② 주제 조직망 구성 및 운영

조직망은 교사가 주제 정보를 조직하고 운영하는 또 하나의 방식으로 주제를 선택하는 과정에서 일부 교사는 사전 계획 조직망(preplanning webs)을 작성한다. 교사는 영유아가 가장 흥미있어 하고 탐구를 이끌어낼 것으로 생각되는 주제를 우선적으로 다루면서 주제를 가운데 원에 두고 하위 주제들을 주변에 둔다.

교사는 자신이 선정하여 사전 조직망에 포함시킨 주제들이 영유아의 발달을 도울 수 있는 유익한 것인지에 대해 고려하면서 주제의 가치들을 현실적으로 평가해 보아야 한다. 또한 교사는 영유아 모두가 동일한 주제에 관심을 갖지 않을 수도 있고 주제와 관련된 다른 경험으로부터 배울 수도 있기 때문에 하나의 주제에만 지나치게 의존하지 않도록 한다.

주제 중심 보육과정은 주제를 시간적 순서에 따라 제시하지만 영유아의 흥미는 항상 새로운 방향으로 확장될 수 있다. 즉, 영유아의 관심은 교실에서 우연히 일어난 자연적인 사건에서 다시 시작된다. 교사는 이 상황을 학습과 연결시킬 수 있는 순간으로 이해하고 학습으로 연결할 수 있어야 한다. 예를 들면, 교실 내에 키우는 화분의 식물에서 나와 기어다니는 달팽이에 대한 영유아의 관심이 학습의 출발점이 된다. 교사는 이에 반응하기 위해 영유아가 달팽이를 더 가까이 관찰하도록 투명한 유리 그릇으로 달팽이 집을 만들도록 하고, 달팽이의 기어가는 모습을 관찰하게 하고, 몸으로 표현하게 하고, 그리고, 칠하고, 구성하고, 음악에 맞추어 달팽이처럼 몸을 바닥에 붙이고 느리게 움직이는 활동을 제공하고, 달팽이의 먹이를 알아보기 위해 책을 찾아 읽게 할 수도 있다. 이 과정에서 교사는 달팽이에 대한 영유아들의 사전 지식을 확장하도록 새로운 질문을 계획하며 기존의 계획에 덧붙일 새 주제를 구성하거나, 탐구적이고 협동적인 프로젝트가 될 만큼의 흥미를 유발할 것인지를 결정하게 된다.

이와 같은 주제는 발현적 흥미를 나타내면서 새로운 주제로 이끈다. '지역 사회를 돕는 사람들' 주제는 도구와 작업 차량에 대한 발현적 보육과정으로 확장될 수 있다. '공휴일' 주제는 수송과 여행이라는 관심으로 이끌어진다. 결론적으로 영유아가 흥미를 가진다고 생각하는 주제를 중심으로 주제 조직망을 구성하지만 영유아의 흥미에 따라 새로운 주제가 첨가 또는 삭제되어지는 등 융통성 있게 운영되어야 한다.

2) 기술 중심 보육과정

흥미 중심 보육과정은 영유아의 흥미만을 지나치게 강조하여 학습 과정에 필요한 기술들을 간과하거나 발달에 적합하지 않은 방식으로 적용된다는 지적이 있어 왔다. 따라서 전체적인 보육과정의 정보를 조직할 때에는 영유아의 전반적인 학습 과정에서 요구되는 기본적인 기술들과 이 기술들을 발달적으로 순서화된 적절한 방식에 따라 체계적으로 조직하는 기술 중심 학습 체제의 필요성이 제기되었다.

(1) 기술 중심 보육과정의 개념

흥미 중심 보육과정이 영유아가 흥미를 갖는 내용을 중심으로 시간적 순서에 따라 운영하는 수평적 체제로 운영되는 반면 기술 중심 보육과정은 각 기술들의 발달적 순서를 따라 진행되는 수직적 체제로 운영된다. 기술 중심 보육과정은 영유아의 감각, 지각, 신체운동 기술, 언어 기술, 문제해결 기술들의 발달을 돕기 위해 교사가 각 기술을 발달적으로 순서화하여 체계적으로 접근하는 보육과정이다. 기술 중심 체제의 학습 영역 범주는 언어, 신체운동, 지각, 감각, 문제해결 등 5개 범주로 구성되며 관찰, 묘사, 세기, 측정, 실험, 평가, 비교하기 등과 같은 여러 유형의 문제해결경험 등이 포함된다.

기술 중심 보육과정의 핵심 내용인 5개 범주의 기술들은 학습 과정에서 영유아로 하여금 자신의 지식을 구성하도록 돕는다. 기술 중심 보육과정에서의 강조점은 영유아에게 5개 범주의 기술들을 균형있게 발달시키도록 돕는 것과 이 기술을 각 영유아에게 발달적으로 적절한 시기에 가르치는 것이다.

보육과정을 운영하는 교사들은 매 학년 말이 되면 학습 영역 전반에서 영유아가 필요로 하는 모든 기술경험을 골고루 제공하는 데 최선을 다했는지 자문한다. 예를 들어,

'극놀이, 미술 등의 창의적 활동은 충분히 다루었지만 수와 문해 활동은 부족하지 않았는가?', '영유아가 운동 기술면에서 유능해졌는가?', '영유아의 다양한 발달 수준을 고려해 볼 때 몇 가지 기술경험을 너무 빨리 또는 너무 늦게 제시하지 않았는가?'를 돌아보게 된다.

이런 점에서 기술 중심 보육과정은 영유아의 발달적 수준을 고려하면서 기술 중심의 다양한 경험들을 소개하고, 비계설정함으로써 영유아가 기술 습득을 하도록 돕는다.

(2) 기술 중심 보육과정의 운영

기술 중심 보육과정 운영은 5개 학습 영역의 기술들을 발달시키기 위해 각 기술 영역의 활동들을 발달적으로 순서화해 둔다.

교사가 활동에 대한 수직적 계획을 할 때 다음 두 가지 사항을 고려해야 한다.

첫째, 영유아에게 성공을 가져오도록 영유아의 현재 기술 수준을 고려하면서 기술을 연습하게 한다. 둘째, 영유아가 점차 더 능숙하게 성장할 수 있는 도전의 요소를 제공하도록 계획한다.

기술 중심 보육과정을 운영할 때 교사는 위의 두 가지 사항을 고려하면서 비계설정을 한다. 실제로 교사-영유아 상호작용에서 발달적으로 순서화된 활동은 자연적으로 이미 활동 자체에 비계설정이 포함되어 있다. 즉, 교사는 특정 활동의 발달적 순서를 미리 알고 다음 단계를 예측하면서 학습경험을 비계설정하기 위해 적절한 대화를 사용하며 영유아의 사고 과정을 격려하면서 영유아가 더 진보된 기술을 시도해 보게 하고 숙달감을 갖도록 이끌어 준다. 특히 교사의 따뜻함과 칭찬은 종종 영유아의 창의력을 신장시키거나 새로운 일을 다시 시도하도록 동기 유발시킨다(Berk & Winsler, 1995).

기술 습득이 목표가 되는 보육과정에서 영유아가 도달해야 할 목표인 학습 기술의 성취 수준, 즉 발달적 지표는 장기 목표를 인식하는 데 좋은 지침이지만 이 지표들이 교사가 진행하고 있는 수업 계획에서 영유아가 기술을 습득해 가는 단계를 말해 주지는 않는다. 따라서 교사가 기술 중심 보육과정을 보다 잘 운영하기 위해서는 발달적 순서의 유형에 대해 아는 것이 필요하다.

발달적 순서의 유형에는 세 가지가 있는데 자연 발달, 안내받은 발달, 계획된 발달로 구분할 수 있다. 자연 발달이란 영유아의 생래적 발달의 진행을 말한다. 즉, 환경적 자극이나 인위적 개입이 없어도 자연스럽게 변화하는 점진적 순서를 의미한다. 아기가 걷기를 배우기 위해 머리를 들고, 어깨를 가누고, 뒤집고, 기고, 서고, 걷게 되는 연속적인 과정이 그 예가 될 수 있다. 안내받은 발달이란 성인이나 교사에 의해 격려를 받거나 '안내를 받아' 기술이 발전하는 것을 말한다. 보육 현장에서는 교사에 의해 준비된 환경이나 자유선택 활동에 의해 영유아가 필요한 기술을 습득하게 되는 경우를 예를 들 수 있다. 그러나 이 유형은 자연스럽게 이루어지는 발달이기 때문에 강제성이 없는 경우에 해당한다.

마지막으로 계획된 발달이란 앞서 언급된 자연 발달이나 안내받은 발달보다 더 의도적인 유형이며 그 연장선에서 이해될 수 있다.

만약에 특정 활동이 자유선택 활동 시간 동안 안내된 활동으로만 제공된다면 기술 숙달을 위해 과외의 연습이 필요한 영유아들 중 일부는 정작 필요한 연습을 하지 못할 수도 있다. 따라서 교사가 모든 영유아를 위하여 계획된 소집단 시간에 정규적으로 연습이 일어나도록 활동 과정을 계획하고 제공하는 것이 필요하다.

교사가 수직적 계획으로 접근할 때 다음 몇 가지 사항을 고려해서 적용하면 보육과정 운영에 도움이 된다.

- 기술 중심 보육과정에서 제시하는 기술 영역의 5개 범주는 신체운동, 언어, 지각, 감각, 문제해결 기술 영역으로 구분된다. 신체운동 기술에는 대 · 소근육 활동, 언어 영역에는 음성 언어와 문자 언어, 문제해결 영역은 수 · 과학 · 창의적 문제해결, 지각 영역은 시각과 청각, 감각 영역이 구체적으로 세분화되어 포함된다.
- 수직적 계획은 하나의 장기적 계획 체제로 전반적 기술들은 연간, 월간, 주간, 일일 계획 속에 체계적으로 제시된다. 즉, 5개 범주의 기술들이 수업 계획 내에 발달적으로 순서화된 활동으로 제시된다. 각각의 활동은 단순한 것에서 복잡한 것으로 제시되며 교사가 주의 깊게 순서대로 사용한다면 목표에 도달할 수 있게 된다.
- 수직적 계획은 수업 계획에서 5개 기술 전 영역을 균형있게 제공해 준다. 이 체제를 더 효과적으로 사용하기 위해 교사는 각 활동들이 특별한 범주에 배치된 이유를 생각하면서 제시된 범주의 활동들을 개별적으로 적절하게 수정하여 사용할 수 있다. 즉, 교사가 이 체제에 친숙해지게 됨에 따라 자신의 아이디어를 덧붙이고 제시된 예들을 수정하여 제시할 수 있게 된다.

- 시간 계획표에 제시된 활동 계획은 완성된 것이 아니다. 즉 대집단, 소집단, 자유선택 활동 시간에 배치된 활동은 고정적인 것이 아니라 교사 또는 영유아의 상황에 따라 다르게 배치할 수 있다. 교사가 이 체제와 친숙할 때 자신의 수업 계획에 순서화된 활동을 배치하는 것을 고려해 보아야 한다. 예를 들어, 새로운 자료를 사용하는 기술 중심 활동들은 먼저 소집단에서 소개한 후 자유선택 활동 시간에 자유롭게 연습하도록 계획되어야 한다.
- 교사는 수직적 체제를 사용할 때 집단 내 영유아 개개인의 요구를 충족시키면서 지도한다. 소집단 활동에서 일부 영유아들은 매우 빠른 속도로 활동을 연습해 나간다. 따라서 새로운 활동에 대해 도전을 나타내는 등 영유아가 준비되었을 때 교사는 언제든지 다음 단계로 이동할 수 있다. 즉, 교사는 영유아의 학습 수준에 따라 앞 단계로 나아가거나 또는 이전 단계로 되돌아가서 반복하는 등 특정 범주의 특정 활동을 꾸준히 연습할 수 있도록 개별적으로 지도한다. 교사는 집단 내 각 영유아의 학습 수준에 따라 다르게 질문을 하고 비계설정을 할 수 있다.

3) 통합보육과정

통합보육과정(integrated curriculum)은 영유아의 흥미를 핵심으로 하는 흥미 중심, 단원 중심 보육과정을 재조명하여 이해하려는 노력의 결과에서 나온 보육과정이다. 통합보육과정의 필요성이 제기된 것은 다음 두 가지 요인으로 볼 수 있다. 첫째는 흥미 중심 보육과정이 전적으로 영유아의 흥미에 의존하여 영유아의 정신을 몰입시키지 못하였기 때문이다. 둘째는 학문적 성취와 테스트 증가에 대한 압력으로 교사 주도의 체계적인 학문적 교수가 지나치게 교과별로 분절되어 이루어졌기 때문이다.

(1) 통합보육과정의 개념

통합보육과정은 듀이의 경험 중심 보육에서 근원을 찾을 수 있으며 전인적 인간 양성을 목적으로 한다. 듀이는 경험을 유기체와 환경의 통합 과정으로 보면서 경험의 통합을 강조했다(이기숙, 2004). 통합은 학습자의 현재경험, 흥미 등을 출발점으로 하여 영유아 개개인의 내부에서 경험의 재구성이 일어나는 것을 말한다. 영유아 보육에서 통합의 개념은 영유아의 경험 범위 내에서 관심있는 내용이나 개념을 주제 중심으로 조직함으로써 영유아가 자신을 학습의 주체로 인식하며 학습을 의미있게 재구성하는 것이다.

일반적으로 통합의 개념은 학문이나 경험, 그리고 학습 등 모든 것에서 부분들을 전체에 결합시킨다는 전체성의 의미로 받아들여지는데 통합보육과정의 운영은 이러한 통합의 개념에 기초한다. 통합보육과정의 의미를 설명하면 다음과 같다(양미경, 1997; Bredekamp & Rosegrant, 1995; Gardner, 1993).

- 전인격적 존재로서 영유아의 학습은 영유아 자신의 흥미를 출발점으로 하여 현재의 경험과 과거의 경험을 통합하면서 자신의 내부에서 경험을 재구성하며 이루어진다.
- 이 과정에서 전통적 교과 지식들이 경험을 재구성하는 도구가 되도록 교과목들을 통합적으로 재조직하여 경험하도록 한다.
- 영유아는 자신의 삶의 맥락과 동떨어진 의미 없는 내용을 분리하여 학습하는 것보다 자신의 삶의 맥락과 관계된 의미 있는 학습경험을 통합적으로 제공받을 때, 더 잘 학습한다.
- 영유아 개인에게 의미 있는 맥락 내에서 내용을 찾음으로써 영유아가 스스로 경험을 통합하는 주체가 되도록 한다.
- 영유아에게 능력을 길러주기 위해서 교실 내에서 또래와의 협동적 활동을 통한 학습경험과 함께 교실의 경계를 넘어서는 학습경험을 제공해 준다. 이러한 경험을 통하여 영유아는 지역 사회와의 통합을 경험하며 사회적 요구를 인식하게 된다.
- 영유아는 자신의 신체, 감각, 기억, 지각, 사고 및 사고 기술, 느낌, 감정, 그리고 아이디어 등을 통합적으로 배울 때 의미 있는 학습을 한다.
- 통합보육과정에서는 영유아의 인지적 학습이 감정에 영향을 받는다는 신념으로 일과 속에서 흥미를 강조한다.
- 교사와 영유아의 적극적인 상호작용을 통해 교사와 영유아의 경험을 통합함으로써 영유아가 지식을 확장하는 데 도움을 줄 수 있다.
- 영유아와 영유아 주변의 인적 · 물적 환경의 통합을 통해 학습이 이루어진다.
- 영유아의 조화로운 발달을 위해 영유아 자신의 경험에 근거한 주제 또는 단원 중

심의 발현적 보육과정을 실시한다. 이러한 보육과정을 확장한 프로젝트 중심의 보육과정을 조직하고 운영할 수 있다.

▣ 영유아는 다양한 학습 방법들을 활용하여 학습한다. 영유아는 과학, 극놀이, 블록 영역 등의 다양한 활동 영역에서 논리 수학적, 공간 지각력, 자연적 지능을 활용하여 다른 사람과 협력함으로써 언어 능력과 대인 관계를 학습한다.

이 외에도 영유아 발달 영역 간의 통합, 흥미 영역 간의 통합이 이루어질 수 있으며 이 모든 것이 영유아의 흥미를 중심으로 통합적으로 제시됨으로써 학습이 영유아의 삶과 분리되지 않고 의미 있는 경험이 될 수 있어야 한다.

이상의 설명을 종합해 볼 때 통합보육과정은 영유아를 전인적이고 통합된 존재로 인식하여 영유아의 삶을 소중히 여기고 조화롭게 발달시키기 위한 의미 있는 학습경험을 제공하는 데 적합한 보육과정이다. 통합보육과정을 신뢰하는 교사는 영유아에게 단편적인 지식을 제공하기보다는 지속적으로 학습하려는 성향을 심어 주고, 민주 사회의 유능한 구성원이 되는 데 필요한 인성 및 기질을 다양한 학습 방법과 경로를 통해 제공해 준다.

(2) 통합보육과정의 운영

통합보육과정의 개념이 가장 잘 나타나 있는 운영의 예는 프로젝트 접근법이다. 프로젝트 접근법은 영유아의 잠재적 · 발현적 흥미를 수용하면서 영유아의 학습을 확장시키고 보육과정의 내용은 물론 영유아가 학습할 필요가 있는 기술들 간의 균형을 유지하도록 하는 통합적인 보육과정이다. 프로젝트 접근법에서는 조사 활동, 탐구 활동, 표상 활동 등의 다양한 학습 방법을 경험하게 되는데, 이러한 경험을 통해서 참여하는 영유아는 개별적인 탐구와 협동적인 집단 탐구에 참여하면서 자기 조절 기술과 사회적 기술을 익히고, 궁금한 사항을 다양한 경로를 통해 찾는 기술을 연습하며, 배운 것을 기록으로 남기는 경험을 하고, 전문인 면담을 통해 지식 획득은 물론 대인 관계 능력을 기르게 된다.

교사는 프로젝트 접근법을 운영하기 위하여 우선적으로 영유아의 흥미를 시발점으로 하지만 교사 입장에서 기술과 내용에 대한 사전 조직망을 구성해 두는 것이 좋다. 기술과 내용에 대한 조직망 계획을 기초로 보육 현장에서 통합된 보육과정을 구성 · 운영할 수 있기 때문이다. 예를 들어, 만약 교사가 '물' 주제를 전개하고자 한다면 영유아의 발현적 흥미는 근처의 호수나 수영장을 방문하는 경험으로부터 시작되어 영유아의 생활과 관련된 더 넓고 깊은 내용으로 확장될 수 있다. 주제 조직망은 계획을 조직하는 체제로 활용될 수 있는 동시에 주제가 발전되어감에 따라 발현적 보육과정으로 운영된다.

(3) 통합적 운영의 예

통합적 운영은 다양한 형태로 이루어질 수 있다. 즉 주제를 중심으로 발달 영역, 생활 영역, 교과 영역, 활동 영역, 흥미 영역 등과 통합적 운영을 계획할 수 있다.

본 절에서 크게 세 가지의 예(어린이집 보육과정의 생활 영역 간의 통합, 대 · 소집단 활동 간의 통합, 흥미 영역 간의 통합)를 소개하고자 한다.

주제 중심의 통합적 운영을 위해 교사는 우선 주제 조직망을 구성한다. 이 조직망은 이후 영유아의 수준에 따라 내용을 줄이거나 첨가하면서 프로젝트를 진행해 나갈 수 있도록 돕는다. 즉, 교사는 영유아들과의 협의를 통해 영유아들이 이미 알고 있거나 알고 싶어 하는 것을 수용하여 영유아 개개인에게 보다 의미 있는 학습이 되게 한다.

이와 같이 영유아와 교사의 흥미로부터 시작된 간단한 조직망은 더 복잡한 조직망으로 확장될 수 있다. 교사는 영유아의 발현적 흥미를 다른 많은 주제 및 학습 영역과 통합시키면서 더 깊이 몰입하도록 유도하고 영유아가 스스로의 학습을 확장시킬 수 있도록 격려한다.

| 그림 5-2 | 와 | 그림 5-3 | 은 '물' 주제와 생활 영역 및 활동들 간의 통합의 예이다. 교사는 영유아의 전체적인 발달을 고려하면서 특정 주제에서 다루어야 할 내용들을 대 · 소집단 활동별로 통합하면서 조직망을 구성한다. 교사는 특정 활동이 대집단, 자유선택 활동, 이야기 나누기, 게임 등 어느 활동 유형에 가장 적합한지 결정해야 한다.

교사는 '물' 주제 조직망을 근거로 영유아들이 주제와 관련된 장소를 견학하고, 그곳에서 보고 들은 것을 다양한 방법으로 표상할 수 있는 기회를 제공한다. 즉 영유아들

은 이야기 나누기, 미술 활동, 편지 쓰기, 읽기, 실험, 게임, 극놀이, 견학 등의 활동을 통해 표현한다. 주제 중심의 통합적 운영을 하는 동안 교사는 '물놀이' 활동을 학습의 출발점으로 활용할 수 있다. 영유아들은 바깥놀이 시간에 물놀이를 하면서 두 손 가득 물을 담아서 다른 그릇에 부어보기도 하고 물을 휘젓고 그릇을 사용하여 물을 다른 곳에 뿌려보면서 물에 대한 경험을 한다. 또한 물의 형태, 색깔, 상태, 그릇의 모양에 따라 달라지는 모양 등을 주의 깊게 관찰하고, 물에 대해 말하고 냄새를 맡고, 물을 다양한 종류의 그릇에 담고 퍼내고 붓고, 무게를 달고 측정하고 물건을 물에 띄워보는 등이 모든 과정을 통해 물에 대한 많은 사실들을 조사하면서 물에 대한 내용을 학습한다. 영유아는 이와 같은 다양한 대 · 소집단 활동경험을 통해 신체운동 · 건강, 사회관계, 의사소통, 자연탐구, 예술경험 영역 측면의 발달을 자연스럽게 경험할 수 있게 된다.

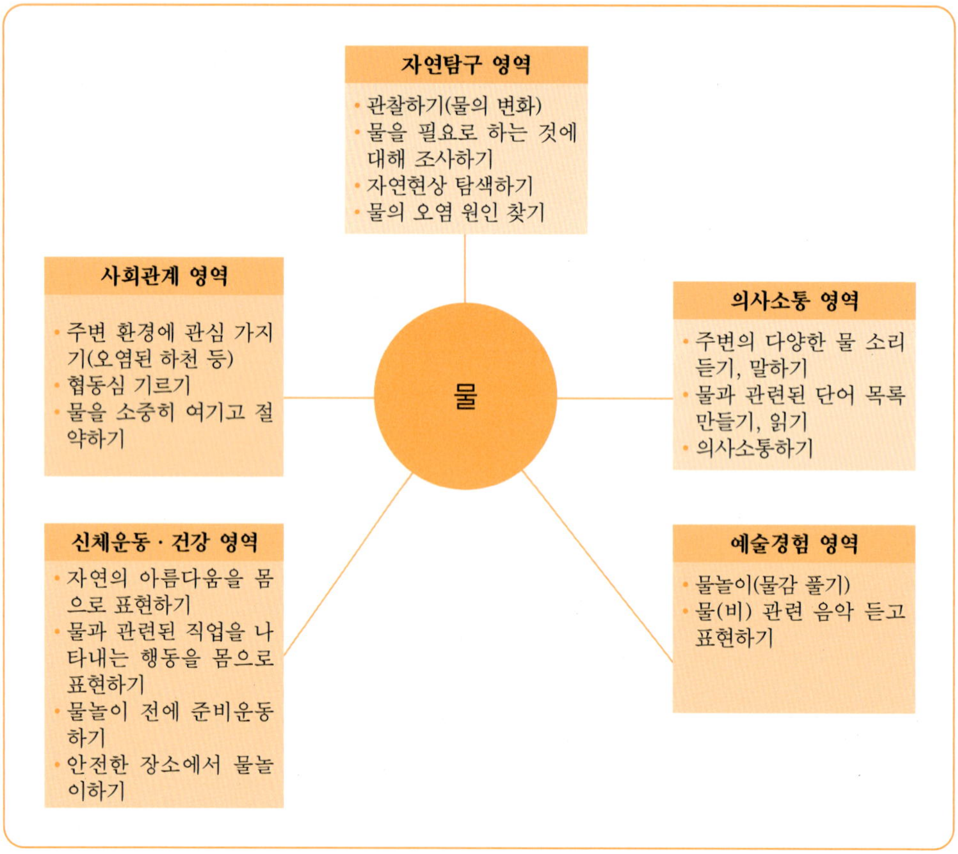

그림 5-2 보육과정 생활 영역별 통합(주제: 물)

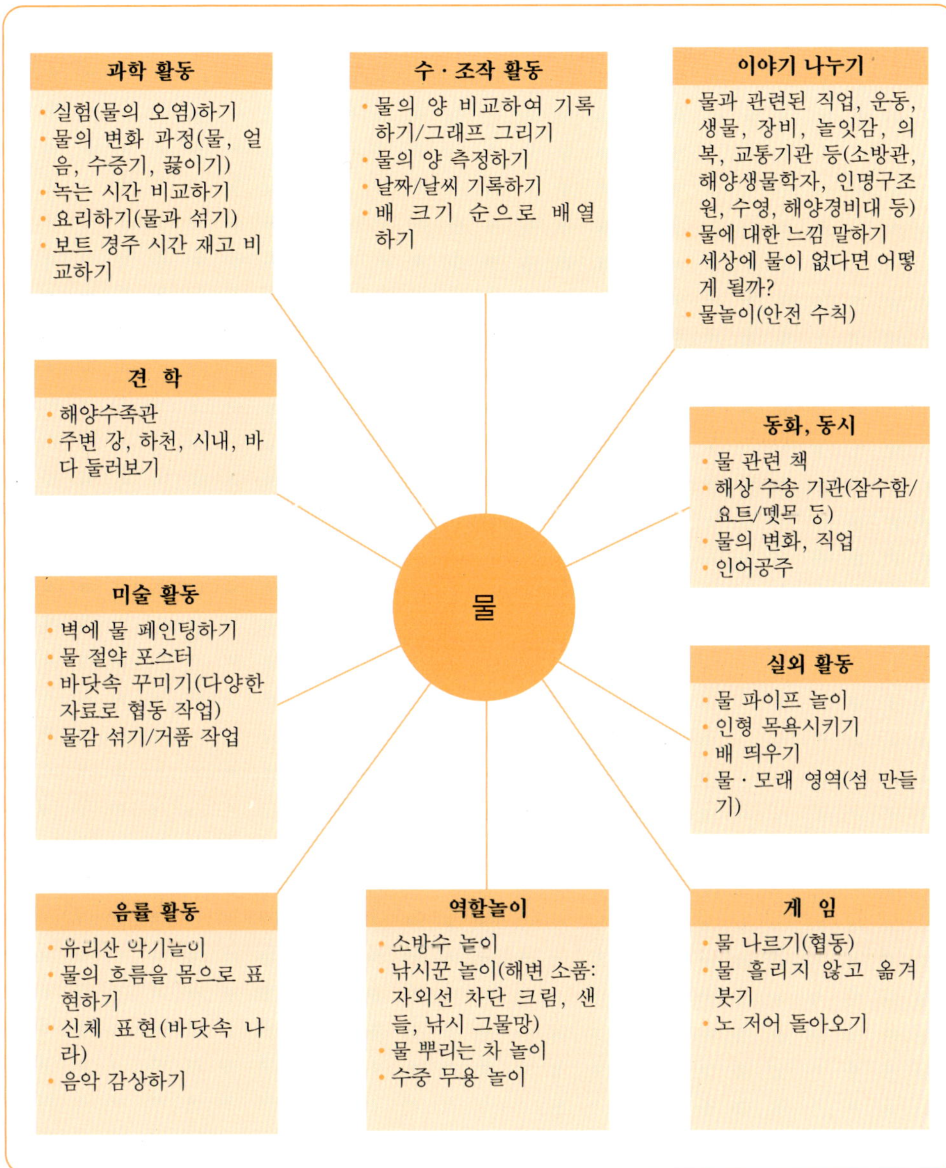

그림 5-3 대 · 소집단 활동에 의한 통합 (주제: 물)

이런 활동들은 주제를 진행하는 동안에 영유아의 보다 깊은 이해를 위해 반복하여 행해지기도 한다. 때로는 주변의 전문 인력 자원을 교실로 초대해서 주제의 내용에 대해 도움을 받기도 한다. 이 자원인사가 학부모가 될 수도 있다.

|그림 5-4|는 '물' 주제와 흥미 영역 간의 통합을 나타낸 예이다. 자유선택 활동 시간은 이 시기의 영유아들에게 직접적인 경험을 통한 능동적인 학습을 할 수 있는 매우 중요한 기회를 제공한다. 즉 자유놀이 시간은 영유아가 여러 감각 기관을 사용하여 능동적으로 탐색, 실험하고 다양한 자료나 활동을 선택하며 연장이나 기구들을 사용할 수 있는 능력을 기를 수 있다.

또한 자유선택 활동 시간을 잘 활용하기 위해서는 흥미 영역의 구성과 그 영역에 적절한 교재와 교구를 배치하는 것이 매우 중요하다. 흥미 영역에는 기본적인 교구와 함께 특정 주제와 관련된 교구가 제공되어야 한다. 기본적인 교구는 쌓기놀이의 여러 가지 블록들, 역할놀이에서 사용될 소품들이다. 또한 주제와 관련된 특별한 교구가 제공되기도 하는데 예를 들어, 수놀이 영역의 교구가 수세기를 돕는 자료라는 면에서는 동일하나 주제에 따라 변화를 주어야 한다. 예를 들어, '봄' 주제일 때는 봄의 꽃과 꽃병, 봄의 곤충에 관한 교구를 제시해 주고, 교통기관일 때는 자동차, 자전거, 배 등 각종 교통기관에 관한 교구를 제공해 준다.

결론적으로 영유아의 생활과 대 · 소집단, 흥미 영역들 간의 통합을 통한 주제 중심 통합보육과정의 운영은 첫째, 영유아의 생활과 흥미에 기초하여 자연스럽고 의미 있는 학습을 할 수 있게 한다. 둘째, 주제 조직망을 기초로 다양한 범주의 내용과 기술 등을 균형있게 제시한다. 셋째, 통합적 운영을 위한 교사의 주제 조직망은 간단하든 복잡하든 영유아의 발현적 흥미에 따라 계속 변경될 수 있다.

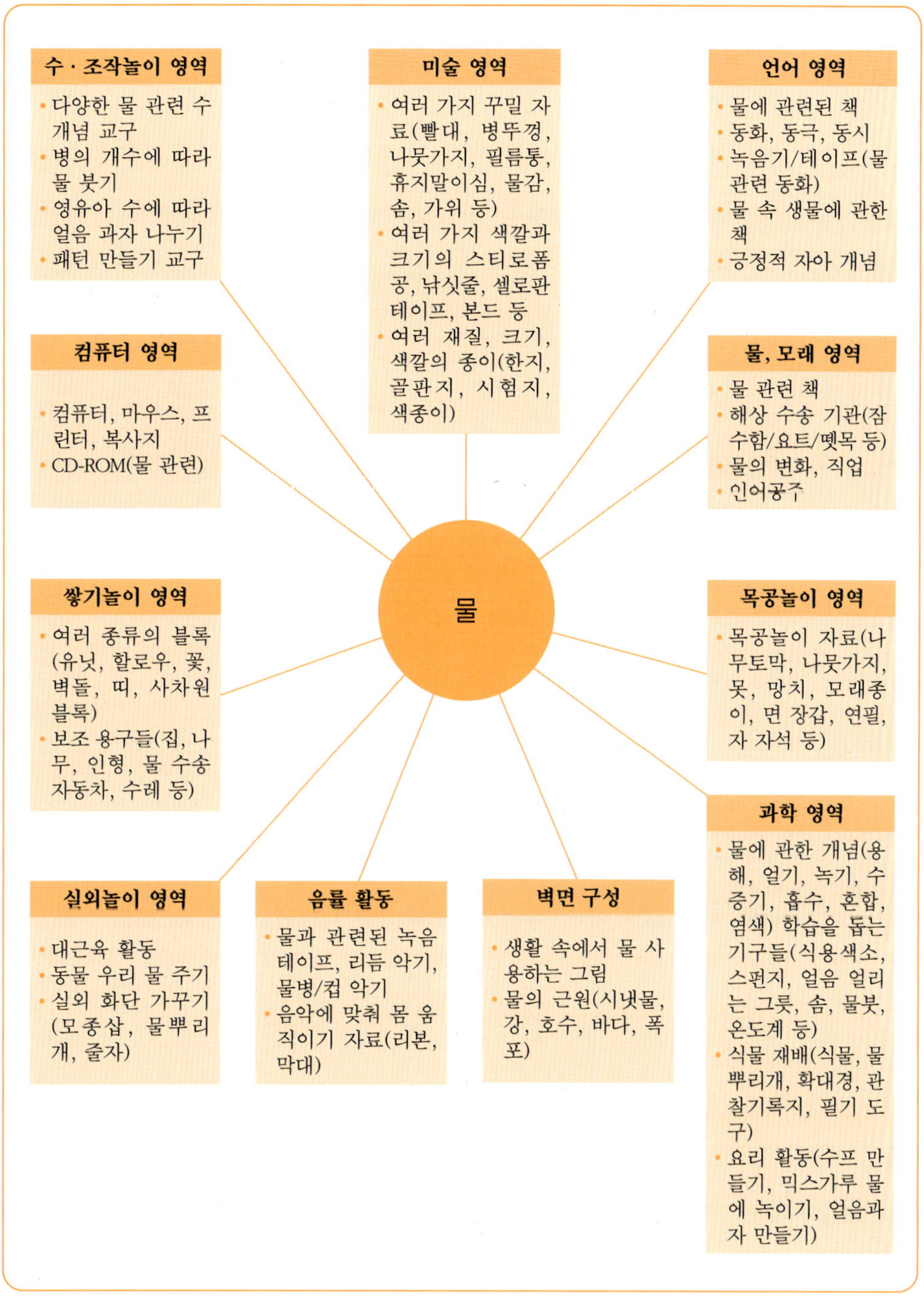

그림 5-4 흥미 영역에 따른 통합(주제: 물)

2 보육 계획

영유아를 위한 보육을 계획하기 위해서는 다양한 측면이 고려되어야 한다. 보육과정 전반의 목표와 내용, 계절적 특성, 영유아가 속한 환경에서의 경험과 흥미, 그리고 영유아의 개인적 · 연령적 적합성이 고려되어야 한다. 영유아를 위한 대부분의 보육은 영유아의 연령에 적합하다고 선정된 주제를 중심으로 연, 월, 주, 일일 보육 계획으로 구성된다.

아주 어린 영아의 경우에는 꼭 주제를 중심으로 전개될 필요는 없다는 주장도 있다. 이는 이 시기 영아들에게는 주제와 관련이 없는 활동들이 더욱 적절한 경험이 될 수 있기 때문이다(김희진 외, 2004).

1) 연 · 월간 보육계획안

영유아를 위한 연간 보육 계획은 영유아들에게 1년 동안에 어떤 환경과 경험을 제공할 것인가에 대한 전체적인 청사진이다. 연간 보육계획안 작성의 원칙을 몇 가지 살펴보면 다음과 같다.

첫째, 현재의 계획은 작년의 계획에 대한 반성과 평가 위에서 이루어져야 하며 계속적인 연계가 고려되어야 한다. 이를 위해 보육과정을 실행하면서 단원이나 행사가 끝날 때마다 평가 기록을 남겨 두었다가 다음 계획에 참고 자료로 활용한다. 특히 0세부터 5세까지 연결되어 있는 어린이집에서는 5년이라는 장기 계획의 흐름 속에서 모든 것이 고려되어야 한다.

둘째, 연간 계획은 계절이나 영유아가 가정이나 어린이집에서 겪는 경험 등을 기초로 월 단위의 대주제와 주 단위의 소주제별로 구성되며 공휴일, 각 반 집단 면담 및 개인 면담, 각 반 연구 수업, 운동회, 견학, 성탄 축하 등 1년 동안 이루어져야 할 모든 행사 일정이 포함되어야 한다(김진영 외, 2003; 이정환, 1993). 주제들은 학기 초의 적응을 위한 주제에서 점차 자신, 가족, 친숙한 사물 등 주변세계로 넓혀나간다.

본 절에서는 각 연령에 따른 연간 보육계획안을 제시하면서, 먼저 1세와 2세의 연간

보육계획안을 비교하고(김희진 외, 2004; 삼성복지재단, 2003), 3, 4, 5세 연간 보육 계획에서 연령의 증가에 따라 주제의 수준이나 내용이 어떻게 달라지고 첨가되는가를 비교하고(| 표 5-2 |), 한 예로 4세 연간 보육 계획을 자세히 살펴보고자 한다.

또한 월간 보육계획안은 연간 보육계획안에 포함된 주제 및 소주제를 기초로 계획을 수립하며 이때 지난 해 보육 실행 결과에 대한 평가를 기초로 작성한다. 연령이 어린 영아의 경우는 주제와 관련된 개념 습득보다는 이 시기 영아의 발달적 특성과 개인적 요구에 맞는 다양한 활동을 선택하여 계획한다. 현재 대부분의 어린이집들은 월간계획안의 경우에 연간 계획을 참고하며 주간계획안을 비교적 상세히 작성하여 실행하는 경우가 많다. 또한 월간계획안에는 생일, 견학 등의 행사를 미리 계획에 포함시킴으로써 견학 장소 및 버스 섭외 등에 차질을 빚지 않도록 해야 한다. 이때 교사들이 역할 분담을 하여 전체 일정을 효율적으로 운영해야 한다.

(1) 1세와 2세 연간 보육계획안

표 5-1 1세, 2세 연간 보육계획안의 예

1세		2세	
월	주제	월	주제
3	새로운 것이 낯설어요(1)	3	어린이집이 좋아요(1)
4	새로운 것이 낯설어요(2)	4	어린이집이 좋아요(2)
5	느낄 수 있어요(1)	5	봄나들이 가요
6	느낄 수 있어요(2)	6	나는요
7	놀이할 수 있어요(1)	7	재미있는 여름이에요(1)
8	놀이할 수 있어요(2)	8	재미있는 여름이에요(2)
9	나는 할 수 있어요	9	동물놀이해요
10	움직이는 것이 재미있어요(1)	10	나는 가족이 있어요
11	움직이는 것이 재미있어요(2)	11	알록달록 가을이에요
12	좋아하는 놀이가 있어요(1)	12	겨울을 즐겨요
1	좋아하는 놀이가 있어요(2)	1	다양한 모양이 있어요
2	새로운 것도 좋아요	2	나는 친구가 있어요

(2) 3, 4, 5세 연간 보육계획안 비교

연간 계획의 기본 원리는 3세 미만과 동일하나 소주제의 내용을 계획할 때 3, 4, 5세 연령별 소주제의 난이도를 비교 검토하여 결정하고 주제 선정은 친숙한 것에서 추상적인 주제로 확장해 나간다(삼성복지재단, 2003). 예를 들어, '동물' 주제의 경우에는 3세에서 구체적인 대상인 토끼, 고양이 등에 대해서 다루었다면 4·5세 유아와는 동물이나 동물의 특징 등 추상적인 개념들을 다룰 수 있다. 실제로 동물이라는 명칭의 동물, 식물이라는 이름의 식물 등은 매우 추상적인 개념이므로 연령이 어릴수록 구체적인 사물이나 대상을 주제로 선정하는 것이 바람직하다. 연간계획안은 주제와 행사만 간단히 제시할 수도 있고 4세 계획안의 예처럼 비교적 상세히 작성할 수도 있다.

표 5-2 3, 4, 5세 연간 보육계획안의 예

연령	3세	4세	5세
주제	어린이집과 친구	어린이집과 친구	어린이집과 친구
	봄	봄	봄
	동·식물과 자연	동·식물과 자연	동·식물과 자연환경
	나와 가족	나와 가족	소중한 나와 가족
	우리 동네	우리 동네	우리 동네
	건강과 안전	건강과 안전	건강한 생활
	여름	여름	신나는 여름
	교통기관	교통기관	교통과 안전
	우리나라	우리나라	아름다운 우리나라
	가을과 열매	세계 여러 나라	세계 여러 나라와 축제
	환경과 생활	가을과 열매	가을과 자연
	겨울과 놀이	환경과 생활	지구와 환경
	생활 도구	겨울과 놀이	겨울과 놀이
	형님이 되어요	생활 도구	기계와 생활 도구
		형님이 되어요	생활 속의 미디어
			초등학교에 가요

표 5-3 4세반 연간 보육 주제 및 행사계획안의 예

월	생활주제	소주제	행사 및 견학		관찰 및 평가
			유아	부모	
3	우리 반과 친구	• 우리 원의 새로운 환경 • 우리 원에서의 만나는 반가운 친구들 • 원에서 보내는 즐거운 하루 • 함께 만드는 행복 가득한 우리 원	- 신입원아 적응 - 생일축하(당일) - 체격검사 (연 2회) - 소방대피 (월 1회)	- 신입부모 면담 - 반대표 모임	- 발달 관찰 기록지 - 적응상담 일지
4	봄과 동 · 식물	• 봄이 찾아오는 소리, 봄의 생활 • 여러 동물 이야기 • 우리와 함께 살아가는 식물 이야기 • 자연과 더불어 사는 우리	- 청계 꽃시장 - 개천 나들이	- 부모교육 - 봄맞이 대청소	- 영역별 발달 체크리스트
5	우리 가족	• 나의 몸과 마음 • 소중한 나 • 소중한 가족 • 가족의 구조와 생활	- 어린이날 행사 - 어버이날 카네이션 만들기 - 봄 소풍	- 어린이날 카드 쓰기 - 부모참여수업	
6	우리 동네/ 월드컵	• 우리 동네의 생활모습 • 우리 동네의 사람들 • 알아가는 월드컵 • 함께 즐기는 월드컵	- 시장/마트 - 소방서, 보건소 - 경찰서 - 매실 담그기 - 농원 견학		
7	건강하고 안전한 여름	• 여름 날씨와 생활 • 즐거운 여름 운동과 휴식 • 여름환경, 여름음식과 건강 • 안전한 여름놀이와 생활	- 물놀이 캠프 - 식품안전체험관 - 체격검사	- 1학기 부모 개별 면담	- 부모 면담 일지
8	교통기관/ 우리나라	• 특별한 교통기관과 사람들 • 고마운 교통기관과 안전 약속 • 우리나라 사람들의 생활과 놀이 • 우리나라의 자랑거리	- 원내 물놀이 - 교통공원 견학		
9	추석/ 세계 여러 나라	• 추석놀이와 생활 • 세계 여러 나라 사람들의 생활과 문화유산 • 세계 여러 나라와의 교류 • 세계의 자연과 사회현상	- 송편 빚기 - 국립민속박물관 - 한국 민속촌 - 김치박물관	- 가족과 함께하는 음악 활동	
10	가을/ 생활 도구	• 가을 날씨와 생활, 수확의 계절 • 다양한 생활 도구 • 생활 도구를 움직이는 힘 • 미래의 생활 도구	- 인형극 관람 - 가을소풍 - 시민공원 - 자연학습공원		- 영역별 발달 체크리스트

월	생활주제	소주제	행사 및 견학		관찰 및 평가
			유아	부모	
11	주변의 환경과 생활	• 물과 함께 사는 우리 • 바람 · 공기와 함께 사는 우리 • 빛과 함께 하는 우리 • 빛 · 소리와 함께 사는 우리	- 체격검사 - 과천 과학관 - 김장담그기	- 가을산행	
12	건강하고 안전한 겨울	• 겨울 날씨와 생활 • 즐거운 겨울운동과 휴식 • 깨끗한 나와 겨울환경 • 맛있는 겨울음식과 건강	- 내가 잘하는 것을 소개합니다. - 산타잔치 - 사랑의 저금통	- 부모교실 - 2학기 부모 개별 면담	- 부모 면담 일지
1	생활 도구/ 다시 쓰는 재활용	• 즐거운 미디어 • 우리 생활과 미디어 • 생활 속의 재활용 • 지구를 살리는 재활용	- 체격검사 - 눈썰매장	- 부모 만족도 조사	
2	형님반/ 설날	• 궁금한 형님반 • 새해맞이와 설 놀이 • 설날의 문화 • 감사와 수료	- 어린이 도서관	- 수료식 - 졸업식	

| 출처 | 안양시 해와달 어린이집(2014). 보육계획안. 참고.

2) 주간 보육계획안

주간 보육계획안은 한 주간의 활동 계획으로 특정한 주에 영유아들이 경험해야 할 모든 활동이 포함되어야 한다. 연간, 월간 계획을 근거로 계획되며 이전 주의 보육 내용과 관련성을 유지하며 계획된다. 주간 보육 계획은 영유아의 전체적인 발달을 돕는 활동들이 균형을 이루어 통합적으로 운영되도록 계획한다. 즉, 자유선택 활동 시간에 영역별로 어떤 활동이 언제부터 시작되는지에 대한 계획이 이루어지고, 대 · 소집단 활동이 기본적으로 제시되며, 각 시설의 특성에 맞는 내용이 포함된다. 걸음마기 영아의 경우는 자유선택 활동의 종류가 적고 단순한 내용의 것이 제공되다가 연령이 높아질수록 종류나 내용이 많아지고 난이도가 높은 활동이 제공된다. 어린 연령이나 종일반의 경우에는 점심과 낮잠 시간이 포함된다. 2세 주간 보육계획안의 예는 | 표 5-4 | 와 같다(삼성복지재단, 2003). 5세 주간 보육계획안의 예를 살펴보면 다음 | 표 5-5 | 와 같다.

표 5-4 2세 주간 보육계획안의 예

실시기간: 6월 3주

<table>
<tr><td colspan="3">주제</td><td colspan="6">나는요</td></tr>
<tr><td colspan="3">소주제</td><td colspan="6">내 몸을 살펴 보아요</td></tr>
<tr><td colspan="3">목표</td><td colspan="6">자신의 얼굴과 몸에 대해 관심을 갖고 여러 부분을 관찰하고 탐색할 수 있다.</td></tr>
<tr><td colspan="3" rowspan="2">구분</td><td>월</td><td>화</td><td>수</td><td>목</td><td>금</td><td>토</td></tr>
<tr><td>(16)</td><td>(17)</td><td>(18)</td><td>(19)</td><td>(20)</td><td>(21)</td></tr>
<tr><td colspan="3">등원 및 맞이하기</td><td colspan="6">부모님과 손으로 "파이팅!" 하며 인사해요</td></tr>
<tr><td rowspan="8">실내 자유선택 활동</td><td colspan="2">신체 영역</td><td colspan="6">딸랑딸랑 방울 신발</td></tr>
<tr><td colspan="2">쌓기 영역</td><td colspan="6">종이벽돌 블록으로 내 키만큼 쌓아보아요</td></tr>
<tr><td colspan="2">역할 영역</td><td colspan="6">나는 요리사!</td></tr>
<tr><td colspan="2">언어 영역</td><td colspan="6">듣 기) 나의 몸이에요
말하기) 머리, 어깨, 무릎, 발
읽 기) 나야 나!, 나처럼 할 수 있니?
쓰 기) 얼굴 모양 종이에 끼적거리기</td></tr>
<tr><td colspan="2">미술 영역</td><td colspan="6">나의 팔과 다리</td></tr>
<tr><td rowspan="2">감각 탐색</td><td>수·조작 영역</td><td colspan="6">나와 똑같아요(같은 색의 고리 끼워보기)</td></tr>
<tr><td>과학 영역</td><td colspan="6">검은 왕 개미 관찰하기</td></tr>
<tr><td colspan="2">음률</td><td colspan="6">동요 '머리, 어깨, 무릎, 발'</td></tr>
<tr><td colspan="3">실외 활동</td><td colspan="6">나처럼 해봐요 이렇게/실외 자유놀이</td></tr>
<tr><td colspan="3">식사 및 간식</td><td colspan="6">혼자서 먹을 수 있어요</td></tr>
<tr><td colspan="3">낮잠 및 휴식</td><td colspan="6">자장가 들으며 편안히 잠자기</td></tr>
<tr><td colspan="3">기본생활 습관</td><td colspan="6">휴지, 쓰레기는 휴지통에 버리기</td></tr>
</table>

| 출처 | 군포시 고은어린이집(2014). 보육계획안. 참고.

표 5-5 5세 주간 보육계획안의 예

실시기간: 6월 3주

구분		월	화	수	목	금	토
주제		우리 동네					
소주제		우리 동네의 도서관					
목표		우리 동네에는 어떤 기관이 있으며 그 중에서 도서관에서 일하는 사람은 누구이며, 누가, 왜 이용하는지에 대해 알고 책을 빌린 경험에 대해 이야기한다.					
구분		월 (16)	화 (17)	수 (18)	목 (19)	금 (20)	토 (21)
기본생활		손톱, 발톱 깨끗이 하기					
등원		동네에서 가 본 기관에 대해 이야기하기					
오전 자유선택 활동	쌓기 영역	도서관을 만들어요					
	역할 영역	도서관놀이					
	미술 영역	바코드, 열람증 만들기					
	언어 영역	듣 기) '도서관에 간 공주님' 동화 듣기 말하기) 좋아하는 책 소개하기 읽 기) 내가 좋아하는 동화책 읽기 쓰 기) 나만의 책 만들기					
	수·조작 영역	책 먹는 아이					
	과학 영역	우리 동네 기관과 관련된 기호 찾기					
	음률 영역	'동네 한 바퀴' 노래로 우리 동네에 맞게 개사하기					
대·소집단 활동		〈이야기 나누기〉 도서관에 다녀왔어요	〈동화〉 동네가 생기게 된 이야기	〈실외〉 재래시장에 다녀오기 (소집단)	〈실외〉 마트에 다녀오기 (소집단)	〈이야기 나누기〉 도서관에서 책을 빌린 경험과 빌린 책 소개하기	
실외 활동		역 할) 야외 서점이 생겼어요 블 록) 높이높이 쌓아요 대근육) 다양한 줄 따라 걷기					
점심 낮잠 및 휴식		먹을 수 있는 양을 알고 적당한 양 먹기					
오후 자유선택 활동		나만의 책 만들기 (확장)					
귀가 및 가정과의 연계		집에 있는 그림책 속 직업 알아오기					
활동 간 연계		〈오전 언어〉 나만의 책 만들기 ➡ 〈오후 언어〉 나만의 책 만들기 (확장)					

3) 일일 보육계획안

일일 보육계획안은 연간, 월간, 주간 보육 계획을 고려하여 계획된다. 일일 보육 계획은 영유아들이 시설에서 하루의 시간을 어떻게 지낼 것인가에 대한 계획이다. 따라서 일일 보육계획안은 일과 운영의 원리를 따르면서 시간대별로 구성되고 활동명, 활동 내용, 준비물이 기록되어야 한다. 평가 부분은 실행 후에 기록한다. 그러나 당일 어린이집이나 영유아들의 상황에 따라 변경될 수 있음을 알고 대처해야 한다. 다음 | 표 5-6 | 은 2세 일일 보육계획안의 예시이다.

표 5-6 2세 일일 보육계획안의 예

일일 보육계획안(2세반)

결제	담임	원장

주제	나는요	2OOO. OO. OO. O요일. 날씨:	
소주제	내 몸을 살펴보아요	주요 활동명	〈미술〉 신문지를 구겨서 물감 찍기 〈음률〉 머리, 어깨, 무릎, 발 노래 부르며 리듬악기 두드리기 〈신체〉 실외 놀이터에서 활동해요
목표	• 내가 좋아하는 것을 알고 스스로 시도해 보며, 자조력을 기른다.		
표준보육과정 관련 범주	• 예술경험〉 예술적 표현하기〉 자발적으로 미술 활동하기 • 신체운동〉 신체 조절과 기본 운동하기〉 소근육 조절하기 • 예술경험〉 예술적 표현하기〉 리듬 있는 소리와 노래로 표현하기 • 신체운동〉 신체 활동에 참여하기〉 기구를 이용하여 신체 활동하기		
기본생활 습관	• '감사합니다' 라고 인사하기(사회관계증진 활동)		

활동 시간	준비물	활동 계획	실행 및 평가
~9:20 등원 및 자유놀이 활동	클래식 CD, 옷걸이, 가방자리, 서랍장 확인	• 등원하는 영아, 부모를 맞이하며 인사하기(건강 상태 시진) • 개인소지품 정리, 전달장, 투약의뢰 확인, 자유놀이 하기	영아들이 감기에 걸려서 건강 상태를 확인함
9:20~9:30 배변 지도 및 손 씻기	전용비누 종이타월	• 놀잇감을 정리하기(정리 · 정돈) • 스스로 옷을 내리고, 용변보기(2수준) • 스스로 손 씻기(2수준) • 손 전용세제 적당하게 사용하기(2수준)	계획대로 실행함

활동 시간	준비물	활동 계획	실행 및 평가
9:30~9:55 간식	개인용 그릇, 포크, 행주, 책상 4개	• 크린콜로 책상을 소독 - 스스로 먹기/바르게 앉아서 먹기(영아들의 간식 양 관찰 후 조절하기)	계획대로 실행함
9:55~10:00 인사 나누기 및 하루 일과 계획	날짜판(영아들이 떼었다 붙일 수 있도록 함) 네임카드	• 하루 일과를 시작 - '안녕' 노래 부르기, 인사하기 - 날짜와 날씨 소개/출석 확인 - 활동에 대해 이야기하기(자유선택 활동→실외 활동→점심 식사→산책하기→낮잠→오후 간식→귀가)	계획대로 실행함
10:00 ~ 10:50 자유 선택 활동	〈신체 · 쌓기 영역〉 종이벽돌 블록, 큰와플 블록, 작은와플 블록, 자석 블록, 카펫 (소근육 자료), 볼링핀, 농구골대 (대근육 자료), 놀잇감 바구니, 터널	• 영아들이 선택하여 자유롭게 놀이할 수 있도록 하며, 교사는 주의를 살피며 영아의 놀이를 돕는다. - 공굴리기, 농구골대와 볼링핀, 터널을 이용하여 대근육 활동하기 - 길게 늘어뜨리기, 높이 쌓고 부수기, 자동차 길 만들어 보기, 자동차길 따라가기 - 자석 블록으로 다양한 모양을 만들기 - 큰, 작은 십자 블록으로 끼우기 - 모양 블록 끼우며 다양한 모양을 만들기	볼링핀을 세우고 공을 굴려서 쓰러뜨리는 활동에 흥미를 보임. 처음에는 교사의 도움을 받아서 볼링핀을 세웠으나 교사가 한 번 세워 준 후에는 영아들이 스스로 활동을 함
	〈역할 영역〉 가스레인지, 소꿉놀이 도구, 아기, 포대기, 음식물 모형, 카메라, 가방 화장대, 화장품, 모자, 머리띠	• 역할 영역의 놀잇감을 탐색한 후 놀이하기 • 소꿉놀이: 상차리기 • 화장대놀이: 엄마 흉내내기 • 카메라: '찰칵' 사진 찍기 • 가방메기: 물건을 사러 마트에 가기 • 다양한 의상 입어보기	상에다가 음식물을 놓고 상을 차리는 활동에 흥미를 보임
	〈수 · 조작 영역〉 실 꿰기, 동물퍼즐, 곰 옷입히기, 꽃수막대, 얼굴, 몸 퍼즐, 구슬 끼우기, 롤러코스터	• 수 · 조작 영역을 탐색하고 놀이하기 • 다양한 모양 실 끼우기 • 퍼즐 조각 맞추며 다양한 모양에 흥미를 가지기 • 곰 옷입히기 • 수를 세며 꽃을 꽂기 • 롤러코스터를 이용하여 수세기와 색깔에 관심 가지기 • 얼굴, 몸 퍼즐을 맞추며 자신의 신체에 관심 가지기	롤러코스터를 움직이면서 영아들이 친구와 함께 수세기 활동을 함. 하나~ 둘~ 셋으로 시작되어 열이 되면 영아들이 '다했다' 하면서 좋아함

<table>
<tr><th>활동 시간</th><th>준비물</th><th>활동 계획</th><th>실행 및 평가</th></tr>
<tr><td rowspan="3">10:00
~
10:50
자유
선택
활동
(계속)</td>
<td>〈언어 영역〉
〈듣기〉
카세트, 헤드셋, CD
〈말하기〉
사람손인형, 곤충인형, 나의 몸 화보
〈쓰기〉
책상, 보드, 보드마카
〈읽기〉
다양한 그림책</td>
<td>〈듣기〉 동화와 소리 나는 그림책을 보아요
• 카세트의 동화 내용을 듣고 이야기하기
〈말하기〉 자신의 신체에 대해 말하기
• 손인형으로 이야기 나누기
• 사물카드를 보며 이야기 나누기
• 나의 몸 화보를 보며 이야기 나누기
〈읽기〉
• 책보기 영역 탐색하기
• 교사와 함께 책을 보며 언어적 상호작용 하기
〈쓰기〉
• 책상 위에서 끄적거리기 하기
• 보드판에 매직 이용하여 써보기</td>
<td>영아들이 게시판에 붙여진 신체 카드를 보면서 이야기를 함. 교사가 무릎과 어깨 이야기를 해주니 흥미로워 함</td></tr>
<tr><td>〈탐색 영역〉
구피어항, 고구마, 색연필, 관찰지, 식물화분, 접시, 돋보기, 확대경, 자석, 붙는 사물과 붙지 않는 사물</td>
<td>• 식물을 탐색하기
• 고구마 관찰하기
• 어항 속의 구피 탐색하기
• 자석으로 붙는 사물과 붙지 않는 사물은 탐색하기
• 돋보기, 확대경으로 사물을 탐색하기</td>
<td>구피의 움직임을 보면서 영아들이 관찰지에 그림을 그려줌. 구피의 색깔을 이야기함</td></tr>
<tr><td>〈미술 · 점토 영역〉
그리기-색종이, 색연필, 색종이, 스티커, 무독성 크레파스, 물감, 붓, 도화지, 신문지, 물티슈, 비닐팩 등

점토-밀가루 점토, 찍기틀, 점토놀이 도구, 소꿉놀잇감, 수수깡, 백업</td>
<td>활동명: 신문지를 구겨서 물감 찍기
활동목표: • 영아가 자신의 소근육을 이용하여 신문지를 구기고 물감 활동에 관심을 가진다.
표준보육과정 내용 범주: • 예술경험〉 예술적 표현하기〉 자발적으로 미술 활동하기
• 신체운동〉 신체 조절과 기본 운동하기〉 소근육 조절하기

• 영아에게 신문지를 제시한다.
- ○○야~, 이것이 무엇일까요? 이것은 무슨 색깔이지요? 이 깃의 이름은 신문지라고 해요. 신생님이 크게 펼쳐볼까요? 선생님이 보여요? ○○도 같이 해볼까요? 이번에는 찢어볼까요? 찢은 신문지를 모아서 구겨볼까요?
• 영아에게 물감을 제시하고 색깔을 관심을 가져볼 수 있도록 한다.
- ○○야~, 여기 이것이 무엇이지요? 무슨 색깔이 있는지 볼까요? ○○는 무슨 색깔이 좋아요?
• 영아가 구긴 신문지를 물감을 이용해 다양하게 활동할 수 있도록 한다.
- ○○가 신문지를 구겨볼까요? 물감을 묻혀서 찍어볼까요? 어떤 모양이 나왔지요?
• 영아가 활동한 그림을 게시판에 붙여준다.

• 미술 영역의 다양한 재료들을 탐색하고 놀이하기
• 다양한 크기의 모양 종이를 골라 마음대로 끼적거리기
• 종이에 스티커를 붙이며 활동하기
• 도화지에 스스로 모양 도장 찍으며 활동하기
• 밀가루 점토를 주무르고 탐색한 뒤 점토 찍기 틀로 찍어보기
• 수수깡, 백업 등의 도구를 이용해 점토놀이를 확장</td>
<td>신문지를 구겨서 물감을 찍는 활동을 함. 영아들이 신문지를 구겨서 찍는 활동에 흥미를 보이면서 손바닥으로 물감을 찍는 활동을 함. 물감 놀이를 시작할 때 손바닥을 먼저 찍어서 활동하는 것을 기억하고서는 손바닥으로 물감을 찍는 활동을 좋아함</td></tr>
</table>

<table>
<tr><th>활동 시간</th><th>준비물</th><th colspan="2">활동 계획</th><th>실행 및 평가</th></tr>
<tr><td rowspan="5">10:00
~
10:50
자유
선택
활동
(계속)</td><td rowspan="5">〈음률 영역〉
키보드, 탬버린,
에그셰이커,
롤리팝, 아코디언,
우드 블록,
'머리, 어깨, 무릎,
발' 가사판 등</td><td>활동명</td><td>'머리, 어깨, 무릎, 발' 노래 부르며 리듬악기 두드리기</td><td rowspan="5">교사와 함께 노래를 부르면서 '머리, 어깨, 무릎, 발' 노래를 부르는 것에 흥미를 보임. 영아들이 어깨와 무릎에 흥미를 보이면서 교사의 율동을 따라하고 리듬악기를 연주함</td></tr>
<tr><td>활동목표</td><td>• 자신의 신체에 관심을 가지며 리듬악기를 두드리며 즐거움을 느낀다.</td></tr>
<tr><td>표준보육과정 내용 범주</td><td>• 예술경험〉 예술적 표현하기〉 리듬 있는 소리와 노래로 표현하기</td></tr>
<tr><td colspan="2">• 영아에게 '머리, 어깨, 무릎, 발' 가사판을 제시한다.
- ○○야~, 선생님하고 이것을 한 번 볼까요? 여기에 무엇이 있지요? ○○의 머리는요? 그럼 코는요? 손은 몇 개이지요?
• 교사가 상호작용을 하면서 노래를 불러본다.
- ○○야~, 우리 노래를 들어볼까요? ○○가 선생님하고 같이 불러볼까요?
• 영아에게 리듬악기를 두드리면서 활동할 수 있도록 한다.
- ○○야~, 여기 무엇이 있지요? ○○가 좋아하는 악기로 두드려 볼까요?</td></tr>
<tr><td colspan="2">• 키보드 연주에 맞춰서 노래 부르기
• 에그셰이커, 탬버린 연주하기
• 음악에 맞춰서 스카프, 리본막대 흔들기
• 롤리팝, 우드 블록 두드리기</td></tr>
<tr><td>10:50~11:00
정리 · 정돈
및 배변 지도</td><td>전용비누
종이타월</td><td colspan="2">• 놀잇감을 정리하기(정리 · 정돈)
• 스스로 옷을 내리고, 용변보기(2수준)
• 스스로 손 씻기(2수준)
• 손 전용세제 적당하게 사용하기(2수준)</td><td>계획대로 실행함</td></tr>
<tr><td rowspan="4">11:00
~
11:30
실외 활동</td><td rowspan="4">물티슈,
바깥놀이터
기구
(미끄럼틀, 그네,
모래놀이,
흔들목마),
소꿉놀잇감,
꽃잎,
바구니

유희실 기구
(흔들목마, 자동차)</td><td>활동명</td><td>실외놀이터에서 활동해요</td><td rowspan="4">오전까지 비가 와서 실외놀이터가 젖어 있어서 소꿉놀이와 자전거 타기 활동을 함. 영아들이 자전거를 탈 때 발을 굴리면서 앞으로 나가는 것을 조금 어려워하여 교사가 밀어주거나 이야기를 해주어서 영아들이 자전거를 스스로 움직일 수 있도록 함</td></tr>
<tr><td>활동목표</td><td>• 실외놀이터 기구를 안전하게 사용할 수 있도록 한다.</td></tr>
<tr><td>표준보육과정 내용 범주</td><td>• 신체운동〉 신체 활동에 참여하기〉 기구를 이용하여 신체 활동에 참여하기</td></tr>
<tr><td colspan="2">• 영아와 실외놀이터에 나가기 전에 기구를 안전하게 사용할 수 있도록 이야기한다.
- ○○야~, 우리 바깥놀이를 하러 나갈 거예요. 나가서 미끄럼틀, 오르막 기구 등을 탈 때 친구를 밀면 안돼요. 친구가 탈 때는 기다려 주어야 해요.
• 영아가 실외놀이터에서 활동을 할 때 안전하게 탈 수 있도록 이야기한다.
- ○○야~, 오르막 매트를 오를 때 이 줄을 잡아야 해요. 징검다리 건널 때 앞의 친구를 밀지 않아요.
• 영아가 자유롭게 활동할 수 있도록 한다.</td></tr>
</table>

활동 시간	준비물	활동 계획	실행 및 평가
11:00~ 11:30 실외 활동 (계속)		• 자연물을 이용하여 소꿉놀이하기 • 모래놀이 하기 • 자전거 타기 • 흔들목마 타기 ※ 대체 활동-징검다리를 건너보아요 • 종이벽돌 블록으로 징검다리를 만들기 • 영아가 징검다리를 자유롭게 건너면서 자신의 신체 움직임을 탐색하기	역할 영역에서 모래를 숟가락으로 퍼서 음식을 만드는 활동에 흥미를 보임
11:30~ 11:40 배변 지도 및 손 씻기	전용비누 종이타월	• 스스로 옷을 내리고, 용변보기(2수준) • 스스로 손 씻기(2수준) • 손 전용세제 적당하게 사용하기(2수준) • 차례를 지켜 화장실 다녀오기(질서)	계획대로 실행함
11:40~ 12:40 점심식사 및 양치 지도 자유놀이	영아용 개인 식기 도구, 국자, 행주, 책상 4개, 티슈, 비닐, 양치 도구	• 크린콜로 책상을 소독 • 점심 준비 교사/영아 지도 교사-동화책 노래 부르기 • 바르게 앉아 먹기/골고루 먹기 • 영아의 점심 식사를 관찰-다음 식사에 반영 • 식기 스스로 정리해보기/양치	계획대로 실행함
12:40~ 13:10 실외 활동	봉투, 물티슈, 휴지	• 어린이집 가까이에 있는 공원 산책(일상생활) • 우천 시 유희실에서 놀이 진행: 그림 그리기	계획대로 실행함
13:10~ 13:20 배변 및 손 씻기	전용비누 종이타월	• 스스로 옷을 내리고, 용변보기(2수준) • 스스로 손 씻기(2수준) • 손 전용세제 적당하게 사용하기(2수준) • 차례를 지켜 화장실 다녀오기(질서)	계획대로 실행함
13:20~ 15:20 낮잠	잠들 때 좋은 음악 CD	• 투약의뢰가 있는 영아들은 확인 후 투약 • 조용한 분위기, 조용한 음악 등 낮잠을 위한 자리를 준비 • 낮잠을 자지 않는 영아는 조용한 활동을 진행(쉬는 시간 갖기, 미리 일어난 친구는 조용한 놀이하기) • 개인 침구를 스스로 정리해보기	감기 걸린 영아들은 약을 먹음
15:20~ 15:30 배변 지도 및 손 씻기	전용비누 종이타월	• 스스로 손 씻기(2수준) • 손 전용세제 적당하게 사용하기(2수준) • 스스로 옷을 내리고, 용변보기(2수준)	계획대로 실행함
15:30~ 16:00 오후 간식	개인용 간식 그릇, 식기 도구, 행주	• 크린콜로 책상을 소독한다. • 간식기도를 한 후 즐거운 분위기에서 간식 먹기 • 바르게 앉아서 스스로 먹기	계획대로 실행함
16:00~ 17:40 자유선택 활동	각 영역 놀잇감	• 영아들이 자유롭게 선택하여 놀이하기 • 친구들과 장난감을 나눠 가질 수 있도록 하기	계획대로 실행함

활동 시간	준비물	활동 계획	실행 및 평가
17:40~ 18:00 일상생활 및 순차적 귀가	로션, 빗	• 세수하고 로션 바르기, 옷 입기, 머리 빗기 • 보호자가 오시면 영아의 하루 일과와 건강 상태 등을 전달 계획대로 실행함	계획대로 실행함
18:00~ 19:30 통합 보육 및 순차적 귀가	일일기록서	• 당직 교사에게 영아들을 인계 • 순차적 귀가/귀가 시 보호자에게 특이 사항 및 활동, 건강 상태를 전달 계획대로 실행함	계획대로 실행함

	영역	환경 구성	담당	확인
영역별 평가	언어	• 카세트, CD, 사람 · 사람 손인형, 곤충 인형, 언어카드, 책상, 보드, 보드마카, 다양한 그림책	윤○○ 교사	V
	신체	• 종이벽돌 블록, 자동차, 큰, 작은와플 블록, 자석 블록, 카펫, 볼링, 공, 터널	안○○ 교사	V
	역할	• 가스레인지, 소꿉놀이 도구, 아기 인형, 포대기, 화장대, 화장품, 모자, 전화기, 머리띠	송○○ 교사	V
	수 · 조작	• 실 꿰기, 동물 퍼즐, 얼굴, 몸퍼즐, 꽂수막대, 롤러코스터, 곰 옷입히기 등	정○○ 교사	V
	탐색	• 구피 어항, 색연필, 관찰지, 화분, 자석, 붙지 않는 사물과 붙는 사물 등	김○○ 교사	V
	미술	• 그리기-다양한 모양 종이, 색종이, 색연필, 색종이, 스티커, 무독성 크레파스 등 • 점토-무색의 밀가루 점토, 찍기틀, 점토놀이 도구	이○○ 교사	V
	음률	• 키보드, 탬버린, 리본막대, 에그셰이커, 아코디언 등	김○○ 교사	V
	실외 영역	• 대근육: 휴지 등 마무리 • 자전거 타기: 자전거 정리 • 역할 영역: 놀잇감 정리 • 모래놀이 영역: 모래놀잇감 정리	이○○ 교사 정○○ 교사	V
	급 · 간식 정리	• 물통 정리, 책상 닦기 등	김○○ 교사	V
	청소	• 장난감, 휴지통 , 걸레통, 물통 세척, 카펫 털기 및 세척	임○○ 교사	완결

일일 총 평가	내용	재적	출석	결석
일일 총 평가	• 영아들이 '머리, 어깨, 무릎, 발' 노래를 부르면서 자신의 신체를 하나씩 집으며 노래를 하는 것에 흥미로워 함. 특히 무릎과 어깨의 명칭을 알게 되면서 영아들이 친구들과 함께 이야기를 하면서 상호작용 하는 것을 흥미로워 함. 미술 활동에서 신문지를 구겨서 찍는 활동에 흥미를 보임. 영아들이 색깔에 관심을 보이면서 노랑, 빨강 외에 보라색에 관심을 보임. 붓과 손이 아닌 다양한 도구에 흥미를 보이고 다양한 색깔에 관심을 보이면서 영아들이 흔히 접할 수 있는 빨강, 노랑 등 색깔 외에 다른 색깔에도 흥미를 가질 수 있도록 해야겠음	14	14	·
		결석원아	이름	

【수업계획】

요일 \ 영역	언어	신체	쌓기/역할	미술/점토	탐색/수 · 조작	음률
월				신문지를 구겨서 물감 찍기		'머리, 어깨, 무릎, 발' 노래 부르며 리듬 악기 두드리기
화			내 키만큼 쌓아 보아요	밀가루 점토 위에 손바닥 찍기(탐색)		〃
수	신체 모양 위에 끼적거리기		〃	손과 발을 그려보아요	〃	그대로 멈춰라
목	〃	공을 던져보아요	병원놀이	〃	〃	
금		스카프로 활동해요			몸 모양에 바느질하기	

| 출처 | 안양시 해와달 어린이집(2014). 보육계획안. 참고.

일일 보육 계획의 운영은 어린 연령보다는 시간대가 고정적이지만 완전히 고정된 것은 아니고 영유아들의 상황에 따라 융통성있게 운영될 수 있다.

표 5-7 5세 일일 보육계획안의 예

일일 보육계획안(5세반)

결제	담임	원장

주제	소중한 나와 가족	20○○. ○○. ○○. ○요일. 날씨:	
소주제	가족의 생활과 문화	주요 활동명	〈이야기〉 우리 가족이 좋아하는 것을 소개해요 〈수 · 조작〉 우리 가족 벤다이어그램
목표	• 가족의 다양한 생활과 문화에 대해 알고 존중하는 태도를 기른다. • 우리 가족이 좋아하는 것에 관심을 가지고 나와 다른 생각을 존중하는 태도를 기른다. • 나와 가족의 같은 점과 다른 점에 관심을 가지고 생각을 말과 글로 표현할 수 있다.		
누리과정 관련 범주	• 의사소통〉 말하기〉 낱말과 문장으로 말하기 • 사회관계〉 가족을 소중히 여기기〉 가족과 화목하게 지내기 • 자연탐구〉 수학적 탐구하기〉 기초적인 자료 수집과 결과 나타내기 • 자연탐구〉 탐구하는 태도 기르기〉 호기심을 유지하고 확장하기		
기본생활 습관	• 몸을 깨끗이 씻어요		

활동 시간	준비물	활동 계획	실행 및 평가
7:30~ 9:20 등원 및 자유놀이 활동	일일기록서, 자유선택 활동 평가지, 연필	• 유희실: 통합보육/건강 상태 시진 • 교실: 가방 및 물병 정리/일일기록서(투약 확인 등)를 확인 • 개별 자유선택 활동지를 선택하여 하루의 놀이 계획하기 • 어린이집에 비치되어 있는 손 소독제를 사용하여 손 깨끗이 하기	계획대로 실행함
9:20~ 9:30 화장실 다녀오기	음악, 카펫, 종이타월, 비누	■ 화장실 다녀오기 및 손 씻기(기본생활) • 화장실에 가서 용변을 본 후 손 씻기 • 교사는 유아가 올바르게 화장실을 이용할 수 있도록 지도 • 화장실과 세면대 사용 후 물기가 남지 않도록 정리	계획대로 실행함
9:30~ 9:50 오전 간식	개인용 간식접시 포크, 행주, 크린콜, 위생장갑	■ 간식 먹기(자주) • 간식의 이름 알기/남기지 않고 먹기 ■ 간식 정리하기(청결) • 그릇을 스스로 정리하고 손을 씻고 자리에 앉는다.	계획대로 실행함
9:50~ 10:00 인사 나누기 및 하루 일과 계획	날짜판, 하루 일과표, 네임카드, 의자	■ 인사 나누기 및 일과계획 • 날짜와 날씨 알아보기/등원유아 파악 • 하루 일과 알아보기 - 이야기 나누기→오전 자유선택 활동→점심식사→양치→바깥놀이→영어→오후 자유선택 활동→오후 간식→평가 및 귀가	계획대로 실행함

활동 시간	준비물	활동 계획	실행 및 평가
10:00~ 10:20 이야기 나누기	가정연계 활동지, 큰집 그림, 포스트잇, 사인펜, 화이트보드	**활동명**: 우리 가족이 좋아하는 것을 소개해요(사회관계증진 활동) **활동목표**: • 우리 가족이 좋아하는 것에 관심을 가지고 나와 다른 생각을 존중하는 태도를 기른다. **내용 범주**: • 의사소통〉 말하기〉 낱말과 문장으로 말하기 • 사회관계〉 가족을 소중히 여기기〉 가족과 화목하게 지내기 • '선생님이 좋아하는 것'에 대해 이야기를 나눈다. - 선생님이 너희들에게 좋아하는 것에 대해 소개를 하려고 하는데, 잘 들어줄 수 있겠니? - 선생님이 좋아하는 것 중에 듣고 싶은 이야기가 있니? - 듣고 싶은 이야기가 선생님이 이야기하는 내용에 나오는지 잘 들어볼까? 선생님이 다양한 음식을 좋아하지만 그 중에서 가장 좋아하는 음식은 김밥이야, 선생님은 노란색을 가장 좋아해, 선생님은 여행 가는 것을 가장 좋아한단다. - 선생님의 이야기를 잘 들어보았니? - 선생님이 무엇을 좋아하는지 기억이 나니? - 선생님이 좋아하는 것과 우리 하늘반 친구들이 좋아하는 것이 모두 똑같을까? - 좋아하는 것이 다르다고 해서 그것이 이상한 걸까? - '다름'을 어떤 방법으로 존중해 줄 수 있을까? • '내가 좋아하는 것'에 대해 이야기를 나눈다. - 선생님처럼 너희들도 내가 좋아하는 것을 소개해 줄 수 있겠니? - 어떤 친구가 나와서 소개해 보고 싶니? • 미리 가정에서 부모님과 함께 해온 '우리 가족이 좋아하는 것'을 친구들에게 소개하고 교사는 유아들이 소개하는 내용을 포스트잇에 적어 큰집 그림에 붙인다. - 우리가 얼마 전 엄마, 아빠 등 우리 가족들과 알아보고 온 것이 있는데 기억이 나니? - 우리 가족이 좋아하는 것을 알아보았니? - 내가 알아온 우리 가족이 좋아하는 것을 친구들에게 소개해 줄 수 있을까? - 친구들 앞에서 소개하려면 어떤 자세와 목소리로 이야기를 해야 할까? - 친구가 앞에 나오면 어떤 자세로 들어주어야 할까? - 어떤 친구가 먼저 나와서 소개해 보고 싶니? - 친구들의 가족 소개를 잘 들어보았니? - 친구들의 이야기를 들어보니 어땠니? - 가장 기억에 남는 내용이 있었니?	앞에 나와서 친구들에게 소개를 하다 평소 쓰는 말투와 다르게 어린 말투로 이야기를 하거나 부정확한 발음으로 이야기를 하는 유아들이 있어 활동을 하면서 이야기를 함 가족의 인원과 구성원을 먼저 소개한 후 가족이 각각 좋아하는 것을 친구들에게 소개해 봄 좋아하는 것을 소개해보며 서로 좋아하는 것이 다르거나 같을 수 있다는 것, 좋아하는 것이 많을 수도 있다는 점에 대해 좀 더 자세히 이야기를 나눔 유아들이 소개하는 내용을 포스트잇에 적어 정리할 수 있도록 계획을 하였으나 계획을 진행하면서 포스트잇으로 적어 둘 필요가 없어 유아들이 소개해 보고 질문해 보는 것에 초점을 맞춰 진행함

활동 시간	준비물	활동 계획	실행 및 평가
10:00~ 10:20 이야기 나누기 (계속)		• 활동 내용을 회상하며 평가한다. - 우리 가족이 좋아하는 것을 소개해보니 어땠니? - 친구들 앞에서 소개를 할 때 어려운 점은 없었니? - 가족들과 좋아하는 것을 알아볼 때에는 기분이 어땠니? - 내가 생각했던 것과 같았니?	소개를 하고 싶은 유아들이 많았으나 시간이 부족하여 소개를 하지 못한 유아들은 자유선택 활동 시간에 교사, 친구들에게 소개해 볼 수 있도록 안내함
10:20 ~ 11:30 오전 자유선택 활동	쌓기 영역	• 블록으로 내가 사는 집을 구성하고 사람 블록을 활용하여 놀이하기 • 블록으로 결혼식장 구성하고 세계 여러 나라 전통 혼례복 블록을 활용하여 놀이하기 • 우드 블록을 활용하여 동네의 다양한 공공기관 놀이하기 • 다양한 블록을 이용하여 친구와 함께 창의적으로 구성하기	우드 블록을 활용하여 소방차와 경찰차를 구성해보고 나무, 동물 소품, 사람 인형을 활용하여 창의적으로 표현하는 모습을 보임
	역할 영역	• 여러 나라의 전통 의상을 입고 다양한 생활모습 표현하기 • 다양한 소품 활용하여 가족 여행 표현하기 • 우리 가족이 하는 일 역할 표현하기 • 소꿉놀이를 이용하여 상차림 놀이하기	계획대로 실행함
	언어 영역	〈읽기〉 • 전래동화, 과학동화, 생활동화 등의 책을 선택하여 읽기 • 가족관계도 맞추고 읽으며 나와 다양한 친척관계 이해하기 〈쓰기〉 • 신문과 잡지에서 여러 나라 사람 찾아 다문화 가족 구성하고 소개해보기 • 자음모음 도장으로 단어 찍기 • 다양한 무늬의 편지지를 활용하여 친구와 가족에게 편지쓰기 • 보드마카를 활용하여 화이트보드에 단어나 문장 적어보기 • 자석단어로 단어나 문장 만들어보기 • 단어카드 활용하여 문장 만들어보기 〈듣기〉 • 친구가 꾸민 이야기와 인형극 듣기 • 카세트와 동화 CD를 이용하여 동화 듣기 • 소리 나는 동화책 보며 동화 듣기 〈말하기〉 • 나와 가족이 좋아하는 것 표현하기 • 가족 인형으로 우리 집이 필요한 이유에 대해 이야기하며 표현하기 • 가족 인형을 활용하여 우리 가족의 모습 표현하기 • 손인형 활용하여 동화 재구성하기 • 다양한 가구를 이용하여 이야기 지어 표현하기 • 가족 그림카드를 보고 이야기 꾸미기	유아들이 글자에 대한 관심이 많아지면서 교사에게 궁금한 글자에 대해 물어보는 경우가 많아짐

<table>
<tr><th>활동 시간</th><th>준비물</th><th colspan="2">활동 계획</th><th>실행 및 평가</th></tr>
<tr><td rowspan="4">10:20
~
11:30
오전
자유선택
활동
(계속)</td><td rowspan="4">수 · 조작
영역</td><td>활동명</td><td>우리 가족 벤다이어그램(사회관계증진 활동)</td><td rowspan="3">이야기 나누기 활동과 연계하여 활동을 설명해주었으며 활동 초반에는 교사가 개입하여 활동을 진행함

다른 친구들의 활동 모습을 관찰하다 활동에 참여하는 유아들이 많아짐</td></tr>
<tr><td>활동목표</td><td>• 나와 가족의 같은 점과 다른 점에 관심을 가지고 생각을 말과 글로 표현할 수 있다.</td></tr>
<tr><td>내용 범주</td><td>• 의사소통〉 말하기〉 낱말과 문장으로 말하기
• 사회관계〉 가족을 소중히 여기기〉 가족과 화목하게 지내기
• 자연탐구〉 수학적 탐구하기〉 기초적인 자료 수집과 결과 나타내기
• 자연탐구〉 탐구하는 태도 기르기〉 호기심을 유지하고 확장하기</td></tr>
<tr><td colspan="2">• 가족에 대해 소개를 하며 이야기를 나눈다.
- ○○는 누구와 함께 살고 있니?
- 농생은 없니?
- 동생은 몇 살이니? 어린이집이나 유치원에 다니고 있니?
• 나와 가족의 같은 점을 알아보며 이야기를 나눈다.
- 나와 우리 가족이 서로 같은 점이 있을까?
- 어떤 점이 똑같을까?
• 나와 가족의 다른 점을 알아보며 이야기를 나눈다.
- 같은 점이 있는 반면에 나와 우리 가족이 서로 다른 점도 있을까?
- 어떤 점이 다를까?
• 준비된 벤다이어그램 활동지에 글, 그림으로 나와 우리 가족의 같은 점과 다른 점을 적어본다.
- 여기에 무엇이 보이니?
- 이 그림에는 '벤다이어그램'이라는 이름이 있어.
- '벤다이어그램'이라는 말을 들어본 적이 있니?
- 우리가 찾은 가족과 나와 같은 점, 다른 점을 우리가 보기 쉽게 정리를 할 수 있어.
- 먼저 이 동그라미 2개 안에 나와 가족을 각각 적어야 해. 어디에 적고 싶니?
- 동그라미가 겹치는 가운데 부분이 보이니? 여기에 무엇을 적으면 좋을까?
- 글씨로 적고 싶은데 모르는 글씨가 있을 때에는 어떻게 하는 것이 좋을까?
• 완성된 벤다이어그램을 벽면에 붙여 함께 살펴보며 이야기를 나눈다.
- 나와 우리 가족의 같은 점과 다른 점을 벤다이어그램으로 만들어보니 어떠니?</td><td>비교해 볼 가족을 유아들이 스스로 정할 수 있도록 해주니, 나와 동생, 나와 엄마, 나와 아빠, 엄마와 아빠 등 다양하게 가족 구성원을 비교하여 활동하는 모습을 보임

모르는 글자는 교사가 다른 종이에 적어주어 유아들이 보고 따라 적으며 글자에 대한 관심을 높일 수 있도록 격려함

완성한 활동지는 게시판에 게시하여 소개하기로 이야기를 나누었으며 유아들이 자신이 한 것에 자부심을 느끼며 스스로 친구들에게 소개하는 모습을 보임</td></tr>
</table>

활동 시간	준비물	활동 계획	실행 및 평가
10:20 ~ 11:30 오전 자유선택 활동 (계속)	수 · 조작 영역 (계속)	〈조작〉 • 가족 구성원 퍼즐 끼우기 • 다양한 가족 얼굴 그림보고 패턴 맞추기 • 패턴 정육면체를 활용하여 우리 집 무늬 꾸미기 • 계절에 알맞은 옷 입기 퍼즐 맞추기 • 운동화 퍼즐 맞추고 끈 끼워보기 • 탑 쌓을 판과 같은 색의 조각 탑 쌓기 〈수〉 • 우리 가족과 나의 공통점, 차이점 찾아 벤다이어그램 만들기 • 우리 가족 구성원을 떠올려 그래프에 기록하기 • 다양한 모양의 도형을 이용하여 올바른 위치 찾아보기 • 수와 그 수와 똑같은 개수의 물건 퍼즐 찾아 일 대 일 대응하기 • 길이가 다른 막대, 크기가 다른 추 무게 비교하기 • 달력 보며 월 · 주 · 일에 대해 관심 가지기 〈바느질〉 • 집 모양 따라 바느질하기	
	미술 영역	〈그리기〉 • 우리 가족의 모습 그림으로 표현하기 • 크레파스 특징 활용하여 스크래치 활동하기 • 다양한 그리기 도구를 사용하여 자유롭게 그림 그리기 • 다양한 종이에 자유롭게 그림 그리기 〈만들기〉 • 우유팩과 손잡고 있는 그림 이용하여 자유롭게 우리 가족 표현하기 • 재활용품을 활용하여 만들기 • 여러 가지 꾸미기 재료를 사용하여 자유롭게 표현하기 〈접기〉 • 다양한 질감의 종이를 사용하여 접기 활동하기 • 색종이로 얼굴 접어 꾸미기	유아들이 우유팩으로 만든 손잡고 있는 그림을 교실 창문에 전시하거나 모빌로 만들어 미술 영역 나무에 걸어놓자고 의견을 나눔(반영) 어제 활동을 하였던 유아들이 작품을 보며 전시할 방법에 대해 이야기를 나누자 다른 유아들도 활동에 관심을 보이며 자발적으로 참여하는 모습을 보임

활동 시간	준비물	활동 계획	실행 및 평가
10:20 ~ 11:30 오전 자유선택 활동 (계속)	과학 영역	• 실과 종이컵 활용하여 실 전화기 만들기 • 숟가락을 활용하여 내 얼굴 탐색하고 관찰지에 기록하기 • 거울을 활용하여 다양한 감정 표정 관찰하기 • 자석과 철가루의 특징을 탐색하고 비밀글자 찾아보기 • 자석의 성질을 활용하여 물건 분류하기 • 자석에 붙는 물건과 붙지 않는 물건 분류하여 관찰지에 기록하기 • 돋보기로 올챙이/개구리 탐색하기 • 물에서 사는 생물 관찰하고 특징 기록하기 • 다양한 식물을 탐색하고 성장변화 기록하기	구피의 종류에 대해 사진과 이름을 게시해 주니 유아들이 구피에 더욱 관심을 보이며 관찰하는 모습을 보임 숟가락에 대해 궁금함을 표현하는 유아들이 있어 숟가락으로 내 얼굴을 탐색할 수 있도록 방법을 안내하였음
	음률 영역	• 자유로운 신체표현으로 나타내기 • 내가 좋아하는 동요 부르기 • 리본막대와 스카프를 활용하여 다양한 율동 만들기 • 핸드벨/실로폰으로 노래 가사판 악보 보며 간단한 동요 연주하기	음률 영역에 카세트를 하나 더 준비하여 유아들이 동요를 듣고 활동을 할 수 있도록 함
	미디어 영역	• 한글 프로그램을 활용하여 내 이름 적어보기 • 올리의 그림동화 CD로 그림을 그려보기 • 컴퓨터로 그림을 그려 프린터를 이용해 인쇄하기 • 모래시계를 보며 약속된 시간 지켜서 활동하기	유아들이 미디어 영역의 순서를 기다리느라 다른 활동을 하지 못해 다른 활동을 하다 올 수 있도록 안내함
11:30~ 11:40 정리하기 및 놀이 평가하기	자유선택 활동 평가지, 연필	〈평가 및 정리하기〉 • 놀잇감 제자리에 정리 • 자유선택 활동에 대한 유아의 평가	실행함
11:40~ 11:50 화장실 다녀오기	수건, 손 전용세제, 종이타월	〈화장실 다녀오기 및 손 씻기〉 • 차례로 두 줄씩 서서 손을 씻은 뒤 자리에 앉기 • 손 전용세제와 종이타월 필요한 만큼 사용하기(절약)	실행함

<table>
<tr><th>활동 시간</th><th>준비물</th><th colspan="2">활동 계획</th><th>실행 및 평가</th></tr>
<tr><td>11:50~
12:50
점심식사
및
양치 지도</td><td>개인식기, 숟가락,
젓가락, 국자,
행주 2개, 주걱,
물티슈
크린콜</td><td colspan="2">〈점심식사〉
• 개별 유아 식사량 조절/편식 지도/바른 식습관 지도
〈양치하기〉
• 개별로 식판을 정리한 뒤 양치하기(식사 지도를 한 교사는 식사를 늦게 마친 유아들을 실외 활동을 지도하는 교사에게 인계한 후 교실 청소 진행)</td><td>투약의뢰서를 확인함</td></tr>
<tr><td rowspan="5">12:50~
13:50
실외 활동</td><td rowspan="5">줄넘기, 털실, 실</td><td>활동명</td><td>모양 만들어 걷기</td><td rowspan="3"></td></tr>
<tr><td>활동목표</td><td>• 선으로 다양한 모양을 만들어보고 신체를 조절하여 선을 따라 걸을 수 있다.</td></tr>
<tr><td>내용 범주</td><td>• 예술경험〉 예술적 표현하기〉 미술 활동으로 표현하기
• 신체운동 · 건강〉 신체 조절과 기본 운동하기〉 신체 조절하기</td></tr>
<tr><td colspan="2">• 실외 놀이터에 나가 줄을 길게 바닥에 늘여본다.
- 여기에 있는 줄을 바닥에 놓아볼까?
- 어떤 줄이 보이니?
- 이 줄로 무엇을 할 수 있을까?
• 여러 가지 줄을 탐색해보고 모양을 만들어본다.
- 끈의 모양이 어떠니?
- 길이는 어때?
- 이 긴 줄을 가지고 모양을 만들어 볼 수 있을까?
• 줄을 길게 바닥에 놓고 따라 걸어본다.
- 기다란 줄을 발로 밟으며 걸어 볼 수 있을까?
- 팔을 옆으로 벌리고 줄 위를 걸어볼까?
• 바닥에 줄로 모양을 만들어 놓고 줄 위를 걸어본다.
- ○○이는 어떤 줄로 모양을 만들어보고 싶니?
- 줄이 너무 길어서 ○○이 혼자 모양을 만들기는 어려울 것 같은데, 어떻게 하는 것이 좋을까?
- 어떤 모양을 만들었는지 소개해 줄 수 있겠니?
- 친구들과 함께 만든 모양을 따라서 걸어볼까?
※ 대체 활동: 미세 먼지, 황사, 우천 시 '모양 만들어 걷기' 실내에서 진행</td><td rowspan="2">활동을 2일차 진행하니 몇 명의 유아들은 먼저 교사에게 활동을 제안하는 모습을 보임
명주실은 너무 얇아 잘 보이지 않아 명주실보다는 털실로 활동하는 것을 좋아함
다양한 굵기와 종류의 선의 차이점을 비교해 보며 활동을 진행하였으나 활동 시간이 짧은 편임
장애물을 추가하여 유아들이 활동을 해 볼 수 있도록 하는 것도 좋을 것 같음
줄넘기로 활동을 할 때 한 손으로 줄넘기를 돌리며 놀이를 하는 유아들이 있어 줄넘기로 바르게 활동하는 방법에 대해 이야기를 나눔</td></tr>
<tr><td colspan="2">• 개인 줄넘기를 활용하여 1인 1운동하기
• 여러 가지 도구를 활용하여 물놀이와 모래놀이하기
• 자연물을 이용하여 역할 영역에서 소꿉놀이하기
• 주변 환경의 식물을 탐색해보고 채집하고 그림 그리기
• 복합 놀이대를 활용하여 자유롭게 대근육 활동하기
• 옷에 묻은 모래와 먼지를 털고 신발 속 모래 정리하기</td></tr>
</table>

활동 시간	준비물	활동 계획	실행 및 평가
13:50~ 14:00 옷 정리 하기 및 손 씻기	옷걸이, 종이타월, 손 전용세제	〈옷 정리하기 및 손 씻기〉 • 입었던 겉옷을 옷걸이에 바르게 정리하기 • 화장실과 교실 세면대를 활용하여 손 씻기 • 교사는 유아가 올바르게 화장실을 이용할 수 있도록 지도 • 화장실과 세면대 사용 후 물기가 남지 않도록 정리	실행함
14:00~ 15:00 영어 수업	의자, 카세트, 융판	〈제이 선생님과 함께 신나는 영어 활동〉 • 높은하늘반과 푸른하늘반 30분씩 교대로 영어 수업 듣기 〈자유선택 활동〉 • 영어 수업을 듣지 않는 반은 유희실에서 자유선택 활동하기 • 낮잠을 자는 영유아들을 위해 조용히 할 수 있다는 것에 대해 이야기 나누기	실행함
15:00~ 15:20 화장실 다녀오기 및 가방 정리하기	수건, 손 전용세제, 종이타월	〈화장실 다녀오기 및 손 씻기〉 • 화장실에 가서 용변을 본 후 손 씻기 • 교사는 유아가 올바르게 화장실을 이용할 수 있도록 지도 • 화장실과 세면대 사용 후 물기가 남지 않도록 정리 〈가방 정리하기〉 • 유아의 겉옷과 개별용품, 통신문을 가방과 함께 정리 • 물병의 물을 정리하여 가방에 쏟아지지 않을 수 있도록 지도	실행함
15:20~ 16:00 오후 간식	개인용 간식접시, 포크, 행주, 크린콜, 위생장갑	〈오후 간식〉 • 간식의 이름 알기/간식 기도 후 간식 먹기/남기지 않고 먹기 〈간식 정리하기〉 • 그릇을 스스로 정리한 후 손을 씻고 자리에 앉기	실행함
16:00~ 16:30 오후 실외 활동		• 실외 활동을 한 번 더 진행하며 유아의 흥미가 이어질 수 있도록 격려하기	실행함
16:30~ 16:40 화장실 다녀오기	수건, 손 전용세제, 종이타월	〈화장실 다녀오기 및 손 씻기〉 • 차례로 두 줄씩 서서 손을 씻은 뒤 자리에 앉기 • 손 전용세제와 종이타월 필요한 만큼 사용하기(절약)	실행함
16:40~ 17:40 오후 자유선택 활동		〈오후 자유선택 활동〉 • 오전에 하지 못한 활동을 선택해서 놀이할 수 있도록 지도 • 유아의 놀이가 확장되어 표현될 수 있도록 새로운 자료 제시 및 교사가 격려하기 • 휴식이 필요한 유아는 휴식공간에서 쉴 수 있도록 배려하기	실행함
17:40~ 18:00 일과평가 및 순차적 귀가	일일 기록서	〈일과평가〉 • 하루 일과를 지낸 후 활동에 대한 느낌 등에 대해 이야기 나누며 하루 일과를 평가 〈순차적인 귀가〉 • 로션 바르기, 옷 입기, 머리 빗기 • 주보호자가 데리러 오는 순서대로 귀가하며 유아의 활동 상태 등을 간략하게 전달	개별적인 평가를 할 수 있도록 격려함

활동 시간	준비물	활동 계획	실행 및 평가
18:00~ 19:30 통합보육	귀가 확인서	〈통합보육〉 • 교사와 인사를 나눈 후 통합보육실로 이동 • 당직교사에게 유아들을 인계하며 특이 사항 전달	실행함

<table>
<tr><td rowspan="7">협의 내용
및
전달 사항</td><td colspan="5">• 이야기 나누기 활동 담당교사: 정○○ 교사
• 수 · 조작 활동 담당교사: 문○○ 교사
• 바깥놀이 담당교사: 윤○○ 교사, 문○○ 교사
• 휴식 준비 담당교사: 강○○ 교사
• 자유선택 활동 담당교사: 강○○ 교사, 김○○ 교사
• 급 · 간식 정리: 송○○ 교사
• 강○○ 누리교사: 교실 청소, 화장실 정리 · 정돈, 수업 교재 · 교구 제작</td></tr>
<tr><th>영역</th><th colspan="2">환경 구성</th><th>확인</th><th>담당자</th></tr>
<tr><td rowspan="5">실내 영역</td><td>쌓기 영역</td><td>우드 블록, 동물 블록, 공룡 블록, 레고 블록, 벽돌 블록, 가게 블록, 아이링고, 창의 블록, 나무자석 블록, 카프라 블록, 세계 전통 혼례복 그림 · 인형 소품, 가족 그림 · 인형 소품</td><td>V</td><td></td></tr>
<tr><td>수 · 조작
영역</td><td>색연필, 사인펜, 다양한 종류의 퍼즐, 플레이팩토, 수 교구(예 패턴, 분류, 덧셈과 뺄셈, 나열, 대응, 비교 등), 바느질놀이 교구(예 도안, 실, 바늘), 알록달록 탑쌓기 교구</td><td>V</td><td></td></tr>
<tr><td>미술 영역</td><td>색연필, 사인펜, 매직, 연필, 지우개, 크레파스, 네임펜, 모양종이, 잡지, 도화지, 두꺼운 도화지, 색도화지, 신문지, 색종이, 딱풀, 물풀, 물레방아 테이프, 가위, 지끈, 털실, 투명종이, 투명비닐, 크기와 재질이 다양한 폐품, 자연물, 여러 가지 꾸미기 재료(예 뽕뽕이, 스팽글, 백업 등), 청소 도구</td><td>V</td><td></td></tr>
<tr><td>역할 영역</td><td>화장대, 화장품, 드라이어, 머리빗, 헤어롤, 싱크대, 음식모형, 쟁반, 냄비, 그릇, 양념통, 접시, 숟가락, 포크, 국자, 뒤집개, 앞치마, 도시락 통, 여러 가지 옷, 가방, 신발, 스카프, 안경테, 선글라스, 인형, 포대기, 돗자리, 돈 모형, 시장바구니, 공공기관 그림 의상, 다양한 직업 의상, 세계 여러 나라 의상</td><td>V</td><td></td></tr>
<tr><td>언어 영역</td><td>CD 플레이어, 헤드폰, 다양한 종류의 동화 CD, 연필, 지우개, 색연필, 사인펜, 가위, 풀, 물레방아 테이프, 잡지, 신문지, 주제 관련 도서, 소리 나는 도서, 화이트보드, 자석글자, 자음 · 모음 도장, 스탬프, 말하기 인형, 가족 손인형, 가족 손가락 인형, 문장완성 교구</td><td>V</td><td></td></tr>
</table>

<table>
<tr><th>구분</th><th>영역</th><th colspan="2">환경 구성</th><th>확인</th><th>담당자</th></tr>
<tr><td rowspan="7">협의 내용
및
전달 사항
(계속)</td><td rowspan="5">실내 영역
(계속)</td><td>과학 영역</td><td>색연필, 사인펜, 돋보기, 확대경, 막대자석, 말굽자석, 동전자석, 고구마, 양파, 당근, 여러 종류의 식물 화분, 올챙이 및 개구리 어항, 물고기 어항, 신체 퍼즐, 관찰 활동 기록지, 철가루 단어 찾기 교구, 거울, 자석에 붙는 물건(예 옷핀, 클립, 작은 집게), 자석에 붙지 않는 물건(예 나무 블록, 지우개), 실, 종이컵, 숟가락</td><td>V</td><td></td></tr>
<tr><td>음률 영역</td><td>탬버린, 핸드벨, 트라이앵글, 캐스터네츠, 실로폰, 에그셰이커, 리듬스틱, 스카프, 리본막대, 노래 가사판</td><td>V</td><td></td></tr>
<tr><td>미디어 영역</td><td>컴퓨터(모니터, 본체), 키보드, 마우스, 스피커, 프린터, 모래시계, 올리의 그림동화 CD</td><td>V</td><td></td></tr>
<tr><td>급 · 간식
지도 및
양치 지도</td><td>행주, 배식용 앞치마, 비닐장갑, 크기별 위생봉투, 크린콜/급 · 간식 정리, 손 씻기, 줄서기, 양치 지도</td><td>V</td><td></td></tr>
<tr><td>청소</td><td>바닥, 창틀, 교구바구니, 교구장, 놀잇감, 쓰레기통, 가습기, 공기청정기 세척 및 소독, 창틀, 옷장, 걸레통, 쿠션 및 매트, 카펫, 선풍기, 에어컨, 물통 정리대, 칫솔소독기</td><td>완결</td><td></td></tr>
<tr><td rowspan="2">실외 영역</td><td colspan="2">줄넘기, 털실, 실</td><td rowspan="2">V</td><td></td></tr>
<tr><td>1인 1운동</td><td>줄넘기</td><td></td></tr>
<tr><td>총 평가</td><td colspan="5">• 유아들의 인사하기, 이야기 나누기 활동 시 앉는 자리를 유아들의 등원 시간, 체격 등을 고려하여 다시 자리를 알려줌. 이전 자리보다 유아들이 앉아서 활동하는 것에 무리가 없었으며 유아들이 이동할 수 있도록 앞, 뒷자리의 간격을 조절하여줌. 앉아 있는 친구가 앞으로 나와 소개를 하거나 이름표를 가지러 이동할 때 친구의 뒤로 가서 친구들을 방해하지 않고 돌아올 수 있도록 방법을 안내해 주었음</td></tr>
</table>

<table>
<tr><td rowspan="5">다음날
수업 준비</td><th>요일</th><th>활동 내용</th><th>준비물</th><th>확인</th><th>재적</th><th>출석</th><th>결석</th></tr>
<tr><td rowspan="2">월</td><td>〈동화〉 이모의 결혼식</td><td>다양한 나라 사람들 사진, 프로젝트 빔, 노트북, 스피커</td><td>○</td><td>40</td><td>39</td><td>1</td></tr>
<tr><td>〈언어〉 다문화 NIE</td><td>가족사진, 신문지, 잡지, 활동지, 쓰기 도구, 풀, 가위</td><td></td><td rowspan="3">결석
원아</td><td>이름</td><td>사유</td></tr>
<tr><td rowspan="2">화</td><td>〈이야기〉 우리 가족이 좋아하는 것을 소개해요</td><td>가정연계 활동지, 큰집 그림, 포스트잇, 사인펜, 화이트보드</td><td>○</td><td rowspan="2">○○○</td><td rowspan="2">가정
보육</td></tr>
<tr><td>〈수 · 조작〉 우리 가족 벤다이어그램</td><td>벤다이어그램 활동지, 필기 도구</td><td></td></tr>
</table>

구분	요일	활동 내용	준비물	확인	재적	출석	결석
다음날 수업 준비 (계속)	수	〈게임〉 징검다리 건너 집으로	종이벽돌 블록, 큰집 그림, 색 테이프, 신호악기, 점수판				
		〈과학〉 실 전화기	실 전화기				
	목	〈명화〉 장욱진의 '집'	명화, 색종이, 아스테이지, 그리기 도구				
		〈쌓기〉 가족과 함께 살고 싶은 집	다양한 집 그림, 집 평면도, 종이벽돌 블록, 카프라 등 다양한 블록, 흰 종이, 쓰기 도구				
	금	〈이야기〉 옛날과 오늘날의 결혼식	전통혼례 절차 그림, 결혼식 사진				
		〈미술〉 우리 집 문패	집 모양 우드락, 꾸미기 재료, 풀, 네임펜, 사인펜, 매직				

| 출처 | 안양시 해와달 어린이집(2014). 보육계획안. 참고.

표 5-8 단위 활동 수업계획안의 예

활동명	물을 보호하고 아껴 써요	생활 주제	물
보육 목표	❶ 물을 오염시키는 원인에 대해 안다. ❷ 물의 소중함을 알고 아껴 쓴다. ❸ 물을 오염시키지 않는 방법을 알고 실행한다. ❹ 물을 아껴 쓴다.		
소요 시간	약 15분		
준비물	❶ 물을 수질 오염에 대한 비디오 ❷ 수질 오염으로 인한 피해 뉴스 자료 ❸ 물을 사용하는 모습의 그림		

활동 방법		
구분	교사	유아
*모이기 *자리 배치	• 교사의 지시(물안경, 수영복 색깔별로)를 듣고 자리 정돈해서 앉게 한다. • 모든 유아가 잘 보이도록 하기 위해 잘 보이지 않는 유아들은 노래를 부르며 자리를 바꾸어 앉게 한다(OO 일어나 OO 일어나 둘이는 악수하고 자리 바꿔요).	• 네~!
도입	〈동기 유발〉 ❶ 수수께끼: 여기가 어디일까요? ❷ 비디오 또는 뉴스(더러워진 하천에 대한 장면)를 시청하고 이야기 나눈다. • 이 비디오의 장면을 보니 어떤 느낌이 드니? • 물이 왜 이렇게 되었을까?	• 물이 더러워요. • 강, 바다. • 더럽다. • 사람들이 물에 나쁜 것을 타서 더러워요.

구분	교사	유아
전개	• (뉴스 자료 보며) 비 온 후 물고기들이 오염 물질로 인해 떼죽음을 당한 물고기를 보면서 이야기 나눈다(유아들의 경험을 발표하게 하고 유아의 다양한 사고를 격려한다). • 무슨 그림 같으니? • 왜 물고기들이 죽었을까?	• 물고기들이 많이 죽어 있어요. • 물이 더러워서 죽었어요. • 물에 독이 들어 있어서 죽었어요. • 어제 비가 많이 와서 죽었어요. • 쓰레기를 마구 버려서 물이 없어요. • 물에 기름이 있어서 물고기가 숨을 쉴 수 없어 죽었어요. • 공장에서 나쁜 물(폐수)을 흘려보내서 강이 더 러워져서 죽었어요. • 세탁할 때 세제를 많이 사용하고 그 물을 흘려 보내서 죽었어요.
	• 물고기들은 어떤 곳에서 살고 싶을까? (우리가 사용할 수 있는 깨끗한 물이 없어진다면 어떤 일이 일어날지에 대해 이야기 나눈다.) • 우리는 물을 주로 어디에 사용하나? • 물을 깨끗하게 보호하는 방법에는 어떤 것이 있을까?	• 깨끗한 물에서 살고 싶어 해요. • 먹이가 많고 깨끗한 곳에서 살고 싶어 해요. • 물이 더러우면…. • 마음 놓고 물을 마실 수 없어요. • 음식을 만들 수 없어요. • 씻을 수 없어요. • 주변이 더러워져요. • 병에 걸려요. • 동 · 식물에게도 물을 줄 수 없어요. • 물을 깨끗이 사용해요. • 폐수/기름을 흘려보내지 않아요. • 세제 사용을 줄여요. • 물을 필요한 만큼 알맞게 사용해요.
마무리	• 물을 깨끗하게 보호하는 방법에 대해 간단히 정리하여 말해준다. • 집에서 물을 깨끗하게 사용하는 것을 실행해 보도록 한다. • 우리가 실천할 수 있는 일을 그림으로 그리거나 글로 써본다.	
전이	**〈다음 시간에 맞춰 자리 이동 또는 영역 배치하기〉** • 얘들아, 우리 이제 간식 먹을 시간이야. 바닥에 앉은 사람들 중에 '나는 오늘 아침 자유놀이 시간에 물놀이를 했어요.' 하는 사람부터 손을 씻으러 가자! 다음에는 '나는 물놀이에서 배를 띄웠어요' 하는 사람 가자! (그 날 상황에 맞게 반 정도 나누어 보낸다). 먼저 손을 씻은 사람은 자리에 앉아서 다른 친구들을 기다리자.	

3 일과 운영

영유아의 바람직한 교육을 위해서는 영유아의 특성을 반영하여 발달에 적합한 보육과정을 운영하여야 한다. 이를 위해서 보육계획안이 수립되어야 하고 또 보육계획안이 보육 현장에서 올바르게 실행되기 위해서는 체계적인 일과 운영이 있어야 한다.

영유아를 위하여 어린이집에서 전개되는 일과 운영의 원리는 다음과 같다.

- 영유아의 발달에 적합하여야 한다. 영유아의 연령뿐만 아니라 개별 영유아의 발달 특성에 적합하여야 한다.
- 영유아의 욕구, 흥미와 관심을 반영하여 다양한 보육 활동(대 · 소근육 활동, 언어 활동, 친사회적 활동, 기본생활 습관 활동, 사고력 및 탐구 활동, 창의적 음률 활동, 창의적 미술 활동, 역할 및 쌓기 활동 등)을 제공하여야 한다.
- 영유아의 전인적 발달을 촉진할 수 있는 기회를 제공하여야 한다. 즉 기본생활 습관, 기본적인 신체운동 능력, 사회 관계 기술, 의사 소통 능력, 탐구력 및 창의력, 예술적 심미감 등을 길러 주어야 한다.
- 어린 영아들에게는 수유, 식사 및 간식, 낮잠 및 휴식, 배변 등 기본적인 욕구를 충족시킬 수 있는 시간이 반드시 있어야 한다.
- 어린 연령일수록 가정과 같은 편안함, 안정감을 느낄 수 있도록 배려하여야 한다.
- 연령이 증가하면서 일상생활을 위한 활동이 감소하는 반면 놀이와 학습을 위한 활동이 증가하도록 한다.
- 동적인 활동과 정적인 활동, 대집단 활동과 소집단 · 개별 활동이 균형을 이루도록 한다.
- 영유아들이 주도하는 활동과 교사가 주도하는 활동이 균형을 이루도록 한다.
- 영유아들이 자율적으로 자유선택 활동에 참여하도록 한다.
- 하루 일과 운영이 일관성 있게 지속적이면서 동시에 융통성 있게 운영되어야 한다.
- 하루 일과 운영에 실외 활동 또는 이를 대체할 활동을 포함하여야 한다.

- 일상생활 속에서 보호와 교육이 통합되어야 한다.
- 일과는 교과목 형태의 구분(예 미술, 체육 시간)이 아닌 통합적 형태로 운영하여야 한다.
- 영유아의 특성이나 사회·문화적 배경, 부모의 요구와 특성, 지역 사회 및 어린이집의 특성을 고려하여야 한다.

영유아를 위한 어린이집에서 전개되는 일과 운영은 연령별로 나누어 0~2세(영아)반과 3~5세(유아)반으로 살펴보고자 한다.

1) 0~2세 영아반의 일과 운영 및 전개

0~2세 영아반의 일과 운영은 등원, 기저귀 갈기, 배변 및 화장실, 수유, 식사 및 간식, 낮잠 및 휴식, 개별 및 소집단 활동, 정리·정돈, 귀가 준비 및 귀가 등으로 전개할 수 있다.

(1) 등원

영아들이 어린이집에 오면 교사들은 밝은 미소로 영아를 맞이한다. 교사는 보호자와 간단한 면담을 통해 가정에서 지난 밤에 특별한 일이 있었는지, 건강 및 정서 상태는 어떠한지 등에 대해 이야기 나눈다. 영아가 지난 밤 잠든 시간, 아침에 일어난 시간, 아침 수유 및 이유식 또는 아침식사 여부를 알아보고, 건강 상태와 약 투여 의뢰 등을 확인한다.

부모가 어린이집에 보내는 부모알림장을 확인하고, 약을 먹여야 할 경우에는 약을 약상자나 냉장고에 넣고 약 먹을 시간을 확인한다. 어린 영아의 경우에는 개별 간식(유제품 및 기호식품)을 정리하고 개별 우유병을 소독기에 넣는다. 또한 여벌의 옷과 기저귀를 개인장에 정리하고 활동하기에 편한 옷으로 갈아입힌다. 어린 영아들은 양말을 신으면 걷기에 불편하고 미끄러질 수 있기 때문에 안전하고 편안하게 벗고 생활하도록 하는 것이 좋다.

(2) 기저귀 갈기

어린 영아들은 대 · 소변을 가리지 못하기 때문에 기저귀를 사용한다. 영아들의 배변은 개인 시간표에 따라 이루어지므로, 교사는 수시로 기저귀를 점검하고 영아들의 생리적인 요구에 적절하게 대응할 수 있어야 한다. 교사는 기저귀를 갈아주면서 영아와 눈을 맞추는 등 상호작용이 일어나도록 한다. 기저귀를 갈아줄 때, 소변일 경우에는 교실에서 영아를 푹신한 곳에 눕히고 갈아줄 수 있지만 대변일 경우에는 영아를 안고 세면대 옆에 있는 기저귀갈이대로 데려가서 씻고 갈아주도록 한다. 영아들은 복식호흡을 하기 때문에 기저귀 벨트는 되도록 배꼽 밑으로 내려서 채워주는 것이 바람직하다.

소변과 대변의 처리 과정을 자세히 설명하면 다음과 같다.

▣ 소변일 경우

- 영아의 발목 부분까지 바지를 내린다.
- 기저귀를 풀러 뺄 때는 영아의 두 무릎 밑을 손으로 살며시 잡은 후 엉덩이를 들어 기저귀를 뺀다.
- 새 기저귀의 앞과 뒤를 확인한 후 영아의 무릎을 잡고 엉덩이를 올려 되도록 빠른 시간 내에 기저귀를 바르게 놓아 갈아준다.
- 사용한 기저귀는 바로 쓰레기통에 버린다. 쓰레기통은 발로 작동하여 뚜껑을 여닫을 수 있어야 위생적이다.

▣ 대변일 경우

- 영아를 안고, 새 기저귀를 가지고 세면대로 간다.
- 영아를 기저귀갈이대나 간이침대에 눕힌다.
- 영아의 바지를 벗기고, 위생을 위해 일회용 위생장갑을 낀다.
- 기저귀를 풀러 빼낸다.
- 물 휴지를 사용하여 엉덩이에 묻은 대변을 앞에서 뒤쪽으로 닦아준다.
- 샤워기를 틀어 물 온도를 맞춘다.
- 간이침대에 있는 영아를 세면대로 데려가 영아의 가슴 혹은 배 부분을 팔로 살며시 감싼 후 영아의 허리를 살짝 숙이도록 하고 엉덩이를 씻긴다. 영아의 생식기 부분에 이물질이 들어가지 않도록 주의를 기울여 씻긴다.

- 다 씻긴 후에는 일회용 위생 종이타월을 이용하여 몸의 물기를 닦아준다.
- 영아를 다시 기저귀갈이대나 간이침대에 눕힌 후 새 기저귀로 갈아준다.
- 사용한 휴지와 일회용 장갑 등을 정리하여 바로 쓰레기통에 버린다.
- 영아를 안고 교실로 데리고 온다.
- 영아가 본 대변의 양, 색깔, 모양, 시간을 부모알림장에 기록한다.

(3) 배변 및 화장실

영아들은 2세경(걸음마기)이 되면 대 · 소변을 가리기 시작한다. 걸음마기 영아들은 화장실에서 배변을 하고자 하며, 적절한 배변 훈련은 자존감 형성에 중요하다. 영아기의 대 · 소변 훈련은 성격 형성에 중요한 영향을 미치므로 개인 영아의 발달 및 심리 · 정서 상태를 고려하여 영아가 스트레스를 받지 않도록 적절하게 지도하여야 한다. 영아들은 배변 욕구가 있으면 교사와 함께 화장실에 간다. 화장실에서 배변을 할 때에 교사는 영아의 앞에 눈높이에 맞추어 앉아 영아들이 편안한 마음으로 변을 볼 수 있도록 격려를 해주면서 배변 순서를 대화하는 형태로 이야기한다. 배변을 끝낸 영아들은 스스로 비누로 손을 씻고 수건으로 손을 닦도록 한다. 이때 교사는 옆에서 언어로 격려해주고 영아들이 물을 아껴 쓰는 절약하는 습관을 가지도록 한다.

(4) 수유

일반적으로 어린 영아들은 교사가 안고 수유하는 경우가 많다. 교사는 영아에게 수유를 할 때 먼저 손을 깨끗이 씻는다. 그리고 소독기에서 개별 우유 젖병을 꺼내서 수유량을 확인하고 분유를 타는데, 사용하는 물은 먼저 물을 끓여 40℃ 정도로 식혀 실온에 보관한 것을 사용한다. 교사는 왼손으로 영아의 머리를 받혀 안아서 무릎에 앉히고, 오른손으로 우유병을 45°로 기울여 들어 공기가 차지 않도록 먹인다. 12개월 정도의 영아는 혼자 우유병을 잡고 먹는데, 이때는 편하고 푹신한 곳에 눕히고 먹도록 한다. 수유하는 동안 머리를 쓰다듬어 주고 눈을 마주치는 등 상호작용을 하면서 편안함을 느낄 수 있도록 한다. 사용한 젖병은 젖병 소독 세척액을 사용하여 씻고 소독기에 넣어 소독하고 수유한 시간과 양을 부모알림장에 기록한다. 12개월 미만의 영아는 수유를 한 뒤에는 어깨 위로 안아서 등의 윗부분에 원을 그리듯이 둥글려 주거나 살살 두드려 주어 트림을 하도록 도와준다.

(5) 식사 및 간식

영아기는 성장 속도가 빠르고 운동량이 많으므로 성장에 필요한 영양가 있는 식사와 간식이 제공되어야 한다. 일반적으로 어린이집에서 영아들은 하루에 1회의 식사와 2회 정도의 간식을 한다. 영아들에게는 성장에 필요한 고른 영양소를 갖춘 균형있는 식단을 제공하여야 하고, 오전과 오후에 1회씩 다양한 종류의 간식이 제공되어야 한다.

어린 영아는 혼자서 먹지 못하는 경우가 많으므로 교사는 영아를 곁에 앉히고 작은 수저를 사용하여 한 수저씩 입에 떠 넣어준다. 뜨거운 음식일 경우에는 식혀 온도를 확인한 후 먹이고, 뜨거운 음식에 데이지 않도록 주의를 기울인다. 음식을 식힐 때 수저에 든 음식에 입을 대고 입김을 불어 넣지 않는다. 만약 교사가 충치에 감염되어 있을 경우에 영아에게 균을 옮길 수도 있기 때문이다. 또한 음식의 온도나 맛 등을 확인하기 위해 성인이 입에 댄 수저를 영아에게 사용하지 않아야 한다. 이는 충치균에 대한 위험뿐만 아니라 영아가 위염에 걸려서 고통을 받을 수도 있기 때문이다. 식사나 간식시 교사-영아, 영아-영아 간 상호작용이 일어나도록 서로 마주 보도록 한다. 영아들이 먹은 식사와 간식의 종류, 양, 시간을 부모알림장에 기록하여 귀가시 부모에게 전달한다.

걸음마기(2세) 영아들은 숟가락과 포크를 사용할 수 있으며 혼자 음식을 먹으려고 한다. 별도의 식당이 있으면 어느 정도 식사 준비를 다하고 난 후에 와서 먹도록 하지만 교실에서 먹게 되는 경우에는 책상에 식물성 소독액을 뿌리고, 행주로 깨끗이 닦는다. 식사를 하기 전에는 손을 씻도록 하고 교사는 함께 식사를 하면서 식사 지도를 한다. 식사를 다한 후에는 개인 식판과 숟가락, 포크를 스스로 정리하도록 돕고 정리를 다한 영아는 물을 마시고 양치를 하도록 돕는다. 교사는 간식이나 식사 후 책상에 소독액을 뿌려 행주로 깨끗이 닦는다.

(6) 낮잠 및 휴식

영아들은 잠을 자면서 성장하기 때문에 낮잠은 중요한 일과 활동 중의 하나이다. 1

세 미만 영아들은 하루에 2회 정도, 1세 이상 영아들은 1회 이상 낮잠을 잔다. 잠자는 시간을 규칙적으로 두어 정해진 수면 시간에 잠을 자기도 하지만 놀이하면서 피곤해질 때 또는 수유 중에 잠이 들기도 한다.

영아들은 개인별 특성과 기질에 맞게 잠을 자도록 한다. 교사는 잠을 재울 때에 영아가 천장을 바라보도록 바르게 눕히고 천천히 토닥여 준다. 창문을 닫고 블라인드를 내리고 빛을 차단하여 잠잘 수 있는 어두운 분위기를 조성하고 조용한 음악을 틀어주어 정서적으로 편안히 잠들 수 있도록 한다. 잠자리는 영아들의 건강 상태를 고려하여 배치한다. 만일 천식이 있는 영아가 있다면 창문과 문쪽으로부터 먼 곳에서 자도록 배려한다. 영아들이 잠을 자는 것에 대해 스트레스를 받지 않도록 개인차를 고려한다. 잠을 자려고 하지 않는 경우에는 조용히 휴식을 하거나 책을 읽게 하는 등 잠자는 영아에게 방해가 되지 않도록 한다.

낮잠 시간이 끝나면 기분 좋게 일어날 수 있도록 낮은 목소리로 이름을 불러주고, 어린 영아는 안아주어 잠이 깰 수 있도록 도와준다. 개별 영아의 낮잠 시간을 부모알림장에 기록하여 귀가시 전달한다.

(7) 개별 및 소집단 활동

어린 영아들은 또래와의 상호작용이 거의 이루어지지 않으므로 개별 영아들이 자유롭게 놀잇감을 가지고 놀면서 탐색할 수 있도록 한다. 교사는 영아와 함께 놀이하면서 시범을 보여 놀이를 지원한다. 딸랑이 등 소리 나는 놀잇감은 영아의 감각을 흥미롭게 자극시키고 감각 발달을 촉진시킨다. 특히 집단 활동이 어려운 어린 영아들은 개별 활동을 많이 한다.

2세경의 영아들은 또래에 관심을 보이고 상호작용을 하기 시작한다. 영아들은 주의 집중 시간이 짧고 흥미와 관심이 자주 바뀐다는 점을 감안하여 소집단이나 개별 활동을 자주 계획하는 것이 바람직하다. 소집단 활동으로는 이야기 나누기, 새노래 배우기, 동화 듣기 등이 있다.

(8) 정리 · 정돈

어린 영아들은 정리 · 정돈이 어렵지만 2세경이 되면 스스로 정리 · 정돈하도록 도와줄 수 있다. 교사는 정리 · 정돈을 하기 전에 곧 정리 · 정돈할 것임을 알려주어 영아들이 정리할 마음의 준비를 하도록 한다. 놀이 활동의 종류에 따라 정리 시간이 다를 수 있으므로 시간이 오래 걸리는 놀이를 하고 있는 경우에는 잠시 후에 정리할 것이라는 것을 미리 말해 준다.

(9) 귀가 준비 및 귀가

영아들은 하루 일과를 끝내면 귀가 준비를 하고 귀가한다. 영아의 소지품을 챙기고 부모에게 전달할 부모알림장을 정리한다. 부모가 데리러 오면 영아들의 하루 동안의 기분과 건강 상태, 특이 행동(예 걷기 시작한다, 또래와 상호작용한다, 식사를 잘 하지 않는다 등)에 대해 충분한 대화를 나눈 후에 귀가 인사를 나누고 귀가한다.

2) 3~5세 유아반의 일과 운영 및 전개

3~5세 유아반의 일과 운영은 등원, 실내 · 외 자유선택 활동, 정리 · 정돈, 대 · 소집단 활동, 식사 및 간식, 낮잠 및 휴식, 평가 및 귀가 지도 등으로 전개될 수 있다.

(1) 등원

유아가 어린이집에 등원하면서부터 하루 일과가 시작된다. 교사는 실내 · 외 환경을 정리하고 유아를 반갑게 맞이한다. 유아에게 개별적인 관심을 보이고 자연스럽게 상호작용을 한다. 또한 교사는 보호자와 인사를 나누며 유아의 건강 및 청결 상태, 정서 상태를 확인한다. 투약을 요하는 유아들이 있으면 투약 시간과 용량을 확인하고 잘 보관한다. 부모 전달 사항을 확인하고 유아가 보호자와 편안한 분위기에서 인사하고 헤어질 수 있도록 한다.

유아 스스로 신발과 옷을 정리하도록 격려한다. 모든 유아의 등원 시간이 일정하지 않으므로 자유선택 활동을 계획하고 놀이하도록 한다. 이때 자유선택 활동 시간은 길지 않으므로 정리하는 시간이 많이 걸리는 활동 즉 만들기, 소꿉놀이, 블록놀이 등은 하지 않도록 한다.

한편 유아들이 등 · 하원 차량을 이용하는 경우에 교사는 동승하여 등원 및 귀가 지도를 안전하게 하여야 하고 차량에는 안전띠, 구급상자 등 차량 안전 설비를 갖추도록 한다.

(2) 실내 · 외 자유선택 활동

놀이는 유아의 생활이다. 유아는 놀이를 통해 성장하고 학습한다. 따라서 교사는 유아의 발달에 적합하고 흥미와 관심을 반영한 놀이 환경을 구성해 주어야 한다.

유아는 실내 · 외에서 경험할 수 있는 다양한 놀이 활동 중에서 자신의 요구와 흥미에 따라 자유롭게 선택하여 활동을 계획하고 수행하며 평가해 보는 경험을 가진다. 교사는 연령에 적합한 놀잇감, 교재와 교구를 흥미 영역별로 계획 · 준비한다. 흥미 영역에는 언어, 쌓기, 역할, 수, 조작, 미술, 과학, 음률, 목공, 물, 모래놀이와 컴퓨터 영역 등이 있다. 교사는 유아가 개별적으로 선택하여 놀이하도록 유도한다. 교사는 놀이 과정에서 유아–유아, 유아–교구, 유아–교사 간 상호작용이 잘 이루어지도록 유아의 놀이 활동을 관찰하면서 적절한 개입을 통해 놀이를 활성화시킨다.

일과 운영은 편안한 분위기에서 개인적인 요구에 따라 자유롭게 놀이하는 실내 자유선택 활동으로 시작하는 것이 좋다. 오랜 시간 어린이집에서 생활하는 유아들에게는 실내 자유선택 활동이 오전과 오후에 2~3회 정도, 2시간 30분 이상 주어야 하며, 오후에 하는 자유선택 활동은 오전에 이루어졌던 놀이나 활동을 심화 · 확장시킬 수 있도록 하여야 한다. 또는 놀이실 이외의 장소에서 변화를 주어 놀이할 수 있도록 배려하는 것도 좋다.

실외 자유선택 활동은 제한된 실내 공간에서 벗어나 맑은 공기를 마시며 마음껏 놀이하면서 긴장감을 해소해 줄 수 있는 학습의 장이다. 유아들에게는 실외 활동의 기회를 충분히 배려하여 실외 자유선택 활동을 매일의 일과 활동에 1시간 이상 제공하여야 하며, 날씨가 실외 활동을 하기에 적절하지 않은 경우에는 대근육실 등에서 대체할 수 있는 활동이 있어야 한다. 실외 자유선택 활동은 실내 자유선택 활동의 연장으로 대근육 및 신체운동 능력을 발달시킬 수 있는 동적 활동과 동 · 식물의 사육과 재배, 자연현상의 관찰과 탐색이 가능한 정적 활동으로 구성하고 유아의 흥미에 기초한 여러 활동이 전개되도록 하여야 한다.

(3) 정리 · 정돈

자유선택 활동이나 일과 활동을 마무리하면서 자신이 사용한 놀잇감이나 재료를 정리 · 정돈한다. 유아는 놀잇감을 같은 종류와 모양으로 분류하고 크기대로 서열화하는 과정에서 수학적 개념 형성에 도움이 되며, 서로 협동하는 능력을 기를 수 있다. 교사는 유아들과 함께 정리 · 정돈의 필요성, 방법에 대해 토의하고 함께 규칙을 정한다. 정리 · 정돈을 한 후에 개별 또는 집단으로 약속대로 잘 정리 · 정돈이 되었는지를 평가한다. 그러나 정리 · 정돈을 지나치게 강조하면 정리 · 정돈에 전혀 관심을 가지지 않거나 놀이를 시도조차 하지 않으려는 경우가 있으므로 유아가 노력하는 과정과 의도를 인정하여 줌으로써 정리 · 정돈하는 습관을 잘 형성할 수 있도록 한다(교육부, 2000).

(4) 대 · 소집단 활동

유아들은 주제, 일과 등에 따라 대집단 또는 소집단으로 모여 활동하게 된다. 대집단 활동은 한 반의 유아가 함께 모여서 하는 활동으로 출석 확인, 날씨의 변화, 일과 계획이나 주제 도입에 관한 이야기 나누기, 새노래 배우기, 동화, 게임 등을 할 수 있다. 소집단 활동은 한 반의 유아를 2~3집단으로 나누어 교대로 하는 활동으로 유아의 적극적인 참여를 유도할 수 있고, 유아의 사고와 탐색 활동을 집중시킬 수 있으며, 교사-유아, 유아-유아 간 상호작용을 촉진할 수 있다. 소집단 활동으로는 이야기 나누기, 실험 및 관찰, 동극, 요리 등을 할 수 있다. 유아반의 일과 활동은 개별 활동, 대 · 소집단 활동이 균형있게 구성되어야 하지만 어린 연령의 유아일수록 집단의 규모를 작게 구성하는 것이 바람직하다.

(5) 식사 및 간식

유아기는 영아기와 마찬가지로 신체 발달이 빠르게 이루어지고 운동량이 많은 시기이므로 영양가 있는 균형잡힌 식사와 간식이 제공되어야 한다. 식사와 간식 시간은 유아에게 필요한 영양을 공급할 뿐 아니라 합리적인 식생활에 관한 지식과 태도를 길러 준다.

유아들에게 제공되는 급식의 식단은 과일과 채소, 탄수화물과 단백질 식품이 균형을 이루고 다양한 형태로 조리되어야 한다. 간식은 오전과 오후에 다양하게 제공하며, 과일 같은 신선한 식품이 주 3회 이상 제공하여야 한다.

어린이집에는 별도의 조리실과 연결된 식당이 있는 것이 바람직하지만 그렇지 않은 경우에는 교실에서 식사를 하게 된다. 이때 교사는 먼저 손을 씻거나 청결 보습제로 손을 소독하고 책상을 소독한 행주로 닦아 청결하게 하여야 한다.

교사는 식사나 간식을 먹기 전에 유아들과 함께 손 씻기, 책상을 청결하게 닦기, 먹고 난 후에 이 닦기 등 지켜야 할 사항에 대해 이야기 나누고 지키는 생활 습관을 기르도록 한다. 식사 및 간식량은 유아의 연령과 개인차에 따라 융통성 있게 조절한다.

(6) 낮잠 및 휴식

유아들은 오랜 시간 어린이집에 있으므로 낮잠 및 휴식 시간을 주어 피로와 긴장을 풀 수 있도록 한다. 유아들은 활동량이 많아 피곤해지기 쉬우나 스스로 휴식이 필요하다는 것을 알지 못한다. 교사들은 유아의 놀이 상태를 관찰하여 휴식이 필요하다고 판단되면 낮잠을 자거나 쉴 수 있도록 배려한다.

한편 일과 활동은 동적 활동과 정적 활동을 균형 있게 안배함으로써 휴식 시간을 대신하기도 하지만 운동량이 많은 활동을 한 후에는 휴식 시간을 갖는 것이 좋다. 일반적으로 연령이 낮은 유아들은 낮잠을 자지만 연령이 증가하면서 낮잠을 자지 않으려는 유아는 조용히 휴식을 취하도록 한다.

(7) 평가 및 귀가 지도

평가는 하루 일과를 마치고 귀가 전에 하루 일과를 되돌아 보면서 이루어진다. 교사는 유아들과 하루를 지내면서 재미있었던 일, 속상했던 일들을 회상해 보고 속상했던 일에 대해서 이유와 대책을 이야기 나누어 즐거운 마음으로 귀가하도록 돕는다. 또한 등원시 계획했던 활동들이 계획대로 이루어졌는지에 대해서도 평가해 본다.

일과 평가 후 귀가 지도시에는 특별한 전달 사항이나 집에 가져갈 것을 알려주고 경우에 따라서는 다음 날의 활동을 미리 소개하거나 집에서 준비하거나 알아올 것이 있으면 안내해 준다.

보호자가 유아를 데리러 오면 하루 활동 중 특별한 일, 건강 및 심리 상태 등에 대해 간단하게 이야기 나눈다. 유아들이 스스로 소지품을 챙기도록 도와주고 부모 전달 사항이 있으면 그 결과를 부모알림장에 기록하여 준다. 유아가 인사를 하고 안전하게 귀가하도록 지도한다.

표 5-9 0세반(1세 미만) 영아반 하루 일과의 예

시간	주요 일과	주요 활동 및 내용
7:30~9:00	등원 및 맞이하기 조용한 놀이	• 영아를 반갑게 맞이하고 영아의 건강 상태 점검하기(예 투약 여부, 컨디션, 수유 및 이유식 여부, 배변 여부) • 통합보육, 교사와 개별적 상호작용하기
9:00~9:30	기저귀 갈기 및 정리 · 정돈	• 기저귀를 살펴 갈아주기 • 놀이실을 정리하기
9:30~10:00	수유 및 간식	• 어린 영아부터 수유를 시작 • 영아의 수유 및 이유식 스케줄을 확인하여 제공 • 음식에 관심 가지며 즐겁게 먹어보기
10:00~10:30	산책 및 실외 자유놀이	• 유모차를 타고 산책을 다녀오거나 실외, 옥외 놀이터에서 자유놀이 하기 • 실외의 여러 가지 사물이나 현상을 탐색하도록 격려하기
10:30~11:30	오전 낮잠 및 휴식	• 개인용 침구 준비하기 • 자장가나 조용한 음악 들려주기 • 등을 끄고 교실의 밝기 조절하여 낮잠 환경 조성하기 • 편안히 잘 수 있도록 교사가 유도하기 • 늦게 잠들거나 일찍 깨는 영아는 휴식을 하거나 조용한 놀이를 할 수 있도록 배려하기
11:30~12:30	손 씻기, 점심 식사	• 손 깨끗하게 씻기 • 준비된 점심 맛있게 먹기
12:30~12:50	정리 및 씻기 이 닦기	• 점심을 먹고 난 후 자리 정리 • 영아의 얼굴과 손을 닦고, 영아용 칫솔로 이(잇몸) 닦기 • 책을 보거나 조용한 놀이를 하며 전이 시간 갖기
12:50~13:50	실내 자유놀이	• 교사가 준비한 놀이나 탐색 활동 자유롭게 하기 • 교사, 또래와의 상호작용 및 접촉, 혼자 개별 놀이 등의 활동
13:50~15:30	오후 낮잠 및 휴식	• 개인용 침구 준비하기 • 자장가나 조용한 음악 들려주기 • 등을 끄고 교실의 밝기 조절하여 낮잠 환경 조성하기 • 편안히 잘 수 있도록 교사가 유도하기 • 늦게 잠들거나 일찍 깨는 영아는 휴식을 하거나 조용한 놀이를 할 수 있도록 배려하기
15:30~16:00	잠자리 정리 및 기저귀 갈기	• 영아가 자고 일어난 침구 정리하기 • 기저귀를 살펴 갈아주기

시간	주요 일과	주요 활동 및 내용
16:00~16:40	수유 및 간식	• 손 깨끗하게 씻기 • 수유 및 간식 먹기
16:40~17:30	실내 자유놀이	• 영아의 발달 상황 및 요구를 고려하여 놀이하기 • 좋아하는 놀잇감 및 여러 감각을 자극하는 놀이하기
17:30~19:30	귀가 준비 및 귀가	• 개인 소지품 정리하기 • 기저귀 점검하고 갈아주기 • 씻고 옷 갈아 입혀주기 • 자유롭게 놀이하며 부모님이 오시는 대로 영아의 하루 일과를 전달하고 귀가하기

표 5-10 1세 영아반 하루 일과의 예

시간	주요 일과	주요 활동 및 내용
7:30~8:50	등원 및 맞이하기 (통합보육)	• 밝은 미소로 영아를 맞이하고 건강, 기분 상태를 살핀다.
8:50~9:20	개별 놀이 활동	• 순차적으로 등원하는 영아를 맞이한다. • 영아의 가방을 확인하고 소지품을 정리한다. • 먼저 온 영아들이 자유롭게 흥미 영역의 놀이하도록 돕는다.
9:20~9:30	정리 · 정돈 및 기저귀 갈기 화장실 다녀오기	• 놀잇감을 제자리에 정리하고 영아의 기저귀를 확인한 후 갈아주고, 화장실 사용이 가능한 영아는 화장실에 다녀온다. • 영아가 손을 씻도록 도와준다.
9:30~10:00	오전 간식	• 즐거운 분위기에서 오전 간식을 먹는다.
10:00~11:00	실내 자유놀이	• 영아의 발달 상황 및 요구를 고려하여 놀이한다. • 흥미 영역에 마련되어 있는 놀이 및 탐색 활동을 자유롭게 선택하여 놀이한다.
11:00~11:10	정리 · 정돈 및 기저귀 갈기 화장실 다녀오기	• 놀잇감을 제자리에 정리하고 영아의 기저귀를 확인한 후 갈아주고, 화장실 사용이 가능한 영아는 화장실에 다녀오도록 한다. • 실외 활동을 하기 위한 준비를 하도록 한다.
11:10~11:40	실외 활동 및 대근육 활동	• 영아가 자유롭게 움직이며 놀이하도록 한다. • 실내 · 외의 여러 가지 사물이나 현상을 탐색하도록 격려한다.
11:40~12:40	점심 식사 및 양치하기	• 영아가 손을 씻도록 도와준다. • 즐거운 분위기에서 점심을 먹는다. • 점심 식사 후 영아의 이 닦기를 돕는다.
12:40~13:00	가벼운 운동	• 영아들과 간단한 체조 및 스트레칭을 한다.
13:00~15:10	낮잠 및 휴식	• 영아의 기저귀를 확인한 후 갈아주고, 화장실 사용이 가능한 영아는 화장실에 다녀오도록 한다. • 개인용 침구를 준비하고 조용한 음악을 들으며 편안히 잘 수 있는 분위기를 조성한다. • 늦게 잠들거나 일찍 깨는 영아는 휴식을 하거나 조용한 놀이를 할 수 있도록 한다.

시간	주요 일과	주요 활동 및 내용
15:10~15:30	잠자리 정리 및 화장실 다녀오기	• 영아가 기분 좋게 낮잠을 깰 수 있도록 부드럽게 영아의 이름을 불러주거나 등을 쓰다듬어 준다. • 영아의 기저귀를 확인한 후 갈아주고, 화장실 사용이 가능한 영아는 화장실에 다녀온다.
15:30~16:00	오후 간식	• 즐거운 분위기에서 오후 간식을 먹는다.
16:00~17:30	실내 자유놀이	• 영아의 발달 상황 및 요구를 고려하여 놀이한다. • 여러 흥미 영역에서 개별적으로 놀이한다.
17:30~19:30	귀가 준비 및 귀가 (통합보육)	• 개별 영아의 하루 일과를 점검하고 소지품을 정리한다. • 부모님이 오시는 대로 순차적으로 귀가한다. • 담임교사의 전달 사항을 부모에게 알리고 영아를 귀가시킨다.

표 5-11 2세 영아반 하루 일과의 예

시간	주요 일과	주요 활동 및 내용
7:30~8:50	등원 및 맞이하기 (통합보육)	• 밝은 미소로 영아를 맞이하고 건강, 기분 상태를 살핀다.
8:50~9:30	등원 및 개별 활동	• 순차적으로 등원하는 영아를 맞이한다. • 먼저 온 영아들이 자유롭게 놀이하도록 돕는다.
9:20~9:30	정리 · 정돈 및 화장실 다녀오기	• 놀잇감을 제자리에 정리한다. • 화장실에 다녀온 후 스스로 손을 씻도록 돕는다.
9:30~9:50	오전 간식	• 오전 간식을 먹는다. • 먹고 난 간식은 스스로 정리하도록 돕는다.
9:50~10:50	오전 실내 자유놀이	• 교실의 각 영역에서 자유롭게 놀잇감을 선택하여 놀이한다. • 놀이한 곳은 스스로 정리한다.
10:50~11:35	실외놀이	• 미끄럼타기, 물, 모래놀이, 공놀이 활동 등 다양한 대근육 활동을 한다.
11:35~11:45	화장실 다녀오기	• 실외 자유선택 활동을 한 후에 옷을 정리한다. • 화장실에 다녀온 후 스스로 손을 씻도록 돕는다.
11:45~12:40	점심 시간 및 이닦기	• 점심식사를 한다. • 스스로 이를 닦을 수 있도록 돕는다.
12:40~15:15	낮잠 준비 및 낮잠, 휴식하기	• 손 · 얼굴을 씻는다. • 조용한 음악을 들으며 낮잠을 잔다. • 늦게 잠들거나 일찍 깨는 영아는 휴식을 취하거나 조용한 놀이를 한다.
15:15~15:30	잠자리 정리 및 화장실 다녀오기	• 영아가 기분 좋게 낮잠을 깰 수 있도록 부드럽게 영아의 이름을 불러 주거나 등을 쓰다듬어 준다. • 낮잠을 자고 난 자리를 정리한다. • 화장실에 다녀온 후 스스로 손을 씻도록 돕는다.
15:30~16:00	오후 간식	• 손을 씻은 후 오후 간식을 먹는다.
16:00~17:50	오후 실내 자유놀이	• 실내에서 자유선택 활동을 한다.
17:50~18:00	정리 · 정돈 및 화장실 다녀오기	• 놀잇감을 제자리에 정리한다. • 화장실에 다녀온 후 스스로 손을 씻도록 돕는다.
18:00~19:30	통합보육 및 귀가	• 개인 소지품을 정리한다. • 자유롭게 놀이하다 부모님이 오시는 대로 귀가한다.

표 5-12 3세 유아반 하루 일과의 예

시간	주요 일과	주요 활동 및 내용
7:30~8:50	등원 및 통합보육	• 밝은 미소로 유아를 맞이하고 건강, 기분 상태를 살핀다.
8:50~9:20	일과 준비 및 개별 활동	• 유아는 스스로 가방과 옷을 정리한다. • 수첩을 꺼내어 날짜를 확인 한 후 출석스티커를 붙인다. • 자유롭게 놀이를 한다.
9:20~9:30	정리 · 정돈 및 화장실 다녀오기	• 놀잇감을 제자리에 정리한다. • 화장실에 다녀온 후 손을 씻는다.
9:30~10:00	오전 간식	• 오전 간식을 먹는다. • 간식을 먹은 후 간식접시를 스스로 정리한다.
10:00~10:20	대 · 소집단 활동	• 주제와 관련된 이야기 나누기, 새노래, 동극, 신체표현 등 대 · 소그룹 활동을 한다.
10:20~11:20	자유선택 활동	• 다양한 영역에서 자신의 흥미에 따라 활동을 선택하고 자유롭게 활동한다.
11:20~11:30	정리 및 화장실 다녀오기	• 놀잇감을 제자리에 정리한다. • 화장실을 다녀온 후 손을 깨끗하게 씻는다.
11:30~12:30	점심 시간 및 양치	• 바르게 앉아서 음식을 골고루 먹는다. • 먹고 난 자리는 스스로 정리한다. • 양치를 한다.
12:30~13:30	실외 자유선택 활동	• 역할놀이, 공놀이, 자전거 타기, 물 · 모래놀이 활동들, 다양한 대근육 활동을 한다.
13:30~15:20	휴식 및 낮잠	• 유아 스스로 옷을 정리한다. • 화장실을 다녀온 후 손을 깨끗하게 씻는다. • 음악을 들으며 휴식을 취하거나 낮잠을 잔다.
15:20~16:00	잠자리 정리 및 오후 간식	• 잠자리를 스스로 정리한다. • 손을 씻은 후 오후 간식을 먹는다
16:00~17:30	자유선택 활동	• 실내 · 외에서 자유선택 활동을 한다. • 오전에 다 하지 못했던 놀이나 경험했던 놀이를 반복하며 각 영역에서 놀이한다.
17:30~19:30	귀가 준비 및 귀가	• 하루 일과를 정리하고, 개인 물품을 정리한다. • 자유롭게 놀이하다 부모님이 오시는 대로 순차적으로 귀가한다.

표 5-13 4세 유아반 하루 일과의 예

시간	주요 일과	주요 활동 및 내용
7:30~8:50	등원 및 통합보육	• 유아를 반갑게 맞이하고 건강, 심리 상태를 체크한다.
8:50~9:25	일과 준비 및 개별 활동	• 유아는 스스로 가방과 옷을 정리한다. • 정적인 활동을 위주로 놀이한다.
9:25~10:00	오전 간식	• 손을 씻은 후 간식 먹을 준비를 한다. • 즐겁게 간식을 먹고 간식접시 및 주변을 정리 · 정돈한다.
10:00~10:10	하루 일과 소개	• 하루 일과 및 새로운 활동을 소개한다. • 새로운 교구 및 활동을 소개한다.
10:10~11:25	자유선택 활동	• 다양한 영역에서 자신의 요구와 흥미에 따라 활동을 선택하고 놀이한다.
11:25~11:35	정리 · 정돈	• 정리 시간 5분 전에 알려주어 유아가 활동을 마무리 지을 수 있도록 한다. • 스스로 자유선택 활동 각 영역을 정리한다.
11:35~12:05	대 · 소집단 활동	• 주제와 관련된 이야기 나누기, 이야기 꾸미기, 신체표현, 새노래, 과학 활동, 동극, 동화, 동시, 주제 관련 시청각 교육 활동 등을 한다.
12:05~12:15	화장실 다녀오기 및 손 씻기	• 질서 있게 화장실을 다녀온다. • 손을 깨끗하게 씻는다.
12:15~13:00	점심식사	• 바르게 앉아서 음식을 골고루 먹으며 즐겁게 식사한다. • 점심을 먹은 후 자신이 먹은 자리를 정리한다.
13:00~13:20	양치질 및 실외 활동 준비	• 개별적으로 양치질이 이루어진다. • 계절에 맞는 옷차림을 하여 실외 활동 나갈 준비를 한다.
13:20~14:20	실외 활동 및 산책하기	• 유희실, 놀이터, 옥상에서 다양한 선택 활동을 하거나 대근육 조절 운동을 한다. • 공원, 동네 돌아보기를 한다.
14:20~14:30	정리 · 정돈 및 화장실 다녀오기	• 유아 스스로 옷을 정리한다. • 질서 있게 화장실을 다녀온다.
14:30~15:20	휴식 및 낮잠	• 감상할 음악을 소개한다. • 음악을 들으면서 휴식을 취하거나 낮잠을 잔다.
15:20~15:30	화장실 다녀오기 및 손 씻기	• 일어나서 자신의 휴식 자리를 정리한다. • 차례로 화장실을 다녀오고, 깨끗하게 손을 씻는다.
15:30~16:00	오후 간식	• 적당한 양을 조절하여 먹는다. • 즐겁게 간식을 먹고 간식 접시 및 주변을 정리 · 정돈한다.
16:00~16:10	하루 일과 평가	• 하루를 지내면서 가졌던 감정을 표현할 기회를 갖는다. • 다음날 특별한 행사가 있을 경우에는 소개한다.
16:10~17:30	오후 자유선택 활동	• 실내 · 외에서 자유선택 활동을 한다. • 오전 선택 활동의 심화, 확장된 활동을 한다.
17:30~19:30	통합보육 및 귀가 지도	• 자신의 소지품을 정리하여 통합 보육실로 이동하여 자유롭게 놀이한다. • 부모님이 오시는 대로 순차적으로 귀가한다. • 담임교사의 전달 사항을 당직교사가 부모님께 알리고 유아를 귀가시킨다.

표 5-14 5세 유아반 하루 일과의 예

시간	주요 일과	주요 활동 및 내용
7:30~8:50	등원 및 통합보육	• 유아를 반갑게 맞이하고 건강, 심리 상태를 체크한다.
8:50~9:20	일과 준비 및 자유선택 활동	• 유아는 스스로 가방과 옷을 정리한다. • 자유롭게 놀이를 선택하여 놀이한다.
9:20~10:00	정리 · 정돈 및 오전 간식	• 간식을 먹기 위해 놀이를 정리한다. • 손을 씻은 후 간식 먹을 준비를 한다. • 즐겁게 간식을 먹고 간식접시 및 주변을 정리 · 정돈한다.
10:00~10:10	하루 일과 계획	• 자유선택 활동 평가하기 • 새로운 교구 및 활동을 소개한다. • 하루 일과 활동을 소개하고 계획한다.
10:10~11:20	자유선택 활동	• 다양한 영역에서 자신의 요구와 흥미에 따라 활동을 선택하고 놀이한다.
11:20~11:35	정리 · 정돈	• 정리 시간 5분 전에 알려주어 유아가 활동을 마무리 지을 수 있도록 한다. • 스스로 자유선택 활동 각 영역을 정리한다. • 자유선택 활동 평가를 한다.
11:35~12:05	대 · 소집단 활동	• 주제와 관련된 이야기 나누기, 이야기 꾸미기, 신체표현, 새노래, 과학 활동, 동극, 동화, 동시, 주제 관련 시청각 교육 활동 등을 한다.
12:05~12:15	화장실 다녀오기 및 손 씻기	• 질서 있게 화장실을 다녀온다. • 손을 깨끗하게 씻는다.
12:15~13:00	점심식사	• 바르게 앉아서 음식을 골고루 먹으며 즐겁게 식사한다. • 점심을 먹은 후 자신이 먹은 자리를 정리한다.
13:00~13:20	양치질 및 실외 활동 준비	• 개별적으로 양치질이 이루어진다. • 계절에 맞는 옷차림을 하여 실외 활동 나갈 준비를 한다.
13:20~14:20	실외 활동 및 산책하기	• 유희실, 놀이터, 옥상에서 다양한 선택 활동을 하거나 대근육 조절 운동을 한다. • 공원, 동네 주변을 산책한다.
14:20~14:30	정리 · 정돈 및 화장실 다녀오기	• 유아 스스로 옷을 정리한다. • 질서 있게 화장실을 다녀온다.
14:30~15:20	휴식 및 낮잠	• 감상할 음악을 소개한다. • 음악을 들으면서 휴식을 취하거나 낮잠을 잔다.
15:20~15:30	화장실 다녀오기 및 손 씻기	• 일어나서 자신의 휴식 자리를 정리한다. • 차례로 화장실을 다녀온다. • 깨끗하게 손을 씻는다.
15:30~16:00	오후 간식	• 적당한 양을 조절하여 먹는다. • 즐겁게 간식을 먹고 간식접시 및 주변을 정리 · 정돈한다.
16:00~16:10	하루 일과 평가	• 하루를 지내면서 가졌던 감정을 표현할 기회를 갖는다. • 다음날 특별한 행사가 있을 경우에 소개한다.
16:10~17:30	오후 자유선택 활동	• 실내 · 외에서 자유선택 활동을 한다. • 오전 선택 활동의 심화, 확장된 활동을 한다. • 옷 단정하게 입고 소지품을 정리한다.
17:30~19:30	통합보육 및 귀가 지도	• 자신의 소지품을 정리하여 통합 보육실로 이동하여 자유롭게 놀이를 한다. • 부모님이 오시는 대로 순차적으로 귀가한다. • 담임교사의 전달 사항을 당직교사가 부모님께 알리고 유아를 귀가시킨다.

표 5-15 시간 연장 하루 일과의 예

시간	주요 일과	주요 활동 및 내용
19:00~	시간 연장 교실로 이동	• 가방을 정리해서 통합 보육실에서 햇님반 교실로 이동한다. • ○○반(시간 연장) 유아들을 체크한다. • 유희실을 정리하고 교실에서 동화를 들려준다.
19:10~	저녁식사	• 저녁식사를 한다. • 유희실에서 놀이하던 장난감을 정리한다. • 화장실로 이동하여 손을 씻고 자리에 앉는다. • 책상에 바르게 앉아서 감사한 마음으로 먹도록 한다. • 식사를 마친 유아들은 식기를 정리한 후 책읽기 영역 활동으로 인도한다. • 식사를 모두 마치면 책 정리 후 한 곳에 모인다.
20:00~	자유선택 활동	• 자유선택 활동을 한다.
20:30~	대 · 소그룹 활동	• 대 · 소그룹 활동을 한다.
21:00~	휴식 및 귀가 지도	• 부족했던 선택 활동을 할 수 있도록 돕는다. • 피곤해 보이는 친구는 휴식을 할 수 있도록 돕는다. • 특이 사항이 있을 경우에는 부모님께 전달한다. • 부모님이 오시는 대로 귀가할 수 있도록 돕는다.

4 환경 구성

영유아기는 다른 어떤 시기보다 신체적, 인지적, 사회 · 정서적으로 많은 발달이 이루어질 뿐만 아니라 주변의 물리적, 사회 · 문화적 환경에 가장 민감한 시기이므로, 환경은 영유아의 발달과 학습에 많은 영향을 미친다. 또한 여성의 사회 진출이 급속히 증가하는 사회적 환경에서 영유아를 위한 질 높은 보육 환경에 대한 욕구가 급증하고 있다. 질 높은 보육 환경은 영유아의 욕구를 수용하고 발달과 학습을 지지하고 촉진할 수 있어야 한다.

어린이집의 환경 구성은 0~2세 영아, 3~5세 유아를 위한 환경으로 나누고, 다시 0~2세 영아를 위한 환경 구성은 0~2세 미만의 영아와 2세 걸음마기 영아를 위한 환경으로 나누어 상세히 살펴보고자 한다.

1) 0~2세 영아를 위한 환경 구성

영아기는 인간의 발달 과정 중에서 환경의 영향에 가장 민감한 시기이다. 이 시기의 영아들은 호기심을 가지고 끊임없이 주위 환경을 탐색하면서 학습한다. 올즈(Olds, 1982; 장영희, 2000 재인용)는 '영아의 환경에는 모든 것이 존재하며 이는 곧 교육과정이다' 라고 하였다. 이는 환경이 영아의 행동을 결정짓는 중요한 요소임을 의미한다(김정원 외, 2005).

최근에는 어린 영아일수록 환경으로부터 많은 영향을 받는다고 보고, 영아를 위한 보육 환경을 구성할 때, '발달에 적합한 디자인(DAD: Developmently Appropriate Design)' 이라는 용어를 사용하여 영아 지향적인 디자인(child-centered design)을 추구한다. 영아 지향적인 디자인이란 영아의 신체 크기를 고려한 환경을 제공함으로써 스스로 운동 능력을 발휘하여 도전해 보고 그러한 과정을 통하여 자신의 능력을 향상시키고 성취감을 가질 수 있게 구성하는 것이다(장영희, 2000).

에릭슨에 의하면 신뢰감이 형성되는 2세 미만 영아들에게는 일관성 있고 심리적으로 안정된 환경을, 자율성이 발달하는 걸음마기를 위해서는 다양한 탐색을 지원하는 환경을 제공해 주어야 한다. 또한 영아들을 위한 교육 환경은 3A's(Attention, Approval, Affection)-관심, 수용, 애착 형성에 가장 중요한 요인이 된다(김혜경 외, 2002). 즉, 영아의 생리적 욕구에 기초한 생활 공간의 기능과 함께 영아의 기본 욕구인 건강과 안전, 탐색, 움직임 및 정서적 안정감이 충족될 수 있는 공간이어야 한다.

영아를 위한 보육 환경을 구성할 때 고려해야 할 점은 다음과 같다(김정원 외, 2005).

- 영아들의 연령, 신체 및 발달 수준에 적합하여야 하고 욕구, 관심, 흥미 등의 발달 특성을 반영하여야 한다.
- 영아들의 신뢰감과 자율성을 지원하여야 한다. 이를 위해 예측 가능하고 자유로운 활동의 선택이 가능한 환경이어야 한다.
- 가정과 연계한 동질성을 유지하고 친숙하고 편안한 가정과 같은(home-base) 안락한 환경이어야 한다.
- 영아들은 신체적으로 면역력이 약하기 때문에 안전하고 위생적이고 건강한 환경이어야 한다.
- 어린 영아들에게는 생리적 욕구에 기초한 기저귀 갈기, 배변, 화장실, 낮잠, 수유, 식사와 간식 등의 기본적인 일상생활 공간이 구성되어야 한다.
- 영아들의 성장과 함께 운동 능력이 발달하면서 이동의 폭을 넓히려는 움직임의 욕구를 반영하여야 한다.
- 감각을 자극할 수 있는 다양하고 풍부한 탐색적 환경이어야 한다. 영아들은 다양한 활동이 가능한 허용적이고 안락한 환경에서 욕구를 충족하고 유능감을 형성하게 된다.
- 혼자 놀이에 몰두할 수 있는 개별 공간과 신체적, 정신적으로 휴식할 수 있는 조용한 공간이 있어야 한다.
- 영아기는 신체적으로 빠른 성장과 흥미, 관심이 쉽게 변화하는 시기이므로 융통성 있는 환경이어야 한다.
- 영아기는 자아 정체감 형성의 기초가 되는 시기이므로 다양한 사회 · 문화적 배경을 배려하는 환경이어야 한다.

(1) 0~2세 미만 영아를 위한 환경 구성

0~2세 미만 영아를 위한 환경은 이들의 기본적인 욕구를 중심으로 한 일상생활 영역, 심리 사회 영역(psychosocial area), 대 · 소근육 영역, 언어 영역, 탐색 영역, 극화놀이 영역으로 구성할 수 있다(Click, 2000). 어린 영아들을 위한 환경은 너무 복잡하지 않도록 구성되어야 한다.

표 5-16 0~2세 미만 영아를 위한 환경 구성의 예

영역명		내용 및 준비물
일상생활 영역	수유 및 식사 · 간식 영역	• 수유 준비나 조리 영역에 가까이 배치한다. • 앉아서 수유할 수 있는 편안한 의자, 흔들의자를 제공한다. • 혼자 식사할 수 있는 어린이용 식탁의자를 제공한다. • 일일 수유 및 이유식 시간표를 걸어둔다. • 개인용 우유병, 살균 소독기, 냉장고와 오븐 등을 준비한다.
	잠자는 영역	• 조용하고 편안하고 가정과 같은 분위기가 되도록 한다. • 커튼이나 블라인드로 직사광선을 차단한다. • 난간 있는 침대, 흔들의자, 쿠션, 깔개 등을 제공한다.
	기저귀갈이 영역	• 영아의 생리적 요구에 적절한 대응과 위생적인 처리가 가능하여야 한다. • 기저귀갈이대, 기저귀 보관함, 로션, 파우더, 종이타월, 물휴지, 비누, 덮개 있는 쓰레기통 등을 제공해 준다. • 영아들이 자신을 볼 수 있는 거울, 친숙한 사물을 둔다. • 가족 사진을 벽에 붙여 두고, 천장에는 모빌을 달아 둔다.
	화장실 영역	• 밝고 매력적이며 상쾌한 분위기로 만든다. • 신체 크기에 알맞는 낮은 대 · 소변기를 제공해 준다. • 대변기 공간은 문을 설치하지 않으며, 대변기 사이에 있는 칸막이는 낮게 한다. • 부드러운 휴지, 물휴지, 종이타월 등을 비치한다. • 눈높이 위치에 배변 보는 순서 그림을 게시한다.
심리 사회 영역		• 가정과 같은 편안하고 친근한 느낌이 들도록 한다. • 영아 자신, 영아-양육자, 영아-또래 간의 관계를 이해하도록 돕는다(Click, 2000). • 편안한 의자, 작은 천막, 터널, 큰 상자 등 개별 공간을 제공한다. • 봉제 인형, 손인형, 개인 사물함, 전면 거울을 제공한다. • 영아 자신과 가족 사진을 게시한다.
대 · 소근육 영역		• 대근육 활동을 할 수 있는 넓고 개방된 공간을 구성한다. • 안전을 고려하여 충격을 흡수할 수 있는 부드러운 재질의 카펫, 고무, 스펀지, 매트 등을 깐다. • 미끄럼틀, 낮고 폭이 넓은 계단, 큰 공, 종이 블록, 스펀지 블록, 붕붕차 등을 제공한다. • 딸랑이, 오뚝이, 촉감공, 두들길 수 있는 장난감, 큰 구슬이나 레고 블록, 끼우기 자료, 복잡하지 않은 퍼즐류, 촉감 놀잇감, 모양 분류 상자, 포개지는 상자 등 직접 조작할 수 있는 놀잇감을 제공한다.

영역명	내용 및 준비물
언어 영역	• 밝고 조용하고 아늑한 분위기로 한다. • 다양한 질감의 헝겊책, 단순한 개념책, 부드러운 인형류, 쿠션이나 폭신한 깔개, 낮은 탁자 등을 제공한다.
탐색 영역	• 신문지, 잡지, 종이 구기고 찢기, 밀가루 점토를 제공한다. • 색연필, 크레파스, 다양한 모양과 색깔의 종이를 제공한다. • 여러 소리를 낼 수 있는 다양한 악기를 제공한다.
극화놀이 영역	• 다양한 종류의 인형과 인형 옷, 가족 역할과 가정 생활을 할 수 있는 실물과 유사한 소품류를 제공한다.

(2) 2세 걸음마기 영아를 위한 환경 구성

걸음마기 영아를 위한 환경은 기본적인 욕구를 충족시켜주는 일상생활 영역이 필요하나 0~2세 영아들의 환경보다 일상생활을 위한 공간이 줄어들고 놀이와 탐색을 위한 공간 확장이 필요하다. 또한 걸음마기는 자율성의 발달이 시작되는 시기로 의미 있는 놀이 활동과 영아들의 관심과 흥미를 중심으로 한 탐색 활동을 제공하는 것이 바람직하다. 그러나 활동 영역이 너무 세분화되어 복잡하게 구성되지 않도록 한다.

일반적으로 걸음마기 영아를 위한 물리적 환경은 일상생활 영역, 대근육 영역, 언어 영역, 탐색 및 조작 영역, 극화놀이 영역, 미술 영역, 음률 영역, 쌓기 영역 등으로 구성할 수 있다.

표 5-17 2세 걸음마기 영아를 위한 환경 구성의 예

영역명		내용 및 준비물
일상생활 영역	식사 및 간식 영역	• 혼자 식사할 수 있는 어린이용 식탁의자를 마련해 준다. • 교사와 또래 간 사회적 상호작용이 활발하도록 배려한다.
	낮잠 및 휴식 영역	• 직사광선이 들어오지 않도록 커튼이나 블라인드를 단다. • 간이침대나 개인용 침구를 제공한다. • 눈높이에 맞게 가족 사진, 좋아하는 그림을 게시해 준다.
	기저귀갈이 및 화장실 영역	• 기저귀갈이 영역과 화장실 영역은 가까이 있도록 한다. • 화장실은 교실 내 또는 가까운 곳에 위치하도록 한다. • 신체 크기에 맞는 낮은 대 · 소변기를 제공한다. • 대변기 공간은 문을 설치하지 않거나 문이 있는 경우에는 잠금 장치가 없도록 한다. • 부드러운 휴지, 물휴지, 종이타월, 비누, 로션 등을 비치한다. • 대 · 소변 보는 순서, 손 씻는 순서 그림을 벽에 게시한다.
대근육 영역		• 놀이 기구는 상황에 따라 유동적으로 배치한다. • 낮은 오르기 기구, 낮은 계단, 작은 수레, 인형 싣는 유모차 등 밀고 당길 수 있는 기구를 제공한다. • 크고 작은 공, 종이 블록, 우레탄 블록, 속이 빈 할로우 블록, 스펀지 블록을 제공한다. • 흔들배와 흔들말 등 탈 수 있는 기구와 흔들의자, 붕붕차, 끌차, 모래상자, 물놀이 상자 등을 제공한다.
언어 영역		• 밝고 조용한 곳으로 활동적이고 소음 있는 영역과는 분리하여 배치한다. • 다양한 질감을 사용한 책(예 헝겊책, 비닐책, 사진책), 그림책, 쉬운 책, 손인형, 막대 인형 등의 인형류를 제공한다. • 쿠션이나 폭신한 깔개, 낮은 탁자 등을 제공한다.
탐색 및 조작 영역		• 다양한 소리를 낼 수 있는 장난감, 색, 모양, 질감, 소리 등을 탐색할 놀잇감, 끼우기 자료, 그림 맞추기, 조각의 수와 모양이 간단한 퍼즐류, 소형 블록, 큰 구슬에 끈 꿰기, 촉감놀잇감, 모양과 크기 분류상자, 포개지는 컵, 서열화된 상자 등을 제공한다. • 동 · 식물을 기르고 관찰할 기회를 준다.
극화놀이 영역		• 다양한 종류의 인형과 인형 옷, 가족 역할을 할 수 있는 소품(예 빈 화장품 용기, 구두, 모자, 모형 음식, 부엌용품), 실제 사물과 유사한 소품류, 자신을 볼 수 있는 전면 거울을 제공한다.
미술 영역		• 조용하고 밝고 물이 가까이 있는 곳에 위치하도록 한다. • 신문지, 잡지, 밀가루 점토, 색연필, 크레파스, 여러 색깔과 모양의 종이, 손가락 그림물감 등을 제공한다.
음률 영역		• 여러 소리를 낼 수 있는 다양한 악기, 신체 표현을 위한 카세트, 카세트 테이프, 스카프, 리본 테이프 등을 제공한다.
쌓기 영역		• 안전과 소음을 고려하여 부분 카펫을 깐다. • 기본 블록, 나무 블록, 우레탄 블록, 종이 블록, 레고 블록 등 블록류, 동물 인형, 나무 인형, 놀이집, 가구 등 소품류를 제공한다.

2) 3~5세 유아를 위한 환경 구성

유아기는 신체, 언어, 인지, 사회, 정서 영역에서 급속한 발달이 이루어지는 시기이다. 이 시기에 유아들은 대근육 운동을 더욱 활발하게 하고 소근육을 보다 정교하게 사용할 수 있게 된다. 사물의 속성과 기능을 분류하여 범주화하는 능력과 탐구력이 증가하며, 사회적 놀이에 참여하면서 자신과 다른 사람의 역할 및 정서를 이해하기 시작하고, 자신의 감정을 조절하기 시작한다. 또한 유아들은 원하는 활동을 능동적으로 선택하고 수행하면서 주도성과 책임감을 발달시킨다.

유아를 위한 환경을 구성할 때 고려해야 할 점은 다음과 같다.

- 유아의 발달을 돕는 최적의 환경을 구성하여야 한다. 즉, 다양한 경험과 자극을 제공하고 개인의 능력과 요구에 따라 놀잇감을 선택하고 능동적으로 참여할 수 있도록 한다.
- 흥미와 관심에 따라 4~5명의 소집단 유아들이 함께 놀이할 수 있는 흥미 영역으로 구성하며, 흥미 영역들은 융통성이 있으면서 독립성이 부여되도록 한다.
- 자유롭게 움직일 수 있는 개방된 공간, 소집단이 활동할 수 있는 부분적으로 폐쇄된 공간, 혼자 활동하고 휴식할 수 있는 공간으로 구성한다.
- 유아의 자아 존중감, 유능감 및 성취감에 대한 욕구를 지원하고, 자율성, 책임감, 자기 주도성을 돕는 환경을 구성하여야 한다.
- 유아의 탐구적 호기심과 같은 지적 요구에 반응적인 환경을 구성하여야 한다.
- 편안하고 안락한 공간을 구성하여야 한다. 가정과 같은 편안한 환경은 유아의 주의력, 기억력, 성취감 발달을 적극 지원하며 유아가 휴식하고 재충전하는 기초가 된다(Olds, 1982).
- 정적 활동 영역과 동적 활동 영역을 분리하여 배치하되, 이 활동들이 번갈아 일어나기 쉽도록 구성하여야 한다.
- 유아의 움직임과 탐색 행동, 안정성을 기초로 자연성, 개방성, 다양성의 요소를 포함한 실외놀이 환경을 구성하여야 한다.
- 유아를 위한 환경은 융통성이 있어야 한다. 유아는 신체적으로 빠르게 성장하고, 관심과 흥미도 쉽게 변화하므로 이에 적절하게 변화시켜 줄 수 있어야 한다.

■ 유아기는 자아 정체감 및 자존감 형성의 중요한 시기이므로 다양한 사회 · 문화적 배경을 가진 유아를 배려하여야 한다.

유아를 위한 환경은 일상생활 영역과 놀이 및 학습을 위한 여러 흥미 영역으로 구성한다. 여러 영역에는 충분한 활동 자료를 제공하여야 한다.

표 5-18 3~5세 유아를 위한 환경 구성의 예

영역명		내용 및 준비물
일상생활 영역	식사 및 간식 영역	• 4~5명의 유아가 함께 즐거운 분위기에서 자유롭게 이야기를 하면서 식사하거나 간식을 먹도록 한다. • 별도의 식당이 바람직하나 없을 때는 책상을 깨끗이 닦고 식사를 하도록 한다. • 자율적으로 급식을 할 수 있도록 개별 식기, 이동식 배식대, 음료수 통을 준비한다.
	낮잠 및 휴식 영역	• 별도의 조용한 공간이 바람직하나 없을 때는 바닥 청소를 한 후에 접히는 간이침대나 스펀지 요를 깔아 준다. • 침구류는 위생적으로 청결하게 관리하도록 한다.
대근육 활동 영역		• 날씨, 계절에 따라 실외 활동이 어려운 경우, 특히 어린 연령의 유아들은 실내 환경에 대근육 활동 영역이 있어야 한다. • 미끄럼틀, 매트, 놀이집, 모래와 물놀이 상자를 제공한다. • 통풍과 환기가 잘 되고 위생적이어야 한다.
언어 영역		• 밝고 조용한 정적인 곳에 배치한다. • 5세반은 듣기, 말하기, 읽기, 쓰기의 하위 영역으로 세분화하여 구성한다. • 여러 소리가 녹음된 듣기 자료, 인형극 틀과 다양한 동화 자료, 그림, 다양한 쓰기 자료를 제공해 준다.
수 · 조작 영역		• 정적인 공간에 배치하고 개별 또는 소집단으로 상호작용하도록 한다. • 퍼즐, 레고 블록, 분류 비교하고 서열화할 수 있는 다양한 모양과 크기의 사물, 수세기 자료, 그룹 게임 교구 등을 제공한다.
극화놀이 영역		• 3세경 유아는 일상적인 가정 생활을 소재로 놀이를 많이 한다. • 4~5세경 유아는 사회 생활(직업과 역할)을 소재로 놀이할 수 있도록 구성한다. • 이야기책의 내용을 주제로 주제 환상극 놀이를 한다. • 생활 주제에 관련된 소품을 제공한다.
미술 영역		• 밝고 조용하고 물이 가까이 있는 공간에 배치한다. • 다양한 크기와 재질의 종이, 여러 가지 그림물감이나 크레용, 색연필, 잡지류, 밀가루 점토, 이젤 등을 제공한다.
음률 영역		• 소음을 줄일 수 있도록 카펫을 깐다. • 다양한 장르의 음악, 타악기, 리듬악기, 가락악기와 주변에서 다양한 소리를 낼 수 있는 냄비 뚜껑, 컵, 깡통 등 생활 악기를 제공한다. • 리본막대와 스카프 등의 신체 표현 도구를 제공한다.
쌓기 영역		• 넓고 개방적인 공간에 배치하고 소음을 줄이기 위해 카펫을 깐다. • 극화놀이 영역과 인접하게 배치하여 서로 상호 연계가 되도록 한다. • 단위(유니트), 공간, 종이벽돌, 우레탄 블록 등 다양한 모양과 크기의 블록, 자동차 등 소품류과 생활 주제에 따른 소품들을 제공한다.

<table>
<tr><th colspan="2">영역명</th><th>내용 및 준비물</th></tr>
<tr><td colspan="2">과학 영역</td><td>• 조용하고 햇볕이 잘 드는 곳에 배치한다.
• 저울, 자, 계량컵 등의 측정 도구, 자석, 확대경, 기계류 등의 실험 도구를 제공한다.
• 동 · 식물을 사육 또는 재배한다.</td></tr>
<tr><td colspan="2">컴퓨터 영역</td><td>• 2~3명이 상호작용하면서 함께 활동하도록 한다.
• 발달에 적합한 좋은 소프트웨어를 선택한다.
• 다른 활동과의 연계성을 가지도록 한다.</td></tr>
<tr><td rowspan="6">실외 활동 영역</td><td>개방된 영역</td><td>• 대근육 활동을 위해 시소, 그네, 미끄럼틀, 정글짐, 복합 놀이 시설을 설치한다.
• 주변 바닥은 모래, 잔디를 깔거나 충격을 흡수할 수 있는 표면 처리를 한다.
• 단단하게 표면 처리한 굽은 곡선 길을 만들어 놀이 자동차나 자전거 등 바퀴가 달린 탈것을 탈 수 있도록 한다.</td></tr>
<tr><td>물 · 모래 놀이 영역</td><td>• 모래놀이 영역은 햇빛이 비치면서 그늘이 생길 수 있도록 넝쿨식물을 심거나 지붕 위에 가리개를 덮어 둔다.
• 다양한 크기와 모양의 그릇, 깔때기, 큰 자동차, 물뿌리개, 스프레이, 다양한 크기의 통 등을 제공한다.</td></tr>
<tr><td>자연 상태 및 관찰 영역</td><td>• 햇빛이 잘 드는 곳에 다양한 식물을 심고 가꾸어 보는 경험을 통해 식물의 성장과 변화를 관찰한다.
• 동물 사육은 바람이 잘 통하고 배수가 잘되는 장소에 배치하고, 유아들이 직접 먹이를 주고 관찰하도록 한다.</td></tr>
<tr><td>극화놀이 영역</td><td>• 넓은 공간에서 다양한 자연 소재, 자료로 놀이한다.
• 파라솔이나 야외용 텐트로 그늘진 공간을 마련한다.
• 놀이집이나 테이블, 의자, 극화놀이 소품 등을 제공한다.</td></tr>
<tr><td>미술 영역</td><td>• 미술 작업대와 자료 등을 제공해 준다.
• 핑거페인팅, 점토놀이, 물감그림을 할 수 있는 이젤, 종이, 그림물감, 비닐 옷, 낮은 책상 등을 제공한다.</td></tr>
<tr><td>휴식 영역</td><td>• 동적 활동 후 휴식할 수 있는 조용한 공간이어야 한다.
• 나무 그늘, 간이 천막, 정자, 지붕 있는 테라스 등을 이용하고 의자, 벤치, 돗자리 등을 준비한다.
• 교사와 이야기 나누거나 책을 읽고 조용한 음악을 듣는다.</td></tr>
</table>

5 교사의 역할

보육과정을 운영하는 교사의 역할은 어린이집에 오는 영유아의 연령의 다양화로 인해 매우 포괄적이다. 최근에는 부모의 취업으로 장시간 어린이집에서 생활하는 영아와 영아 연령의 하향화로 아주 어린 영아들이 어린이집을 찾는 추세이기 때문에 교사들은 과거의 가르치는 역할 이외에 가정에서 이루어지는 부모의 역할까지도 상당 부분 수행하게 된다.

현재 우리나라 어린이집에 다니는 영유아들의 연령은 다양하다. 연령과 개인적 적절성은 보육과정에서 영유아의 발달적 적합성을 고려할 때 주요한 요소가 된다. 우선적으로 교사는 영유아의 연령에 따른 발달상의 차이를 고려하고 다음으로 개인적 적절성을 고려한다.

교사의 역할은 영유아의 발달적 특성을 기초로 크게 3세 미만 영아와 3~5세 유아로 나누어진다. 3세 미만 영아를 위한 교사의 역할은 전체적으로 애착과 신뢰감 형성을 돕는 면이 주된 역할이다. 그러나 걸음마기 이전의 영아를 생각해 보면 교사의 또 다른 역할이 부각될 수 있다. 따라서 본 절에서는 3세 미만 영아를 위한 교사의 역할을 전체적으로 설명하고 걷기 행동을 중심으로 걸음마기 영아를 위한 교사의 역할을 구분하여 설명할 것이다. 즉 1세 이하 영아는 수유, 기저귀갈이 등의 교사 역할이 첨가될 것이고, 걸음마기 영아의 경우 배변 학습, 헤어지기, 탐색과 대화 부분 등을 구분하여 설명하고자 한다.

1) 3세 미만 교사의 역할

출생 후 3세 미만의 영아기는 신체, 사회, 정서, 언어, 인지 발달 등 모든 면에서 발달이 활발하게 이루어지는 기초 시기로서, 이때의 발달이 이후 발달에 중대한 영향을 미친다.

3세 미만 영아교사는 그 역할 수행 면에서 유아교사와 약간의 차이가 있다. 영아 교사는 어린 영아들도 학습 능력이 있어서 주변을 탐색하고, 언어를 배우고, 사물의 관계성 알기 등 많은 것을 학습한다는 것을 인식해야 한다. 영아들은 이런 능력을 저절로 학습하지는 않으며, 학습 시간을 정하여 형식적인 교수를 수행할 수도 없다. 일상생활이 바로 보육과정이고 보육과 양육은 각각 다른 시간에 이루어지기보다 일상적인 생활과 놀이 속에서 함께 이루어진다. 즉 먹기, 자기, 씻기, 옷 입기, 벗기, 화장실 사용하기, 놀기, 성인이나 또래와 상호작용하기 등과 같은 일련의 일상적인 활동 모두가 보육과정의 내용에 속한다(김희진 외, 2004; 이영, 1999).

따라서 영아의 발달을 잘 알고 있는 민감한 교사가 영아의 일상생활에서의 경험을 간과하지 않고, 영아의 특정 행동에 주의를 기울이고 따뜻하고 민감하게 반응하며, 영아의 경험을 교육적 경험으로 연결하고 확장시키는 역할을 하는 것이 매우 중요하다.

3세 미만 영아교사의 전반적 역할을 정리해 보면 다음과 같다.

(1) 영아와의 정서적 유대 관계 형성하기

걸음마기 이전의 영아에게는 발달적 특성상 안정감과 신뢰감 형성이 매우 중요하다. 따라서 영아교사는 영아의 다양한 반응에 대해 따뜻함, 민감함, 신속함으로 대처함으로써 안정된 애착 관계를 형성하는 데 주의를 기울여야 한다. 이때 영아는 양육자를 의미있는 대상으로 생각하고 신뢰감을 형성하고 자신이 위기에 처하거나 위로가 필요할 때 교사에게 의지한다. 교사는 영아에게 의미있는 양육자가 되어야 한다. 이런 관계는 영아로 하여금 세상을 신뢰하게 하고 나아가 학습의 동기 유발을 일으키는 주요한 요인이 된다. 반면 교사가 영아의 반응에 신속하게 반응하지 못하거나 냉담할 때 영아는 양육자와 의미있는 관계를 형성하지 못한다.

영아의 정서적 안정감과 사회 · 정서 발달을 지원할 수 있는 성인의 역할을 정리해 보면 다음과 같다(김희진 외, 2004; 장영희, 2002; Greenberg, 1991).

- 생후 1년 간 영아에게 의미있는 양육자와 안정적 애착이 이루어지도록 영아가 나타내는 신호와 단서(예 스트레스)에 대해 따뜻하고 민감하게 해석하고 신속히 반응한다.
- 수시로 변하는 영아의 욕구를 이해하고 영아가 경험하는 다양한 정서의 원인을 파악하고 적절한 반응을 해준다.

- 영아를 부드럽게 안아준다. 특히 지치고 긴장을 잘하는 기질이 까다로운 영아는 영아 자신이 원할 때 자주 안아준다. 신체적 접촉을 필요로 하는 영아에게 가능한 신체적 접촉을 많이 해준다.
- 교사-영아 간 상호작용을 통해 긍정적인 정서를 경험하게 한다.
- 영아가 긍정적인 자아 개념을 형성하고 자신에 대한 긍정적 정서를 경험할 수 있도록 성공을 통해 성취감을 느낄 수 있는 활동을 제공한다.
- 규칙을 기억하고 준수할 능력이 미약하기 때문에 조용한 말로 자주 알려주고 미리 상기시켜 준다.
- 언어 발달과 자기 통제 능력 간의 관계가 크므로 언어 발달이 순조롭게 이루어지도록 지원한다.
- 배변 학습, 식습관 지도는 영아가 준비될 때까지 기다리고 스스로 자신을 통제했을 때 언어와 행동으로 격려한다.
- 영아의 기질(예 쉬운, 반응이 느린, 까다로운 등)에 따라 다양한 접근 방법을 시도한다.
- 또래 영아와 상호작용하면서 함께 놀 기회를 제공하고 긍정적 상호작용이 일어나도록 지원한다.
- 사회적 상호작용에 필요한 다양한 기술(예 소리 지르지 않고 부드러운 목소리로 말하기, 말로 부탁하기 등)을 일상생활과 놀이를 통해 익히고 연습하도록 지원한다.

영아의 발달 단계에 따른 교사의 역할을 도식화하면 다음 | 그림 5-5 | 와 같다 (Endsley & Bradbard, 1981; 장영희, 2002 재인용).

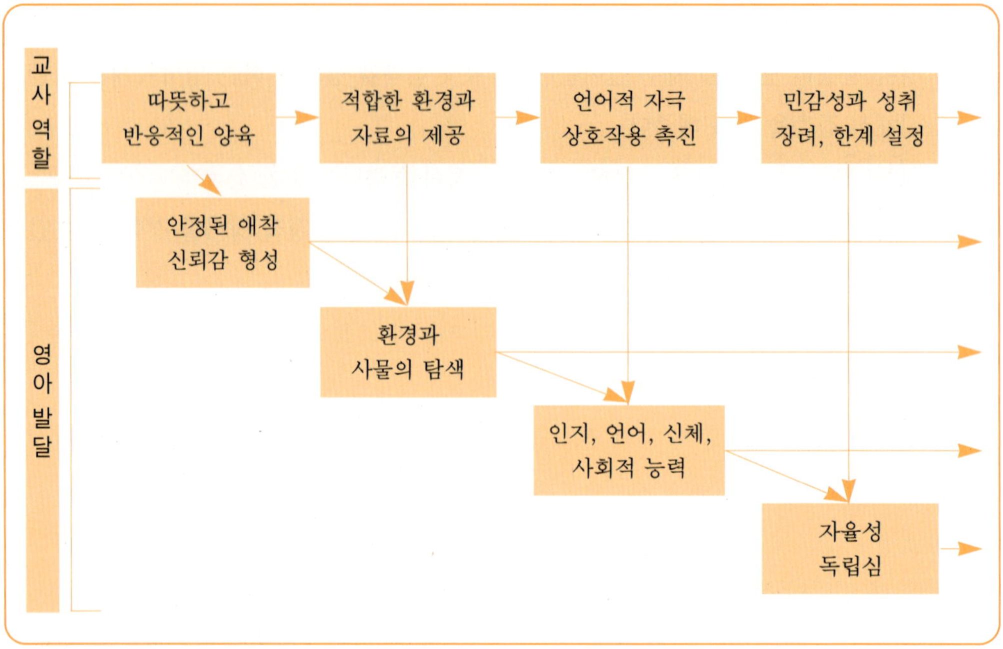

그림 5-5 영아기 발달과 교사의 역할 관계

| 출처 | Endsley & Bradbard(1981); 장영희(2002). 영아교육과정. 재인용.

(2) 어린 영아들의 개인차를 인식하고 적절히 반응하기

교사는 영아들 개개인의 개별적 특성 및 기질을 알고 상호작용을 해야 한다. 동일한 활동에 대해서도 같은 연령의 각 영아가 나타내는 흥미와 관심도는 매우 다르다. 교사가 준비한 활동을 주입하려고 하기보다 영아 개개인의 행동 관찰을 통해 영아의 흥미와 관심을 따라가며 그에 따라 접근하는 융통성이 필요하다. 예를 들어 영아들은 안아주는 것을 좋아한다. 그러나 일부 영아들은 신체적인 접촉을 기분 나쁘게 느끼며 싫어할 수도 있다. 따라서 영아가 접촉하는 것을 싫어할 때는 일단 물러난 뒤, 원인을 파악하고 간접적으로 시도하거나 점진적으로 다가가야 한다(Honig, 2002).

2) 1세 영아를 위한 교사의 역할

(1) 영아들의 신체적 · 생리적 특성과 요구에 민감하게 반응하기

영아기의 주요한 발달 과업은 수유, 이유, 배변 학습, 식습관 형성 등이다. 교사는 영아의 발달적, 개인적, 가족적, 사회적 특성을 고려하여 이 과업들이 일상생활과 놀이에 통합되도록 한다.

(2) 수유

영아의 수유를 위해서는 가정과의 의사소통을 통해 영아의 수유 패턴을 확인하고 부모에게서 받은 분유 및 이유식 등에 영아 이름을 기록하여 냉장 보관한다. 일정한 수유 시간을 정해 수유하지만 영아의 개별적 · 생리적 요구에 맞추면서 안정된 장소에서 일관된 방식으로 제공하고 일일보고서 기록을 통해 부모에게 수유량과 빈도를 전달한다. 특히 영아의 욕구는 수시로 변화하기 때문에 영아교사는 영아의 요구에 민감하게 반응한다. 이때 위생에 유의하면서 일정한 장소에서 교사가 편안하게 안고 눈을 맞추며 정서적 대화를 하며 수유한다.

(3) 기저귀 갈기

기저귀 갈기는 영아에게 매일 반복되는 매우 중요한 경험이다. 기저귀갈이는 기저귀갈이대에서 하며 이 경험이 즐거운 경험이 되도록 영아가 모빌을 보거나 측면의 거울을 통해 자신의 몸을 볼 수 있도록 한다. 기저귀갈이대 옆에는 씻을 수 있는 시설이 갖추어져 있어야 한다. 이때 교사는 재빠르고 익숙한 손놀림과 정서적 대화를 통해 영아가 신체적, 정서적으로 안정감을 느끼도록 해준다. 예를 들어, "쉬 했구나.", "응가 했구나." 등의 말을 함으로써 대소변에 대해 인식하게 하고 배변이 실수가 아니라 일반적인 행동임을 알게 한다. 영아가 설 수 있을 때는 씻는 영역 앞에 잡고 설 수 있는 대를 부착하여 영아가 손으로 잡게 하면 교사와 영아 모두가 편하게 일을 처리할 수 있다. 교사는 기저귀 갈기 전후로 손 씻기를 통해 위생에 주의하고 사용한 기저귀나 휴지 등은 뚜껑이 있는 휴지통에 버리도록 한다. 영아 개인별로 배변 시간을 일과 기록표에 기록하여 보고한다.

(4) 영아의 개인 사물 관리

영아의 사물 관리는 영아 개인 장에 속옷, 여벌 옷, 기저귀, 분유 등 소지품이나 행동 결과물을 정리하는 사물함을 준비하고 각 용품에 영아의 사진과 이름을 붙여둔다.

(5) 영아들과 정서적 대화

영아들은 말을 이해할 수 있기 전에도 정적이고 격려하는 목소리를 알아차린다. 영아를 격려하고 인정하는 따뜻한 표현들은 정서적 비타민이고 마술음료와 같아서 영아들을 건강하게 자라게 한다(Honig, 2002). 영아들의 언어적 능력은 제한되고 개인차가 있다. 특히 1세경 영아가 나타내는 비언어적 행동 목록을 관찰하고 구체적으로 파악하는 것은 영아와의 의사소통을 가능하게 한다(김명순, 1999).

3) 2세 걸음마기 영아를 위한 교사의 역할

2세 걸음마기 영아들은 13~35개월 미만의 영아들로 생후 1년의 영아와 또 다른 특성을 지닌다. 걸음마기 영아(toddler)는 신체가 발달하여 서고 걷는 능력이 발달함에 따라 행동 범위가 넓어지고 자신의 신체를 움직여 봄으로써 자신의 운동 능력을 시험하고 그 결과 다소 정교한 운동 능력을 얻게 된다. 30~35개월 정도의 영아들은 만 3세 유아의 행동 특징들을 나타내기도 한다.

이 시기의 영아들은 이동 능력이 생겨남에 따라 행동 범위가 넓어지고 호기심을 가지고 주변을 탐색하는 기회가 많아진다. 몸을 마음대로 움직이는 연습을 통해 숙달감과 자신감을 갖는다. 실제로 보고, 만지고, 맛보고, 냄새를 맡는 등 주변의 사물과 상황을 탐색하는 가운데 사물의 특성에 관심을 갖고 비교하게 된다.

이 시기의 영아는 상호 의존적이면서도 매사에 주도적인 성향을 나타내며 스스로 놀이하는 기회를 통해 학습을 한다. 따라서 교사는 이 과정에서 과제를 빨리 끝내려하지 말고 영아의 시도가 서툴더라도 노력에 대해 수치심을 느끼지 않도록 기다려주며 영아 스스로 새로운 행동을 시도해 보도록 격려한다.

2세경에 주로 일어나는 활동을 중심으로 설명하면 다음과 같다.

(1) 배변 학습

걸음마기 영아의 배변 학습은 영아들의 괄약근 조절이 가능한 18개월 이후에 시작하며 영아가 자신의 대소변 행위를 자연스럽게 인식할 수 있도록 하고 준비될 때까지 기다리는 것이 필요하다. 배변 학습에서도 20개월이 될 때까지 기다리면서 신체적 준비도(한 번에 2~3시간 오줌을 싸지 않을 정도로 소변 조절 능력이 있는지, 혼자 옷을 벗고 입을 수 있는지) 등을 고려하고 준비가 되지 않은 경우에는 기다렸다가 다시 시도한다(Azrin & Foxx, 1981; 조경자 외, 1998 재인용). 즉, 개인차를 고려하며 다른 영아나 타인의 배변 행위를 모델링을 통해 학습하도록 격려한다. 이때 교사는 영아가 자신의 배변 행위에 스트레스를 덜 받도록 하면서 격려와 칭찬 등 언어적 반응을 해줌으로써 영아가 성공적인 경험을 늘려갈 수 있도록 하고 수치심을 느끼지 않도록 주의하며 바람직한 배변 학습을 해 나가도록 돕는다. 화장실에 그림이나 모빌을 붙여두는 것도 이 과정에서 좋은 경험을 하는 데 도움이 된다.

(2) 간식과 식사

간식과 식사 시간을 통해 영아의 식생활 습관을 지도할 수 있다. 간식은 보통 10시경에 간식 영역에서 전체 간식을 하거나 각자의 개인적 요구에 따라 아침 대용으로 개별 간식을 제공할 수도 있다. 오후 간식은 낮잠에서 깨는 시간이 다르므로 각 영아의 욕구에 맞도록 개별 간식을 한다.

점심은 가정과 같은 분위기에서 서로 상호작용을 하며 먹는 바른 식습관을 갖도록 지도한다. 영아들은 배가 고프면 예민해지므로 생리적, 신체적 상태를 고려하여 식사를 제공하고 식사량이나 특기 사항을 기록하여 보고한다. 이 시기는 활동량이 점차 많아지기 때문에 영양면을 고려하여 식사와 간식을 제공하고 어린이집의 식단을 부모에게 제공함으로써 가정에서 참고하도록 한다.

(3) 헤어지기

영아들은 어린이집에 와서 주양육자와 헤어지는 것을 어려워 한다. 교사는 헤어지기에 유의하여 무조건 주양육자에게서 영아를 떼어내기보다는 점진적으로 헤어지기 행동을 연습해 보도록 한다. 예를 들어, 어머니(아버지, 할머니 등)가 교실 안에 들어와서 영아와 함께 지내기, 다음은 교실 밖에서 들여다보기, 교사가 영아의 손을 잡고 엄마에게 인사해 보이기 등의 순서를 통해 자연스럽게 헤어지는 연습을 하도록 돕는다(Daniel, 1998).

(4) 탐색 활동

이 시기는 신체 발달, 즉 걷기 능력이 나타나고 이동 범위가 넓어짐에 따라 주변과 새로운 사물, 사람들에 관심을 갖는다. 교사는 먼저 영아가 탐색할 수 있도록 물리적 환경을 풍부하게 준비해 주며, '제시-탐색-놀이-놀이 확장'의 네 단계로 적용할 수 있다(이영자 외, 2002). 우선 일상생활과 밀접한 관련성을 가진 환경을 제공한다. 탐색 단계에서 교사는 영아를 지켜보면서 영아의 호기심을 지지하고 영아가 자율적, 자발적으로 탐색하도록 하며 영아의 탐색 방법을 수용해야 한다. 이 시기의 영아에게는 교사의 일방적인 전달이나 지시를 통해 주입식으로 가르치는 것이 효과적이지 않기 때문이다. 또한 직접적 지시를 피하면서 놀이를 확장하도록 질문을 통해 자극한다.

호닉(Honig, 1998)은 영아들에게 인과 관계를 알거나 또는 시행착오를 통해 탐구하는 자료를 충분히 제공해 주어야 인지 발달을 증진시킬 수 있다고 했으며, 쉴러(Schiller, 1999)는 깜짝 상자 같은 놀잇감이 인과 관계를 실험하는 것을 도우며, 이 놀잇감에 내재해 있는 놀람과 전율 요소들은 뇌 발달을 지원할 수 있다고 한다(Segatti et al., 2003 재인용).

영아의 인지적 발달은 정서적 안정과 관계가 깊다. 영아는 의미있는 양육자와의 정서적 유대 관계가 확립될 때 자유로운 탐색 활동을 할 수 있고, 반면에 불안정하고 부정적인 관계일 때 교사를 신뢰하지 못하고 따라서 탐구 행동은 제한을 받고 위축된다.

(5) 성취감을 느낄 수 있는 환경 준비 및 상호작용

영아는 탐구를 좋아하며 탐구를 통해 인지적 발달을 이룬다. 따라서 교사는 영아가 자신의 능력을 사용하여 활동을 수행함으로써 성취감을 느낄 수 있도록 환경을 준비하고 상호작용하도록 한다. 18개월에서 24개월 전후의 영아들은 약간의 차이는 있지만 손짓, 억양, 얼굴 표정, 몸 동작 등의 비언어적 행동이 언어적 표현과 함께 사용된다. 따라서 영아들이 일상생활과 놀이 속에서 다양한 놀잇감을 가지고 언어를 연습해 볼 수 있도록 격려한다.

(6) 정리하기

영아들은 걷게 되면서 이동하는 양과 활동량이 많아진다. 교사는 영아들이 정해진 영역에서 충분히 적극적으로 놀이를 한 후 영역을 정리할 수 있도록 교구장에 간단히 표시해 둔다. 이 시기 영아는 아직 완벽하게 정리를 할 줄 모르기 때문에 지나치게 강요하는 것은 바람직하지 못하다. 따라서 개별적 상호작용을 통해 놀이하는 것처럼 놀면서 정리하도록 유도한다.

4) 3~5세 유아를 위한 교사의 역할

3~5세 유아기는 운동 능력의 세분화 등으로 대 · 소근육 기술이 향상되고 독립적인 성향과 자기 주장이 강하게 나타나는 경향이 있다. 이런 특징을 고려하여 학급을 운영하는 데, 유아 개개인의 요구를 충족시킬 수 있도록 고려해야 한다.

다음은 2001년에 진행된 미국국립연구소 연구에서 제시된 '좋은 교사'의 역할이다(McCartney, 2004).

- 좋은 교사는 유아의 노력을 인지하고 격려한다.
- 좋은 교사는 유아에게 모델이 된다.
- 좋은 교사는 유아에게 적절한 도전을 제공한다.
- 좋은 교사는 유아가 능력을 확장할 수 있도록 지원한다.
- 좋은 교사는 올바른 지침을 제공한다.

이상의 5가지 요소는 주로 유아와 직접 관련된 교사의 역할이며 이외에도 교사는 유아의 가족들과 협동적인 관계 속에서 일하며 유아의 부모와 정기적이고 지속적인 상호 의견 교환의 관계를 만들고 유지하여 신뢰와 상호 이해 관계를 구축하고 유아의 학습과 발달에 필요한 사항들이 적시에 제공될 수 있도록 한다.

특히 최근에는 부모의 취업으로 인해 유아들이 어린이집에 머무는 시간이 길다. 따라서 교사는 부모의 취업 또는 다양한 요구에 따른 유아의 특별한 요구를 보육과정 운영 전반에 반영하고 지역 사회와의 교류 등에 대해 더 많은 관심을 기울이면서 하루 일과에서의 활동을 선정하고 보육과정 운영에서 다양성을 고려하여야 한다.

일반적으로 유아 교사는 3, 4, 5세 유아의 발달적 특성과 요구, 그리고 개인차를 고려하며 전인적으로 발달하도록 돕기 위해 보육과정 운영 시 다음과 같은 역할을 수행한다(삼성복지재단, 2003; Fromberg, 1999; Machado, 2003).

(1) 보호자로서의 역할

보호자로서의 역할은 전통적인 관점에서 볼 때 매우 수동적인 역할이다. 그러나 어린이집에 다니는 유아의 특성상 이 역할은 기본적인 것이다. 따라서 교사는 기본적으로 장시간 어린이집에 머무는 유아의 모든 측면을 보호하는 역할을 해야 한다.

부모의 취업 등의 사정으로 가정에서 돌보고 이루어져야 할 일을 교사가 대신하는 일이 많다. 예를 들어 유아가 열이 나거나 다쳤을 경우에 일차적으로 간호사의 도움을 받아야 하지만 여의치 않을 경우에는 어린이집의 교사가 부모의 요구(투약의뢰서 기록)에 따라 보호자의 역할을 수행한다. 이때 심리적 · 정서적 지지도 제공한다. 즉, 교사는 유아를 단순히 보육의 대상으로만 보아서는 안되며 일과 전반에서 심신의 위축이나 고통에 공감해 주며 보호해 주어야 한다는 점에서 보호자로서의 역할을 하게 된다.

(2) 교수 조직자로서의 역할

교사는 보육과정을 계획하고 운영하는 역할을 한다. 보육과정은 장 · 단기 계획을 갖는다. 교사는 보육 목적을 잘 달성할 수 있도록 내용을 선정하고, 활동을 조직하고, 관련 자료를 탐색하여 최대한 이용하는 역할을 한다. 보육과정을 적용하고 평가하는 역할도 필요하다.

(3) 상호작용자(조언자)로서의 역할

교사는 유아들의 생활 전반에서 유아들과 끊임없이 상호작용을 한다. 유아는 놀이 속에서 많은 행동을 학습한다. 교사는 매일 일어나는 일과 속에서 유아의 전반적인 행동을 관찰하고 적절한 개입, 상호작용을 통해 학습에서의 진보가 일어나도록 돕는다.

성공적인 교사는 유아들과 광범위하게 상호작용을 하는 동안에 사회적 행동에 대한 중재 역할을 수행해야 한다(Fromberg, 1999). 예를 들어 유아가 자신의 정서적 문제에 대해 스스로의 감정을 받아들이고, 자신의 행동에 책임을 지고, 행동을 조절함으로써 유아들의 내적 자기 조절과 독립심을 키울 수 있도록 가르쳐야 한다.

또한 교사는 유아들이 사회적 상호작용을 하도록 함으로써 다른 유아가 자신과는 다른 관점으로 문제를 해결하는 것을 관찰하고 서로 상충되는 관점을 상호 교환하고 자신의 의견을 제시할 수 있는 기회를 제공한다.

이 외에도 일상의 생활 습관과 친구 관계에서의 문제 해결, 과학이나 수 등의 지적인 영역 등 다양한 부분에서 상호작용을 하면서 유아의 학습을 돕는 역할을 한다. 이러한 상호작용에서 교사의 중재는 하루 일과 중 일회적으로 일어나는 것이 아니라 지속적으로 상호작용함으로써 생활 속에서 내면화되도록 해야 한다.

(4) 자료 제공자로서의 역할

3, 4, 5세 유아들의 학습은 구체적 사물을 통해서 이루어진다. 유아의 발달에 적합한 최적의 경험을 할 수 있도록 유아의 탐구와 활동을 자극하는 매력적인 환경을 구성하고 그에 맞는 다양한 자료를 제공해야 한다. 각 흥미 영역을 중심으로 유아의 흥미와 탐구 활동을 유발하는 자료를 제공한다. 즉, 유아가 주변에 제시된 다양한 환경에서 구체적인 경험을 통해 스스로 지식을 구성할 수 있도록 다양한 구체적 자료를 제공해야 하며 연습지의 사용을 자제해야 한다. 이에 대해 프롬버그(Fromberg, 1999)는 유아들의 통합적 경험을 위해 직접적이고 구체적인 경험 없이 가르친다는 것은 유아에게 바닥에 움직일 수 없도록 고정되어 있는 자전거로 자전거 타는 법을 가르치려고 하는 것과 같다고 하면서 유아 학습에서 연습지 사용의 부적절함을 지적했다.

(5) 질문자의 역할

교사는 유아들과의 상호작용 과정에서 많은 질문을 한다. 이때 교사는 효과적인 질문자가 되어야 한다. 질문 중에는 개방적인 질문과 조건적인 질문이 있다. 가장 좋은 질문은 한 가지 이상의 답을 가지고 있는 개방적인 질문이다. 따라서 교사가 이미 답을 알고 정보를 묻는 폐쇄적인 질문을 적게 하고 묘사하고 비교하고 평가하고 예상하고 설명하는 개방적인 질문을 많이 하는 것이 바람직하다.

또한 교사는 유아들의 사고와 언어 발달을 위해 토의 기술을 이용한다. 토의 시에 교사는 유아들이 발표하기 전에 먼저 자신의 생각을 신중하게 검토해 보도록 권유하고, 유아들이 자신이 답을 명확히 함으로써 자아 인식을 하도록 돕는다(이경화 외, 2003; Fromberg, 1999).

(6) 평가자 및 기록자의 역할

교사는 보육과정을 계획하고 실행하는 역할과 함께 운영 과정에서 유아가 나타내는 행동을 평가하고 기록해야 한다. 예를 들어, 일과를 진행한 후 실시된 활동과 실시되지 않은 활동, 계획되지 않았으나 추가로 실시된 활동을 기록한다. 또한 주간이나 일일 보육계획안을 토대로 매일 실시된 활동의 평가를 기록함으로써 유아의 활동 성취도, 적절성, 문제점 등을 파악하여 다음 활동에서 유아에 대한 참고 자료로 활용할 수 있다. 이런 점에서 유아 활동의 평가와 기록은 교사에게 매우 주요한 역할이다(삼성복지재단, 2003).

5) 교사의 교수 전략

교사들은 영유아와의 상호작용에서 어느 정도로 개입을 해야 하는가의 문제에 직면한다. 예를 들어 교사들은 일상의 생활 습관과 친구 관계에서의 문제 해결, 과학이나 수 등의 지적인 영역 등 다양한 부분에서 상호작용을 하면서 영유아의 학습에 개입하며 중재한다.

어린이집에서는 하루 일과를 통하여 교사 주도의 학습과 영유아 주도의 학습이 균형 있게 배치되는 것이 바람직하다. 그러므로 영유아를 위하여 적합한 교수 방법, 중재나 개입 수준은 단순하게 두 가지 전략으로 양분되는 것이 아니라 상황에 따라서 복합적이고 다양한 양상으로 접근하는 것이 바람직하다. 브레드캠프와 로즈그랜트(Bredekamp & Rosegrant, 1992)는 교사의 개입 정도에 따라 교수 유형을 지시적 유형에서 비지시적 유형의 8가지로 구분하였는데, 가장 비지시적인 유형에서부터 지시적인 유형을 나열하면 인정하기(acknowledge), 모범 보이기(model), 촉진하기(facilitate), 지지하기(support), 비계설정하기(scaffolding), 함께 구성하기(co-construct), 시범 보이기(demonstrate), 지시하기(direct) 등이다. 교사의 교수 전략, 즉 교사의 개입 정도를 표로 나타내면 다음과 같다.

비지시적	←		중재적			→	지시적
인정하기	모범 보이기	촉진하기	지지하기	비계설정 하기	함께 구성하기	시범 보이기	지시하기

그림 5-6 교사의 개입 정도에 따른 교수 유형

| 출처 | 김진영 · 박혜리 · 최윤정(2001). 유아를 위한 교수–학습방법론. p. 107.

(1) 인정하기(acknowledge)

영유아는 타인의 인정을 받기를 원한다. 교사가 영유아의 말이나 행동에 관심을 기울여 주는 것, 즉 간단한 말, 눈짓, 고개 끄덕임과 같은 인정하는 행동은 영유아로 하여금 활동에 용기를 갖고 집중하게 한다. 예를 들어, 영유아들이 쌓기놀이 영역에서 놀이를 할 때 교사가 '이렇게 쌓으니까 훨씬 높아 보이고 좋은데.' 와 같이 간단한 언급을 함으로써 영유아의 행동을 인정한다는 것을 보여주거나 혹은 특별히 말을 하지는 않아도 미소를 짓거나 고개를 끄덕여 줌으로써 영유아가 인정받고 있다는 느낌을 갖도록 한다. 인정은 사실에 근거하여 명확하게 적절한 수준으로 하는 것이 좋으며 지나친 인정은 오히려 동기를 약화시킬 수 있으므로 주의한다.

(2) 모범 보이기(model)

모범 보이기는 교사가 일과 속에서 영유아가 나타내기를 기대하는 바람직한 행동을 영유아에게 보여주는 것이다. 모범 보이기는 명시적 형태와 암시적 형태의 두 가지로 구분된다.

명시적 모범 보이기는 영유아에게 꼭 필요한 정보, 조언 등을 해 주는 것을 말한다. 명시적 모범 보이기는 다소 지시적으로 보이기도 한다. 암시적 모범 보이기는 암시적 태도나 기술을 사용하여 행동 자체를 모범을 보이는 것을 말한다.

이 두 가지 형태의 모범 보이기는 함께 사용되기도 한다. 예를 들어 학기 초 '교구 사용법' 이나 '기본생활 습관' 을 가르칠 때 명시적 모범 보이기를 사용한다. "놀잇감을 가지고 놀 때는 교구장에서 이렇게 꺼내 와서 책상 위에 놓고 퍼즐 조각을 하나씩 꺼내서 옆에 놓고 퍼즐을 맞추는 거야.", "너희들이 퍼즐을 사용한 후에는 양손으로 이렇게 들고 가서 원래 있던 자리에 넣는 거란다." 등과 같이 말과 행동으로 모범 보이기를 할 수 있다.

특히 비지시적 개입에 가까운 암시적 모범 보이기는 영유아의 행동 형성에 매우 중요한 역할을 한다. 영유아 행동의 많은 부분은 성인들의 암시적 모범 보이기를 통해 부지불식 간에 형성된다고 해도 과언이 아니다. 교사는 '교실에서는 걷기, 조용히 말하기' 등 일상생활에서 명시적 모범 보이기와 함께 암시적 모범 보이기로 언행일치를 보여줌으로써 영유아의 생활 습관의 내면화를 도울 수 있다.

(3) 촉진하기(facilitate)

영유아가 다음 단계에 도달할 수 있도록 일시적인 도움 행동을 조성하는 것이다. 예를 들어 영유아가 자전거 타기를 시도하면서 기우뚱거리게 될 때 균형감을 갖도록 하기 위해 교사가 뒤에서 잠깐 동안 잡아주는 것과 같은 종류의 도움을 말한다.

(4) 지지하기(support)

지지하기는 교사가 도움을 지속적으로 주는 것을 의미한다. 촉진하기와 비슷하지만 교사의 개입 정도에서 차이가 난다. 촉진하기는 활동의 처음과 시작을 영유아가 주도하는 과정에서 교사가 도움을 주는 형태이고 지지하기는 영유아가 적극적으로 활동할 수 있도록 교사가 지속적으로 도움을 제공하는 형태를 의미한다. 자전거 타기 활동에서 영유아가 도움이 더 이상 필요하지 않다고 할 때까지 지지를 계속하는 것을 말한다.

(5) 비계설정하기(scaffolding)

비계설정하기는 비고스키 이론에 기초한 것으로 영유아가 현재 능력을 넘어서 자신의 잠재적 능력의 수준에 도달할 수 있도록 도전의 기회를 주고 그 과정에서 적절하게 도움을 주는 것을 말하며 이때 교사는 따뜻한 말과 태도로 영유아가 자신의 능력을 사용하도록 도전할 기회를 주면서 도움의 양을 조절한다.

다음의 예를 들어보자. 한 영유아가 퍼즐을 맞추고 있다. 한 조각을 들고 이리저리 맞추려고 애쓰지만 전혀 딴 곳에서 헤맨다. 교사는 "퍼즐을 조금 옆으로 옮겨서 끼워봐.", "그 퍼즐을 왼쪽으로 돌려 봐." 등의 말을 한다. 영유아가 자신이 할 수 있다고 이야기할 때는 교사는 미소를 지으며 영유아가 하도록 허용한다. 어떤 영유아는 자신이 할 수 있다고 큰 소리로 말했지만 또 실패한다. 이때 교사는 다시 퍼즐 조각을 든 영유아의 손을 잡고 함께 돌려서 퍼즐 방향이 퍼즐판의 모양과 아주 근접한 상태에 놓이게 한다. 영유아는 바로 빈 곳에 퍼즐을 넣고 환호한다. 비계설정하기를 위해 교사는 영유아가 자신의 잠재적 능력에 도달하기 위해 필요로 하는 도움의 양을 재빨리 알아채고 그에 맞는 도움을 주는 민감함을 갖추어야 한다.

(6) 함께 구성하기(co-construct)

함께 구성하기는 문제나 과업을 수행할 때 영유아와 함께 배우고 해결해 나가는 것을 의미한다. 예를 들어, 미술 영역에서 영유아들이 자동차를 입체적으로 만들려고 한다. 핸들을 어떤 재료를 사용하여 만들고, 핸들이 움직이지 않도록 고정시키기 위해 어떤 접착제를 사용하여 붙일 것인지 등을 함께 의논하고 영유아 혼자 할 수 없을 때는 옆에서 함께 도와 완성하게 한다.

(7) 시범 보이기(demonstrate)

시범 보이기는 함께 구성하기보다 더 지시적인 교수 전략이다. 교사가 영유아의 활동에 의도적이고 적극적으로 참여하여 직접 시범을 보여주는 것이다. 이때 영유아는 교사의 행동을 잘 관찰하면서 일을 해결하는 과정을 학습하게 된다. 예를 들어 영유아들에게 구두끈을 매는 과정을 한 단계씩 행동으로 시범을 보인다. 교사는 행동과 함께

'끈을 위에서 아래로, 양편으로 끈을 잡아당기기' 등의 말을 하며 과정에 대해 알려준다.

(8) 지시하기(direct)

지시하기란 교사가 직접적으로 영유아에게 요구되는 행동의 방향을 구체적으로 제시하는 것을 말한다. 이 방법은 과제가 반드시 특정한 방법으로 수행되어야 할 때, 과제에 순서를 정확하게 따라가야 하는 등 시행착오 없이 학습이 이루어져야 할 때 사용할 수 있다. 예를 들어, 우유팩에 씨앗심기의 경우와 같이 먼저 우유팩 아래에 구멍을 뚫고, 다음에 삽으로 흙을 떠서 상자에 담고 등의 순으로 수행하도록 지시한다.

상호작용을 통한 보육과정이 수행되는 어린이집의 하루 일과 중 교사의 중재는 일회적으로 일어나는 것이 아니라 지속적으로 일어난다. 따라서 교사는 이상의 8가지 교수유형이 서로 연속성을 가지고 있음을 알고 일과 중에 이루어지는 활동의 성격과 상황에 따라 적절하게 활용되는 것이 바람직하다. 따라서 어떤 한 가지 교수 유형에만 의존하는 것은 비효과적이므로 교사는 가장 교사 중심적인 지시하기가 바람직한 경우와 영유아 스스로 탐색과 경험의 기회를 가질 수 있도록 촉진해 주고 인정해 주는 경우를 잘 선별하여 적절하게 영유아를 지도해야 한다.

6) 교사의 전문성

영유아기 발달의 중요성과 이 시기의 양적, 질적 변화를 생각할 때 영유아의 발달을 적절하게 돕기 위해서는 보육교사들도 당연히 전문성을 가져야 한다. 즉 교사는 영유아에게 양질의 보육 및 보육경험-질적으로 우수한 보육과정을 계획, 운영하고 평가하기, 지역 사회와의 교류 등-을 제공하기 위해 정규 대학에서 장기간의 전문 교사 양성과정을 통해 보육 및 보육에 대한 철학, 신념, 영유아 발달에 대한 이해, 관찰, 실습 등을 학습함으로써 영유아교사로서의 자질 및 역할 수행 면에서 전문성을 지녀야 한다.

(1) 반성적 사고

반성적 사고는 교사의 전문성을 강조하는 듀이(1933)에 의해 사용되었다. 반성적 사고란 이전의 일상적인 습관에 따라 문제가 해결되지 않는 곤란한 사태에 직면하여 어떤 식으로든지 문제를 해결하고자 할 때 시작되는 것으로 자신의 신념이나 실천 행위에 대해 그것의 원인이나 궁극적인 결과를 적극적이고 끈기있게, 그리고 주의깊게 고려하는 것이다. 즉, 현재 일어나고 있는 실천적 행위에 대한 사려깊고 분석적인 사고를 통하여 미래의 행위에 대한 방향을 결정하는 자연스런 과정이다(박은혜, 1996 재인용).

교사들은 영유아들과 장시간 생활하는 중에 매우 다양하고 복잡해서 쉽게 판단을 내릴 수 없는 많은 상황에 수시로 직면할 수 있다. 이와 같이 다양한 문제 상황에서 적절한 판단을 내리고 해결하기 위해 생각을 하게 된다. 다시 말해 기존의 방식으로는 해결할 수 없을 때 그 문제에 대해 다각적인 측면에서 해석하며 생각을 거듭하게 된다. 그것도 문제 상황을 문제와 관련된 특정 보육 원리, 과거의 경험 등 여러 요인들과 관련지으며 생각을 하게 된다. 이것이 바로 반성적 사고의 기초이다. 예를 들어, 영유아의 발달에 대해 기존의 이론적 지식은 가지고 있지만 현장에서 일어나는 각 상황의 사례마다 적용 방법이 약간씩 다르기 마련이다. 즉, 하나의 답만으로 문제를 해결하기 어려울 때가 있다. 따라서 이런 상황에서 교사는 보다 나은 문제 해결을 위해 반성적 사고를 하게 된다.

전문성을 갖는 과정에서 교사는 자신이 가르치는 일을 하기 전이나 가르치는 중이나 기르치는 일이 끝난 후 자신의 교수 실천 행위에 대해 많은 생각을 하게 된다. 따라서 이런 반성적 사고는 교사가 전문성을 갖는 과정에서 매우 기본적인 동시에 중요한 요소이다. 유능한 교사는 자신의 실천 행위에 대해 반성적 사고를 하는 연습을 함으로써 전문성을 신장해야 한다.

(2) 실천적 지식

실천적 지식은 교사가 매일 자신의 교실에서 직면하는 문제 상황을 해결하기 위해 자신이 갖고 있는 이론적 지식을 기초로 하여 그 상황에 맞게 적절한 교수 방법을 택하여 최상의 효과를 나타낼 때 개인적으로 구성되는 지식이다. 즉, 교사가 영유아와 활동하는 과정에서 일어나는 자신이 처해 있는 복잡한 문제 상황을 해석하고 거기에 맞는 의사 결정을 하며 행동으로 나타낸 결과로 구성된 지식이다.

가르치는 행위가 일어나는 보육 현장은 매우 역동적이고 불확실하고 예측 불허의 상황이 많이 일어난다. 따라서 교사의 입장에서 볼 때 가르치는 일은 매우 불확실하다. '가르치는 일'의 불확실성은 학습자, 교수 활동, 교수 내용, 교사와 학습자와의 관계 등 모든 면에서 나타난다(박은혜, 2003).

가르치는 행위는 나이가 어린 영유아에게도 마찬가지로 적용된다. 다만 교사는 영유아의 연령이 매우 낮고, 영유아기의 중대성과 결정적인 시기임을 생각할 때 양질의 경험을 어떤 환경, 방법, 과정, 자료를 통해 줄 것인지에 대한 지식을 가져야 한다. 그러나 이런 지식은 교사 양성 과정에서 배운 이론적 지식과는 다르다. 교육과정상의 일반적 지식은 매일 역동적인 현장에서 일어나는 일에 대해 일반적인 정보를 줄 수는 있으나 구체적인 상황에서 문제를 해결하는 답을 줄 수는 없다.

교사가 잘 가르치기 위해 갖는 지식은 이론적 지식이나 일회적인 경험에서 얻어진 지식으로만 이루어지는 것은 아니다. 교사는 자신이 갖고 있는 일반적 이론을 기초로 영유아가 처한 복잡한 상황의 변인들을 동시에 고려하면서 영유아로 하여금 성공적인 경험을 얻도록 해야 한다. 즉, 교사는 영유아의 학습에 비계설정자로 역할을 하며 영유아가 한 단계 성장하도록 돕게 된다.

이러한 상호작용 과정(교사는 학교에서 배운 이론적 지식을 실행에 옮기는 과정)에서 교수 행위에 대한 실패와 성공을 경험하며 교수 행위에 대한 자신만의 방법(know-how)을 형성한다. 즉, 이론적 지식을 현장 상황에 맞게 적용하는 과정에서 형성되는 지식이 바로 실천적 지식이다. 영유아와의 상호작용에서 유사한 사례가 발생한다 해도 그 상황에 내포된 교사, 영유아, 그들 간의 관계, 상황 자체가 각기 다르기 때문에 교사의 실천 행위와 그에 따른 실천적 지식은 달리 구성될 수 있다.

교사의 전문성은 바로 자신의 실천 행위를 통한 실천적 지식의 획득을 기초로 이루어진다. 교사가 실천적 지식을 갖는다는 것, 즉 전문성을 갖는다는 것은 멀고도 오랜 시간을 요하는 긴 과정이다. 따라서 교사가 일반적 이론에 기초하여 자신만의 실천적 지식을 형성함으로써 자신의 전문성을 향상시킬 때, 영유아에게 양질의 성공적 경험을 갖게 하면서 바람직하게 성장시킬 수 있을 것이다.

참고문헌

교육부(1999). 초등학교 교육과정 해설.

교육부(2000). 유치원 교육과정 지도자료집 총론.

군포시 고은어린이집(2014). 보육계획안. 미간행자료.

김명순(1999). 영아기의 의사소통 능력. 올바른 보육은 요람에서부터. 삼성복지재단 제7회 학술대회. 85-115.

김정원 · 심은희 · 이경화 · 이연규 · 장은주 · 전선옥 · 조순옥 · 조화연 · 최일선(2005). 보육학개론. 서울: 정민사.

김진영 · 백혜리 · 최윤정(2001). 유아를 위한 교수-학습방법론. 서울: 양서원.

김혜경 · 김홍은 · 문혁준 · 박은혜 · 유애열 · 임혜영 · 장영희 · 조혜진(2002). 효과적인 영아보육을 위한 지침서. 서울: 다음세대.

김희진 · 김언아 · 홍희란(2004). 영아를 위한 프로그램의 이론과 실제. 서울: 창지사.

박은혜(1996). 반성적 사고와 유아교사교육. 유아교육연구, 16(1), 175-191.

박은혜(2003). 유아교사론. 서울: 창지사.

삼성복지재단(2003). 삼성어린이집 영유아 프로그램 총론. 서울: 다음세대.

삼성복지재단(2003). 영유아 프로그램 총론. 서울: 다음세대.

서영숙 · 김경혜(1996). 보육학개론. 서울: 양서원.

안양시 해와달어린이집(2014). 보육계획안. 미간행자료.

양미경(1997). 교과 통합 지도의 의의 및 방법적 원리 탐색. 교육학 연구, 35(4), 111-132.

여성가족부(2006). 2006년도 보육사업안내.

이경화 · 조순옥 · 김정원 · 심은희 · 이연규 · 이문정(2003). 유아언어교육. 서울: 창지사.

이기숙(2004). 유아교육과정. 서울: 교문사.

이영(1999). 발달에 적합한 영아 프로그램. 올바른 보육은 요람에서부터. 삼성복지재단 제7회 학술대회. 5-32.

이영자 · 이종숙 · 신은수 · 곽향림 · 이정옥(2002). 1, 2세 프로그램의 계획 및 운영. 서울: 다음세대.

이옥 · 노성향(1996). 방과후 아동 보육론. 서울: 창지사.

이정환(1993). 교과교재연구 및 지도법. 서울: 교문사.

장영희(2000). 영아교육과정. 서울: 양서원.

장영희(2002). 영아교육과정. 서울: 양서원.

조경자 · 이현숙(1998). 유아건강교육. 서울: 학지사.

Berk, L. E., & Winsler, A. (1995). 어린이들의 학습에 비계 설정: 비고스키와 유아교육. (홍용희 역). 서울: 창지사 (원서 발간, 1995).

Bredekamp, S., & Rosegrant, T. (1992). Reaching potentials through appropriate curriculum: Conceptual frameworks for applying guidelines. In S.

Bredekamp & T. Rosegrant (eds.), *Reaching potentials: Appropriate curriculum and assessment for young children.* Washington, DC: NAEYC.

Bredekamp, S., & Rosegrant, T. (eds.). (1995). *Reaching potentials: Transforming early childhood curriculum and assessment* (Vol. 2). Washington, DC: NAEYC.

Click, P. M. (2000). *Administration of Schools for Young Children.* Delmar Thomson Learning.

Daniel, J. E. (1998). A modern mother' s place is wherever her children are: Facilitating infant and toddler mothers' transition in child care. *Young Children, 53(6)*, 4-12.

Dewey, J. (1996). 민주주의와 교육: 교육철학개론. (이홍우 역). 서울: 교육과학사 (원서 발간, 1916).

Fromberg, D. P. (1999). 종일제 유치원 교육과정의 계획에서 실천까지. (이기숙 · 전선옥 편역). 이화여자대학교 출판부 (원서 발간, 1995).

Gardner, H. (1993). *Multiple intelligence: The theory in practice.* New York: Basic Books.

Greenberg, P. (1991). *Character Development: Encouraging self-esteem & self-discipline in infants, toddlers, & two-year-olds.* NAEYC.

Honig, A. S. (1993). "Mental Health for Babies: What do theory and rasearch teach us?" *Young Children, 48(2).*

Honig, A. S. (2002). *Secure relationships.* NAEYC.

Machado, J. M. (2003). *Early childhood experiences in languages arts*, 7th. Delmar Publishers.

McCartney, K. (2004). '보육의 질' 의 중요성: 연구가 시사하는 바는?. 영유아보육과 파트너쉽. 삼성복지재단 제12회 국제학술대회, 7-55, 삼성복지재단.

Olds, A. R. (1982). Planning a developmentlly optimal day care center. *Day Care Journal, 1(1)*, 16-24.

Petersen, E. A. (2003). *A practical guide to early childhood curriculum* (2nd ed., p. 119). Pearson Education, Inc.

Petersen, E. A. (2003). *Early childhood curriculum: Linking thematic, emergent, and skill-based planning to children's outcome* (2nd ed.). Boston: Allyn and Boston.

Segatti, L., Du-Paul, J. B., & Keyes, T. L. (2003). Using everyday materials to promote problem solving in toddlers. *Young Children, 58(5)*, 12-16.

Watson, L. D., Watson, M. A., & Wilson, L. C. (2004). *Infants and toddlers curriculum and teaching*(5th). Delmers Publishers.

Chapter 6

영유아 프로그램

1 몬테소리 프로그램(Montessori Program)

2 프로젝트 접근법(Project Approach)

3 레지오 에밀리아 접근법(Reggio Emilia Approach)

4 발도르프 교육(Waldorf Approach)

본 장에서는 최근 들어 많은 관심을 받고 있는 유아교육 프로그램 및 접근법 중에서 몬테소리 프로그램, 프로젝트 접근법, 레지오 에밀리아 접근법, 발도르프 유아교육과정을 중심으로 간략히 살펴보고자 한다. 이들 프로그램 및 접근법들은 주로 영유아를 가치의 수용자로 보기보다는 실험적이고 탐구적인 문제 해결자, 자신의 학습을 스스로 책임지는 학습의 근원으로서 인식한다. 이러한 아동관과 이론적 배경은 교사들이 실제적으로 활동을 계획하고 영유아들과 상호작용할 때 서로 다르게 반응하도록 영향을 미친다. 그러므로 다양한 아동관과 이론들이 각각의 프로그램 및 접근법에서 어떻게 구체화되고 실현되는지를 살펴보는 것은 어린이집 운영의 실제에 많은 도움을 줄 것이다.

그러나 영유아 교육의 프로그램 및 접근법들은 각각의 독특한 역사와 문화적 배경을 바탕으로 발전되어 왔으므로 이들을 그대로 모방하는 것은 어려운 일이며 그 의미 또한 반감될 것이다. 현재 영유아 교육 분야에서 관심을 받고 있는 다양한 프로그램 및 접근법의 배경과 실천 과정, 장단점을 탐구해 봄으로써 각각의 사회 · 문화와 영유아에게 걸맞는 보육과정을 재창조하는 과정이 필요할 것이다.

1 몬테소리 프로그램(Montessori Program)

몬테소리 프로그램은 이탈리아의 여의사 마리아 몬테소리(Maria Montessori)에 의해 창안된 유아교육 프로그램으로서 20세기 초부터 전 세계에 널리 알려지기 시작하였다. 1920년대에 미국에서는 집단 활동과 사회화를 강조하던 진보주의 교육 운동이 널리 확산되어 있었다. 이로 인해 개별 활동 중심의 몬테소리 교육은 비판을 받으면서 일부 사립학교에서만 제한적으로 이루어져 왔다. 그러나 유럽에서는 네덜란드를 중심으로 급속히 확산되어 왔으며, 1960년대 이후에는 인지 발달 이론의 등장으로 인해 몬테소리의 지적 교육과 감각 교육, 불우 아동을 위한 교육이 다시금 관심을 불러일으켰고, 미국에서도 American Montessori Society(AMS)의 노력으로 인기를 얻기 시작하였다. AMS의 설립자인 램부쉬(N. Rambush)는 몬테소리 교육의 몇 가지 요소들을 미국인에게 더 호소력 있는 방법으로 수정하였으며, 그 결과 오늘날 유아교육에서 가장 오래된 교육 방법 중 하나로서 미국에서만 3,000개 이상의 사립학교와 공립학교에서 몬테소리 교육을 실시하고 있다(Estes, 2004).

1) 유래

몬테소리 교육의 창시자인 마리아 몬테소리는 처음부터 교육자가 아니었다. 귀족 집안의 외동딸로 태어난 몬테소리는 과학도로서 의학을 공부하고 싶었지만 여자라는 이유로 거절당했다. 그러나 그녀는 끝까지 포기하지 않고 교황과 왕을 찾아가 로마대학 의과대학에 당당히 입학한 후 이탈리아 최초의 여의사가 되었다. 그녀에게 주어진 의사로서의 첫 임무는 정신적으로 지체가 있는 아동을 치료하는 것이었다. 이들을 치료하고 관찰하는 과정에서 그녀는 정신지체아들에게 필요한 것은 의학적인 처치가 아니라 교육임을 절실히 깨닫게 되었다. 이에 몬테소리는 철학, 심리학, 인류학 등을 다시 공부를 하게 되었고, 차츰 영유아들이 어떻게 배우는가에 관심을 가지고 그녀 자신의 교육관을 키워나가게 되었다.

1906년 이탈리아 정부는 로마의 슬럼 지역에, 시에서 운영하는 가난한 영유아들을 위한 학교를 설립하였고 운영 책임자로 몬테소리를 임명하였다. 그리고 마침내 1907년 로마에 유아를 위한 학교가 처음 설립되었다. '어린이의 집(Casa dei Bambini)' 이라는 이름의 이 학교에서는 3세에서 7세까지의 빈민 유아 60명에게 교육과 보살핌을 제공하였으며, 몬테소리는 바로 여기에서 자신의 교육 철학과 교수 방법을 구현해 볼 수 있는 기회를 가지게 되었다. 몬테소리의 교육 방법은 정신적으로 지체가 있는 아동들에게 감각적인 자극을 주는 치료법을 제공하였던 프랑스의 정신과 의사 이타르(J. Itard)와 세갱(E. Seguin)의 영향을 받았다. 몬테소리는 이타르와 세갱의 방법에 자신의 지식과 관찰 결과를 결합하여 몬테소리 교육 방법을 창시하였다. 정신지체아나 불우 아동을 위한 교육으로 시작하였던 몬테소리 교육 방법은 차츰 빈민 아동뿐만 아니라 일반 유복한 가정의 자녀를 위한 학교 교육에도 적용이 되었으며 이후 유럽에 그녀의 교육 방법이 널리 알려지게 되었다.

2) 아동관과 교육 목표

몬테소리는 유아가 어떻게 배우며 학습에 대한 흥미를 어떻게 표현하는지에 관심을 가지고 유아를 관찰하였다. 그리고 유아는 자발적이고 적극적인 존재로서, 누구나 스스로 성장하고 능력을 개발하여 독립적인 인격체를 갖출 수 있으며, 이는 유아에게 자유가 주어졌을 때 자발적인 활동을 통해서 가장 잘 표현된다는 것을 발견하였다. 몬테소리는 이러한 유아의 특성을 민감기와 흡수 정신으로 설명하고 있다.

■ 민감기

모든 생물은 어린 시기에 어떤 특정한 고유의 능력을 갖추기 위해 환경에 민감하게 반응하고 감수성이 예민한 시기가 있는데(이영숙, 2000) 이를 '민감기(sensitive period)' 라고 한다. 몬테소리는 인간에게도 민감기가 있으며 6세까지의 영유아기를 민감기라고 하였다. 민감기에 있는 영유아는 각 시기마다 특정 행동의 기술을 배우기 위해 그 기술에 대해 무한한 관심과 흥미를 가지게 되며 그 일을 반복함으로써 그 기술을 습득하게 된다. 민감기가 나타나는 시기는 각 영유아마다 다르며 연령에 따라 나타나는 행동의 특성도 다르다(이은화 외, 2001). 이처럼 영유아기는 특정 행동에 민감하게 반응하여 여러 가지 기술들을 습득하기에 적절한 시기이므로 특정 영역에 대한 민감기가 나타나면 그 영역에 대한 영유아의 흥미를 유지시키고 기술을 스스로 습득할 수 있는 환경을 마련해 주어야 한다.

■ 흡수 정신

몬테소리는 영유아들의 자연스러운 지적 호기심을 설명하기 위해 '흡수 정신(absorbent mind)' 이라는 용어를 사용하였다. 영유아는 스펀지가 물을 빨아들이듯이 환경으로부터 제공되는 정보를 받아들이고 배우며 경험을 통해 모든 것을 체득하는 흡수 정신을 가지고 있다. 흡수 정신은 영유아기의 고유한 특성으로 6세까지 지속되며 주변의 인상을 무의식적으로 받아들이는 0~3세까지의 무의식적 흡수기와 의지를 가지고 계획적으로 환경과 상호작용하는 3~6세까지의 의식적 흡수기로 나뉘어진다. 무의식적 흡수기에는 언어와 오감각, 동작이 주로 발달하며 의식적 흡수기에는 질서, 사회적 관계를 익히게 된다(구경선, 2005).

■ 정상화

몬테소리는 유아는 흡수 정신을 가진 자유로운 존재로서 환경으로부터 스스로를 발달시킬 수 있는 능력을 가지고 있다고 보았으며 이러한 능력을 온전히 보여주는 유아가 '정상화(normalization)' 된 유아라고 설명하였다. 즉, 정상화란 유아가 스스로 작업을 선택하여 집중하고 반복함으로써 내적 훈련을 쌓고 독립적인 인격을 갖추도록 하는 과정을 말한다. 그러므로 몬테소리는 정상화된 유아는 모두 다음과 같은 특징을 가지게 된다고 하였다(Estes, 2004).

- 유아는 활동을 반복함으로써 즐거움을 얻는다.
- 유아는 자발적으로 활동에 참여하였을 때 오랜 기간 동안 집중한다.
- 유아는 감각적인 자극에 민감한 반응을 보인다.
- 유아는 학습에 대해 자발적인 흥미를 보인다.

정상화된 영유아는 자신의 잠재적 개성을 펼쳐보이고 자신의 능력을 확장시키며 독립심을 기르고 정체성을 창조한다(Martin, 2002). 이들은 침묵을 즐기고 혼자 일을 할 수 있으며 집중할 수 있다. 또한 자유가 주어진 상태에서 자율적이다. 그러나 영유아가 성인들에 의해 제한되고 통제될 때는 일탈을 하게 되며 정상화를 방해한다. 영유아는 자신의 호기심에 충실하도록 보다 많은 자유가 주어졌을 때 가장 잘 배우고 자연스러운 능력을 개발한다.

따라서 몬테소리 교육의 목표는 영유아의 '정상화'라고 할 수 있다. 영유아에게 자발적으로 활동에 참여하는 자유를 줌으로써 자신의 개별적인 목적을 독립적이면서 성공적으로 이루도록 하고 더 나아가 전인 발달을 이루게 하는 것이며, 영유아에게 잠재되어 있는 신성한 육체적 · 정신적 · 지적 자질을 자연스럽고 건강하게 형성하는 것이다.

3) 교육 내용

몬테소리 교육은 일상생활, 감각, 수, 언어, 문화의 기능을 익히는 전통적인 영역 5가지와 예술 영역으로 나누어진다.

■ 일상생활 영역

일상생활 영역은 매일 반복되는 일상생활의 기술과 습관을 익히고 사회적 행동의 발달과 행동의 통제를 통해서 자기 자신과 환경을 통제할 수 있도록 하는 데 초점을 맞추고 있다. 이 닦기, 옷 입기 등 영유아 자신을 보호하기 위한 활동인 인간에 대한 배려, 식물 기르기, 신발 닦기 등 주변 환경을 통제하고 배우는 환경에 대한 배려, 다른 사람과 교제할 수 있는 능력인 사회적 관계에 대한 배려, 자신의 행동을 통제하는 행동의 조정을 위한 활동이 이에 포함된다.

■ 감각 교육 영역

감각 교육 영역에서는 여러 가지 다양한 감각 교구와의 상호작용을 통해 감각의 발달을 도모한다. 영유아기는 감각이 매우 민감한 시기로 감각을 통해서 외부를 지각하며 감각의 발달은 사고 능력과 지적 발달의 기초가 된다.

■ 수 교육 영역

인간의 마음은 수학적이며, 기본적 질서의 출발이 바로 수학이다. 수 교육 영역에서는 물체의 물리적인 특성과 크기, 모양, 양과 관련된 개념과 그에 따른 상징에 초점을 맞춘다. 몬테소리 수학 교구는 1에서 10까지 수, 연속된 수 세기, 십진법, 덧셈과 뺄셈의 연산 등의 4가지로 구성되며 구체적인 것에서 시작하여 점차 추상적인 것으로 옮겨가도록 고안되어 있다.

■ 언어 교육 영역

언어 교육 영역에서는 움직이는 알파벳, 모래종이, 글자틀, 금속판과 같은 교구를 사용하여 손과 팔의 근육을 발달시킴으로써 쓰기를 준비시킨다. 또한 어휘 익히기, 품사 익히기, 문법 익히기, 대화를 통한 말하기 교육, 청각 훈련 등의 듣기 교육, 패턴, 시각 훈련과 같은 읽기 훈련이 포함된다. 교실에서는 영유아들 간의 자연스러운 대화, 노래, 동시, 이야기 나누기, 그림책 등의 자유롭고 풍부한 언어 환경을 제공한다.

■ 문화 교육 영역

문화 교육 영역에서는 영유아가 자신이 속해 있는 사회의 문화를 이해하고 익히도록 한다. 미술과 자연을 포함한 문화의 개념을 탐색함으로써 심미적이고 과학적인 자질을 발달시킨다. 지리학, 역사학, 동물학, 식물학, 지질학 등이 포함된다.

▣ 예술 교육 영역

현대 몬테소리 교육에서는 시각 예술, 춤, 드라마를 통해 자신을 표현하도록 한다. 색칠하기, 점토, 콜라주, 그리기 등의 미술경험을 통해 창의적 표현을 발달시키고 소리통, 몬테소리 벨 구별하기, 음악 감상, 노래 부르기, 간단한 악기 다루기 등을 통해 음악적 인식과 표현력을 기른다. 몬테소리 교실에서는 아름답고 미적인 환경을 제공하여 영유아의 감각적 경험을 풍부하게 해준다(Torrence & Chattin-McNichols, 2005).

4) 교육 방법

▣ 준비된 환경

몬테소리는 영유아가 학습과 탐색에 대해서 자연스러운 흥미를 가지도록 지원해 주는 가장 효과적인 방법은 환경을 준비해 주는 것이라고 하였다. 즉, 영유아에게 직접적인 교수를 제공해 주는 것보다 스스로 선택할 수 있는 자유를 보장해 주고 그들의 발달과 본성을 지원해 줄 수 있는 학습 환경을 세심하게 준비해 주는 것이 더 효과적이라고 주장하였다. 따라서 '준비된 환경(prepared learning environment)'은 몬테소리 교육의 가장 중요한 개념 중 하나가 된다. 준비된 환경이란 의미있고 독립적인 학습경험을 위해 교사가 영유아를 면밀히 관찰하여 그들의 발달과 흥미에 맞게 특별히 개발된 교육 자료들을 체계적으로 마련해 주고, 영유아가 접근하기 쉬운 크기의 책상, 의자, 선반과 같은 가구들을 갖추어, 영유아가 제한된 성인의 개입과 도움만 받고 자유롭게 자발적으로 활동에 참여할 수 있도록 하는 것을 의미한다. 따라서 준비된 환경에서는 영유아가 스스로의 활동을 선택하고 독립적으로 자유롭게 활동할 수 있다. 몬테소리는 영유아는 환경을 정복하고 배우고자 하는 자발적인 동기 부여가 이루어지므로 자신의 학습 목표를 달성할 때까지 같은 활동을 계속적으로 반복하고 집중한다고 믿었다. 일단 그 목표가 달성되면 영유아는 기술을 숙달시키기 위해 그 활동을 반복하거나 새로운 도전 활동을 찾게 된다. 그러므로 준비된 환경 내에서 학습 자료는 기능과 복잡성에 따라 단계적으로 제시되어야 한다.

■ 제한된 자유

몬테소리 교육에서는 무엇보다 영유아의 자유를 존중한다. 영유아가 스스로 자신의 교구를 선택하는 자유, 자신의 학습을 주도하는 자유, 타인과 상호작용할 수 있는 자유가 주어지지만 이는 무제한적인 방임의 자유가 아니라 제한된 자유(freedom within limits)이다. 평화롭고 질서 있는 사회를 유지하기 위해 교구 사용법, 기본 규칙 등의 제한을 받으며 적합한 교구의 선택을 위해 교사가 미리 마련해 놓은 환경 안에서 자유를 얻는다.

■ 자동교육

몬테소리 교육의 준비된 환경에서 중요한 요인 중 하나는 몬테소리에 의해 고안된 감각 교구이다. 조작적인 학습 자료는 자료의 복잡성에 따라 세밀하게 단계화되어 있을 뿐만 아니라 자기 수정적인 특징을 가지고 있어 '자동교육(auto-education)' 이 이루어진다. 이러한 자기 교수적인 학습 자료의 특징은 영유아로 하여금 교육 자료와 상호작용하는 가운데 즉각적으로 피드백을 받도록 하기 때문에 영유아 자신의 속도에 맞는 학습경험이 가능하게 하며 유아의 내적인 동기 유발을 증가시켜 더 유능한 유아로 발달하도록 도와준다. 예를 들어 분홍탑은 나무로 만든 블록으로, 크기가 점점 커지므로 안정적으로 탑을 쌓기 위해서는 가장 큰 블록이 가장 아래에 놓이고 그 다음 크기의 블록이 두 번째 아래에 놓이고 차례대로 가장 작은 블록이 가장 위에 놓여야만 한다. 만약 유아가 더 작은 블록을 아래에 놓으면 분홍탑 쌓기는 실패하게 될 것이다. 이처럼 몬테소리 교육은 교사의 지시나 가르침으로 이루어지는 것이 아니라 유아가 특별히 고안된 교구와 상호작용하면서 자신의 실수나 오류를 발견하고 이를 스스로 수정하는 가운데 이루어진다.

■ 몬테소리 교구

몬테소리의 교구는 운동, 감각, 언어의 3가지 영역의 발달을 도와주도록 고안되었다. 신체 조정 능력을 포함한 운동 발달은 게임과 운동을 통해 이루어진다. 감각 교육은 자연적이면서 자기 교수적인 교구를 통해 이루어진다. 교구를 통해 유아는 크기, 소리, 무게, 온도와 같은 물리적 속성을 감각을 통해 구체화하며, 자신의 속도에 맞추어서 구체적이고 외현적인 인식에서부터 추상적이고 내적인 이해로 발달을 이루게 된다.

몬테소리는 감각을 통한 학습이 유아의 전체 발달을 통합한다고 믿었다. 언어 발달은 모래자음과 모음판, 단어카드과 같은 교구와 교사나 혼합 연령 학급의 다른 유아와의 상호작용을 통해 이루어진다. 몬테소리 교구의 특징은 아름답게 만들어서 유아의 흥미를 끌도록 하고, 과학적이고 논리적이며 자동교육을 할 수 있도록 하는 것이다. 하지만 교구를 지나치게 많이 제공하였을 때는 오히려 주의를 산만하게 할 수 있으므로 교사는 교구의 수를 적절히 제한하여야 한다.

5) 교사

몬테소리 교육에서는 교사도 준비된 환경의 일부분이다. 교사의 역할은 영유아에게 단순히 정보를 전달해 주는 것이 아니라 자기-교수적인 감각 교구를 적절히 제공해 주며 충고자, 안내자, 학습의 촉매자 역할을 하는 것이다. 교사는 영유아와 교구를 적절히 연결시켜 줌으로써 영유아가 자발적으로 학습을 이루고 집중하도록 촉진시킨다. 현대 몬테소리 교육에서는 종종 교사들이 3년 동안 같은 학급을 담당하면서 참여 관찰을 통해 영유아의 자기 주도적인 활동을 관찰하고 학습 환경을 마련하며 필요할 때마다 교수적인 안내를 한다. 교사는 영유아 발달에 대한 지식을 잘 갖춤으로써 더 충실한 충고자, 준비된 환경의 조직자가 된다. 또한 교사는 영유아가 자발적인 활동에 잘 참여하고 자연스러운 호기심을 만족시켜주는 과학적인 탐구에 더 잘 몰입할 수 있도록 자유를 주어야 한다. 영유아는 교구와 활동을 선택할 수 있을 뿐만 아니라 활동에 참여하는 시간의 양을 조절할 수 있어야 한다. 몬테소리는 영유아의 자동교육은 책임감 있는 자유를 경험할 때 이루어진다고 믿었으므로 교사는 무엇보다도 영유아의 자유를 존중하여야 한다고 하였다.

몬테소리는 어린이집을 통해 기본적인 교사 훈련 체계를 제시하였다. 교사는 교사 훈련을 통해 효과적인 참여 관찰을 하는 방법을 배우고 영유아의 자연스러운 발달 과정과 학습 동기에 대한 지식과 존중감을 익히도록 한다. 또한 준비된 환경을 마련하고 교수적인 몬테소리 교구의 조작 방법과 안내하는 방법을 배우게 된다(Estes, 2004).

현대의 몬테소리 프로그램은 출생에서 3세까지의 영아원, 4세부터 7세까지의 유치원, 초등학교 저학년의 기본 단계, 초등 고학년의 중간 단계로 구별하여 제공되고 있다. 몬테소리 교육은 1900년대에 교육 방법과 교육관이 이탈리아, 영국, 네덜란드 등의 유럽 국가들로 퍼져나갔고 인도에서도 몬테소리 교사들에 의해 학교가 설립되었다. 몬테소리 교육의 교사 훈련은 몬테소리에 의해 1926년에 세워진 Association Montessori International(AMI)를 통해 여전히 계속되고 있으며 훈련원이 세계 각국에 설립되어져 있다(Estes, 2004).

2 프로젝트 접근법(Project Approach)

프로젝트 접근법은 '특정 주제에 대하여 심층적으로 연구하는 목적 지향적 수업 활동'으로서 영유아 스스로 질문하게 하고 문제를 추측함과 동시에 그들의 주위 환경에서 중요한 현상을 인식하도록 하며 목적 달성을 위한 열망과 새로운 기술 습득에 대한 열정을 쏟도록 하는 교육 방법이다. 이와 같이 프로젝트에 대한 영유아의 적극적인 참여, 환경과의 직접경험, 행함에 의한 학습, 자발적 놀이를 강조하는 프로젝트 접근법은 영유아 보육 분야에서 최근에 대두된 새로운 교육 방법은 아니며, 1920년대 듀이(J. Dewey)와 킬패트릭(W. Kilpatrick)의 진보주의 교육 운동에서 이미 주장되었던 것이다.

3R's에 대한 강조와 학문적 접근이 우세해지면서 쇠퇴했던 프로젝트 접근법은 1980년대를 기점으로 다시 새롭게 부각되었다. 이는 현대 영유아 보육에서 발달 이론에 의존해 왔던 보육과정 구성에 대한 반성과 학문적 압력에 대응하기 위한 방법으로 많은 유아교육자들이 통합적 보육과정, 즉 프로젝트를 통한 교육 방법을 제시하고 있기 때문이다(Gatzke, 1991; NAEYC, 1991; Elkind, 1998). 프로젝트 접근법은 영유아의 '지금 바로(here and now)'의 관심사와 생활을 교육에 적극 반영하는 '지역적으로 적합한(locally appropriate)' 교육을 추구하기 때문에(Chard, 1995) 주로 발달의 적합성만을 강조해 오던 영유아 보육 분야에서 '사회문화적으로 적합한 교육'의 중요성이 강조되면서 관심을 받고 있는 것이다. 또한 프로젝트 접근법은 교사 주도의 체계적인 학문적 교수와 전적으로 영유아의 흥미에 의존하는 놀이 중심의 유아교육을 연결시켜 주는 접근법으로서 영유아의 학문적 성취를 저해하지 않으면서도 영유아의 지적·사회적 발달을 강화시켜 줄 수 있는 효과적인 방법으로 강조되고 있다(Katz & Chard, 1989, 2005). 이와 같은 맥락에서 그동안 영유아 보육에서 3R's에 대한 체계적인 지도를 한다는 입장에서 보육 내용을 교과 영역으로 분리하여 학습을 지도하거나 아니면 놀이를 통한 학습이라는 미명하에 의미 없이 놀리기만 하는 방임의 형태를 취하여 온 것에 대한 대안으로 현대 영유아 보육에서 프로젝트 접근이 재조명되고 있다(이기숙, 2000).

1) 유래

프로젝트 접근법은 1920년대 미국에서 듀이와 킬패트릭의 진보주의 교육 운동에서 시작되어 1960년대 미국의 뱅크스트리트 대학 프로그램과 1960~1970년대 영국의 유아학교에서 널리 실시되었던 열린 교육(open education)에서 맥을 찾아볼 수 있으며, 1990년대 초반 캐츠와 차드에 의해서 재소개되었다.

듀이는 프로젝트 접근법을 영유아에게 바람직한 교수-학습 방법으로서 소개하여 교사들의 관심을 불러일으켰다(Katz & Chard, 1989; Sharan & Sharan, 1992). 듀이는 그의 아동 중심 교육 철학을 기초로 하여 전통적 교과 중심이 아닌 일련의 워크숍 형태로 실험학교(Laboratory School)를 운영하면서 영유아는 진정으로 흥미 있어 하는 문제를 탐구함으로써 사고하는 방법을 배울 수 있다고 주장하였다.

이러한 배경에서 킬패트릭은 1919년에 '프로젝트법(The Project Method)' 이라는 제목으로 프로젝트에 의한 학습 활동을 구체적으로 체계화하여 콜롬비아 대학 논문집에 발표하였다. 그것은 듀이의 철학에 영향을 받은 것으로 이 글에서 프로젝트의 본질을 '전심을 다하는 유목적적 활동' 이라고 정의하였다(Kilpatrick, 1925). 킬패트릭에 따르면, 프로젝트법은 영유아가 마음대로 자신의 교육과정을 정하도록 하는 것이 아니라 교사의 현명한 지도하에 영유아로 하여금 유목적적인 활동을 이루어 나가도록 하는 것이다. 킬패트릭이 프로젝트법을 발표한 이후에 그것을 실제에 적용하고 효과를 검증하고자 하는 많은 연구들이 수행되었다.

그러나 프로젝트법의 긍정적인 효과가 보고되었음에도 1920~1930년대 급성장을 보였던 미국의 진보주의 교육 운동은 쇠퇴하기 시작했고, 1950년대에 들어와 학문 중심 교육과정이 대두되면서 프로젝트법 또한 쇠퇴하게 되었다. 이것은 프로젝트법을 지나치게 아동 중심 이론과 연관시켜 이해하려 했기 때문이다. 그러나 다시 1970년대에 들어오면서 인간 중심 교육을 비롯한 여러 가지 운동이 전개되면서 인성 계발, 지적 교육과 정의적 교육이 균형을 이루는 교육 등에 대한 관심과 함께 프로젝트법에 대해 다시 관심을 갖게 되었다.

한동안 쇠퇴되었던 프로젝트법은 1980년대를 기점으로 영유아 보육 분야를 중심으로 다시 부각되었다. 미국의 전국유아교육협회(NAEYC)에서 프로젝트형식의 학습을 '아동의 발달에 적합한 실제(Developmental Appropriate Practice)' 로 권장하고

(Gullo, 1992), 캐츠와 차드가 그들의 저서 「Engaging Children's Minds: The Project Approach」를 1989년에 출간하면서 북미 지역을 중심으로 세계 각국에 프로젝트 접근법이 소개되었기 때문이다. 캐츠와 차드는 영유아의 탐색이 영유아 및 초등학교 교육과정 구성의 중요한 요소임을 주장하면서 이전의 프로젝트 교수 방법(method), 모델(model)이라는 용어 대신 프로젝트 접근법(project approach)이라는 용어를 제시하였으며, 이 프로젝트 접근법은 최근 북미 지역의 어린이집, 유치원, 초등학교는 물론 세계 여러 나라에서 실행되고 있다(Katz & Chard, 2000).

2) 정의 및 교육 목표

프로젝트 접근법은 '한 명 또는 그 이상의 영유아가 어떤 주제를 깊이 있게 탐구하는 활동'으로서, 교사나 영유아, 혹은 교사와 영유아가 협의하여 주제를 선정하고 자발적인 동기에 의해 스스로 탐구해 나가는 목적 지향적인 교수-학습 방법이다. 영유아에게 흥미롭고 친숙하며 직접적으로 탐색할 수 있고 학습할 만한 가치가 있는 것들을 주제로 선정하여 계획, 탐색과 표상 활동, 전시, 평가를 반복적으로 진행하면서 보다 더 깊이 있는 연구가 진행된다. 프로젝트가 진행되는 동안 교사는 영유아와 함께 계획한 활동에 대한 안내자, 조언자, 격려자, 공동 연구자로서의 역할을 행하면서 영유아 개개인의 학습에 대한 요구를 만족시켜 주기 위해 노력한다(Chard, 1992; Katz & Chard, 1989).

프로젝트 접근법의 주된 목적은 '영유아의 주변세계에 대한 이해를 증진시키고 계속 학습하고자 하는 성향을 강하게 키워주는 것'이다. 이와 같이 프로젝트 접근법의 구체적인 학습 목적은 지식과 기능, 성향, 감정의 발달이라고 할 수 있는데, 이를 구체적으로 살펴보면 다음과 같다(Katz & Chard, 1989, 2005).

▣ 지식의 발달

새로운 지식(knowledge)의 발달이다. 지식이란 아이디어, 사실, 개념, 도식, 이야기, 신화, 전설, 노래 등과 같은 마음의 내용물(contents of the mind)을 의미한다. 교실 활동을 통해 영유아가 실제 세계의 사회적 · 과학적 개념들을 습득하고, 영유아에게 필요한 정보나 관계, 의미 등을 알 수 있도록 기회를 제공해야 한다. 영유아는 프로젝트 활동을 수행하면서 탐색, 조사, 토론하는 과정을 통해서 새로운 정보나 개념을 습득하게 되며, 잘못된 개념들을 수정하기도 한다.

■ 기술의 발달

인지적 · 사회적 의사소통 및 신체적 능력 발달에 필요한 기술(skills)의 발달이다. 기술이란 쉽게 관찰되거나 추론될 수 있는 작게 분절된 행동의 단위이다. 예를 들면 자르기, 기르기, 사물 세기, 또래와 함께 활동 조절하기, 대 · 소근육 운동 기술 등과 같이 유아기에 학습해야 할 학문적 기본 기술과 과학적 · 기술적 기능, 사회적 기술, 인간관계 등에 필요한 기술들을 발달시켜야 한다. 프로젝트 활동은 영유아에게 이러한 기술의 습득과 연습, 그리고 그것을 응용할 수 있는 기회를 제공한다.

■ 성향의 발달

성향(dispositions)을 기르는 것이다. 성향이란 여러 상황에서 겪는 다양한 경험에 대해 반응하는 행동과 태도의 지속적인 습관으로서 세심한 관찰력과 호기심, 모험심, 과제에 대한 지구력, 문제를 해결하거나 책을 읽는 성향을 의미한다. 프로젝트 활동을 통해 영유아는 호기심이나 진취적인 성향을 발달시키게 되고 자신의 성과에 대해 평가하는 방법을 배울 수 있다. 성향의 발달은 문제를 제기하고 파악하며, 현상을 밝혀내고 예측하며 설명하는 정신적 습성과 끈기 있게 도전하며 반성하고 개방적인 태도를 갖도록 하여 영유아의 학습을 촉진할 수 있다.

■ 감정의 발달

긍정적인 감정(feelings)을 기르는 것이다. 긍정적 감정이란 소속감, 자긍심, 유능감, 열망 등과 같이 집단생활을 하는 가운데 주관적으로 느끼게 되는 감정, 혹은 정서 상태를 의미하며, 영유아가 자신의 활동에 대해 갖는 감정은 성취도를 결정하는 데 중요한 역할을 한다. 영유아가 프로젝트를 진행하면서 갖는 성취감이나 실망감은 자신의 활동에 대해 강한 주인의식을 갖게 하며, 학습에 대한 잠재력을 의식하게 됨에 따라 자신감과 자아존중감을 개발하게 된다.

3) 실제

(1) 주제 선정하기

이상적인 주제의 선정은 영유아의 흥미와 함께, 교사의 가치 판단을 기반으로 하여야 한다. 즉, 영유아의 흥미에 기초해서 주제를 선정하지만 영유아가 흥미를 보인다고 모두 다루기는 어렵고 무조건 지원해야 하는 것도 아니므로 영유아의 흥미 중 가치가 있는 주제를 선택하기 위하여 교사 회의를 하거나 학교에서 인정하는 분명한 준거를 가지고 있는 것이 중요하다. 캐츠와 차드는 교사가 주제를 선정할 때 영유아의 흥미와 함께 영유아가 가지고 있는 경험의 다양성과 문화 · 배경의 다양성을 고려해야 한다고 주장하였다. 더불어 프로젝트를 진행하는 과정에서 친구와 협동하기, 다른 사람의 생각에 반응하고 경청하기, 문제 해결을 위해 공동의 관점 형성하기 등을 통해 영유아가 민주적 과정에 참여할 수 있도록 돕고 영유아의 민주 사회 참여를 돕는 주제도 포함되어야 한다고 보았다. 이외에 주제 선정을 위한 기준을 구체적으로 살펴보면 다음과 같다(Katz & Chard, 2005).

- 영유아 자신의 환경(실제 세계)에서 직접적으로 관찰 가능해야 한다.
- 영유아경험과 관련되어야 한다. 영유아가 경험한 것이나 경험의 일부와 관련되어야 한다.
- 직접적으로 조사할 수 있어야 한다(단, 위험 요소가 포함된 것이 아니어야 함).
- 지역 자원에서 쉽게 활용 가능한 것이어야 한다.
- 다양한 표상 활동들이 가능한 주제이어야 한다.
- 부모가 참여하고 공헌할 수 있어야 한다. 즉, 부모는 별 어려움 없이 참여할 수 있어야 한다.
- 보편적인 문화뿐만 아니라 지역 문화에도 적절해야 한다.
- 영유아에게 흥미를 줄 수 있으면서도, 교사가 판단하기에 영유아의 발달에 가치가 있다고 판단되는 것이어야 한다.
- 어린이집과 지역 차원의 교육과정 목표와 연관이 있어야 한다.
- 영유아의 연령에 따라 기초적 기술들(basic skills)을 적용해 볼 수 있는 충분한 기회를 제공해야 한다.
- 주제가 너무 편협하거나 너무 광범위하지 않고 적절해야 한다.

(2) 프로젝트의 진행

프로젝트 접근법의 진행은 계획 및 준비 단계, 탐색 및 표상 단계, 마무리와 평가 단계로 이루어진다. 프로젝트에 소요되는 시간은 일정하지 않으며 영유아의 흥미와 관심, 경험, 주제의 성격 등에 따라 짧게는 며칠 만에 종결될 수 있으며, 2~3주 혹은 4주에 걸쳐 지속될 수 있다.

① 1단계: 계획 및 준비

1단계는 프로젝트를 계획하고 시작하는 단계로서 영유아와의 협력 연구를 위해 적합한 주제를 선정하는 일은 매우 중요하다.

주제를 선정하는 방법에는 교사가 영유아와 기관의 여러 요건을 고려하여 선정하는 방법, 영유아의 관심사 중에서 교사와 협의하여 적합한 주제를 선정하는 방법, 생활 주제의 하위 주제들 중에서 영유아의 흥미에 따라 선정하는 방법 등이 있다. 준비 단계는 주제를 선정한 후 그 주제에 대한 예비 주제망을 구성하는 단계로 교사가 나름대로 주제에 대해 생각해 보고 조직해 보는 것을 말한다.

즉, 교사는 자기 학급 영유아의 경험, 흥미, 자료 제공 및 현장경험의 가능성들을 생각하면서 예비 주제 조직망(topic web) 또는 개념 지도(concept map)를 미리 조직해 보고 프로젝트의 구상 과정에서 영유아를 참여시킨다. 교사는 영유아의 의견을 수렴하여 보다 확장 · 발전된 주제 조직망을 구축한다. 프로젝트에 대한 계획을 구상하고 발전시켜 나가는 동안 영유아에게 주제와 관련된 경험을 이야기로 쓰거나 그림으로 그리게 하며 프로젝트 실행에 필요한 자료들과 출처에 대해 미리 함께 생각해 본다. 주제 조직망이 만들어진 다음에는 주제 토의, 언어, 수, 과학, 사회, 음악, 미술 등과 같은 교과 영역별로 프로젝트 아이디어를 조직하여 통합적 활동 조직망을 구성하고 관련 활동을 계획한다. 교과 영역별로 활동을 조직하는 이 절차는 주제가 다른 방향으로 흐를 수 있는 소지를 줄여준다. 교사의 학습 목적을 반영하는 교과 영역 조직망은 어디까지나 사전 계획이며 영유아의 흥미에 따라 달라질 수 있다.

다음은 '우리 이웃' 주제를 진행하면서 영유아가 보이는 흥미를 반영하여 하위 주제 중 하나인 '우체국'을 중심으로 진행되었던 프로젝트의 주제 조직망과 통합적 활동 조직망의 예이다.

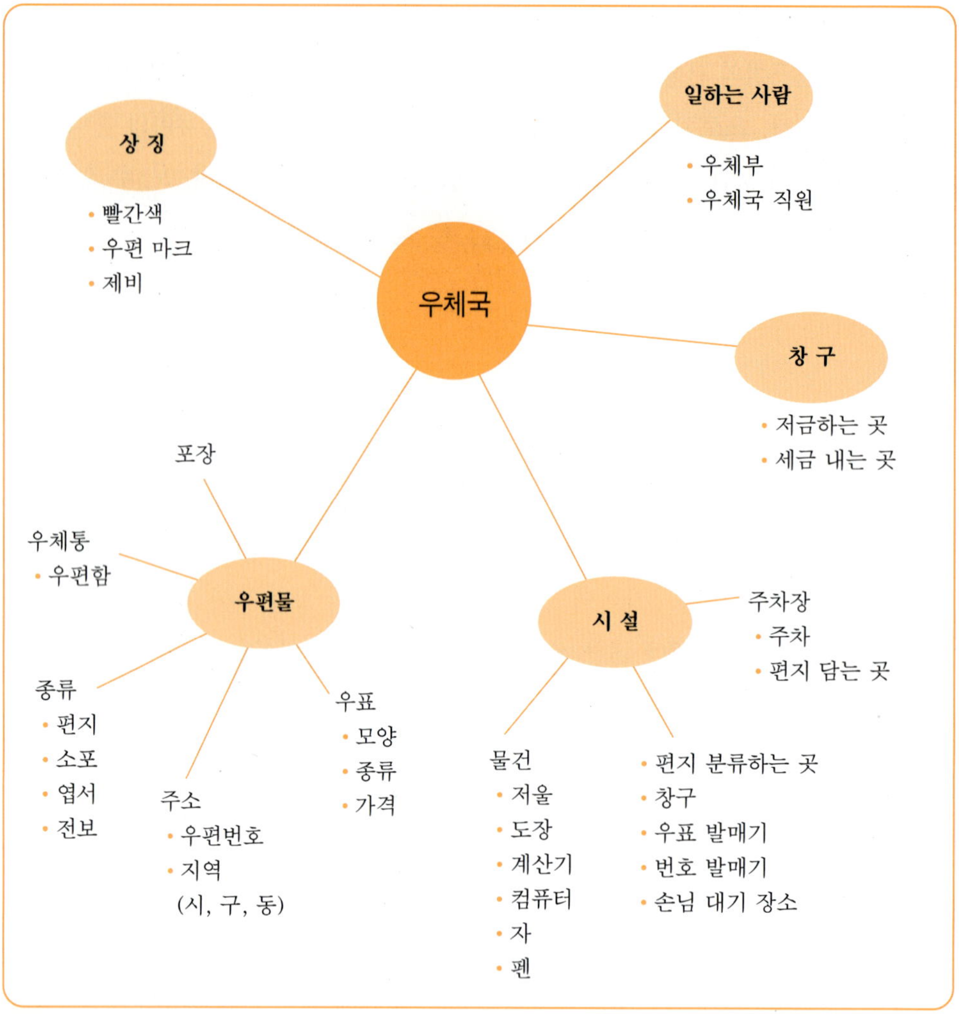

그림 6-1 우체국 프로젝트 주제 조직망

이야기 나누기

주제 토의

- 우체국에서는 무슨 일을 할까?
- 편지가 도착하는 과정
- 편지를 쓰는 방법
- 우체부 놀이를 하려면?
- 함께 쓰는 편지
  거인들이 편지를 쓴다면?

음률/게임

- 노랫말 바꾸어 부르기
  – '집배원'

게 임

- 편지 배달하기

미 술

- 거인 우표 만들기
- 우체국 간판 만들기

언 어

- 나만의 우표책 만들기
- 편지 쓰기
  – 친구, 선생님, 가족들에게
- 듣기 – 「우체국 직원이 된 고양이」

동시 짓기

- 우체부

컴퓨터

- '우체부'가 하는 일 찾기

역할 · 쌓기

- 우체국 놀이
- 우체통 만들기
- 우체국 구성하기(창구, 우표 파는 곳, 손님 기다리는 곳 등)

우체국

견 학

- 우체국

실외놀이

- 숫자만큼 모여라!
- 텃밭 가꾸기

수 · 과학

- 색깔놀이
- 우표 종류(분류)
- 여러 가지 편지지와 봉투 비교
- e-mail과 편지 비교

그림 6-2 우체국 프로젝트 통합적 활동 조직망

교사가 영유아의 흥미를 반영하여 '우체국'을 프로젝트 활동으로 선정한 이유는 '우체국' 소주제가 지역 사회에서 우리를 돕는 기관이 하는 일과 일하는 사람들에 대한 영유아의 이해를 도울 수 있고, 견학이 용이하며, 우체국놀이를 하는 동안 언어, 수, 과학, 극놀이, 구성 활동의 기회를 제공할 수 있다는 점 등이었다. 이때 부모들의 도움은 프로젝트의 성공적 수행에 매우 중요하므로 부모와 프로젝트의 주제에 대해 정보를 공유하고, 부모들로부터 주제와 관련된 정보나 그림, 책, 사물들을 제공받을 수 있다. 직접 참여하여 도움을 줄 수 없는 부모들도 현재 학급에서 수행되고 있는 프로젝트에 대해 관심을 가지고, 자녀들의 이야기를 경청하고, 영유아 작품을 관람함으로써 프로젝트의 성공에 기여할 수 있다.

② 2단계: 탐색과 표상 활동

2단계는 탐색과 표상 활동을 하는 단계이다. 2단계에서 영유아는 지역의 특정 장소, 사물 또는 사건 등을 현장 견학한다. 현장 견학은 교실을 벗어나 학교 울타리 밖에서 체험 학습을 해보도록 하는 것이다. 현장 견학 후 토의 시간을 갖고 견학 내용에 대해 이야기를 나눈다. 토의하는 동안 무슨 일이 일어났고 누구와 이야기를 나누었는지, 보고 배운 것은 무엇이었는지 재확인한다. 현장에서 알아온 것들은 그림으로 그려지거나 도표로 작성되며, 때로는 현장에 대한 사후 견학을 계획하기도 한다.

▣ 현장 견학 후에 영유아는 관찰 · 발견한 것들을 다양한 방법, 즉 그리기, 쓰기, 읽기, 그래프, 차트, 도표, 벽의 장식, 모형 만들기, 극놀이 등으로 표상하게 된다. 다음은 우체국 프로젝트를 진행하면서 우체국 견학과 견학 후 진행되었던 표상 활동의 예이다.

• 우체국 견학

• 우체국에서 알아온 것에 대해서 그림 그리기

• 조사하기(우표)

• 편지 보내기

· 우체국 구성하기

· 우체국 극놀이

이때 문해 능력이 있는 영유아는 혼자서도 표상 작업을 수행할 수 있지만 문해 능력이 부족한 영유아는 교사의 보다 많은 지도와 대화를 필요로 한다.

③ 3단계: 마무리, 전시 및 평가

3단계는 프로젝트를 마무리하고, 최종 결과물을 발표하고 평가하는 단계이다. 프로젝트를 진행하는 동안 만든 여러 결과물을 교실의 벽이나 선반에 전시한다. 다른 학급의 다른 영유아들이나 교사들, 학부모 및 기타 관심 있는 사람들이 함께 참여할 수 있는 기회를 제공한다. 현재의 활동이 재검토되고 평가되며, 특별한 항목을 선정하여 전시함으로써 영유아가 학습한 것들을 다른 사람에게 전달하며, 그들의 경험을 다른 사람들과 공유하는 기회를 갖는다.

이와 같이 프로젝트는 영유아에게 친숙하고 직접경험이 가능하며, 영유아가 탐구하고 연구할 만한 가치가 있는 주제를 교사나 영유아가 선정하여, 영유아 스스로가 특정 주제에 대해 탐구하고 조사하며 표상 활동을 전개하는 교육 방법이다. 이러한 프로젝트 접근법은 기존 보육과정에 대한 보완적 기능(complementary function)을 할 수 있다는 교육적 의의가 있다(Chard, 1992; Katz & Chard, 1989, 2005). 즉, 교사들이 기존 보육과정을 프로젝트로 대치하기보다는 현재의 보육과정 안에서 프로젝트를 실험해 보고 그것을 교사들 자신의 목적과 철학 그리고 환경에 적용시켜 보는 것이다. 프로젝트는 교사나 학교의 특성에 따라 다양한 방법으로 영유아 보육과정에 통합할 수 있기 때문에 어린이집에서는 프로젝트 활동들이 학급에서 일상적으로 전개되는 다른 활동 즉, 노래 부르기, 그림 그리기, 동화, 실외놀이와 병행하여 실시할 수 있다.

우리나라의 경우는 프로젝트 접근법을 통해 국가 수준의 보육과정을 보완해 줄 필요가 있다. 왜냐하면 국가 수준에서 제시된 보육과정의 생활 주제는 유아교육 전문가들이 유아기 영유아의 보편적 관심사 및 학습의 가치가 있는 주제를 선택하여 제시한 것인 반면 프로젝트 접근법에서 다루는 주제는 교사가 특정 지역 영유아의 관심사 및 학습의 가치가 있는 주제를 선택하여 제시한 것이기 때문이다(이기숙 외, 2002). 따라서 어린이집에서도 보육과정을 운영할 때 국가 수준의 보편적 보육과정과 프로젝트 접근법을 통한 특정 주제들을 병행하여 상호 보완하는 것이 필요하며, 이를 통해 보육과정의 질을 향상시킬 수 있을 것이다.

3 레지오 에밀리아 접근법(Reggio Emilia Approach)

레지오 에밀리아는 이탈리아 북부의 한 도시 이름이지만 지금은 영유아에게 스스로의 학습을 유도하는 하나의 접근법으로 더 유명하다. 레지오 에밀리아의 교육은 레지오 에밀리아 학교 중 하나인 다이아나(Diana) 유치원이 1991년 『News week』 지에서 세계 최고의 10개 학교 중 유아교육 분야의 학교로 선정된 이후로 처음 주목을 받기 시작하였다. 그 후 10여년 동안 많은 교육자들이 북부 이탈리아를 방문하여 레지오 에밀리아의 영유아교육을 관찰하였고 이를 계기로 영유아교육의 신념과 실천을 새롭게 재조명해 보는 계기가 되었다.

1) 유래

레지오 에밀리아는 에밀리아 로마냐 지역의 도시로서 인구 13만 명의 진보적인 성향을 가진 부유하고 아름다운 도시이다. 레지오 에밀리아의 교육에는 천주교의 영향이 지대하였다. 그러나 1922년 이탈리아에 파시스트 정부가 들어서고 세계 제2차대전이 발발하게 되면서 전후에는 천주교의 영향력이 급속히 약화되었다. 이러한 분위기로 인해 레지오 에밀리아의 시민들은 종교에서 자유로운 교육을 실현해 보고자 하는 시도를 하게 되었다. 교육철학자이며 실천가인 말라구찌(L. Malaguzzi)는 전범 국가라는 낙인과 전쟁의 폐허 속에서 황폐해진 고향 레지오 에밀리아를 보고, 마을에 희망을 다시 불어넣고 재건하고 싶다는 바람을 가지게 되었다. 그는 지역 사회를 기반으로 한 영유아를 위한 학교의 설립만이 이러한 꿈을 이루어 줄 수 있는 유일한 길이라고 믿고 영유아의 부모와 함께 전쟁에서 버려진 차량들을 파는 등 다방면으로 기금을 마련하였다. 그리고 마침내 1945년에 레지오 시 부근의 빌라 첼라(Villa Cella)에 탱크학교(school of tank)를 설립하게 되었다. 이는 진보적이면서 자발적이고 협동적인 지역민들의 의식을 바탕으로 부모들의 노력에 의해 이루어진 것이며 부모 공동조합 형태로 협력적으로 운영되었다. 1963년에는 3~6세를 위한 최초의 시립 유치원인 '로빈슨 유치원' 설립되었고, 이후 레지오 에밀리아의 학교들은 차츰 시당국의 관할로 흡수되어 종교에서 완전히 벗어난 우수한 질의 교육을 실천하게 되었다. 레지오 에밀리아의 교육은 1980년 스웨덴에서 '시선이 벽을 넘을 때(when the eye jumps over the wall)' 라는 제목으로 전시회를 갖게 되면서 다른 나라에 알려지게 되었다. 그리고 현재는 0~3세를 위한 13개의 영아 센터와 3~6세를 위한 22개의 유아학교가 영유아, 교사, 학부모, 지역 주민 및 시당국의 유기적 협력 체제하에 운영되고 있으며 특수아를 포함한 모든 영유아에게 종일제 교육을 실시하고 있다(Edward et al., 1993).

2) 이론적 배경

레지오 에밀리아 교육은 기본적으로 피아제나 비고스키와 같이 인지와 언어의 상호관계를 연구하는 구성주의와 듀이, 가드너에서 이론적인 근거를 찾을 수 있다. 하지만 레지오 에밀리아 교육은 반드시 어떤 한 교육학자의 주장이나 이론만을 고수하는 교육법이 아니며 동시에 어떤 특정 이론을 배제하지도 않는다. 레지오 에밀리아의 교육은 오랜 세월 영유아교육을 실천해 오면서 영유아교육과 관련된 여러 가지 이론과 교육철학을 참고하면서 수정하고 적용해온 교육 방법이라고 할 수 있다.

■ 피아제

피아제는 지식은 외부에서 들어오는 것이 아니라 학습자가 인적 · 물리적 환경과의 상호작용을 통한 다양한 경험을 바탕으로 능동적으로 구성하는 것으로 본다. 그러므로 학습의 주체는 학습자이며 학습자는 능동적인 존재이다. 레지오 에밀리아의 교육은 영유아가 활동에 흥미를 가지고 능동적으로 참여하며, 조사 및 탐구 활동을 통하여 발견학습을 할 것을 격려한다. 피아제의 구성주의에서 학습은 인지적 갈등 상태에서 일어나며 추론을 통해 이루어진다고 하였다. 따라서 교사는 영유아가 가설을 세우고 검증하고 자신의 생각을 재검토할 수 있는 기회를 주어야 한다.

■ 비고스키

비고스키는 피아제가 과소 평가하였던 인지 발달에 있어서의 성인의 역할과 사회문화적인 역할을 강조하였다. 영유아의 지식 구성의 원천은 영유아가 속한 사회문화의 맥락 안에서 찾을 수 있으며 이러한 지식은 항상 과거와 현재의 사회적 상호작용을 통해 구성된다. 비고스키의 이론과 같이 레지오 에밀리아의 교육에서도 모든 학습은 사회적 맥락에서 일어난다고 보고, 교사와 또래와의 적극적인 개입 전략과 협동 전략을 사용한다.

▣ 듀이

듀이는 교육을 '경험의 계속적인 재구성'으로 보았다. 진보주의에서 지식이란 절대적인 것이 아니며 사회의 변화에 따라 계속적으로 변화하는 것이다. 따라서 계속적으로 변화하는 사회에 적응하기 위하여 영유아에게 필요한 것은 절대적인 지식이 아니라 스스로 필요한 지식을 탐구하고 경험하여 새롭게 알아가는 능력이다. 영유아는 자신이 속한 사회 체제 안에서 계속적인 경험을 통해 지식과 사고를 통합함으로써 스스로 개인적인 발달을 이루는 동시에 사회의 구성원으로 성장하게 된다. 진보주의와 레지오 에밀리아의 교육은 상호 협력적이고 호혜적인 사회 관계 속에서 영유아가 능동적으로 미지의 세계를 탐구하고 창조해 나가는 과정을 격려한다는 공통점이 있다.

▣ 가드너

가드너의 다중 지능 이론에서 지적 능력이란 절대적이고 획일적인 것이 아니며, 각 문화마다 가치롭게 여기는 것이 무엇인지에 따라 다르게 해석될 수 있다고 본다. 지능은 문화에 따라서 언어 지능, 논리 수학적 지능, 음악 지능, 공간 지능, 신체운동 지능, 대인 관계 지능, 개인 이해 지능 등 매우 다원적인 특성을 가지고 있다. 레지오 에밀리아 교육에서는 '어린이들의 수많은 언어'라고 표현하며 여러 가지 매체를 사용한 다양한 표상 및 상징 활동을 강조함으로써 다양한 지능의 발달을 지원한다.

3) 아동관과 교육 목표

레지오 에밀리아의 교육은 무엇보다도 영유아를 스스로 지식을 구성할 수 있는 능력이 있는 유능한 존재로 인식한다. 영유아는 학습의 주체자로서 스스로 학습할 수 있는 능력을 가지고 잠재력과 호기심, 관심을 가지고 태어났다. 또한 영유아는 협력자로서 다른 영유아나 교사, 부모와의 관계를 바탕으로 가정과 사회와 계속적으로 상호작용을 하며 서로 협력한다. 레지오 에밀리아에서는 학습을 위해서는 부모, 교사, 영유아들이 서로 의존적이며, 문화적으로 상호작용하고 협력할 것을 강조한다. 이때 교사를 포함한 성인들의 역할이 중요하다. 그러므로 레지오 에밀리아에서는 영유아, 부모, 교사가 함께 교육의 주체이다. 이러한 관계를 말라구찌는 다음과 같이 표현하였다(Estes, 2004).

> '배움과 가르침은 서로 반대편 둑에 마주 보고 서서 그냥 강물이 흘러가는 것을 보고 만 있는 것이 아니라 함께 강물을 따라 항해를 하는 것이다.'

영유아는 세상을 발견하고 대화하기 위하여 호기심을 갖고 질문을 하며 경험과 상상을 위한 다양한 매개물을 사용할 권리를 갖는다. 즉, 레지오 에밀리아 학교는 영유아의 자기 표현과 활동적인 학습을 촉진시키는 것을 목표로 상징적 표상에 체계적으로 초점을 맞춤으로써 영유아의 지석 발날을 도모하는 교육을 실현하고 있다.

4) 교육 내용

▣ 발현적 교육과정

레지오 에밀리아의 교육은 미리 계획되어진 교육과정에 의해 교육이 이루어지는 것이 아니라 프로젝트 활동을 통한 발현적 교육과정(emergent curriculum)에 의해 이루어진다. 발현적 교육과정이란 영유아의 흥미로부터 유도되어지는 교육과정이다. 교사가 영유아의 흥미와 방향성을 관찰하여 그 가능성에 대해 준비하고 계획은 하지만 실제로 진행할 때는 계획을 과감히 수정하여 융통성 있게 진행하게 된다. 즉, 레지오 에밀리아에서의 교육은 교사와 영유아 간의 상호작용에 의해 만들어지고 계획되어가는 교육과정이고 교사와 영유아 간의 합의에 의해 수정되어지는 교육이며 이러한 과정을 통해서 영유아의 잠재력과 능력이 충분히 발현된다. 따라서 레지오 에밀리아의 교육과정은 미리 정해지는 것이 아니며 확정지어진 결말이 없다. 영유아와 가족, 교사의 흥미와 아이디어를 통해 구성되어지며 자유롭고 양방적인 관계에 바탕을 두고 이루어진다.

이러한 발현적 교육과정은 구체적으로 프로젝트를 통해 진행된다. 영유아는 토론과 협력을 통해 주제 또는 단원을 형성하고 며칠 혹은 몇 주일의 장기간 동안 그 주제를 확장시킨다. 프로젝트를 통해 영유아들은 상상력과 창의성, 문제 해결력, 의사 소통의 기술을 촉진시킨다. 레지오 에밀리아에서의 프로젝트는 주로 소집단으로 이루어지며 영유아들이 다양한 관찰과 직접적인 경험을 통해 주제에 대한 이해의 폭을 넓히고 심도있게 탐구하도록 한다. 프로젝트 접근을 지지하기 위해 레지오 에밀리아 유아학교의 스케줄은 융통성 있게 운영되며 영유아의 흥미와 요구에 의해 결정된다. 그러므로 발현적 교육과정은 지름길의 교육이 아니다. 영유아는 한 활동에서 다른 활동으로 단계에 따라 급히 행진하기보다는 중요한 경험을 반복하고 관찰한 것을 다시 관찰하고 생각하여 표상하고 재표상하도록 격려하며 선회하는 나선형의 교육이다(Edward et al., 1993).

▣ 다양한 표상 활동

레지오 에밀리아에서는 영유아가 자신이 관심 있는 주제에 대해서 관찰하고 경험한 것을 다양한 재료와 매체를 활용하여 표상하도록 한다. 「어린이들의 수많은 언어」에서도 잘 나타나 있듯이 레지오 에밀리아에서는 표상을 영유아가 자신의 생각을 표현하는 하나의 의사 소통적 수단으로 보며 영유아의 개성이 독특하듯이 영유아마다 표현의 방식과 형태도 모두 다르다고 본다. 또한 영유아가 어떤 주제에 대해 자신의 생각을 언어, 동작, 극화, 그림과 모형 등의 다양한 상징을 통해 표상하고 그것을 바탕으로 다시 토의하고 생각해서 재표상하는 '다상징화'를 강조한다. 영유아는 자신의 생각을 여러 번 표상하는 과정에서 자신의 생각을 정리하고 구체화하고 반성함으로써 사고를 발달시킬 수 있다.

▣ 기록화

영유아가 진행하는 프로젝트의 과정은 스케치와 사진, 녹음 등을 통해 교사와 가족들에 의해 기록화(documentation)된다. 영유아의 행동과 반응을 기록화하는 것은 레지오 에밀리아에서 매우 중요하다. 미술 교사인 아뜰리에리스타(atelierista)는 다른 교사들과 협력하여 영유아가 프로젝트를 진행하는 과정에서 나타난 여러 가지 표상들과 표상들이 탄생한 과정, 교사의 조언, 토의 내용, 현장 답사 사진이나 비디오 등의 내용물을 기록하고 이를 교실이나 공동 광장의 벽면에 전시한다. 이러한 기록 작업은 세 가지 측면에서 의미 있다. 첫째, 기록화를 통해 영유아는 자신이 말하고 행했던 것에 대해 구체적이고 가시적으로 기억을 제공받음으로써 그것을 바탕으로 생각과 사고를 재구성하고 더욱 발전시킬 수 있다(김영희 외, 2002). 그러므로 기록화는 다음의 학습을 위한 출발점이 되며 영유아는 자신이 존중받고 있다는 것을 자각하고 자신감, 정서적 안정감을 키운다. 둘째, 기록화는 부모와 대중으로부터의 원조를 유발하는 방편으로 어린이집에서 영유아가 무엇을 하고 있나에 대한 상세한 정보를 제공한다. 부모와 지역사회 지도자들에게 영유아의 경험을 생생히 전달함으로써 교육과정과 부모-교사 간의 이해를 돕는다. 셋째, 교사에게는 연구를 위한 도구와 발전을 위한 열쇠가 된다. 기록작업을 통해 슬라이드, 포스터, 비디오 테이프 등 영유아가 프로젝트를 하는 동안 경험하는 것을 기록하는 기술과 방법이 발전된다. 또한 교사는 영유아를 관찰하고 그 내용을 다양한 방법으로 기록함으로써 영유아의 학습 과정과 발달을 더 잘 유추하고 이해할 뿐만 아니라 영유아의 작업 및 활동에 대해 다른 교사와 아이디어를 교환하고 정확한 평가를 내릴 수 있도록 도와줌으로써 다음 활동에 반영할 수 있다.

▣ 사회적 상호작용을 통한 협동 학습

레지오 에밀리아는 영유아를 사회적인 협력자로 보고 협동 학습을 강조한다. 영유아들은 4~5명의 소집단으로 나뉘어서 프로젝트를 수행하는 가운데 다양한 힘과 자원의 공유, 서로 다른 의견의 조율, 작업의 분담, 공동의 지식 구성 등을 경험하게 된다. 이러한 상호 협력은 영유아들 사이에서만 일어나는 것이 아니라 영유아와 교사, 부모, 학교, 지역 사회, 환경 등 다양한 형태의 협동으로 나타나게 된다. 이같은 다양한 협동의 관계를 통해서 영유아의 인지적 갈등과 역동성을 자극하고 촉진하며 창조적인 발견이 일어나도록 한다.

5) 교육 방법: 제3의 교사로서의 환경

레지오 에밀리아의 교실은 전통적인 어린이집의 교실 환경과는 매우 다르다. 독립적인 미술 활동 영역인 미니 아뜰리에(mini-atelier)가 마련되어 있으며 교실 전체에는 거울과 유리들로 꾸며져 있고 햇빛과 바깥 소리가 들어올 수 있는 마당으로 향한 커다란 창문이 있다. 레지오의 교실은 집과 같은 따뜻한 분위기로 꾸며져 있고 개방적이고 심미적이며 매혹적이다. 다양한 재료들과 장난감으로 선반이 가득 차 있어서 영유아가 자신의 생각과 느낌, 흥미를 여러 가지 방법으로 창의적으로 표현할 수 있도록 탐색하고 조작해 볼 수 있다. 그 밖에도 개인 소지품을 보관하는 사물함, 책, 게임, 테이블과 의자, 극화놀이 영역 등이 마련되어 있고, 전체 모임을 가질 수 있는 공간이 있다.

■ 피아자

피아자(piazza)는 어린이집의 중앙에 위치한 공동 광장으로서 모든 교실의 성인이나 영유아, 부모가 서로 만나고 교류할 수 있도록 되어 있다. 피아자는 모든 교실과 연결되어 있으며 모든 벽면은 유리로 되어 있어서 다른 교실에 있어도 서로 개방되어 있는 느낌을 준다. 삼각거울, 가게놀이, 극놀이 등을 할 수 있는 공간이 있고 여러 가지 다양한 전시물들이 전시되어 있어서 영유아들이 서로 교류할 수 있는 사회적 교류의 장이 마련된다(Reggio Children Domus Academy Research Center, 1998). 이는 영유아와 가족, 지역 사회를 존중하고 다양한 사회적 교류를 강조하는 레지오 에밀리아의 가치를 담고 있다.

■ 아뜰리에

레지오의 또 다른 특징은 아뜰리에(atelier)이다. 아뜰리에는 미술 교실로서 영유아가 자신의 생각과 예술적인 기술을 탐색할 수 있도록 풍부한 자료들이 준비되어 있다. 돌멩이, 나뭇잎, 곡식, 단추, 철사, 구슬 등 주위에서 볼 수 있는 다양한 종류의 자연물이나 폐품과 카메라, 녹음기, 촬영기, 라이트 테이블 등의 도구들이 준비되어 영유아의 표상을 지원한다. 아뜰리에는 실제적으로 다양한 매체를 통한 상징적인 표상이 일어나는 장소로서 그리기, 색칠하기, 조각하기, 만들기 등의 활동이 이루어진다.

6) 교사

■ 교사

레지오 에밀리아의 교실에는 두 명의 교사가 있다. 이들은 1주일에 30시간을 영유아들과 보내며 1년에 약 200시간을 레지오 환경에서 훈련받거나 부모위원회 모임, 지역사회 관리 등의 일을 한다. 학급의 교사는 교사와 보조교사로서가 아니라 협력교사로서 함께 공동의 목표와 책임을 가진다. 레지오 에밀리아의 교사는 파트너, 양육자, 안내자로서의 교사이다. 팀의 구성원으로서, 파트너로서, 영유아의 신체와 정신을 균형 있게 발달시키는 역할을 한다. 교사들은 영유아와 함께 정보와 프로젝트를 공유하며 영유아 중심의 교육과정과 프로젝트를 구성함으로써 영유아들이 새로운 경험을 할 수 있도록 안내한다. 또한 레지오 에밀리아에서는 연구자로서의 교사를 강조한다. 특히 교사 간의 강력하고 지속적인 협동을 바탕으로 영유아들의 작업과 활동을 끊임없이 해석하고 논의함으로써 영유아와 교사로서의 역할에 대한 이론적이고 실제적인 연구를 하는 평생 학습자로서의 교사를 요구한다.

■ 아뜰리에리스타

아뜰리에리스타(atelierista)는 아뜰리에를 책임지고 있는 교사로서 교사들이 미처 깨닫지 못하는 주제나 상징들을 영유아가 볼 수 있도록 도우며 학급의 교사들과 하나의 팀을 형성하여 영유아의 경험을 비계설정해 줄 수 있도록 협력한다. 이들 교사들은 영유아에게 지식을 전달해 주는 사람이 아니라 영유아와 함께 학습경험을 공유하면서 지식을 공동으로 구성해 나가는 협력자가 된다.

■ 페다고지스타

교육 조정자인 페다고지스타(pedagogista)는 교육학이나 심리학을 전공한 사람으로 일정 훈련 과정을 거쳐서 선발된다. 이들은 4~5개의 학교나 센터를 맡아 운영하면서 교육 시스템이 원활하게 진행되도록 보조하는 역할과 교사를 돕는 역할을 한다. 또한 교사와 가족들이 전문적으로 발달할 수 있도록 기회를 제공해 주고 교사들의 교육을 지원해 주는 역할을 한다.

7) 부모의 참여

다른 영유아교육 프로그램과 비교해 보았을 때 레지오 에밀리아 접근법은 가정과 학교의 의사 소통, 가정의 참여, 지역 사회에 기반을 둔 학습 환경들이 매우 다양하고 빈번하다. 영유아의 가족들은 학급을 방문하고 관찰하고 참여하는 것뿐만 아니라 교사와 함께 의사 결정에도 참여하며 교사들은 가족들과 함께 모임에 참여하고 훈련을 받는다. 교사들은 3년 동안 같은 영유아들을 담당하기 때문에 가족들과 밀접한 관계를 형성할 기회와 시간이 많고, 이러한 신뢰 관계가 영유아들에게 직접적인 영향을 미치게 된다. 가정과 학교의 관계는 교사들이 영유아의 집을 방문하는 정기적인 가정 방문을 통해서도 형성되며 영유아와 가족, 교사가 사회 · 문화적 경험과 교육적 경험을 위해 정기적으로 지역 사회를 여행하는 단체로 확장되기도 한다.

부모들은 파트너로서의 부모 역할이 강조된다. 부모들의 참여는 필수적인 요소로서 장시간 부모를 떠나 생활하는 영유아들의 학습경험, 복지, 다른 부모들과의 교제, 교사와의 긴밀한 대화 등이 가능하도록 부모는 교사와 함께 교육의 파트너로서 참여해야 하며 지역 사회 중심의 학교 운영이 이루어지도록 협력하여야 한다.

레지오 에밀리아는 그들이 실행하고 있는 교육에 대한 많은 정보를 인터넷이나 전시회, 책자 등을 통해 공개함으로써 미국을 비롯한 다른 나라의 영유아교육에 영향을 미치고 있다. 이들의 교육은 영유아들이 어떻게 협동적 탐구를 통해 스스로 학습하는지를 실천적으로 보여주며, 교사들의 협력적인 지도와 부모, 지역 사회의 참여가 성공적인 영유아교육을 위해 얼마나 중요한지 보여줌으로써 지금까지 실시되어온 영유아교육 현장을 다시 한 번 되돌아보게 하였다. 우리나라에서도 한국레지오교육협회(KAREA: Korea Association for the Reggio Emilia Approach)와 레지오 스터디 등을 중심으로 레지오 에밀리아의 교육을 연구하고 현장 적용해 보고자 하는 활동들이 활발히 이루어지고 있다.

4 발도르프 교육(Waldorf Approach)

발도르프 교육은 오스트리아 출신의 슈타이너(R. Steiner)가 자신의 사상적 기초인 '인지학(Anthroposophy)' 을 바탕으로 시작한 교육이다. 제1차 세계대전이 끝난 1900년대 초의 독일은 산업혁명의 결과로 도시마다 공장이 설립되었고, 공장 지대를 중심으로 구성된 사회는 어린 아동이 교육받기에는 매우 열악한 환경이었다. 이때 슈튜트가르트의 발도르프 아스토리아(Waldorf-Astoria) 담배공장의 사장이었던 몰트(E. Molt)는 공장 노동자 자녀의 교육 환경에 관심을 가지고 슈타이너에게 아동을 위한 학교를 세워줄 것을 부탁하였다. 이에 슈타이너는 처음으로 자신의 교육 철학을 펼쳐 보일 수 있는 기회를 가지게 되었고, 1919년 독일의 슈튜트가르트에 최초의 발도르프 학교를 설립하였다. 이후 80년 동안 1,200개 이상의 발도르프 유치원이 설립되어 전 세계의 아동을 대상으로 하는 교육에서 가장 많이 적용되는 접근법 중 하나가 되었다.

1) 아동관과 교육 목표

슈타이너는 인간의 본성이 무엇인가에 대해 관심을 가지고 탐구하면서 인간의 정신을 객관적으로 설명하였다(홍지연, 2002). 그는 인간의 본성에는 감각으로 지각할 수 있는 것 이외의 초감각적인 것까지 포함되며 인간은 신체(body), 영혼(soul), 정신(spirit)의 통합체라고 주장하였다. 이러한 인간의 본성에 대한 인지학을 바탕으로 슈타이너는 인간의 성장 과정을 3단계로 제시하였다. 그는 인간의 발달을 매우 점진적인 과정으로 보고 인간 발달의 전반부를 7년씩 3단계로 나누었는데 각 단계마다 배움을 지배하는 기본적인 힘이 다르다고 하였다(정윤경, 2004; 홍지연, 2002).

출생에서 7세까지의 1단계는 주로 행동(action)을 통해 발달하며 신체적인 유기체가 형성되는 단계이다. 이 시기의 영유아는 주로 활동적인 놀이와 모방을 통해 세상을 배우게 된다. 제1단계는 다시 3시기로 나누어지는데 0세에서 2세 반까지는 주로 감각 신경이 발달하며 서기와 걷기, 말하기를 배우게 된다. 두 번째 시기인 3~5세까지는 리듬적 유기체인 심장과 허파가 발달하는 시기이고, 상상력과 기억력이 발달하며, 즉흥적인 놀이를 통해 발달한다. 그러므로 이 시기 유아의 놀이는 주로 외부의 자극이나 놀잇감에 의해 영향을 받고 수정된다. 세 번째 시기인 5~7세의 유아는 신진대사의 발달과 손, 발과 같은 사지의 발달이 이루어지는 시기이며 계획된 놀이가 많이 일어난다. 즉, 이 시기 유아의 놀이는 외부 자극에 의해 놀이가 변형되기보다는 먼저 놀이를 계획하고 놀이 계획에 필요한 놀잇감을 획득한다. 제2단계인 7세에서 14세까지의 아동의 학습과 활동을 이루게 하는 원동력은 감성(feeling)이다. 이 시기 아동의 상상력은 발달이나 학습과 밀접한 관계가 있다. 마지막 단계인 14세에서 21세까지의 시기는 사고가 중심이 되는 시기로서 이 시기에는 개념적 이해를 할 수 있는 능력이 발달하므로 주변세계와 인생에 대해서 질문하고 해답을 찾는 학문적 과정을 통해 성인으로 성장하게 된다. 21세가 넘으면 아동은 자신의 자아에 관심을 가지고 자아정체감을 형성하게 된다.

슈타이너는 이처럼 인지학에 바탕을 둔 아동관에 기초하여 학교 교육을 실천하였다. 그는 영유아도 자연과 마찬가지로 신체, 영혼, 정신의 통합체로서 조화롭고 자유로운 존재로 보았다. 그러므로 발도르프 교육에서는 인간 중심의 '전인 아동' 을 위한 교육을 매우 강조하며 손과 심장, 머리의 조화롭고 균형 잡힌 발달을 실현하고자 한다. 그는 균형 잡힌 발달을 통한 교육만이 의지, 감성, 지성을 갖춘 인간으로서의 성장을 가능하게 할 수 있다고 믿었다. 따라서 발도르프 교육의 목적은 균형 잡힌 전인 아동으로 발달시키는 것이다.

> '교육자는 아동의 신체와 정신 발달을 가로막는 장애물을 제거하여 그들이 충만한 자유 속에서 자신의 인생을 헤쳐 나아갈 수 있는 정신을 키울 수 있도록 환경을 창조해 주어야 한다' (Steiner, 1990, 75).

슈타이너는 물질적이고 지적인 것에 치우친 교육이 아동의 자유를 제한하고 조화로운 인간으로서의 발달을 방해한다고 비판하면서 개혁된 교육적 실천이야말로 부모들로 하여금 조화로운 인간으로 자녀를 양육할 수 있도록 도와준다고 하였다. 모든 수준의 발도르프 교육은 다음과 같은 기본 원칙에 의해 이루어지고 있다.

- 아동을 존중(경외)하는 마음을 가진다.
- 사랑으로 아동을 가르친다.

▣ 아동이 자유 속에서 성장하도록 한다.

2) 교육 내용

발도르프 교육에서는 유아에게 부족한 것이 무엇인지를 찾아내어 그것을 보충해 주고 가르쳐 주기보다 유아들의 주된 기질이 무엇인지를 잘 파악하여 유아 개개인을 잘 이해하고 존중해 주기 위한 자료로 삼아야 된다. 또한 발도르프 교육에서는 국가 수준이나 학교 수준에서 제시하는 교육과정이 존재하지 않으며 다만 교사들이 유아의 정신적 특성과 기질을 파악하여 교육과정을 구성한다.

▣ 리듬

발도르프 교육에서는 리듬을 중요시한다. 리듬은 자연의 순환 법칙으로 유아들도 리듬적인 생활을 통해 자신의 삶의 리듬을 깨달아야 한다. 연간 교육과정에서는 계절과 절기의 리듬에 따라 하누카 축일, 봄 산책, 미카엘 축제, 할로윈 축제, 추수감사절, 강림절, 성탄절, 생일 파티 등의 연중 행사가 계획되고, 일일 교육에서도 유아의 기본적인 생활 리듬에 따라 일과가 구성되는데, 다함께 모여서 하는 활동(들숨)과 자유롭게 개별적으로 활동할 수 있는 시간(날숨)으로 구성된다(정윤경, 2004). 식사 시간, 이야기 듣기, 낮잠 자는 시간은 들숨에 해당되며, 정리 · 정돈, 자유놀이, 바깥놀이, 나들이 시간 등은 날숨에 해당된다. 이러한 일과는 정확한 시간표에 의해 규정되는 것이 아니라 유아의 내적 상태에 따라 유동성 있게 운영된다. 학문적인 내용의 교재는 사용하지 않지만 언어는 정보를 주는 대화, 노래, 스토리텔링 등을 통하여 교실 안에서 매우 풍부하게 사용된다. 발도르프 유치원의 일과 운영을 다양한 자료를 참고로 하여 정리해보면 다음과 같다(홍지연, 2002).

표 6-1 일과 운영의 예

주요 일과	내용
등원	• 교사와의 만남
실내 자유놀이	• 인형놀이, 상상놀이, 목공예, 수공예, 교사와 함께 일하기, 수채화 그림 그리기, 기념일이나 축제와 관련된 활동
정리 · 정돈	• 빗자루로 쓸기, 가지고 놀던 도구나 기구 정리하기
화장실 가기	• 손 씻기
리듬놀이	• 음악과 시, 오이리트미
간식	• 간식, 실외놀이 준비
실외 자유놀이	• 정원 산책, 숲 산책, 모래놀이, 줄넘기, 공, 손수레 놀이, 삽, 통, 갈퀴질, 화단 가꾸기
정리 · 정돈하기	• 정리 · 정돈, 손 씻기
동화	• 동화 듣기(일주일 동안 같은 내용), 인형 만들기, 극화하기
귀가	• 귀가 지도, 부모와의 만남

■ 예술 교육

발도르프 교육은 예술로서의 교육이라고 할 만큼 예술 활동을 중요시한다. 슈타이너는 예술이야말로 유아의 정신과 영혼과 신체를 조화롭게 해줄 수 있는 것으로 예술을 통해서 전인 교육의 효과를 최대한 거둘 수 있다고 하였다. 그러므로 발도르프 교육에서는 조각과 회화, 음악과 시, 오이리트미 등 다양한 형태의 예술 교육을 실시한다.

조각과 회화는 자신의 생각을 감각과 경험으로 표현하게 해주며 외부 세계와의 관계를 성립시켜 준다. 또한 다양한 색의 경험은 유아의 감정을 풍부하게 해주고 자연스럽게 표현하게 해준다. 수채화 그리기를 할 때는 도화지를 물에 적신 후 천으로 물기를 닦아내고 그 위에 젖은 붓으로 물감을 찍어 도화지에 물감이 스며들게 한다. 이를 통하여 경계가 없이 조화를 이루는 자연의 원리를 경험하도록 한다(곽노의, 1997).

음악과 시는 또 다른 형태의 예술 활동으로 유아 개개인의 경험을 심화시켜 주는 회화와 조각과 달리 유아와 사회 사이에서 인간 관계를 유지시키고 발전시켜 줌으로써 유아의 사회성을 함양시켜 주는 예술이라고 할 수 있다.

마지막으로 오이리트미는 눈으로 볼 수 있는 음악과 그림을 인간의 동작을 통해 재현하는 동작 예술이다. 즉, 인간의 신체 움직임을 통해서 인간의 영적 상태와 정신적 상태, 인간 전체를 투사하여 표현하는 동작 예술로서 음악과 시, 회화 등을 모두 포함하는 것이다. 슈타이너는 인간의 모든 감정과 의미, 정서를 신체에 담아 전달할 수 있다고 보고 오이리트미를 통해 전인적인 인간, 조화로운 인간의 발달을 이루고자 하였다.

■ 스토리텔링

교사는 매일 유아들을 모아서 이야기를 들려준다. 이야기는 일주일 동안 한 주제에 대해서 반복적으로 들려주는 것으로 진행되며 이러한 과정에서 유아는 이야기에 대하여 풍부한 질문을 하고, 상상을 하며, 상상한 내용을 그림이나 글, 인형극을 통해 표현한다. 교사는 유아들이 지은 이야기를 다시 들려주거나 극화한다.

발도르프 교육은 기본적으로 유아의 발달이나 교육이 연속적이라는 신념을 가지고 있으므로 발도르프 유치원은 3~6세까지 같은 교사가 담당한다. 다양한 연령의 유아들은 함께 놀이하고, 상상력을 발휘하여 실제경험이나 이야기를 바탕으로 한 시나리오를 만들어 내기도 한다. 유아들은 동화와 신화, 전설, 전기 등과 같은 다양한 종류의 이야기를 경험하면서 자신이 속한 문화를 알아간다. 학급 친구들이나 교사의 도움을 받아 이야기를 극화하거나 상상놀이를 함으로써 실제 생활과 역사적인 상황을 이해하게 된다. 교사는 유아들의 놀이 계획에 참여하여 필요에 따라 정보를 제공하거나 시범을 보인다.

3) 교수-학습 방법

발도르프 유치원의 교실은 가정과 같은 분위기를 제공한다. 교실은 자연 소재로 만들어진 장난감과 가구, 자연 조명과 색감들로 채워져 있다. 유치원 건물 내부에는 비디오, 컴퓨터 등 인공적으로 만들어진 교구들을 배제하고, 정원에도 미끄럼틀이나 그네, 모험놀이 시설 등의 인공적으로 제작된 시설보다는 원형 그대로의 자연물을 제공한다. 슈타이너에 의하면 유아는 과학적으로 완성된 완제품에 의하여 스스로의 자유 의지에 의해 계획된 놀이로부터 소외되어 자신을 관중으로 전락시키며, 상업적으로 만들어지거나 기계적인 조작을 하는 인형을 가지고 놀면서 상상력이나 문제 해결력을 제한받는다. 따라서 발도르프 교육에서는 상업적이거나 기계적인 인형의 사용을 거부하며 주변에서 발견할 수 있는 막대기나 천을 이용해서 간단한 인형을 만들어 인형극을 한다. 교사는 유아들의 창의성과 세심한 주의력을 키울 수 있는 만들기를 장려한다. 발도르프 학교에서는 3세 유아도 직물을 짜거나 헝겊 인형을 만들며, 솔방울이나 돌멩이 등과 같은 자연물을 이용하여 상상력이 풍부한 계절 장식품이나 놀잇감을 만들기도 한다.

4) 교사

발도르프 교육의 교사는 일과 시간 동안 유아의 놀이를 관찰하고 시범을 보이거나 유아가 새로운 과제를 시도할 때 도움을 준다. 교사는 하루 중 많은 시간을 간식 준비나 정리하기 등과 같은 일상생활과 관련된 일을 하며 보낸다. 슈타이너에 의하면 어린 유아들은 특히 모방을 통해서 배우기가 쉽기 때문에 교사가 매일의 활동에서 모범을 보여야 하며 작업 시에 유아에게 도움을 요청하여 유아로 하여금 일(work)이 매일의 경험의 일부라는 것을 배우도록 해야 한다. 즉, 교사는 유아를 위해 놀아주거나 무엇을 해주는 것이 아니라 성인으로서 자신의 일을 열심히 하는 모습을 모범적으로 보여주어야 하며, 유아는 이러한 교사의 행위를 자유롭게 모방하는 가운데 개별적인 학습을 하게 된다. 만일 교사가 다림질을 하거나 요리를 할 때 기꺼이 다림질을 하고 즐겁게 일하는 모습을 보여주지 못한다면 유아는 삶의 진지함을 배우지 못하며, 정신과 영혼과 신체가 결합된 일이 아니라 신체적인 노동만을 배우게 된다.

또한 성실한 삶을 위하여 일하는 모습이나 일상생활의 작업이 자연스럽게 놀이 형태로 이어지게 하기 위해서는 유아가 언제든지 쉽게 작업 과정에 참여할 수 있도록 해야 한다. 유아의 연령에 맞게, 한눈에 알아볼 수 있는 작업 과정을 고안하고, 미리 작업 계획을 수립하여, 일의 시작에서부터 끝까지 모든 과정이 논리적으로 진행되도록 해야 한다. 그리고 항상 즐거움을 가지고 온전히 일에 몰두하며 서두르지는 않지만 신속하게 작업하는 모습을 보이는 한편 이러한 작업 과정을 유아가 충분히 모방할 수 있도록 며칠씩 반복적으로 하여야 한다(Freya, 1991).

그밖에 교사의 역할을 정리하면 다음과 같다(홍지연, 2002).

- 교사 자신의 조화로운 인간으로서의 가치와 교사라는 직업적 전문성을 통합시켜야 한다.

- 학급에서 유아들의 요구에 부응할 수 있는 자유로움을 지녀야 한다.
- 교사 자신이 예술, 동작, 음악에 대한 창조성을 계발할 수 있어야 한다.
- 유아와 교과 과정에 대한 끊임없는 연구를 해야 한다.
- 학교생활에 대한 학부모의 관심과 후원을 유도해야 한다.
- 역사, 과학, 문학, 예술에 대한 이론적 지식을 발전시켜야 한다.
- 각 유아의 성장을 지켜주는 파트너가 되어야 한다.

발도르프 교사는 1년의 예비 관찰 실습과 2년 간의 학교 강의를 들은 후 시험을 보아 합격하면 1년 간의 실습을 거쳐 자격을 취득하게 된다(곽노의, 1997). 발도르프 프로그램은 3~6세까지의 유치원 교육과 발도르프 학교에 들어가게 되는 7세 유아의 교육을 포함하며, 종종 3세에서 6, 7세까지 같은 교사가 계속 같은 유아를 담당하는데 이처럼 몇 년에 걸쳐서 교사–유아의 관계를 계속 유지하는 전략을 담임연임제(교사와 유아 간에 밀접한 연결고리 형성하기: looping)라고 한다. 이러한 담임연임제는 유럽에서는 보편적인 현상이며 미국에서도 레지오 에밀리아, 발도르프, 몬테소리와 같이 유럽에서 유래된 프로그램에서는 많이 실행되고 있다.

참고문헌

곽노의(1997). 독일의 열린 학교: 자유 발도르프 유치원. 열린교육연구, 2(1), 92-104.

구경선(2005). 영유아 교사를 위한 몬테소리 교육의 사상과 실제. 서울: 교육아카데미.

김영희 · 유정애 · 이옥섭(2002). 유아교육과정. 서울: 동문사.

이기숙(2000). 유아교육과정. 서울: 교문사.

이기숙 · 장영희 · 정미라 · 엄정애(2002). 유아교육개론. 서울: 양서원.

이영숙(2000). 몬테소리, 그 교육의 모든 것. 서울: 창지사.

이은화 · 이정환 · 이경우 · 이기숙 · 홍용희 · 박은혜 · 김희진(2001). 유아교육개론. 서울: 이화여자대학교 출판부.

정윤경(2004). 발도르프 교육학. 서울: 학지사.

홍지연(2002). 영유아 교육 프로그램. 서울: 창지사.

Chard, S. C. (1992). 프로젝트 접근법: 교사를 위한 실행 지침서. *The Project Approach: A Practical Guide for Teacher*. 지옥정 역. 서울: 창지사.

Chard, S. C. (1995). 프로젝트 접근법 워크샵 자료집. 중앙대학교 유아교육과 초청세미나 자료.

Edwards, C., Gandini, L., & Forman, G. (eds.) (1993). 레지오 에밀리아의 유아교육. 김희진 · 오문자 역. 서울: 정민사.

Elkind, D. (1998). Early childhood education on its own terms. In S. L. Kagan & E. F. Zigler (eds.), *Early schooling: The national debate*. New Haven: Yale University Press.

Estes, L. S. (2004). *Essentials of child care and early education*. Boston: Pearson Education Inc.

Freya, J. (1991). 발도르프 킨더가르텐에서의 놀이와 작업. 윤선영 역. 서울: 창지사.

Gatzke, M. (1991). Creating meaningful kindergarten programs. In B. Spodek (Ed.), *Educationally appropriate kindergarten practices*. A National Educational Association.

Gullo, D. F. (1992). *Developmentally appropriate teaching in early childhood: Curriculum, implementation, evaluation*. Washington, DC: National Education Association.

Katz, L. G., & Chard, S. C. (1989). *Engaging children' s minds: The project approach*. Norwood, NJ: Ablex.

Katz, L. G., & Chard, S. C. (2000). *Engaging children' s minds: The project approach* (2nd ed.). Stamford, CT: Ablex.

Katz, L. G., & Chard, S. C. (2005). The Project Approach: An Overview. In J. L. Roopnarine & J. E. Johnson (eds.), *Approaches to Early Childhood Education* (4th ed.). NJ: Pearson.

Kilpartick, H. W. (1925). *Foundation of methods: Informal talks on teaching*. NY: Macmillan.

Martin, R. A. (2002). *Alternatives in education: An exploration of learner-centered, progressive and Holistic education*. Eric Document No. 466-453.

NAEYC (1991). Guidelines for appropriate curriculum content and assessment in programs serving children ages 3 through 8. *Young children, 30*, 21-38.

Reggio Children Domus Academy Research Center (1998). *Children, space, relations: metaproject for an environment for young Children*. Modena: Reggio Children.

Sharan, S., & Sharan, Y. (1992). *Expanding cooperative learning through group investigation*. NY: Teacher' s College Press.

Steiner, R. (1990). *Spiritual ground of education*. Blauvelt, NY: Spiritual Science Library.

Torrence, M., & Chattin-McNichols, J. (2005). *Montessori education Today*. In J. L. Roopnarine & J. E. Johnson (eds.). *Approaches to early childhood education* (4th ed.). Upper Sadle River, NJ: Merill / Prentice Hall. 363-394.

부록

제3차 어린이집 표준보육과정

보건복지부 고시 제 2013-8호

「영유아보육법」 시행규칙 제30조에 의거하여 만 0~5세 보육과정의 영역 및 구체적 내용 등 필요한 사항을 다음과 같이 고시한다.

2013년 1월 21일

보건복지부장관

제2차 표준보육과정 고시 개정 「제2차 표준보육과정 고시」를 다음과 같이 개정한다.

고시명 '제2차 표준보육과정 고시'를 '제3차 어린이집 표준보육과정 고시'로 한다.

제3차 어린이집 표준보육과정을 다음과 같이 한다.

부칙 이 고시는 2013년 3월 1일부터 시행한다.

제1장 어린이집 표준보육과정의 총론

어린이집 표준보육과정(이하, '표준보육과정'이라 함)은 어린이집의 만 0~5세 영·유아들에게 국가 수준에서 제공하는 보편적이고 공통적인 보육의 목표와 내용을 제시한 것이다. 어린이집 표준보육과정은 0-1세 보육과정, 2세 보육과정, 3-5세 보육과정(누리과정 포함)으로 구성한다. 국가 수준의 어린이집 표준보육과정을 시행함으로써 영·유아의 전인적 발달과 우리 문화에 적합한 내용을 일관성 있고 연계적으로 실천하며, 궁극적으로 사회에서 추구하는 인간상을 구현하고 전국 어린이집의 질적 수준을 높이는 데 기여하고자 한다.

I. 표준보육과정의 기초

1. 추구하는 인간상

가. 심신이 건강하고 행복한 사람
나. 자율적이고 창의적인 사람
다. 자신과 타인을 존중하고 배려하는 사람
라. 자연과 우리 문화를 사랑하는 사람
마. 다양성을 인정하는 민주적인 사람

2. 표준보육과정의 기본전제

가. 영·유아는 개별적인 특성을 지닌 고유한 존재이다.
나. 영·유아는 연령에 따라 발달적 특성이 질적으로 다르다.
다. 영·유아는 그 자체로서 존중 받아야 하는 존재이다.
라. 영·유아는 직접적으로 경험할 때 의미 있는 지식, 기술 및 바람직한 태도를 형성해 간다.
마. 영·유아는 일상생활이 편안하고 학습과 경험이 놀이 중심으로 이루어질 때, 최대의 능력이 발휘된다.
바. 영·유아는 민감하고 반응적인 성인과의 신뢰로운 관계 속에서 최적의 발달을 이룬다.
사. 영·유아가 속한 가정, 지역 사회가 함께 협력할 때 영유아에게 가장 긍정적인 영향을 미친다.

3. 구성 방향 및 체계

가. 구성 방향

(1) 영·유아의 발달 특성과 개인차를 고려하여 연령 및 수준별로 구성한다.
(2) 어린이집에서 편안하고 행복한 일상생활이 되도록 중점을 두어 구성한다.
(3) 질서, 배려, 협력 등 기본생활 습관과 바른 인성을 기르는 데 중점을 두어 구성한다.

(4) 자율성과 창의성을 기르는 데 중점을 두고, 전인 발달을 이루도록 구성한다.

(5) 사람과 자연을 존중하고, 우리 문화를 이해하는 데 중점을 두어 구성한다.

나. 구성 체계

(1) 어린이집 표준보육과정은 0–1세 보육과정, 2세 보육과정, 3–5세 보육과정으로 구성한다.

(2) 어린이집 표준보육과정은 영역, 내용 범주, 내용, 세부 내용으로 구분하고, 내용 간에 연계가 이루어지도록 구성한다.

(3) 세부 내용이라 함은 0–1세 보육과정, 2세 보육과정에서는 수준별 세부 내용을 의미하고 3–5세 보육과정에서는 연령별 세부 내용을 의미한다.

(4) 0–1세 보육과정은 기본생활, 신체운동, 의사소통, 사회관계, 예술경험, 자연탐구의 6개 영역을 중심으로 구성한다.

(5) 2세 보육과정은 기본생활, 신체운동, 의사소통, 사회관계, 예술경험, 자연탐구의 6개 영역을 중심으로 구성한다.

(6) 3–5세 보육과정은 신체운동 · 건강, 의사소통, 사회관계, 예술경험, 자연탐구의 5개 영역을 중심으로 구성한다.

(7) 3–5세 보육과정은 초등학교 교육과정과의 연계성을 고려하여 구성한다.

II. 목적과 목표

1. 목적

영 · 유아의 심신의 건강과 전인적 발달을 도와 행복을 도모하며 민주시민의 기초를 형성하는 것을 목적으로 한다.

2. 목표

가. 0–1세 보육과정

(1) 건강하고 안전한 일상생활을 경험한다.

(2) 감각 및 기본 신체운동 능력을 기른다.

(3) 말소리를 구분하고 의사소통의 기초를 마련한다.

(4) 친숙한 사람과 관계를 형성한다.

(5) 아름다움에 관심을 가진다.

(6) 보고, 듣고, 만지면서 주변 환경에 관심을 가진다.

나. 2세 보육과정

(1) 건강하고 안전한 생활습관의 기초를 마련한다.

(2) 감각, 신체 조절 및 기본 운동 능력을 기른다.

(3) 의사소통 능력의 기초를 기른다.

(4) 나를 인식하고 다른 사람과 더불어 생활하는 경험을 한다.

(5) 아름다움에 관심을 가지고 예술경험을 즐긴다.

(6) 주변 환경에 호기심을 갖고 탐색하기를 즐긴다.

다. 3–5세 보육과정

(1) 기본 운동 능력과 건강하고 안전한 생활 습관을 기른다.

(2) 일상생활에 필요한 의사소통 능력과 바른 언어 사용 습관을 기른다.

(3) 자신을 존중하고 다른 사람과 더불어 생활하는 능력과 태도를 기른다.

(4) 아름다움에 관심을 가지고 예술경험을 즐기며, 창의적으로 표현하는 능력을 기른다.

(5) 호기심을 가지고 주변세계를 탐구하며, 일상생활에서 수학적 · 과학적으로 생각하는 능력과 태도를 기른다.

III. 편성과 운영

1. 편성

가. 어린이집의 운영 시간에 맞추어 편성한다.

나. 표준 보육과정에 제시된 각 영역의 내용을 균형 있게 통합적으로 편성한다.

다. 영 · 유아의 발달 특성 및 개인차, 경험을 고려하여 놀이를 중심으로 편성한다.
라. 영 · 유아의 일과 중 일상생활을 포함하여 편성한다.
마. 어린이집과 보육실의 특성에 따라 융통성 있게 편성한다.
바. 성별, 종교, 신체적 특성, 가족 및 민족 배경 등으로 인한 편견이 없도록 편성한다.

2. 운영

가. 보육계획(연간, 월간, 주간, 일일 계획 등)에 의거하여 운영한다.
나. 실내 · 외 환경을 다양한 흥미 영역으로 구성하여 운영한다.
다. 영 · 유아의 능력과 장애 정도에 따라 조정하여 운영한다.
라. 부모와 각 기관의 실정에 따라 부모교육을 실시한다.
마. 가정과 지역 사회와의 협력과 참여에 기반하여 운영한다.
바. 교사 재교육을 통해 어린이집 표준보육과정 운영을 개선해 나간다.

3. 교수 · 학습 방법

가. 주도적인 놀이를 중심으로 교수 · 학습 활동이 이루어지도록 한다.
나. 흥미를 중심으로 활동을 선택하고 지속할 수 있도록 한다.
다. 생활 속 경험을 소재로 하여 지식, 기술, 바람직한 태도를 기르도록 한다.
라. 교사와 신뢰감을 형성하고 개별적인 활동이 이루어지도록 한다.
마. 교사, 환경, 또래와 능동적인 상호작용이 이루어지도록 한다.
바. 주제를 중심으로 여러 활동이 통합적으로 이루어지도록 한다.
사. 만 0~1세아, 만 2세아는 일상생활 및 개별 활동, 휴식 등이 균형 있게 이루어지도록 한다.
아. 만 3~5세아는 실내 · 실외 활동, 정적 · 동적 활동, 대 · 소집단 활동 및 개별 활동, 일상생활 및 휴식 등이 균형 있게 이루어지도록 한다.

4. 평가

가. 운영평가
(1) 어린이집 표준보육과정의 목표와 내용에 근거하여 보육 내용이 적절히 편성 · 운영되는지 평가한다.
(2) 어린이집 표준보육과정의 운영 내용 및 활동이 영유아의 발달 수준과 흥미, 요구에 적합한지 평가한다.
(3) 영 · 유아의 발달 수준, 흥미, 요구에 적합한 경험 및 학습을 촉진할 수 있는 다양한 활동과 교수학습 방법이 계획되고 통합적으로 운영되는지 평가한다.
(4) 일과 운영 및 보육 활동 구성 시 놀이 활동과 일상생활 활동의 양과 내용이 영아 및 유아 각 연령의 발달에 적합하게 계획되고 운영되는지 평가한다.
(5) 만 0~1세아, 만 2세아는 집단 활동보다 개별적인 상호작용과 교수법을 중심으로 상호작용이 진행되는지를 평가한다.
(6) 어린이집 표준보육과정 운영 평가 결과를 수시로 반영하여 보육과정 운영 계획을 수정 · 보완하거나 다음 연도의 계획 수립 및 운영에 반영하는지 평가한다.

나. 영 · 유아평가
(1) 어린이집 표준보육과정의 목표와 내용에 근거하여 영 · 유아의 특성과 변화 정도를 평가한다.
(2) 지식, 기술, 태도 등을 평가한다.
(3) 일상생활과 보육과정 활동 전반에 걸쳐 평가한다.
(4) 관찰, 활동 결과물 분석, 부모 면담 등 다양한 방법을 사용하여 종합적으로 평가하고, 그 결과를 기록한다.
(5) 평가 결과는 영 · 유아에 대한 이해와 어린이집 표준보육과정운영 개선 및 부모 면담 자료로 활용한다.

제2장. 0-1세 보육과정

제1절. 0-1세 보육과정의 영역별 목표

I. 기본생활 건강하고 안전한 일상생활을 경험한다.

1. 건강하고 편안한 일상생활을 경험한다.
2. 안전한 생활을 경험한다.

II. 신체운동 감각 및 기본 신체운동 능력을 기른다.

1. 감각기능을 발달시키고 자신의 신체를 탐색한다.
2. 대 · 소근육을 조절하고 걷기 등의 능력을 기른다.
3. 규칙적으로 신체 활동에 참여한다.

III. 의사소통 말소리를 구분하고 의사소통의 기초를 마련한다.

1. 주변의 소리와 말소리 듣기에 관심을 보인다.
2. 표정, 소리, 몸짓으로 자신의 생각과 느낌을 표현한다.
3. 짧은 그림책이나 친숙한 환경 인쇄물에 관심을 가진다.
4. 끼적이기에 관심을 가진다.

IV. 사회관계 친숙한 사람과 관계를 형성한다.

1. 자신과 다른 사람을 구별된 존재로 인식한다.
2. 기본 정서를 표현하고 다른 사람의 감정에 주의를 기울인다.
3. 안정적인 애착을 형성하고 또래나 교사와 함께 지낸다.

V. 예술경험 아름다움에 관심을 가진다.

1. 자신의 신체와 주변의 감각 자극에 호기심을 가지고 반응한다.
2. 소리와 움직임으로 반응하고, 단순한 미술을 경험하며, 모방 행동을 즐긴다.
3. 친근한 소리나 노래를 즐겨 듣고, 자연물, 사물, 주변 환경에 관심을 가진다.

VI. 자연탐구 보고, 듣고, 만지면서 주변 환경에 관심을 가진다.

1. 주변 사물에 대한 탐색을 시도한다.
2. 주변에서 일어나는 수학적 상황을 지각한다.
3. 감각과 조작을 통하여 주변 사물과 자연환경에 대해 지각한다.

제2절. 0-1세 보육과정의 영역별 내용

I. 기본생활

1. 내용 체계

내용 범주	내용
건강하게 생활하기	몸을 깨끗이 하기
	즐겁게 먹기
	건강한 일상생활하기
안전하게 생활하기	안전하게 지내기
	위험한 상황에 반응하기

2. 세부 내용

내용 범주	내용	1수준	2수준	3수준	4수준
건강하게 생활하기	몸을 깨끗이 하기	몸이 깨끗해졌을 때 기분이 좋음을 안다.			
		도움을 받아 손을 씻는다.			
			도움을 받아 이를 닦는다.		
	즐겁게 먹기	편안하게 안겨서 우유(모유)를 먹는다.	이유식에 적응한다.	고형식에 적응한다.	다양한 음식을 먹어본다.
				도구로 음식을 먹어 본다.	
		즐겁게 먹는다.			
	건강한 일상생활하기	수면을 충분히 취한다.			
		편안하게 쉰다.			
		하루 일과에 편안하게 참여한다.			
				배변 의사를 표현한다.	
안전하게 생활하기	안전하게 지내기	안전한 상황에서 놀이한다.			놀잇감을 안전하게 사용한다.
		안전한 장소에서 놀이한다.			
		차량 승하차 시 안전 장구를 착용한다.			
	위험한 상황에 반응하기		위험하다는 말에 반응을 보인다.	위험하다고 알려주면 주의한다.	

II. 신체운동

1. 내용 체계

내용 범주	내용
감각과 신체 인식하기	감각적 자극에 반응하기
	감각기관으로 탐색하기
	신체 탐색하기
신체 조절과 기본 운동하기	신체 균형 잡기
	대근육 조절하기
	소근육 조절하기
	기본 운동하기
신체 활동에 참여하기	몸 움직임 즐기기
	바깥에서 신체 움직이기
	기구를 이용하여 신체 활동 시도하기

2. 세부 내용

내용 범주	내용	1수준	2수준	3수준	4수준
감각과 신체 인식하기	감각적 자극에 반응하기	시각, 청각, 촉각, 후각, 미각으로 자극을 느낀다.			
		시각, 청각, 촉각, 후각, 미각으로 자극에 반응한다.			
	감각기관으로 탐색하기	감각기관으로 주변 환경을 탐색한다.			
	신체 탐색하기	손과 발 등을 바라보며 탐색한다.	주요 신체 부분의 움직임을 탐색한다.		
신체 조절과 기본 운동하기	신체 균형 잡기	몸의 균형을 잡기 위한 자세를 시도 한다.	붙잡고 서 있기 등의 자세를 취한다.	안정되게 서 있기 등의 자세를 시도한다.	
	대근육 조절하기	뒤집기 등 몸을 조절하여 위치를 바꾼다.	누웠다 앉기 등 몸의 움직임을 조절한다.		
	소근육 조절하기	보이는 물체에 손을 뻗는다.	눈과 손을 협응하여 소근육을 활용해 본다.		
	기본 운동하기	배밀이 등 이동 운동을 시도한다.	기기, 걷기 등 이동운동을 시도한다.	걷기 등 이동운동을 시도한다.	
		팔 다리 뻗기, 흔들기 등 제자리 운동을 시도한다.		서 있기, 앉기 등 제자리 운동을 시도한다.	
신체 활동에 참여하기	몸 움직임 즐기기	몸을 활발히 움직인다.		몸의 움직임을 다양하게 시도한다.	
	바깥에서 신체 움직이기	규칙적으로 바깥환경을 경험한다.		규칙적으로 바깥에서 신체 활동을 한다.	
	기구를 이용하여 신체 활동 시도하기		간단한 기구를 이용하여 신체 활동을 시도한다.		

III. 의사소통

1. 내용 체계

내용 범주	내용
듣기	주변의 소리와 말소리 구분하여 듣기
	경험과 관련된 말 듣고 알기
	운율이 있는 말 듣기
	말하는 사람을 보기
말하기	발성과 발음으로 소리내기
	표정, 몸짓, 말소리로 말하기
	말할 순서 구별하기
읽기	그림책과 환경 인쇄물에 관심 가지기
쓰기	끼적이기

2. 세부 내용

내용 범주	내용	1수준	2수준	3수준	4수준
듣기	주변의 소리와 말소리 구분하여 듣기	여러 가지 소리와 말소리 듣기에 흥미를 보인다.			친숙한 낱말의 발음에 흥미를 보인다.
		익숙한 목소리를 듣고 그것에 반응한다.			
				높낮이와 세기 등 말소리의 차이에 반응한다.	
	경험과 관련된 말 듣고 알기	눈앞에 보이는 경험과 관련된 말에 반응한다.			
			자신의 이름이 불리면 듣고 반응한다.		
	운율이 있는 말 듣기	운율이 있는 짧은 말소리를 관심 있게 듣는다.			
	말하는 사람을 보기	말하는 사람의 눈을 마주 바라 본다.		말하는 사람의 표정, 몸짓을 관심 있게 본다.	
말하기	발성과 발음으로 소리내기	여러 가지 소리를 내고 옹알이를 한다.		여러 말소리를 즐겁게 내 본다.	
				의미 있는 음절을 내 본다.	
		옹알이와 말소리에 대해 말로 반응해 주면 모방하여 소리 낸다.		교사의 말을 모방하여 발음한다.	
	표정, 몸짓, 말소리로 말하기	표정과 소리로 의사표현을 한다.	표정, 몸짓, 소리로 의사표현을 한다.	표정, 몸짓, 말소리로 의사표현을 한다.	
	말할 순서 구별하기	말할 순서에 따라 표정, 몸짓, 말소리로 반응한다.			
읽기	그림책과 환경 인쇄물에 관심 가지기	다양한 감각 책을 탐색해 본다.			
				사물과 주변의 친숙한 환경 인쇄물에 관심을 가진다.	
		읽어주는 짧은 그림책에 관심을 가진다.			
쓰기	끼적이기		끼적이기에 관심을 가진다.		

IV. 사회관계

1. 내용 체계

내용 범주	내용
나를 알고 존중하기	나를 구별하기
	나의 것 인식하기
나와 다른 사람의 감정 알기	나의 감정을 나타내기
	다른 사람에게 주의 기울이기
더불어 생활하기	안정적인 애착형성하기
	또래에 관심 갖기
	자신이 속한 집단 알기
	사회적 가치를 알기

2. 세부 내용

내용 범주	내용	1수준	2수준	3수준	4수준
나를 알고 존중하기	나를 구별하기	거울 속의 나에게 관심을 가진다.		거울 속의 나를 알아본다.	
	나의 것 인식하기	자기 이름을 부르는 소리에 반응한다.			
				친숙한 자기 물건을 안다.	
나와 다른 사람의 감정 알기	나의 감정을 나타내기	나의 욕구와 감정을 나타낸다.			
	다른 사람에게 주의 기울이기	다른 사람의 말과 표정, 몸짓에 주의를 기울인다.		다른 사람이 나타내는 여러 가지 감정에 주의를 기울인다.	
더불어 생활하기	안정적인 애착형성하기	양육자와 시선을 맞춘다.	양육자에게 적극적으로 관심과 욕구를 표현한다.		
		주변의 친숙한 사람의 얼굴과 목소리를 인식한다.		주변의 친숙한 사람에게 애정을 표현한다.	
	또래에 관심 갖기	다른 영아와 함께 지내는 것을 경험한다.			
	자신이 속한 집단 알기	담임교사를 구별한다.		자기 반에서 지내며 안정감을 가진다.	
	사회적 가치를 알기			친숙한 물건의 자리를 안다.	
		만나고 헤어지는 인사를 해본다.			

V. 예술경험

1. 내용 체계

내용 범주	내용
아름다움 찾아보기	예술적 요소에 호기심 가지기
예술적 표현하기	리듬 있는 소리로 반응하기
	움직임으로 반응하기
	단순한 미술경험하기
	모방행동 즐기기
예술 감상하기	아름다움 경험하기

2. 세부 내용

내용 범주	내용	1수준	2수준	3수준	4수준
아름다움 찾아보기	예술적 요소에 호기심 가지기	주변의 소리와 움직임에 호기심을 가진다.			
		주변 환경에서 색, 모양에 호기심을 가진다.			
예술적 표현하기	리듬 있는 소리로 반응하기	리듬 있는 소리에 관심을 가진다.		노래를 부분적으로 따라 부른다.	
		리듬과 노래에 소리로 반응한다.		리듬과 음높이에 맞추어 소리를 낸다.	
	움직임으로 반응하기	손발 흔들기와 몸 움직임으로 반응한다.			
				간단한 도구를 활용하여 움직인다.	
	단순한 미술 경험하기			감각적으로 단순한 미술경험을 한다.	
	모방행동 즐기기	소리나 얼굴 표정, 몸 움직임 등을 모방한다.		단순한 모방 행동을 놀이처럼 즐긴다.	
예술 감상하기	아름다움 경험하기	일상생활에서 반복되는 소리와 노래에 관심을 가진다.		일상생활에서 리듬 있는 소리와 노래를 즐겨 듣는다.	
		일상생활에서 자연이나 사물의 아름다움을 경험한다.			

VI 자연탐구

1. 내용 체계

내용 범주	내용
탐구하는 태도 기르기	사물에 관심 가지기
	탐색 시도하기
수학적 탐구하기	수량 지각하기
	주변 공간 탐색하기
	차이를 지각하기
	간단한 규칙성 지각하기
과학적 탐구하기	물체와 물질 탐색하기
	주변 동 · 식물에 관심 가지기
	주변 자연에 관심 가지기
	생활 도구 탐색하기

2. 세부 내용

내용 범주	내용	1수준	2수준	3수준	4수준
탐구하는 태도 기르기	사물에 관심 가지기		주변 사물에 관심을 가진다.		
	탐색 시도하기	나와 주변 사물을 감각으로 탐색한다.	주변의 사물에 대해 의도적인 탐색을 시도한다.		
수학적 탐구하기	수량 지각하기		있고 없는 상황을 지각한다.	'있다'와 '없다'를 구별한다.	'한 개'와 '여러 개'를 구별한다.
	주변 공간 탐색하기		도움을 받아 주변의 공간을 탐색한다.		
		주변 사물의 모양을 지각한다.			
	차이를 지각하기			주변 사물의 차이를 지각한다.	
	간단한 규칙성 지각하기			일상과 놀이에서 간단한 규칙성을 경험한다.	
과학적 탐구하기	물체와 물질 탐색하기	일상생활 주변의 몇 가지 친숙한 것들을 양육자와 함께 탐색한다.			
	주변 동·식물에 관심 가지기			주변 동·식물의 모양, 소리, 움직임에 관심을 가진다.	
	주변 자연에 관심 가지기		생활 주변의 자연물을 감각으로 느껴본다.		
			바람, 햇빛, 비 등을 감각으로 느껴본다.		
	생활 도구 탐색하기			도움을 받아 생활 도구를 탐색한다.	

제3장. 2세 보육과정

제1절. 2세 보육과정의 영역별 목표

I. 기본생활 건강하고 안전한 생활습관의 기초를 마련한다.

1. 건강한 생활습관의 기초를 경험한다.
2. 안전한 생활습관의 기초를 경험한다.

II. 신체운동 감각, 신체 조절 및 기본 운동 능력을 기른다.

1. 감각 능력을 기르고, 자신의 신체 움직임을 탐색한다.
2. 안정된 자세로 대·소근육을 조절하고 기본 운동 능력을 기른다.
3. 규칙적으로 신체 활동에 참여한다.

III. 의사소통 의사소통 능력의 기초를 기른다.

1. 다른 사람의 말과 짧은 이야기 듣는 것을 즐긴다.
2. 자신의 생각과 느낌을 말로 주고받기를 즐긴다.
3. 그림책이나 환경 인쇄물에 관심을 가지며 글의 내용에 흥미를 가진다.
4. 글자 형태 끼적이기에 관심을 가진다.

IV. 사회관계 나를 인식하고 다른 사람과 더불어 생활하는 경험을 한다.

1. 자기 존중감을 형성한다.
2. 자신의 감정을 알고 다른 사람의 감정에 반응을 보인다.
3. 가족을 사랑하고 또래, 교사와 즐겁게 지내며 간단한 규칙 등을 지킨다.

V. 예술경험 아름다움에 관심을 가지고 예술경험을 즐긴다.

1. 주변 생활에서 예술적 요소를 발견하고 흥미롭게 탐색한다.
2. 간단한 리듬이나 노래, 움직임, 자발적인 미술 활동을 자유롭게 시도하고 모방이나 상상놀이로 표현한다.
3. 주변의 환경과 자연 및 다양한 표현에서 예술적 요소를 관심 있게 보고 즐긴다.

VI. 자연탐구 주변 환경에 호기심을 갖고 탐색하기를 즐긴다.

1. 호기심을 가지고 주변세계에 대해 다양하게 탐색한다.
2. 주변에서 경험하는 수학적 상황을 인식한다.
3. 다양한 탐색을 통하여 주변 사물과 자연환경을 인식한다.

제2절. 2세 보육과정의 영역별 내용

I. 기본생활

1. 내용 체계

내용 범주	내용
건강하게 생활하기	몸을 깨끗이 하기
	바르게 먹기
	건강한 일상생활하기
	질병에 대해 알기
안전하게 생활하기	안전하게 놀이하기
	교통안전 알기
	위험한 상황알기

2. 세부 내용

내용 범주	내용	1수준	2수준
건강하게 생활하기	몸을 깨끗이 하기	스스로 손과 몸 씻기를 시도한다.	
		스스로 이 닦기를 시도한다.	
	바르게 먹기	음식을 골고루 먹는다.	
		도구를 사용하여 스스로 먹는다.	
		정해진 자리에서 먹는다.	
	건강한 일상생활하기	일과에 따라 규칙적으로 잠을 잔다.	
		정해진 시간에 알맞게 휴식한다.	
		하루 일과에 즐겁게 참여한다.	
		정해진 곳에서 배변한다.	화장실에서 배변한다.
	질병에 대해 알기	질병의 위험을 안다.	
안전하게 생활하기	안전하게 놀이하기	놀이기구나 놀잇감을 안전하게 사용한다.	
		안전한 장소에서 놀이한다.	
	교통안전 알기	교통수단의 위험을 안다.	교통수단의 위험을 알고 조심한다.
	위험한 상황 알기	위험한 상황과 위험한 것을 안다.	위험한 상황과 위험한 것을 알고 조심한다.
		위험한 상황 시 어른의 지시에 따른다.	

II. 신체운동

1. 내용 체계

내용 범주	내용
감각과 신체 인식하기	감각 능력 기르기
	감각 기관 활용하기
	신체를 인식하고 움직이기
신체 조절과 기본 운동하기	신체 균형 잡기
	대근육 조절하기
	소근육 조절하기
	기본 운동하기
신체 활동에 참여하기	신체 활동에 참여하기
	바깥에서 신체 활동하기
	기구를 이용하여 신체 활동하기

2. 세부 내용

내용 범주	내용	1수준	2수준
감각과 신체 인식하기	감각 능력 기르기	다양한 감각적 차이에 반응한다.	
	감각 기관 활용하기	감각기관으로 주변 환경을 탐색한다.	
	신체를 인식하고 움직이기	신체 각 부분의 명칭을 안다.	
		신체 각 부분의 움직임을 탐색한다.	

내용 범주	내용	1수준	2수준
신체 조절과 기본 운동하기	신체 균형 잡기	안정된 자세를 취하려고 시도한다.	
	대근육 조절하기	팔, 다리, 목, 허리 등 움직임을 조절한다.	
	소근육 조절하기	눈과 손을 협응하여 소근육을 조절해본다.	
	기본 운동하기	걷기, 계단 오르기 등 이동운동을 한다.	
		제자리에서 몸을 움직여본다.	
신체 활동에 참여하기	신체 활동에 참여하기	신체 활동에 자발적으로 참여해 본다.	
	바깥에서 신체 활동하기	규칙적으로 바깥에서 신체 활동을 한다.	
	기구를 이용하여 신체 활동하기	간단한 기구를 이용하여 신체 활동을 한다.	

Ⅲ. 의사소통

1. 내용 체계

내용 범주	내용
듣기	말소리 구분하여 듣고 의미 알기
	짧은 문장 듣고 알기
	짧은 이야기 듣기
	말하는 사람을 주의 깊게 보기
말하기	낱말과 간단한 문장으로 말하기
	자신이 원하는 것을 말하기
	상대방을 바라보며 말하기
읽기	그림책과 환경 인쇄물에 흥미 가지기
쓰기	끼적이며 즐기기

2. 세부 내용

내용 범주	내용	1수준	2수준
듣기	말소리 구분하여 듣고 의미 알기	친숙한 낱말의 발음에 흥미를 보인다.	친숙한 낱말의 발음에 관심을 가지고 듣는다.
		다양한 말소리의 차이를 구분한다.	
	짧은 문장 듣고 알기	낱말을 듣고 친숙한 사물과 사람을 찾아본다.	일상생활과 관련된 친숙한 낱말을 듣고 뜻을 이해한다.
		친숙한 짧은 문장을 듣고 반응한다.	
듣기 (계속)	짧은 이야기 듣기	짧은 이야기와 노랫말 등을 즐겁게 듣는다.	
	말하는 사람을 주의 깊게 보기	말하는 사람의 표정, 몸짓, 억양 등을 주의 깊게 보고 듣는다.	
말하기	낱말과 간단한 문장으로 말하기	눈앞에 보이는 친숙한 사물의 이름을 발음해본다.	친숙한 낱말을 발음해 본다.
		일상생활에서 경험한 새로운 낱말에 관심을 가진다.	
		일상생활의 반복적인 일이나 친숙한 상황을 한두 낱말이나 간단한 문장으로 말해본다.	
	자신이 원하는 것을 말하기	표정, 몸짓, 말소리로 의사표현을 한다.	
		자신이 원하는 것을 한두 낱말로 말해본다.	자신이 원하는 것을 낱말이나 짧은 문장으로 말해본다.
	상대방을 바라보며 말하기	말할 순서에 상대방을 바라보며 말을 주고받는다.	
읽기	그림책과 환경 인쇄물에 흥미 가지기	그림책과 환경 인쇄물에 있는 그림과 내용에 관심을 가진다.	
		친숙한 그림과 환경 인쇄물을 보고 읽는 흉내를 내 본다.	
		선호하는 그림책들을 읽어주면 집중하여 듣는다.	
쓰기	끼적이며 즐기기	의도적으로 끼적인다.	
		자기 이름 끼적이기에 관심을 가진다.	

Ⅳ. 사회관계

1. 내용 체계

내용 범주	내용
나를 알고 존중하기	나를 구별하기
	좋아하는 것 해보기
나와 다른 사람의 감정 알기	나의 감정을 나타내기
	다른 사람의 감정에 반응하기
더불어 생활하기	내 가족 알기
	또래와 관계하기
	자신이 속한 집단 알기
	사회적 가치를 알기

2. 세부 내용

내용 범주	내용	1수준	2수준
나를 알고 존중하기	나를 구별하기	나와 다른 사람의 모습을 구별한다.	
	좋아하는 것 해보기	내가 좋아하는 것을 찾아본다.	
		좋아하는 놀이나 놀잇감을 선택해 본다.	스스로 선택한 놀이나 놀잇감을 즐긴다.
나와 다른 사람의 감정 알기	나의 감정을 나타내기	여러 가지 감정을 말과 행동으로 나타낸다.	
	다른 사람의 감정에 반응하기	다른 사람이 나타내는 여러 가지 감정에 반응을 보인다.	
더불어 생활하기	내 가족 알기	내 가족에게 애정을 표현한다.	내 가족에게 다른 사람과는 구별된 특별한 감정을 갖는다.
	또래와 관계하기	또래에게 관심을 보인다.	또래의 모습과 행동을 모방한다.
		또래의 이름을 안다.	또래가 있는 곳에서 놀이를 한다.
	자신이 속한 집단 알기	자신이 속한 반과 교사를 안다.	자신이 속한 반의 활동에 즐겁게 참여한다.
	사회적 가치를 알기	도움 받아 물건을 정리한다.	스스로 물건을 정리한다.
		자기 순서를 안다.	순서를 기다린다.
		바른 태도로 인사한다.	
		간단한 약속을 지킨다.	

V. 예술경험

1. 내용 체계

내용 범주	내용
아름다움 찾아보기	예술적 요소 탐색하기
예술적 표현하기	리듬 있는 소리와 노래로 표현하기
	움직임으로 표현하기
	자발적으로 미술 활동하기
	모방과 상상놀이하기
예술 감상하기	아름다움 즐기기

2. 세부 내용

내용 범주	내용	1수준	2수준
아름다움 찾아보기	예술적 요소 탐색하기	주변 환경에서 나는 다양한 소리와 움직임을 탐색한다.	
		주변 환경에서 색, 모양을 탐색한다.	
예술적 표현하기	리듬 있는 소리와 노래로 표현하기	친근한 노래를 따라 부른다.	
		신체, 사물, 리듬악기 등을 이용하여 간단한 리듬과 소리를 만든다.	
	움직임으로 표현하기	노래나 리듬에 맞춰 몸으로 표현한다.	
		간단한 도구를 활용하여 몸으로 표현한다.	
	자발적으로 미술 활동하기	자발적으로 그리기, 만들기를 한다.	
		간단한 도구와 미술재료를 다룬다.	
	모방과 상상놀이하기	모방행동을 놀이처럼 즐긴다.	일상생활경험을 상상놀이로 즐긴다.
예술 감상하기	아름다움 즐기기	자연이나 생활의 소리나, 움직임, 친근한 음악과 춤을 관심 있게 듣거나 본다.	
		일상생활에서 자연과 사물의 아름다움에 관심을 가지고 즐긴다.	
		자신과 또래가 표현한 노래, 춤, 미술품 등에 관심을 가지고 즐긴다.	

VI. 자연탐구

1. 내용 체계

내용 범주	내용
탐구하는 태도 기르기	호기심 가지기
	반복적 탐색 즐기기
수학적 탐구하기	수량 인식하기
	공간과 도형에 관심 가지기
	차이에 관심 가지기
	단순한 규칙성에 관심 가지기
	구분하기
과학적 탐구하기	물체와 물질 탐색하기
	주변 동 · 식물에 관심 가지기
	자연을 탐색하기
	생활 도구 사용하기

2. 세부 내용

내용 범주	내용	1수준	2수준
탐구하는 태도 기르기	호기심 가지기	주변 사물과 자연 세계에 호기심을 가진다.	
	반복적 탐색 즐기기	관심 있는 사물을 반복하여 주도적으로 탐색하기를 즐긴다.	
수학적 탐구하기	수량 인식하기	많고 적음을 구별한다.	
		두 개 가량의 수 이름을 말해본다.	세 개 가량의 구체물을 말하며 세어본다.
		구체물을 일 대 일로 대응해본다.	
	공간과 도형에 관심 가지기	나를 중심으로 익숙한 위치, 장소를 인식한다.	
		주변 사물의 모양에 관심을 가진다.	
	차이에 관심 가지기	주변 사물의 크기(속성의 차이)에 관심을 가진다.	
	단순한 규칙성에 관심 가지기	주변에서 단순하게 반복되는 규칙성에 관심을 가진다.	
	구분하기	주변 사물의 같고 다름에 따라 구분한다.	
과학적 탐구하기	물체와 물질 탐색하기	친숙한 물체와 물질을 능동적으로 탐색한다.	
	주변 동 · 식물에 관심 가지기	주변 동 · 식물의 모양, 소리, 움직임에 관심을 가진다.	
	자연을 탐색하기	돌, 물, 모래 등의 자연물을 탐색한다.	
		날씨를 감각으로 느낀다.	
	생활 도구 사용하기	생활 속에서 간단한 도구에 관심을 가진다.	
		간단한 도구를 사용한다.	

제4장. 3-5세 보육과정(누리과정)

제1절 3-5세 보육과정(누리과정)의 영역별 목표

I. 신체운동 · 건강
II. 의사소통
III. 사회관계
IV. 예술경험
V. 자연탐구

제2절 3-5세 보육과정(누리과정)의 영역별 내용

I. 3세 보육과정(누리과정)
II. 4세 보육과정(누리과정)
III. 5세 보육과정(누리과정)

제1절. 3-5세 보육과정(누리과정)의 영역별 목표

I. 신체운동 · 건강 기본 운동 능력과 건강하고 안전한 생활 습관을 기른다.

1. 감각 능력을 기르고, 자신의 신체를 긍정적으로 인식한다.
2. 신체를 조절하고 기본 운동 능력을 기른다.
3. 신체 활동에 즐겁게 참여한다.
4. 건강한 생활 습관을 기른다.
5. 안전한 생활 습관을 기른다.

II. 의사소통 일상생활에 필요한 의사소통 능력과 바른 언어 사용 습관을 기른다.

1. 다른 사람의 말을 주의 깊게 듣는 태도와 이해하는 능력을 기른다.
2. 자신의 생각과 느낌을 말하는 능력을 기른다.
3. 글자와 책에 친숙해지는 경험을 통하여 글자 모양을 인식하고 읽기에 흥미를 가진다.
4. 말과 글의 관계를 알고 자신의 생각, 느낌, 경험을 글로 표현하는 데 관심을 가진다.

Ⅲ. 사회관계 자신을 존중하고 다른 사람과 더불어 생활하는 능력과 태도를 기른다.

1. 자신을 소중히 여기며 자율성을 기른다.
2. 자신과 타인의 감정을 알고, 자신의 감정을 적절하게 표현하고 조절한다.
3. 가족과 화목하게 지내며 서로 협력한다.
4. 친구, 공동체 구성원들과 서로 돕고, 예의 · 규칙 등 사회적 가치를 알고 지킨다.
5. 우리 동네, 우리나라, 다른 나라에 관심을 가진다.

Ⅳ. 예술경험 아름다움에 관심을 가지고 예술경험을 즐기며, 창의적으로 표현하는 능력을 기른다.

1. 자연과 주변 환경에서 발견한 아름다움과 예술적 요소에 관심을 갖고 탐색한다.
2. 자신의 생각과 느낌을 음악, 움직임과 춤, 미술, 극놀이를 통해 창의적으로 표현하는 것을 즐긴다.
3. 자연과 다양한 예술 작품을 감상하며, 풍부한 감성과 심미적 태도를 기른다.

Ⅴ. 자연탐구 호기심을 가지고 주변세계를 탐구하며, 일상생활에서 수학적 · 과학적으로 생각하는 능력과 태도를 기른다.

1. 주변의 사물과 자연 세계에 대해 알고자 하는 호기심을 가지고 탐구하는 태도를 기른다.
2. 생활 속의 여러 상황과 문제를 논리 · 수학적으로 이해하고 해결하기 위한 기초 능력을 기른다.
3. 주변의 관심 있는 사물과 생명체 및 자연현상을 탐구하기 위한 기초 능력을 기른다.

제2절. 3-5세 보육과정(누리과정)의 영역별 내용

Ⅰ. 3세 보육과정(누리과정)

1. 신체운동 · 건강

가. 내용 체계

내용 범주	내용
신체 인식하기	감각 능력 기르고 활용하기
	신체를 인식하고 움직이기
신체 조절과 기본 운동하기	신체 조절하기
	기본 운동하기
신체 활동에 참여하기	자발적으로 신체 활동에 참여하기
	바깥에서 신체 활동하기
	기구를 이용하여 신체 활동하기
건강하게 생활하기	몸과 주변을 깨끗이 하기
	바른 식생활하기
	건강한 일상생활하기
	질병 예방하기
안전하게 생활하기	안전하게 놀이하기
	교통안전 규칙 지키기
	비상 시 적절히 대처하기

나. 세부 내용

내용 범주	내용	세부 내용
신체 인식하기	감각 능력 기르고 활용하기	감각적 차이를 경험한다.
		감각기관을 인식하고, 활용해 본다.
	신체를 인식하고 움직이기	신체 각 부분의 명칭을 알고, 움직임에 관심을 갖는다.
		자신의 신체를 긍정적으로 인식하고 움직인다.

내용 범주	내용	세부 내용
신체 조절과 기본 운동하기	신체 조절하기	신체 균형을 유지해본다.
		공간, 힘, 시간 등의 움직임 요소를 경험한다.
		신체 각 부분의 움직임을 조절해 본다.
		눈과 손을 협응하여 소근육을 조절해 본다.
	기본 운동하기	걷기, 달리기 등 이동운동을 한다.
		제자리에서 몸을 움직여 본다.
신체 활동에 참여하기	자발적으로 신체 활동에 참여하기	신체 활동에 자발적으로 참여한다.
		다른 사람과 함께 하는 신체 활동에 참여한다.
	바깥에서 신체 활동하기	규칙적으로 바깥에서 신체 활동을 한다.
	기구를 이용하여 신체 활동하기	여러 가지 기구를 이용하여 신체 활동을 한다.
건강하게 생활하기	몸과 주변을 깨끗이 하기	손과 이를 깨끗이 하는 방법을 알고 실천한다.
		주변을 깨끗이 한다.
	바른 식생활하기	음식을 골고루 먹는다.
		몸에 좋은 음식에 관심을 갖는다.
		바른 태도로 식사한다.
	건강한 일상생활하기	규칙적으로 잠을 자고, 적당한 휴식을 취한다.
		하루 일과에 즐겁게 참여한다.
		스스로 화장실에서 배변한다.
	질병 예방하기	질병의 위험을 알고 주의한다.
		날씨에 맞게 옷을 입는다.
안전하게 생활하기	안전하게 놀이하기	놀이기구나 놀잇감, 도구를 안전하게 사용한다.
		안전한 놀이장소를 안다.
		TV, 인터넷, 통신기기 등을 바르게 사용한다.
	교통안전 규칙 지키기	교통안전 규칙을 안다.
		교통수단을 안전하게 이용한다.
	비상 시 적절히 대처하기	학대, 성폭력, 실종, 유괴상황을 알고 도움을 요청한다.
		재난 및 사고 등 비상 시 적절하게 대처하는 방법을 안다.

2. 의사소통

가. 내용 체계

내용 범주	내용
듣기	낱말과 문장 듣고 이해하기
	이야기 듣고 이해하기
	동요, 동시, 동화 듣고 이해하기
	바른 태도로 듣기
말하기	낱말과 문장으로 말하기
	느낌, 생각, 경험 말하기
	상황에 맞게 바른 태도로 말하기
읽기	읽기에 흥미 가지기
	책 읽기에 관심 가지기
쓰기	쓰기에 관심 가지기
	쓰기 도구 사용하기

나. 세부 내용

내용 범주	내용	세부 내용
듣기	낱말과 문장 듣고 이해하기	낱말의 발음에 관심을 가지고 듣는다.
		일상생활과 관련된 낱말과 문장을 듣고 뜻을 이해한다.
	이야기 듣고 이해하기	다른 사람의 이야기를 관심있게 듣는다.
	동요, 동시, 동화 듣고 이해하기	동요, 동시, 동화를 다양한 방법으로 듣고 즐긴다.
	바른 태도로 듣기	말하는 사람을 바라보며 듣는다.
말하기	낱말과 문장으로 말하기	친숙한 낱말을 발음해 본다.
		새로운 낱말에 관심을 가진다.
		일상생활에서 일어나는 일들을 간단한 문장으로 말한다.
	느낌, 생각, 경험 말하기	자신의 느낌, 생각, 경험을 말해 본다.
	상황에 맞게 바른 태도로 말하기	상대방을 바라보며 말한다.
		바르고 고운 말을 사용한다.

내용 범주	내용	세부 내용
읽기	읽기에 흥미 가지기	주변에서 친숙한 글자를 찾아 본다.
		읽어 주는 글의 내용에 관심을 가진다.
	책 읽기에 관심 가지기	책에 흥미를 가진다.
		책의 그림을 단서로 내용을 추측해 본다.
쓰기	쓰기에 관심 가지기	말을 나타내는 것에 관심을 보인다.
		자기 이름의 글자에 관심을 가진다.

3. 사회관계

가. 내용 체계

내용 범주	내용
나를 알고 존중하기	나를 알고, 소중히 여기기
	나의 일 스스로 하기
나와 다른 사람의 감정 알고 조절하기	나와 다른 사람의 감정 알고 표현하기
	나의 감정 조절하기
가족을 소중히 여기기	가족과 화목하게 지내기
	가족과 협력하기
다른 사람과 더불어 생활하기	친구와 사이좋게 지내기
	공동체에서 화목하게 지내기
	사회적 가치를 알고 지키기
사회에 관심 갖기	지역 사회에 관심 갖고 이해하기
	우리나라에 관심 갖고 이해하기

나. 세부 내용

내용 범주	내용	세부 내용
나를 알고 존중하기	나를 알고, 소중히 여기기	나에 대해 관심을 갖는다.
		나와 다른 사람의 차이에 관심을 갖는다.
		나를 소중하게 여긴다.
	나의 일 스스로 하기	내가 할 수 있는 일을 알아본다.
		내가 하고 싶은 일을 선택해 본다.
나와 다른 사람의 감정 알고 조절하기	나와 다른 사람의 감정 알고 표현하기	자신에게 여러 가지 감정이 있음을 안다.
		다른 사람의 감정에 관심을 갖는다.
	나의 감정 조절하기	자신의 감정을 조절해 본다.
가족을 소중히 여기기	가족과 화목하게 지내기	가족의 소중함을 안다.
	가족과 협력하기	가족 구성원을 알아본다.
		가족을 위하여 내가 할 수 있는 일을 알아본다.
다른 사람과 더불어 생활하기	친구와 사이좋게 지내기	친구와 함께 놀이한다.
		나와 친구의 의견에 차이가 있음을 안다.
	공동체에서 화목하게 지내기	교사 및 주변 사람과 화목하게 지낸다.
	사회적 가치를 알고 지키기	다른 사람의 소유물을 존중한다.
		약속과 규칙을 지켜야 함을 안다.
사회에 관심 갖기	지역 사회에 관심 갖고 이해하기	우리 동네의 이름을 안다.
		우리 동네 사람들에 관심을 갖는다.
	우리나라에 관심 갖고 이해하기	우리나라를 상징하는 것에 관심을 가진다.
		우리나라의 전통놀이와 풍습에 관심을 갖는다.

4. 예술경험

가. 내용 체계

내용 범주	내용
아름다움 찾아보기	음악적 요소 탐색하기
	움직임과 춤 요소 탐색하기
	미술적 요소 탐색하기
예술적 표현하기	음악으로 표현하기
	움직임과 춤으로 표현하기
	미술 활동으로 표현하기
	극놀이로 표현하기
	통합적으로 표현하기

내용 범주	내용
예술 감상하기	다양한 예술 감상하기
	전통예술 감상하기

나. 세부 내용

내용 범주	내용	세부 내용
아름다움 찾아보기	음악적 요소 탐색하기	다양한 소리, 음악의 셈여림, 빠르기, 리듬 등에 관심을 갖는다.
	움직임과 춤 요소 탐색하기	움직임과 춤의 모양, 힘, 빠르기 등에 관심을 갖는다.
	미술적 요소 탐색하기	자연과 사물의 색, 모양, 질감 등에 관심을 갖는다.
예술적 표현하기	음악으로 표현하기	간단한 노래를 듣고 따라 부른다.
		전래동요를 즐겨 부른다.
		리듬악기로 간단한 리듬을 표현해 본다.
		간단한 리듬과 노래를 즉흥적으로 만들어 본다.
	움직임과 춤으로 표현하기	신체를 이용하여 주변의 움직임을 자유롭게 표현한다.
		움직임과 춤으로 자신의 생각과 느낌을 표현한다.
		도구를 활용하여 다양한 움직임으로 표현한다.
	미술 활동으로 표현하기	다양한 미술 활동을 경험해 본다.
		미술 활동에 필요한 재료와 도구에 관심을 가지고 사용한다.
	극놀이로 표현하기	일상생활의 경험을 극놀이로 표현한다.
	통합적으로 표현하기	예술 활동에 참여하여 표현과정을 즐긴다.
예술 감상하기	다양한 예술 감상하기	다양한 음악, 춤, 미술작품, 극놀이 등을 듣거나 본다.
		나와 다른 사람의 예술 표현을 소중히 여긴다.
	전통예술 감상하기	우리나라의 전통예술에 관심을 갖는다.

5. 자연탐구

가. 내용 체계

내용 범주	내용
탐구하는 태도 기르기	호기심을 유지하고 확장하기
	탐구과정 즐기기
수학적 탐구하기	수와 연산의 기초 개념 알아보기
	공간과 도형의 기초 개념 알아보기
	기초적인 측정하기
	규칙성 이해하기
	기초적인 자료 수집과 결과 나타내기
과학적 탐구하기	물체와 물질 알아보기
	생명체와 자연환경 알아보기
	자연현상 알아보기
	간단한 도구와 기계 활용하기

나. 세부 내용

내용 범주	내용	세부 내용
탐구하는 태도 기르기	호기심을 유지하고 확장하기	주변 사물과 자연세계에 대해 호기심을 갖는다.
	탐구과정 즐기기	궁금한 점을 알아보는 과정에 흥미를 갖는다.
수학적 탐구하기	수와 연산의 기초 개념 알아보기	생활 속에서 수에 관심을 갖는다.
		구체물 수량의 많고 적음을 비교한다.
		다섯 개 가량의 구체물을 세어보고 수량에 관심을 갖는다.
	공간과 도형의 기초 개념 알아보기	나를 중심으로 앞, 뒤, 옆, 위, 아래를 알아본다.
		물체의 모양에 관심을 갖는다.
	기초적인 측정하기	두 물체의 길이, 크기를 비교해 본다.
	규칙성 이해하기	생활 주변에서 반복되는 규칙성에 관심을 갖는다.
	기초적인 자료 수집과 결과 나타내기	같은 것끼리 짝을 짓는다.
과학적 탐구하기	물체와 물질 알아보기	친숙한 물체와 물질의 특성에 관심을 갖는다.
	생명체와 자연환경 알아보기	나의 출생과 성장에 대해 관심을 갖는다.
		주변의 동·식물에 관심을 가진다.
		생명체를 소중히 여기는 마음을 갖는다.

내용 범주	내용	세부 내용
과학적 탐구하기 (계속)	자연현상 알아보기	돌, 물, 흙 등 자연물에 관심을 갖는다.
		날씨에 관심을 갖는다.
	간단한 도구와 기계 활용하기	생활 속에서 간단한 도구와 기계에 관심을 갖는다.
		도구와 기계의 편리함에 관심을 갖는다.

II. 4세 보육과정(누리과정)

1. 신체운동 · 건강

가. 내용 체계

내용 범주	내용
신체 인식하기	감각 능력 기르고 활용하기
	신체를 인식하고 움직이기
신체 조절과 기본 운동하기	신체 조절하기
	기본 운동하기
신체 활동에 참여하기	자발적으로 신체 활동에 참여하기
	바깥에서 신체 활동하기
	기구를 이용하여 신체 활동하기
건강하게 생활하기	몸과 주변을 깨끗이 하기
	바른 식생활하기
	건강한 일상생활하기
	질병 예방하기
안전하게 생활하기	안전하게 놀이하기
	교통안전 규칙 지키기
	비상 시 적절히 대처하기

나. 세부 내용

내용 범주	내용	세부 내용
신체 인식하기	감각 능력 기르고 활용하기	감각적 차이를 구분한다.
		여러 감각기관을 협응하여 활용한다.

내용 범주	내용	세부 내용
신체 인식하기 (계속)	신체를 인식하고 움직이기	신체 각 부분의 특성을 이해하고 활용하여 움직인다.
		자신의 신체를 긍정적으로 인식하고 움직인다.
신체 조절과 기본 운동하기	신체 조절하기	다양한 자세와 움직임에서 신체 균형을 유지한다.
		공간, 힘, 시간 등의 움직임 요소를 활용하여 움직인다.
		신체 각 부분을 협응하여 움직임을 조절한다.
		눈과 손을 협응하여 소근육을 조절해 본다.
	기본 운동하기	걷기, 달리기, 뛰기 등 다양한 이동운동을 한다.
		제자리에서 몸을 다양하게 움직인다.
신체 활동에 참여하기	자발적으로 신체 활동에 참여하기	신체 활동에 자발적이고 지속적으로 참여한다.
		다른 사람과 함께 하는 신체 활동에 참여한다.
		자신과 다른 사람의 운동 능력의 차이에 관심을 갖는다.
	바깥에서 신체 활동하기	규칙적으로 바깥에서 신체 활동을 한다.
	기구를 이용하여 신체 활동하기	여러 가지 기구를 이용하여 신체 활동을 한다.
건강하게 생활하기	몸과 주변을 깨끗이 하기	손과 이를 깨끗이 하는 방법을 알고 실천한다.
		주변을 깨끗이 하는 습관을 기른다.
	바른 식생활하기	음식을 골고루 먹는다.
		몸에 좋은 음식을 알아본다.
		음식을 소중히 여기고 식사예절을 지킨다.
	건강한 일상생활하기	규칙적으로 잠을 자고, 적당한 휴식을 취한다.
		하루 일과에 즐겁게 참여한다.
		바른 배변습관을 가진다.
	질병 예방하기	질병을 예방하는 방법을 알고 실천한다.
		날씨와 상황에 알맞게 옷을 입는다.
안전하게 생활하기	안전하게 놀이하기	놀이기구나 놀잇감, 도구를 안전하게 사용한다.
		안전한 장소를 알고 안전하게 놀이한다.
		TV, 인터넷, 통신기기 등의 위해성을 알고, 바르게 사용한다.
	교통안전 규칙 지키기	교통안전 규칙을 알고 지킨다.
		교통수단을 안전하게 이용한다.

내용 범주	내용	세부 내용
안전하게 생활하기 (계속)	비상 시 적절히 대처하기	학대, 성폭력, 실종, 유괴상황 시 도움을 요청하는 방법을 알고 행동한다.
		재난 및 사고 등 비상 시 적절하게 대처하는 방법을 알고 행동한다.

2. 의사소통

가. 내용 체계

내용 범주	내용
듣기	낱말과 문장 듣고 이해하기
	이야기 듣고 이해하기
	동요, 동시, 동화 듣고 이해하기
	바른 태도로 듣기
말하기	낱말과 문장으로 말하기
	느낌, 생각, 경험 말하기
	상황에 맞게 바른 태도로 말하기
읽기	읽기에 흥미 가지기
	책 읽기에 관심 가지기
쓰기	쓰기에 관심 가지기
	쓰기 도구 사용하기

나. 세부 내용

내용 범주	내용	세부 내용
듣기	낱말과 문장 듣고 이해하기	낱말의 발음에 관심을 가지고 듣는다.
		일상생활과 관련된 낱말과 문장을 듣고 뜻을 이해한다.
	이야기 듣고 이해하기	다른 사람의 이야기를 듣고 이해한다.
		이야기를 듣고 궁금한 것에 대해 질문한다.
	동요, 동시, 동화 듣고 이해하기	동요, 동시, 동화를 다양한 방법으로 듣고 즐긴다.
		전래 동요, 동시, 동화를 듣고 우리 말의 재미를 느낀다.
	바른 태도로 듣기	다른 사람의 이야기를 주의 깊게 듣는다.
말하기	낱말과 문장으로 말하기	친숙한 낱말을 정확하게 발음해 본다.
		다양한 낱말을 사용하여 말한다.
		일상생활에서 일어나는 일들을 간단한 문장으로 말한다.
	느낌, 생각, 경험 말하기	자신의 느낌, 생각, 경험을 말한다.
		주제를 정하여 함께 이야기를 나눈다.
		이야기를 지어 말한다.
	상황에 맞게 바른 태도로 말하기	듣는 사람의 생각과 느낌을 고려하여 말한다.
		차례를 지켜 말한다.
		바르고 고운 말을 사용한다.
읽기	읽기에 흥미 가지기	주변에서 친숙한 글자를 찾아본다.
		읽어 주는 글의 내용에 관심을 가진다.
	책 읽기에 관심 가지기	책 보는 것을 즐기고 소중하게 다룬다.
		책의 그림을 단서로 내용을 이해한다.
		궁금한 것을 책에서 찾아본다.
쓰기	쓰기에 관심 가지기	말이나 생각을 글로 나타낼 수 있음을 안다.
		자기 이름을 써 본다.
		자신의 느낌, 생각, 경험을 글자와 비슷한 형태로 표현한다.
	쓰기 도구 사용하기	쓰기 도구에 관심을 가지고 사용해 본다.

3. 사회관계

가. 내용 체계

내용 범주	내용
나를 알고 존중하기	나를 알고, 소중히 여기기
	나의 일 스스로 하기
나와 다른 사람의 감정 알고 조절하기	나와 다른 사람의 감정 알고 표현하기
	나의 감정 조절하기
가족을 소중히 여기기	가족과 화목하게 지내기
	가족과 협력하기
다른 사람과 더불어 생활하기	친구와 사이좋게 지내기
	공동체에서 화목하게 지내기
	사회적 가치를 알고 지키기

내용 범주	내용
사회에 관심 갖기	지역 사회에 관심 갖고 이해하기
	우리나라에 관심 갖고 이해하기
	세계와 여러 문화에 관심 가지기

나. 세부 내용

내용 범주	내용	세부 내용
나를 알고 존중하기	나를 알고, 소중히 여기기	나에 대해 알아본다.
		나와 다른 사람의 차이점을 알아본다.
		나에 대해 긍정적으로 생각하고 나를 소중하게 여긴다.
	나의 일 스스로 하기	내가 할 수 있는 일을 해 본다.
		하고 싶은 일을 계획하고 해 본다.
나와 다른 사람의 감정 알고 조절하기	나와 다른 사람의 감정 알고 표현하기	자신의 감정을 알고 표현한다.
		다른 사람의 감정을 안다.
	나의 감정 조절하기	자신의 감정을 조절해 본다.
가족을 소중히 여기기	가족과 화목하게 지내기	가족의 소중함을 안다.
	가족과 협력하기	가족 구성원의 역할에 대해 알아본다.
		가족을 위하여 내가 할 수 있는 일을 알아보고 실천한다.
다른 사람과 더불어 생활하기	친구와 사이좋게 지내기	친구와 협동하며 놀이한다.
		친구와의 갈등을 긍정적인 방법으로 해결한다.
	공동체에서 화목하게 지내기	도움이 필요할 때 다른 사람과 도움을 주고받는다.
		교사 및 주변 사람과 화목하게 지낸다.
	사회적 가치를 알고 지키기	정직하게 말하고 행동한다.
		다른 사람의 생각, 행동을 존중한다.
		친구와 어른에게 예의 바르게 행동한다.
		다른 사람과 한 약속이나 공공규칙을 지킨다.
		자연과 자원을 아끼는 습관을 기른다.

내용 범주	내용	세부 내용
사회에 관심 갖기	지역 사회에 관심 갖고 이해하기	우리 동네에 대해 알아본다.
		우리 동네 사람들이 하는 일에 관심을 갖는다.
		물건을 살 때 돈이 필요함을 안다.
	우리나라에 관심 갖고 이해하기	우리나라를 상징하는 것을 안다.
		우리나라의 전통놀이와 풍습에 관심을 갖는다.
		우리나라에 대해 자부심을 갖는다.
	세계와 여러 문화에 관심 가지기	세계 여러 나라에 대해 관심을 갖는다.
		다양한 인종과 문화에 관심을 갖는다.

4. 예술경험

가. 내용 체계

내용 범주	내용
아름다움 찾아보기	음악적 요소 탐색하기
	움직임과 춤 요소 탐색하기
	미술적 요소 탐색하기
예술적 표현하기	음악으로 표현하기
	움직임과 춤으로 표현하기
	미술 활동으로 표현하기
	극놀이로 표현하기
	통합적으로 표현하기
예술 감상하기	다양한 예술 감상하기
	전통예술 감상하기

나. 세부 내용

내용 범주	내용	세부 내용
아름다움 찾아보기	음악적 요소 탐색하기	다양한 소리, 음악의 셈여림, 빠르기, 리듬 등에 관심을 갖는다.
	움직임과 춤 요소 탐색하기	움직임과 춤의 모양, 힘, 빠르기 등에 관심을 갖는다.
	미술적 요소 탐색하기	자연과 사물의 색, 모양, 질감 등에 관심을 갖는다.

내용 범주	내용	세부 내용
예술적 표현하기	음악으로 표현하기	노래로 자신의 생각과 느낌을 표현한다.
		전래동요를 즐겨 부른다.
		리듬악기를 연주해 본다.
		간단한 리듬과 노래를 즉흥적으로 만들어 본다.
	움직임과 춤으로 표현하기	신체를 이용하여 주변의 움직임을 자유롭게 표현한다.
		움직임과 춤으로 자신의 생각과 느낌을 표현한다.
		도구를 활용하여 다양한 움직임으로 표현한다.
	미술 활동으로 표현하기	다양한 미술 활동으로 자신의 생각과 느낌을 표현한다.
		협동적인 미술 활동에 참여한다.
		미술 활동에 필요한 재료와 도구를 다양하게 사용한다.
	극놀이로 표현하기	일상생활의 경험이나 간단한 이야기를 극놀이로 표현한다.
		소품, 배경, 의상 등을 사용하여 협동적으로 극놀이를 한다.
	통합적으로 표현하기	음악, 움직임과 춤, 미술, 극놀이 등을 통합하여 표현한다.
		예술 활동에 참여하여 표현과정을 즐긴다.
예술 감상하기	다양한 예술 감상하기	다양한 음악, 춤, 미술작품, 극놀이 등을 듣거나 보고 즐긴다.
		나와 다른 사람의 예술 표현을 소중히 여긴다.
	전통예술 감상하기	우리나라의 전통예술에 관심을 갖는다.

5. 자연탐구

가. 내용 체계

내용 범주	내용
탐구하는 태도 기르기	호기심을 유지하고 확장하기
	탐구과정 즐기기
	탐구기술 활용하기
수학적 탐구하기	수와 연산의 기초 개념 알아보기
	공간과 도형의 기초 개념 알아보기
	기초적인 측정하기
	규칙성 이해하기
	기초적인 자료 수집과 결과 나타내기
과학적 탐구하기	물체와 물질 알아보기
	생명체와 자연환경 알아보기
	자연현상 알아보기
	간단한 도구와 기계 활용하기

나. 세부 내용

내용 범주	내용	세부 내용
탐구하는 태도 기르기	호기심을 유지하고 확장하기	주변 사물과 자연세계에 대해 지속적으로 호기심을 갖는다.
	탐구과정 즐기기	궁금한 점을 알아보는 탐구과정에 관심을 가지고 참여한다.
	탐구기술 활용하기	일상생활의 문제를 해결하는 과정에서 탐색, 관찰 등의 방법을 활용해 본다.
수학적 탐구하기	수와 연산의 기초 개념 알아보기	생활 속에서 사용되는 수의 여러 가지 의미를 안다.
		구체물 수량에서 '같다', '더 많다', '더 적다'의 관계를 안다.
		열 개 가량의 구체물을 세어보고 수량을 알아본다.
	공간과 도형의 기초 개념 알아보기	위치와 방향을 여러 가지 방법으로 나타내 본다.
		기본 도형의 특성을 인식한다.
		기본 도형을 사용하여 여러 가지 모양을 구성해 본다.
	기초적인 측정하기	일상생활에서 길이, 크기, 무게 등을 비교해 본다.
	규칙성 이해하기	생활 주변에서 반복되는 규칙성을 알아본다.
		반복되는 규칙성을 인식하고 모방한다.
	기초적인 자료 수집과 결과 나타내기	필요한 정보나 자료를 수집한다.
		한 가지 기준으로 자료를 분류해 본다.
과학적 탐구하기	물체와 물질 알아보기	친숙한 물체와 물질의 특성을 알아본다.
		물체와 물질을 여러 가지 방법으로 변화시켜 본다.
	생명체와 자연환경 알아보기	나의 출생과 성장에 대해 관심을 갖는다.
		관심 있는 동·식물의 특성을 알아본다.
		생명체를 소중히 여기는 마음을 갖는다.
		생명체가 살기 좋은 환경에 대해 관심을 갖는다.
	자연현상 알아보기	돌, 물, 흙 등 자연물의 특성과 변화를 알아본다.
		날씨와 기후 변화에 관심을 갖는다.
	간단한 도구와 기계 활용하기	생활 속에서 간단한 도구와 기계를 활용한다.
		도구와 기계의 편리함에 관심을 갖는다.

III. 5세 보육과정(누리과정)

1. 신체운동 · 건강

가. 내용 체계

내용 범주	내용
신체 인식하기	감각 능력 기르고 활용하기
	신체를 인식하고 움직이기
신체 조절과 기본 운동하기	신체 조절하기
	기본 운동하기
신체 활동에 참여하기	자발적으로 신체 활동에 참여하기
	바깥에서 신체 활동하기
	기구를 이용하여 신체 활동하기
건강하게 생활하기	몸과 주변을 깨끗이 하기
	바른 식생활하기
	건강한 일상생활하기
	질병 예방하기
안전하게 생활하기	안전하게 놀이하기
	교통안전 규칙 지키기
	비상 시 적절히 대처하기

나. 세부 내용

내용 범주	내용	세부 내용
신체 인식하기	감각 능력 기르고 활용하기	감각으로 대상이나 사물의 특성과 차이를 구분한다.
		여러 감각기관을 협응하여 활용한다.
	신체를 인식하고 움직이기	신체 각 부분의 특성을 이해하고 활용하여 움직인다.
		자신의 신체를 긍정적으로 인식하고 움직인다.
신체 조절과 기본 운동하기	신체 조절하기	다양한 자세와 움직임에서 신체 균형을 유지한다.
		공간, 힘, 시간 등의 움직임 요소를 활용하여 움직인다.
		신체 각 부분을 협응하여 움직임을 조절한다.
		눈과 손을 협응하여 소근육을 조절해 본다.
		도구를 활용하여 여러 가지 조작운동을 한다.
신체 조절과 기본 운동하기 (계속)	기본 운동하기	걷기, 달리기, 뛰기 등 다양한 이동운동을 한다.
		제자리에서 몸을 다양하게 움직인다.
신체 활동에 참여하기	자발적으로 신체 활동에 참여하기	신체 활동에 자발적이고 지속적으로 참여한다.
		다른 사람과 함께 하는 신체 활동에 참여한다.
		자신과 다른 사람의 운동 능력의 차이를 이해한다.
	바깥에서 신체 활동하기	규칙적으로 바깥에서 신체 활동을 한다.
	기구를 이용하여 신체 활동하기	여러 가지 기구를 이용하여 신체 활동을 한다.
건강하게 생활하기	몸과 주변을 깨끗이 하기	스스로 몸을 깨끗이 하는 습관을 기른다.
		주변을 깨끗이 하는 습관을 기른다.
	바른 식생활하기	적당량의 음식을 골고루 먹는다.
		몸에 좋은 음식을 선택할 수 있다.
		음식을 소중히 여기고 식사예절을 지킨다.
	건강한 일상생활하기	규칙적으로 잠을 자고, 적당한 휴식을 취한다.
		하루 일과에 즐겁게 참여한다.
		규칙적인 배변습관을 가진다.
	질병 예방하기	질병을 예방하는 방법을 알고 실천한다.
		날씨와 상황에 알맞게 옷을 입는다.
안전하게 생활하기	안전하게 놀이하기	놀이기구나 놀잇감, 도구의 바른 사용법을 알고 안전하게 사용한다.
		안전한 장소를 알고 안전하게 놀이한다.
		TV, 인터넷, 통신기기 등의 위해성을 알고, 바르게 사용한다.
	교통안전 규칙 지키기	교통안전 규칙을 알고 지킨다.
		교통수단을 안전하게 이용한다.
	비상 시 적절히 대처하기	학대, 성폭력, 실종, 유괴상황 시 도움을 요청하는 방법을 알고 행동한다.
		재난 및 사고 등 비상 시 적절하게 대처하는 방법을 알고 행동한다.

2. 의사소통

가. 내용 체계

내용 범주	내용
듣기	낱말과 문장 듣고 이해하기
	이야기 듣고 이해하기
	동요, 동시, 동화 듣고 이해하기
	바른 태도로 듣기
말하기	낱말과 문장으로 말하기
	느낌, 생각, 경험 말하기
	상황에 맞게 바른 태도로 말하기
읽기	읽기에 흥미 가지기
	책 읽기에 관심 가지기
쓰기	쓰기에 관심 가지기
	쓰기 도구 사용하기

나. 세부 내용

내용 범주	내용	세부 내용
듣기	낱말과 문장 듣고 이해하기	낱말의 발음에 관심을 가지고 비슷한 발음을 듣고 구별한다.
		다양한 낱말과 문장을 듣고 뜻을 이해한다.
	이야기 듣고 이해하기	다른 사람의 이야기를 듣고 이해한다.
		이야기를 듣고 궁금한 것에 대해 질문한다.
	동요, 동시, 동화 듣고 이해하기	동요, 동시, 동화를 다양한 방법으로 듣고 이해한다.
		전래 동요, 동시, 동화를 듣고 우리 말의 재미를 느낀다.
	바른 태도로 듣기	다른 사람의 이야기를 끝까지 주의 깊게 듣는다.
말하기	낱말과 문장으로 말하기	정확한 발음으로 말한다.
		다양한 낱말을 사용하여 상황에 맞게 말한다.
		일상생활에서 일어나는 일들을 다양한 문장으로 말한다.
	느낌, 생각, 경험 말하기	자신의 느낌, 생각, 경험을 적절한 낱말과 문장으로 말한다.
		주제를 정하여 함께 이야기를 나눈다.
		이야기 지어 말하기를 즐긴다.
말하기 (계속)	상황에 맞게 바른 태도로 말하기	듣는 사람의 생각과 느낌을 고려하여 말한다.
		때와 장소, 대상에 알맞게 말한다.
		바르고 고운 말을 사용한다.
읽기	읽기에 흥미 가지기	주변에서 친숙한 글자를 찾아 읽어 본다.
		읽어 주는 글의 내용에 관심을 가지고 읽어 본다.
	책 읽기에 관심 가지기	책 보는 것을 즐기고 소중하게 다룬다.
		책의 그림을 단서로 내용을 이해한다.
		궁금한 것을 책에서 찾아본다.
쓰기	쓰기에 관심 가지기	말이나 생각을 글로 나타낼 수 있음을 안다.
		자신의 이름과 주변의 친숙한 글자를 써 본다.
		자신의 느낌, 생각, 경험을 글자와 비슷한 형태나 글자로 표현한다.
	쓰기 도구 사용하기	쓰기 도구의 바른 사용법을 알고 사용한다.

3. 사회관계

가. 내용 체계

내용 범주	내용
나를 알고 존중하기	나를 알고, 소중히 여기기
	나의 일 스스로 하기
나와 다른 사람의 감정 알고 조절하기	나와 다른 사람의 감정 알고 표현하기
	나의 감정 조절하기
가족을 소중히 여기기	가족과 화목하게 지내기
	가족과 협력하기
다른 사람과 더불어 생활하기	친구와 사이좋게 지내기
	공동체에서 화목하게 지내기
	사회적 가치를 알고 지키기
사회에 관심 갖기	지역 사회에 관심 갖고 이해하기
	우리나라에 관심 갖고 이해하기
	세계와 여러 문화에 관심 가지기

나. 세부 내용

내용 범주	내용	세부 내용
나를 알고 존중하기	나를 알고 소중히 여기기	나에 대해 알아본다.
		나와 다른 사람의 신체적, 사회적, 문화적 차이를 존중한다.
		나에 대해 긍정적으로 생각하고 나를 소중하게 여긴다.
	나의 일 스스로 하기	내가 할 수 있는 일을 스스로 한다.
		하고 싶은 일을 계획하고 해 본다.
나와 다른 사람의 감정 알고 조절하기	나와 다른 사람의 감정 알고 표현하기	자신의 감정을 알고 표현한다.
		다른 사람의 감정을 알고 공감한다.
	나의 감정 조절하기	자신의 감정을 상황에 맞게 조절한다.
가족을 소중히 여기기	가족과 화목하게 지내기	가족의 의미와 소중함을 안다.
		가족과 화목하게 지낸다.
	가족과 협력하기	다양한 가족구조에 대해 알아본다.
		가족은 서로 도와야 함을 알고 실천한다.
다른 사람과 더불어 생활하기	친구와 사이좋게 지내기	친구와 협동하며 놀이한다.
		친구와의 갈등을 긍정적인 방법으로 해결한다.
	공동체에서 화목하게 지내기	다른 사람과 도움을 주고받고, 서로 협력한다.
		교사 및 주변 사람과 화목하게 지낸다.
	사회적 가치를 알고 지키기	정직하게 말하고 행동한다.
		다른 사람을 배려하여 행동한다.
		친구와 어른께 예의 바르게 행동한다.
		다른 사람과 한 약속이나 공공규칙을 지킨다.
		자연과 자원을 아끼는 습관을 기른다.
사회에 관심 갖기	지역 사회에 관심 갖고 이해하기	우리 동네에 대해 알아본다.
		다양한 직업에 관심을 갖는다.
		일상생활에서 돈의 쓰임에 대해 안다.
	우리나라에 관심 갖고 이해하기	우리나라를 상징하는 것을 알고 예절을 지킨다.
		우리나라의 전통, 역사, 문화에 관심을 갖는다.
		우리나라에 대해 자부심을 갖는다.
	세계와 여러 문화에 관심 가지기	세계 여러 나라에 대해 관심을 갖고, 서로 협력해야 함을 안다.
		다양한 인종과 문화를 알아보고 존중한다.

4. 예술경험

가. 내용 체계

내용 범주	내용
아름다움 찾아보기	음악적 요소 탐색하기
	움직임과 춤 요소 탐색하기
	미술적 요소 탐색하기
예술적 표현하기	음악으로 표현하기
	움직임과 춤으로 표현하기
	미술 활동으로 표현하기
	극놀이로 표현하기
	통합적으로 표현하기
예술 감상하기	다양한 예술 감상하기
	전통예술 감상하기

나. 세부 내용

내용 범주	내용	세부 내용
아름다움 찾아보기	음악적 요소 탐색하기	다양한 소리, 악기 등으로 음악의 셈여림, 빠르기, 리듬 등을 탐색한다.
	움직임과 춤 요소 탐색하기	움직임과 춤의 모양, 힘, 빠르기, 흐름 등을 탐색한다.
	미술적 요소 탐색하기	자연과 사물에서 색, 모양, 질감, 공간 등을 탐색한다.
예술적 표현하기	음악으로 표현하기	노래로 자신의 생각과 느낌을 표현한다.
		전래동요를 즐겨 부른다.
		리듬악기를 연주해 본다.
		리듬과 노래 등을 즉흥적으로 만들어 본다.

내용 범주	내용	세부 내용
예술적 표현하기 (계속)	움직임과 춤으로 표현하기	신체를 이용하여 주변의 움직임을 다양하게 표현하며 즐긴다.
		움직임과 춤으로 자신의 생각과 느낌을 표현한다.
		다양한 도구를 활용하여 창의적으로 움직인다.
	미술 활동으로 표현하기	다양한 미술 활동으로 자신의 생각과 느낌을 표현한다.
		협동적인 미술 활동에 참여하여 즐긴다.
		미술 활동에 필요한 재료와 도구를 다양하게 사용한다.
	극놀이로 표현하기	경험이나 이야기를 극놀이로 표현한다.
		소품, 배경, 의상 등을 사용하여 협동적으로 극놀이를 한다.
	통합적으로 표현하기	음악, 움직임과 춤, 미술, 극놀이 등을 통합하여 표현한다.
		예술 활동에 참여하여 창의적으로 표현하는 과정을 즐긴다.
예술 감상하기	다양한 예술 감상하기	다양한 음악, 춤, 미술작품, 극놀이 등을 듣거나 보고 즐긴다.
		나와 다른 사람의 예술 표현을 소중히 여긴다.
	전통예술 감상하기	우리나라의 전통예술에 관심을 갖고 친숙해진다.

5. 자연탐구

가. 내용 체계

내용 범주	내용
탐구하는 태도 기르기	호기심을 유지하고 확장하기
	탐구과정 즐기기
	탐구기술 활용하기
수학적 탐구하기	수와 연산의 기초 개념 알아보기
	공간과 도형의 기초 개념 알아보기
	기초적인 측정하기
	규칙성 이해하기
	기초적인 자료 수집과 결과 나타내기
과학적 탐구하기	물체와 물질 알아보기
	생명체와 자연환경 알아보기
	자연현상 알아보기
	간단한 도구와 기계 활용하기

나. 세부 내용

내용 범주	내용	세부 내용
탐구하는 태도 기르기	호기심을 유지하고 확장하기	주변 사물과 자연세계에 대해 지속적으로 호기심을 갖고 알고자 한다.
	탐구과정 즐기기	궁금한 점을 알아보는 탐구과정에 참여하고 즐긴다.
		탐구과정에서 서로 다른 생각에 관심을 갖는다.
	탐구기술 활용하기	일상생활의 문제를 해결하는 과정에서 탐색, 관찰, 비교, 예측 등의 탐구기술을 활용해 본다.
수학적 탐구하기	수와 연산의 기초 개념 알아보기	생활 속에서 사용되는 수의 여러 가지 의미를 안다.
		구체물 수량의 부분과 전체 관계를 알아본다.
		스무 개 가량의 구체물을 세어보고 수량을 알아본다.
		구체물을 가지고 더하고 빼는 경험을 해 본다.
	공간과 도형의 기초 개념 알아보기	위치와 방향을 여러 가지 방법으로 나타내 본다.
		여러 방향에서 물체를 보고 그 차이점을 비교해 본다.
		기본 도형의 공통점과 차이점을 알아본다.
		기본 도형을 사용하여 여러 가지 모양을 구성해 본다.
	기초적인 측정하기	일상생활에서 길이, 크기, 무게, 들이 등의 속성을 비교하고, 순서를 지어 본다.
		임의 측정 단위를 사용하여 길이, 면적, 들이, 무게 등을 재 본다.
	규칙성 이해하기	생활주변에서 반복되는 규칙성을 알고 다음에 올 것을 예측해 본다.
		스스로 규칙성을 만들어 본다.
	기초적인 자료 수집과 결과 나타내기	필요한 정보나 자료를 수집한다.
		한 가지 기준으로 분류한 자료를 다른 기준으로 재분류해 본다.
		그림, 사진, 기호나 숫자를 사용해 그래프로 나타내 본다.

내용 범주	내용	세부 내용
과학적 탐구하기	물체와 물질 알아보기	주변의 여러 가지 물체와 물질의 기본 특성을 알아본다.
		물체와 물질을 여러 가지 방법으로 변화시켜 본다.
	생명체와 자연환경 알아보기	나와 다른 사람의 출생과 성장에 대해 알아본다.
		관심 있는 동 · 식물의 특성과 성장 과정을 알아본다.
		생명체를 소중히 여기는 마음을 갖는다.
		생명체가 살기 좋은 환경과 녹색환경에 대해 알아본다.
	자연현상 알아보기	돌, 물, 흙 등 자연물의 특성과 변화를 알아본다.
		낮과 밤, 계절의 변화와 규칙성을 알아본다.
		날씨와 기후 변화 등 자연현상에 대해 관심을 갖는다.
	간단한 도구와 기계 활용하기	생활 속에서 간단한 도구와 기계를 활용한다.
		변화하는 새로운 도구와 기계에 관심을 갖고 장단점을 안다.

색 인

ㅇ

ㅈ

ㅊ

ㅋ

ㅌ

ㅍ

ㅎ

A

저자 소개

김정원

이화여자대학교 사범대학 유아교육과 (문학사)
캘리포니아주립대학교 대학원 유아교육전공 (M. S.)
이화여자대학교 대학원 유아교육과 (문학박사)
전) 이화여자대학교 사범대학부속 이화유치원 교사
한국성서대학교 부속 어린이집 원장
현) 한국성서대학교 영유아보육학과 교수

이경화

이화여자대학교 사범대학 유아교육과 (문학사)
이화여자대학교 교육대학원 유아교육과 (교육학석사)
이화여자대학교 대학원 유아교육과 (문학박사)
현) 성결대학교 유아교육과 교수

이연규

이화여자대학교 사범대학 유아교육과 (문학사)
오클라호마시티대학교 대학원 유아교육전공 (M. Ed.)
이화여자대학교 대학원 유아교육과 (문학박사)
현) 대전과학기술대학교 유아교육과 교수

전선옥

이화여자대학교 사범대학 유아교육과 (문학사)
이화여자대학교 대학원 유아교육과 (문학석사)
이화여자대학교 대학원 유아교육과 (문학박사)
전) 한림성심대학 부속 한림유치원 원장
현) 한림성심대학교 유아교육과 교수

조순옥

이화여자대학교 사범대학 유아교육과 (문학사)
이화여자대학교 교육대학원 유아교육과 (교육학석사)
이화여자대학교 대학원 유아교육과 (문학박사)
전) 이화여자대학교 사범대학 부속 유아원 교사
현) 원광보건대학교 유아교육과 교수

조혜진

이화여자대학교 사회사업학과 (문학사)
이화여자대학교 대학원 유아교육과 (문학석사)
이화여자대학교 대학원 유아교육과 (문학박사)
전) 삼성복지재단 어린이개발센터 전임연구원
이태원삼성어린이집 원장
현) 신라대학교 유아교육과 교수

개정 보육과정

초판 1쇄 인쇄 2006년 8월 26일
초판 5쇄 발행 2011년 8월 26일
제2판 1쇄 발행 2014년 8월 26일

지은이_ 김정원 · 이경화 · 이연규 · 전선옥 · 조순옥 · 조혜진
펴낸이_ 황호철
펴낸곳_ 도서출판 파란마음
주소_ 140-845 서울시 용산구 백범로90라길 47 | 전화_ (02) 3275-2110~1 | 팩스_ (02) 3275-2199
홈페이지_ http://paranmaum.co.kr/
등 록_ 2006년 4월 24일 · 제302-2006-00024호

ISBN 978-89-97982-26-4 93370
값 20,000원